Esau Jean-Baptiste

Haïti

7 février 1986 - 7 février 2015

Vingt-neuf ans d'échec démocratique

Éditions Dédicaces

HAÏTI 7 FÉVRIER 1986 - 7 FÉVRIER 2015,
par ESAU JEAN-BAPTISTE

Photo de la couverture : Guersaint Maurival

ÉDITIONS DÉDICACES INC.
675, rue Frédéric Chopin
Montréal (Québec) H1L 6S9
Canada

www.dedicaces.ca | www.dedicaces.info
Courriel : info@dedicaces.ca

Esau Jean-Baptiste

Haïti

7 février 1986 - 7 février 2015

Vingt-neuf ans d'échec démocratique

Remerciements

J'ai été en Haïti dans un moment très difficile. Pendant mes deux années (2006 á 2008) dans le pays, on kidnappait des gens, particulièrement des écoliers par dizaines. De New York comme en Haïti, mes parents et amis étaient tous très inquiets pour ma sécurité. En dépit de ces moments difficiles, je me suis reposé sur ma foi chrétienne, notamment sur le Psaumes 127 v 1. *"Si l'Eternel ne bâtit la maison, ceux qui la bâtissent travaillent en vain ; Si l'Eternel ne garde la ville, celui qui la garde veille en vain"* Merci à Dieu de m'avoir épargné des dangers aussi bien qu'à ma famille et à mes parents.

Je voudrais également exprimer ma reconnaissance à mes étudiants, amis professeurs et staff des universités privées et publiques que j'ai eu la chance de rencontrer. J'ai enseigné pendant plus de cinq ans dans des universités comme Jean Price Mars, Notre Dame, CEDI, Nobel et ISERSS ci devant IERAH. J'ai toujours été bien accueilli par les étudiants et le staff de ces universités, privées et publiques. C'est surtout le soutien moral des étudiants de ces universités et d'autres institutions qui, pendant mes cours et des rencontres privées chez moi le week-end, m'a permis de rester académiquement sur mes récherches.

Mes remerciements vont aussi au staff des Bibliothèques FOKAL et National d'Haïti. Dans le cadre de mes recherches, les employés de ces deux institutions m'ont toujours accompagné pour trouver les documents et m'aider à avancer dans ce projet.

Je souhaite que ce travail de recherche fasse plaisir à des amis de la presse et de Brooklyn College. Mes sincères remerciements à tous mes amis universitaires et collègues des médias d'Haïti et de New York pour leur soutien.

Un remerciement à nul autre pareil à mon ami de vieille date, Jean Michel. En été 1994, dans le but d'aider nos compatriotes haïtiens à Brooklyn, New York, nous avons créé le centre communautaire Chay Pa Lou. Si l'idée était d'aider les autres, après mon retour à New York, Chay Pa Lou et son Directeur Exécutif m'ont apporté également leur aide financière pendant les moments difficiles. Je suis retourné à Chay Pa Lou comme si je ne l'avais jamais laissé. Le directeur et les autres employés m'ont accueilli comme membre fondateur et ce sont toutes ces choses qui m'ont redonné la force de continuer, même à distance, la longue bataille pour un changement en Haïti.

Sans le soutien de certains amis comme Robenson Milsois, Maxime Antoine, Harry Aristide, Antoine George Paul et Calixte Ulysse mon retour provisoire aux États-Unis, pour respirer et repenser à une autre stratégie, eût été une catastrophe. Donc, un grand merci à vous tous.

Ce travail n'aurait pas été possible sans l'aide de Maxo Louis et sa famille. Quand je suis retourné à New York le 8 septembre 2008, je n'avais pas tous les moyens pour pouvoir continuer le manuscrit de ce livre. Maxo Louis, un ami d'enfance, et sa famille m'ont accueilli chez eux, ce qui m'a permis de retrouver une certaine stabilité morale. En dehors de tous les autres supports, Maxo a non seulement partagé son bureau avec moi, il m'a aussi fait don d'un ordinateur avec lequel j'ai pu travailler pendant des heures.

Un grand merci, particulèrement à mon « mentor » Gabriel Jean-François avec qui j'ai toujours discuté des grands dossiers de la Police Nationale d'Haïti. Cet ancien responsable de la police dans le département du Sud-Est m'a vraiment aidé à comprendre le parcours ô combien difficile de cette institution.

Enfin, je tiens à remercier ma famille, particulierement mes enfants Stanley, Sarah, David, Robertini, Jonathan et Anyssa, ainsi que ma femme, Jesula Prophete. À côté de la préface du livre qu'elle a écrite, elle fut aussi la première personne à pouvoir lire, faire des commentaires, recommandations et les premières corrections de ce manuscrit. Sans son soutien, surtout dans les moments difficiles en Haïti, Dieu seul sait où j'en serais avec ce livre. Mille mercis à toi, Jesula Prophete Jean-Baptiste.

Préface

Je suis très heureuse et honorée de préfacer l'ouvrage de mon mari, le professeur Esau Jean-Baptiste. Le chemin, en termes de recherches et de contacts, parcouru par le professeur pour aboutir à la publication de ce livre est énorme. Pour avoir été témoin des efforts consentis pendant des jours, des nuits et des années pour écrire des phrases, paragraphes et chapitres de ce livre, j'ai eu le plaisir et l'ultime honneur d'initier ce dernier aux joies du grand public.

Pourquoi ce livre ? Les paroles s'en vont mais les écritures restent avons-nous appris dès notre jeune âge. Mais selon Madame Mirlande Hypollite Manigat, ancienne candidate aux élections présidentielles de novembre 2010 en Haïti, *''Le langage parlé touche le plus grand nombre, mais l'expression écrite demeure comme le témoignage d'une position et d'un engagement''* Donc, devant l'ampleur des problèmes politiques des vingt-neuf années de crise, l'ouvrage apparaît non seulement d'actualité mais également d'une utilité certaine pour toute personne qui s'intéresse à la problématique haïtienne durant le long processus de transition démocratique qui jusqu'ici n'en finit pas.

Par son analyse, l'ouvrage que le professeur veut offrir au public est un document très important car il aborde, chronologiquement, les problèmes les plus délicats des vingt-neuf années. Ils sont délicats par les difficultés même du sujet, à savoir les intérêts des acteurs nationaux et internationaux impliqués dans une crise aussi complexe que celle d'Haïti.

À travers ce livre, le professeur n'a cependant pas la prétention de refaire ni même de parfaire les analyses d'autres documents déjà écrits par des auteurs haïtiens ou étrangers sur la problématique haïtenne. L'objectif d'un tel document vise non seulement à identifier bien entendu à partir des analyses chronologiques les problèmes d'Haïti, mais aussi dénoncer les acteurs qui ont contribué à la perennité d'une telle crise.

Bien entendu, le professeur n'a pas non plus la prétention de présenter en détails tous les événements politiques qui ont eu lieu en Haïti pendant les vingt-neuf années de transitions entachées de coup d'États, d'assassinats politiques, d'élections avortées et d'ingérence de la communauté internationale dans les affaires internes d'Haïti. Beaucoup d'événements malheureusement régretables s'étaient passés de 1986 à 2015 ; quelques centaines de pages ne suffiraient pas à l'auteur pour pouvoir historiquement presenter tous les petits détails.

Dans ce travail, il a seulement mis l'accent sur quelques événements brûlants de la vie nationale d'Haïti qui ont souvent suscité de vives critiques tant par la classe politique de ce pays que par la communauté internationale, et il les présente sous formes d'analyses et de réflexions.

Donc, à travers ces lignes, le professeur veut aussi présenter un matériel qui pourrait être utilisé comme outil de prévention pour qu'à l'avenir les gouvernés et gouvernants d'Haïti ne reproduisent pas les erreurs du passé.

ME. JESULA PROPHÈTE

Avant-Propos
Notes de l'auteur

Servir ma communauté, mon peuple et mon pays, tel a toujours été mon leitmotiv, particulièrement en contribuant à l'émancipation des couches défavorisées qui croupissent dans les bidonvilles. Dans cette perspective, en décembre 2005, avec un groupe d'amis de New York, j'ai fondé la fondation **Youn A Lot.** Pour parvenir à son implantation en Haïti, quelque mois après sa création, comme il était important pour qu'un membre fondateur soit sur le terrain, j'ai quitté New York en août 2006 en direction d'Haïti, ma patrie.

Laisser un État où l'on a vécu pendant vingt ans, où l'on a de très beaux souvenirs, des parents, des amis, des enfants et un très bon emploi bien rénuméré, surtout pour aller dans un pays où règnent l'insécurité et l'instabilité politique, ce n'était pas chose facile. New York est l'État où l'on sort après minuit pour aller dans des fêtes de salon ou des boîtes de nuit. ''*C'est une ville qui ne dort pas*'' Dans cet État, les policiers comme les services d'urgences des hopitaux fonctionnent 24 heures sur 24. New York est aussi une ville où l'on peut organiser une superbe fête en quelques heures et ceci sans grande planification au préalable ni grands moyens financiers. Donc, laisser New York pour aller en Haïti, c'est comme quitter une petite chérie à qui l'on n'a rien à reprocher pour aller vivre et habiter chez un amour d'enfance ou une ancienne fiancée à qui on avait fait la promesse, en dépit de longues années d'absence et de séparation, de revenir.

11

Pour certains, avec le problème de l'insécurité, le moment était mal choisi. Pour d'autres, c'était de l'enfantillage. Surtout j'ai laissé un emploi de presque cinquante mille dollars pour un misérable salaire de 82,577 gourdes au Programme des Nations-Unies pour le Développement (PNUD) dont l'équivalent était à l'époque à peine de 2050 dollars américains le mois, soit 24,000 dollars l'an. Des collègues qui connaissent mon amour pour le pays mais qui craignaient pour ma vie, éprouvant de la pitié, m'ont demandé de surseoir à un tel projet. Mes enfants dont leur mère, au cours d'un enlèvement et de rançon payée, venait tout juste de perdre une tante et son mari, m'avaient posé cette question : « *Dad, the country is it safe to go ?* » (Papa, le pays est-il assez sécurisé pour y aller vivre ?) Ne voulant pas trop faire souffrir mes enfants, pour la première fois, j'ai menti en répondant oui : « *Yes, it is safe* / Oui, il est sécurisé.» Et je poursuis : « *Not like the United States, but it is safe enough to live* / Ce n'est pas comme les États-Unis, mais le pays est assez sécurisé pour y rester.»

Avoir menti à mes enfants montre ma détermination pour aller là-bas et mon courage pour résister aux risques surtout physiques que fait courir un tel voyage. Donc, c'était dans cette atmosphère de peur venant des parents, amis et collègues qu'un dimanche matin, le 6 août 2006, j'ai laissé la ville de New York pour finalement rentrer en Haïti, un rêve que je caressais depuis presque vingt ans.

Quand je mis le dernier sac de voyage dans la voiture de mon ami et retournai les clefs de mon appartement au propriétaire, ce jour-là, j'étais tellement heureux que les mots me manquaient pour exprimer mon contentement. Sur la route de Flatbush avenue à Brooklyn qui devait me conduire sur l'autoroute de Belt Pakway pour l'aéroport international JFK, j'étais calme comme si je venais de m'acquitter d'une dette.

Une fois arrivé à l'aéroport, portant un mailot jeaune de la Fondation **Youn À lot**, pendant que j'étais en ligne, tout en poussant mes baggages, je voulais annoncer à chaque voyageur que je retournais définitivement en Haïti pour pouvoir contribuer au développement de mon pays.

À bord du vol ''American Airlines'', je suis arrivé à l'aéroport international Toussaint Louverture de Port-au-Prince en Haïti à 12 heures 45p.m. J'étais impatient de sortir. Dans mon nouveau apartement dans la zone de Canapé Vert, je me sentais léger. Oui, allégé du lourd fardeau d'un rêve de vingt ans. Le lendemain matin, lundi 7 aout, je me suis rendu à mon bureau qui était à Bourdon, à quelques mètres de ma maison.

Là, l'accueil n'était pas chaleureux. Mais j'avais tellement envie de contribuer que j'arrivais à peine à remarquer cela et jusqu'à même lui donner de l'importance. Au fil des semaines, comme les conflits internes et le manque de cohésion dans la section persistaient, j'arrivai à la conclusion que, si je voulais toutefois rester en Haïti, il fallait penser à autre chose. C'est ainsi qu'en novembre de la même année, j'ai donné ma démission. Le mois suivant, tout en faisant le choix de rester au pays, j'ai quitté la section DDR du bureau PNUD/MINUSTAH.

En janvier 2007, comme je suis devenu plus libre, j'ai consacré plus de temps à la Fondation Youn A Lot. Entretemps, parallèlement, j'ai essayé d'apporter ma toute petite contribution à l'enseignement supérieur qui souffrait de tous les maux tels que les problèmes de locaux, de professeurs compétents, de curriculum inapproprié aux normes et standard internationaux etc. Comme j'avais vraiment envie d'apporter ma modeste contribution dans ce domaine, j'ai fréquenté presque tous les espaces dits universitaires, soit pour soumettre un CV (Curriculum Vitae) aux membres des dites facultés, soit rencontrer des étudiants, afin de mieux connaître le système. Après vingt ans d'absence dans un pays où la majorité des jeunes n'avaient pas encore 30 ans, j'étais consideré comme un étranger dans mon propre pays.

En dehors de ce constat, j'étais aussi étranger à certaines réalités culturelles du pays. Ainsi, immédiatement, je me mis à l'école de la réalité pour apprendre le mode de vie des gens, leurs mœurs et coutumes, c'est-à-dire leurs façons de faire certaines choses et de communiquer. Ce qui était bien sûr complètement différent de la façon dont j'ai grandi il y a de cela plus de vingt ans.

Au départ, la bataille s'annonçait difficile, face au mépris de certains doyens et responsables des facultés de la capitale qui, tout en faisant de dilatoires á mes dossiers, ils disaient indirectement non à ma grande envie de contribuer à la formation académique et intellectuelle des jeunes de mon pays. J'étais determiné à rester et travailler au pays. Alors qu'ils sont des novices sans aucune autorité dans le domaine, certains doyens qui ne voulaient pas me dire non directement m'ont demandé à plusieurs reprises de travailler sur des syllabus. Le syllabus une fois trouvé, d'autres demandes m'ont été faites. Comme en dépit de ma bonne volonté à vouloir travailler dans les universités, aucun suivi n'avait été assuré, je commençais à avoir des doutes sur ce que voulaient vraiment faire, en termes de changements académiques, ces responsables de l'enseignement supérieur. Et ce n'est qu'après des mois, bien sûr, grâce à mes contacts avec des étudiants qui ont apprécié mes démarches et surtout mes approches globales de l'université et crises politiques du pays, que j'ai appris les raisons des refus de certains doyens. Selon ces étudians, ceux-ci, qui ont eu la chance d'étudier à l'extérieur, ne voulaient vraiment pas intégrer de jeunes cadres avec des diplomes venant de l'extérieur, par souci de rester seuls maîtres dans un environnement universitaire où l'incompétence règne.

Cette méthode exclusive de garder les cadres qualifiés de la diaspora loin des affaires du pays n'existe pas seulement dans les universités, elle est aussi dans tous les domaines de la vie publique et politique du pays. Face à cet obstacle, je n'avais pas grande envie de rester et de contribuer en Haïti. Cette première déception pouvait me forcer tout simplement à plier bagage et à retourer à New York, surtout qu'à l'époque mon poste était encore disponible.

Entre-temps, étant de New York, mes proches voulaient que j'abandonne immédiatement Haïti. Ils m'appellaient et m'écrivaient presque chaque jour pour me dire de laisser tomber le projet d'Haïti. *« Tu ne travailles pas et pourquoi ne pas retourner à New York surtout lorsque tu as un emploi qui t'attend ? »* disaient-ils. Pendant toute l'année 2007, en dehors des activités de la fondation et de mes cours à l'université Notre Dame et Jean Price mars à Port-au-Prince, j'étais vraiment libre. Donc, je profitais de mon temps libre pour comprendre et faire des recherches approfondies sur les crises haïtiennes post-Duvalier.

À l'époque où je rentrais en Haïti, j'avais déjà signé le contrat de mon premier livre écrit en une langue autre que le français. Ainsi, des parents, amis, étudiants et collègues qui étaient en Haïti, ont exprimé leur ardent désir d'une traduction française de ce livre. *"Vous n'avez pas écrit pour nous"* disaient-ils. Donc, pour éviter la répétition de cette même critique vis-à-vis de ce livre que j'avais commencé en anglais, j'ai décidé de le continuer en français.

Dans l'intervalle, chaque dimanche, ma maison était convertie en un centre où il y avait des jeunes, des étudiants et professionnels qui venaient pour entendre le professeur parler de leur vision de changement de l'université et d'Haïti en général. Je donnais des cours d'anglais à la maison. Dans un pays ou les séminaires coutaient cher et continuent encore à être très dispendieux, je donnais, gratuitement des séminaires de formation chez moi, dans des organisations communautaires, universités privées et publiques. Ajoutons à cela que j'étais souvent invité dans des stations de radios et chaînes de télévisions locales pour parler du processus des élections présidentielles américaines,

Mis à part de ces activités, ma femme et moi prenions plaisir à aller acheter des produits de première nécessité dans les marchés publics, histoire de mieux connaître les réalités haïtiennes. Ma femme et moi sommes fils et fille de marchandes, ainsi il était facile pour nous de lier contact avec ces femmes, oxygène qui permet à leurs familles de respirer économiquement.

De mi-aout 2006 à mi-septembre 2008, après 25 mois passés en Haïti avec des paysans, des marchandes, des pères et mères de familles, des jeunes et étudiants de toutes couches sociales confondues, finalement j'ai décidé de quitter Haïti pour retourner à New York. Au moment où j'ai pris cette décision, c'était une Haïti ravagée par des inondations et des cyclones comme "*Fay, Gustave, Hanna et Ike*" que j'ai laissée. Alors que l'avion survolait le territoire d'Haïti, j'en ai profité pour faire un bilan. J'ai eu l'impression de n'avoir rien fait pendant mes deux ans en Haïti. Je ne suis pas un lâche. Je n'aime pas abandonner au milieu du chemin. Mes deux ans en Haïti et ceci pendant les fortes pressions de kidnapping de fin d'année 2006 et début 2007 sont des preuves que je ne suis pas un lâche et que je n'aime pas abandoner du premier coup. Mais comme il y avait un temps pour rentrer au pays et un temps pour le quitter, j'ai choisi le 8 septembre 2008 pour dire au révoir ou adieu à un rêve de plus de vingt ans : celui de pouvoir contribuer à la reconstruction de mon pays. En

16

partant, j'ai promis, avec ce livre, d'offrir quelque chose non seulement à la jeunesse haïtienne, mais aussi au monde universitaire en général.

Une fois à New York, pendant des jours, j'ai réfléchi à cette expérience. Pendant des jours, je me disais à moi-même qu'au moins, j'avais essayé. Rapidement, je me suis ressaisi. Il fallait trouver quelque chose à faire ici, à New York, de façon à être beaucoup plus actif dans une communauté que j'avais laissée il y avait de cela deux ans. Comme on en était à la dernière phase des élections présidentielles américaines de 2008, ainsi je commençai à faire des interventions dans des stations de radios. En outre, avec un ami, chaque samedi après midi, je participais aussi á un programme de télévision à New Jersey. Entre-temps, chaque jour, des stations de radios m'appellaient d'Haïti pour des interviews. Après les élections présidentielles américaines en novembre 2008, il a fallu trouver d'autres actions à mener. Sur l'invitation du Directeur Exécutif de Chay Pa lou, j'ai trouvé quelque chose à faire pour mes compatriotes de New York et des États limitrophes comme le New Jersey et la Pennsylvanie. Ainsi, du lundi au samedi, j'étais à ce centre communautaire pour apporter ma petite contribution à la communauté haïtienne.

C'était de là qu'est venue, avec d'autres amis, l'idée de fonder une organisation à caractère politique structurée capable d'aider les leaders et candidats potentiels de la ville de New York à participer effectivement à la politique et éventuellement à gagner des élections locales. Ainsi en sommes-nous arrivés à la création de VOHA (*Voice of Haïtian American*/ Voix des Haïtiens Américains).

Ce n'était pas suffisant, disais je peu de temps après. Avec VOHA, on a une institution pour les haitiano-américains vivant ici aux États-Unis. Mais même avec des élus un peu partout aux USA, on aura toujours les mêmes problèmes en

Haïti. Donc, il nous a fallu une institution à deux têtes : l'une pour les États-Unis, l'autre pour Haïti. Ainsi, après plusieurs semaines de réunions chez un bon ami à Brooklyn, nous sommes parvenus à la création de PAREH (Parti de la Renaissance Haïtienne). Avec PAREH, nous voulions créer un mouvement moderne non seulement pour les Haïtiens de la diaspora qui voulaient integrer les affaires politiques du pays, mais encore un parti-université où les jeunes pourraient apprendre les notions de démocratie, pouvoir, gouvernement, État, campagnes et élections, bonne gouvernance, appareils idéologiques d'État, fonctions régaliennes etc.

Comme je ne suis pas homme de grands discours, mais d'action, ainsi, durant quelques mois, je suis retourné en Haïti pour inscrire le mouvement selon les lois de 1986 sur les partis politiques. Pour parvenir à son enregistrement, en mai 2009, j'étais en Haïti non seulement pour avoir des informations au Ministère de la Justice, mais aussi pour tester sur le terrain l'idée même d'un parti politique venant de la diaspora.

Finalement, du 2 septembre au 10 novembre 2009, avec le mandat des membres fondateurs, je suis allé au pays pour accomplir cette tâche si compliquée. Provisoirement, j'avais été désigné comme le Secrétaire Général. Pendant mes réunions avec les membres d'Haïti, je partageais la philosophie du parti. *''En tant que Sécrétaire Général, je ne serai pas candidat aux élections''* disais-je dans toutes les réunions, afin de garantir aux potentiels candidats en Haïti comme dans la diaspora que ce n'était pas une institution privée à notre seul profit que nous voulions créer, mais un parti national ou tous les Haïtiens peuvent se retrouver.

Traditionnellement, le chef du parti est toujours consideré comme potentiel candidat mais, avec l'idée que je ne serais pas candidat aux prochaines élections, nous avions gagné plus d'estime du côté des étudiants et des membres adhérents. Dès que furent prêts les documents préparés par le Notaire, le 5 octobre 2009, nous les avons soumis au Ministère de la Justice, pour être approuvés le vendredi 30 octobre de cette même année par le titulaire du Ministère.

Retourné à New York le mardi 10 novembre 2009 au soir, j'étais déjà au travail avec les autres membres pour faire avancer la philosophie et la mission du parti.

Il devrait y avoir des élections pour élire 99 députés et 11 sénateurs en février 2010. Pendant que d'autres partis et candidats s'y préparaient, nous, membres de New York et d'Haïti, nous travaillions sérieusement, de façon à mettre sur pied les structures et fondations pour la durabilité du parti. Nous nous sommes tous mis d'accord : les élections de février 2010 n'étaient pas notre priorité. Au moment où nous nous sacrifiions à mettre sur pied des structures pour la réalisation durable du parti, le 12 janvier 2010, le pays était frappé par un sévère tremblement de terre. Le bilan fut très lourd en pertes de vies humaines et de dégâts matériels. Miraculeusement, ma famille aussi bien que les membres fondateurs et de direction du parti avaient été épargnés par ce seisme de 7,3 de magnitude.

J'ai pleuré pour les dégâts que ce tremblement de terre avait causés à mon pays et mon peuple. C'était une catastrophe naturelle, certes, mais le pire fut la réaction passive des dirigeants pendant les heures, semaines et mois après le séisme. La maladresse et l'incompétence des autorités redoublaient les malheurs du pays. Frustré et fâché, je me suis dit : « *Fais retraite et concentre-toi beaucoup plus pour terminer ce livre commencé en avril 2007.* »

Mais au fil du temps, je me suis rendu compte qu'il n'était pas aussi facile de discontinuer avec mes projets déjà commencés en Haïti. Comme l'idee de terminer le livre était une priorité, ainsi pendant que j'étais en Haïti pour avancer le programme de terrain du parti, je continuais à faire des interviews et des recherches.

De là, je recommençai avec ce que je savais faire avec passion à savoir : mes cours dans les universités. Entre-temps, dans le cadre de la restructuration du parti, j'ai pris le temps de rencontrer des gens pour parler de la philosophie du Parti de la Renaissance Haïtienne (PAREH). C'est là que j'ai fait l'expérience des hommes et femmes d'Haïti dont bon nombre sont inconsistants, corrompus et capables de tout.

Introduction

Les problèmes politiques sont les problèmes de tout le monde ; et les problèmes de tout le monde sont des problèmes politiques.

NIKOS POULANZAS

Après la deuxième guerre mondiale en 1945, le monde était divisé entre les deux grandes puissances militaires qui, quelques mois auparavant, s'étaient alliées contre les machines de guerre nazistes et fascistes. D'où l'idée de la guerre froide, qui était une bataille idéologique entre les États-Unis et l'URSS. C'était au tout début de ce conflit, particulièrement en 1947, que la CIA a vu le jour. Pour expliquer les origines de l'Agence centrale de renseignement, dans son livre *CIA et les services secrets américains*, l'auteur Denis Rancourt cite : *"L'effondrement de la coopération américano-soviétique à la fin de la guerre devait bientôt convaincre les Américains que le Communisme Soviétique constituait une menace pour la sécurité des États-Unis. Le développement de la guerre froide et le retrait des puissances coloniales européennes d'Asie firent apparaître que les États-Unis allaient être contraints de s'engager profondément dans la politique mondiale, à l'inverse de ce qu'ils avaient fait jusqu'alors en temps de paix"*[1]

Ainsi au commencement de la deuxième moitié du vingtième siècle et jusqu'à sa fin, des régimes dictatoriaux ont trouvé des supports économiques et militaires, soit des États-Unis, soit de l'Union Sovietique, selon leurs positions dans cette guerre idéologique.

---

[1] Denis Rancourt, *CIA Les Services Secrets américains* (Editions internationales Alain Stanke Ltee, 1978, p.18).

Les pays de l'Amérique Latine et des Caraïbes (à l'exception de Cuba après la révolution de Fidel Castro contre le régime de Batista en 1959 qui bénéficiait des supports des Sovietes) étaient directement controlés et influencés par des décisions venant des États-Unis. Via la CIA, les ordres de Washington, que ce soit d'un gouvernement démocratique ou républicain, étaient exécutés par des régimes civils et militaires que soutenaient les États-Unis d'Amérique. Avec la fin de la guerre froide et la chute du mur de Berlin, vers la fin des années 1980, le monde entrait un autre système politique ou le signal donné était clair : il n'y a plus de place pour des régimes dictatoriaux. C'était le nouvel ordre mondial. Étant une nation de cette région, Haïti a su profiter des virages de la politique internationale pour se débarrasser de la dictature duvaliériste.

Dans l'Haïti dirigée par les Duvalier, le Président occupait un pouvoir à vie avec les prérogatives constitutionnelles de pouvoir choisir son successeur. Donc, à partir des révendications de fin 1985, le peuple demandait le partage équitable des richesses du pays. Il réclamait aussi le droit de vote, celui de choisir qui devrait le diriger. En un mot, les masses et la classe politique de l'opposition qui avaient toujours été exclus des affaires politiques du pays, ont voulu le départ des Duvalier et se sont associés pour une Haïti avec des conditions de vie meilleures et une chance égale pour tous.

Ainsi, à travers la résonnance des mouvements estudiantins, paysans, médiatiques et religieux, particulièrement avec le soutien des jeunes prêtres de la Théologie de libération, il était clair que le peuple haïtien voulait en finir avec la dynastie des Duvalier, vieille d'environ trente ans. Il voulait aussi une 'révolution démocratique' pour le changement politique d'abord, économique et social ensuite.

Après plus d'un quart de siècle de gouvernement et de mainmise sur tout le territoire d'Haïti, la famille Duvalier a définitivement quitté le pays pour aller s'établir en France. Au lendemain du 7 février 1986, c'était un pays ravagé par une inégalité sociale et économique sans précedent. C'était aussi un pays sans emploi, avec un système d'éducation désuet et un appareil judicaire défaillant qui se vendait au plus offrant, que laissait la dynastie des Duvalier.

Dans les mornes et les localités réculées, les paysans étaient abandonnés à eux-mêmes. La majorité de la population croupissait dans des bidonvilles sans accès aux services de bases. En un mot, cette Haïti, finalement laissée par les Duvalier après 29 ans de gouvernance, était, par rapport à d'autres pays dans la région, complètement en retard du point de vue progrès et développement. Donc, face à tous ces problèmes, l'attente du peuple haïtien vis-a-vis du nouveau locataire du Palais National était grande. *"Le moment d'euphorie populaire qui s'ensuivit coïncida avec celui du déchaînement des espoirs, de tous les espoirs! Tous les rêves étaient permis"* Mais au-delà de tous les discours creux et promesses fallacieuses de politiciens véreux, le besoin de sortir Haïti d'une dictature démoralisante pour passer à une transition démocratie s'avérait plus que jamais important.

À priori, c'est quoi, une transition démocratique ? Est-elle applicable dans un pays confronté à des problèmes politiques, économiques et sociaux aussi saillants comme celui d'Haïti d'alors ? *"La transition démocratique se rapporte à un processus politique du mouvement vise à établir un système politique démocratique. Lancé ou de ci-dessus ou ci-dessous ou d'une combinaison de tous les deux, elle permet la négociation et le compromis parmi différentes forces politiques pour la résolution des conflits sociaux. Institutionalisant les structures et les procédures pluralistes, elle permet à différentes forces politiques de concurrencer pour le pouvoir, régularisant son transfert, et s'engageant dans la transformation fondamentale de la structure politique. Elle s'étale en général sur plusieurs années et des contextes très différents''*

Selon Nathalie Cooren, la transition démocratique comprend deux phases :

1. **La transition politique**, qui désigne le *''passage d'un régime à un autre''* ;
2. **La consolidation de la démocratie** durant laquelle le défi majeur consiste à assurer une évolution relativement stable du processus démocratique engagé dans la transition.

Pour parvenir à cette transition démocratique indispensable à sa survie, Haïti devrait tenir compte des expériences du passé, surtout après le départ de Jean-Claude Duvalier en 1986, pour divorcer des anciennes pratiques du jeu politique macabre établi par des politiciens traditionnels. Un tel rejet aurait le noble objectif de préparer le terrain propice pour l'apparition sur la scène de nouveaux acteurs politiques équipés de nouvelles méthodes de changements et de nouvelles configurations stratégiques. Selon Cooren, ' *'cette transition est complète lorsqu'un gouvernement arrive au pouvoir comme le résultat direct du suffrage libre et populaire, quand ce gouvernement dispose d'un pouvoir souverain pour générer de nouvelles politiques publiques, et quand les pouvoirs exécutif, législatif et judiciaire, nés de la nouvelle démocratie, n'ont pas à partager le pouvoir avec d'autres corps de droit.*"[2]

---

[2] Nathalie Cooren - *Transition démocratique d'un pays : quelques précisions démocratiques.* Paris 2005.

Quant au processus de consolidation, il implique, dans le cadre des règles du jeu politique désormais bien définies, non seulement une redistribution des cartes politiques, mais encore de nouvelles tactiques de jeu. Dans cet ordre d'idée, *''La gestion des conflits par voie démocratique ne saurait être entendue comme l'élimination du conflit''* Étant le ''corner stone'' ou ossatures même'' de la démocratie, les élus et responsables d'Haïti devraient, tout en œuvrant au renforcement des institutions étatiques, prôner la tolérance, initier et encourager le dialogue aussi bien que le compromis entre les partis opposés. Toute démarche démocratique devait permettre la participation des divers intérêts politiques en présence, laissant à l'ensemble des acteurs la possibilité de trouver une liberté d'expression.

Étant un élément primordial dans le cadre de survie et de consolidation de la démocratie du pays, l'initiation et l'encouragement du système pluraliste politique devait être une priorité des autorités haïtiennes. *''Autrement dit, les gouvernements en place doivent garantir efficacement le maintien du régime démocratique avec le soutien, à la fois de la société civile et des autres acteurs politique''*[3]

Haïti et les stratégies de transition démocratique

Pour mieux comprendre le processus et l'analyse de la transition démocratique qu'Haïti devait appliquer en 1986, il faudrait se poser les questions suivantes : 1. Quels étaient les moyens utilisés par les autorités haïtiennes pour atteindre l'objectif démocratique ? 2. Pouvaient-ils, dans une certaine mesure, répondre à une ''rationalité démocratique'' ? 3. Existait-t-il une quelconque stratégie de transition démocratique générale applicable à tous les pays ? 4. Les autorités haïtiennes, avaient-elles, au contraire, procédé selon les exigences et contextes

---

[3] Op.cit.

internationaux du moment ? 5. Ou bien, avaient-elles utilisé des moyens adéquats pour faire fonctionner la société haïtienne selon sa culture et réalité politique, tout en tenant compte, bien entendu, de la valeur des normes et standard démocratiques ?

Toujours selon Nathalie Cooren ''L'évolution du pays vers la démocratie et les principes de l'État de droit s'accélèrent depuis la fin des années 90 par l'application des nouvelles réformes radicales sur le plan institutionnel, politique et social''[4]. C'était exactement pendant cette période que les gouvernements d'Haïti (post-Duvalier) devraient, en quelque sorte, dynamiser la transition démocratique et capitaliser sur la priorité du moment qui était d'organiser des élections. Dans le cadre d'une conception nouvelle, ils devraient rompre avec l'ordre ancien de statut quo et de violations de droit de l'homme. Comme parmi les acquis de 1986, la presse était déjà en son plein épanouissement de liberté d'expression et d'opinion, l'autre priorité d'alors était de renforcer les lois sur les partis politiques ainsi que des réformes juridiques, économiques et sociales.

Renforcement des institutions démocratiques

''*La persistance des tensions politiques et le non respect des institutions nationales risquent d'avoir de graves consé-quences sur l'économie et la coopération internationale*'', disait un Premier ministre haïtien. Donc, une fois parvenu à la concrétisation d'efforts concertés, la priorité devait être, dans le cadre d'une continuité, tant pour les militaires que pour les gouvernements sortant des élections, de manifester la volonté de couper court à la violence, aux coups d'État, aux assassinats politiques du passé et de tourner la page avec plus de garantie d'une rupture irréversible. Cette stabilité politique devait avoir pour conséquences l'échéance des calendriers

---

[4] Marcel Painchaud – *Introduction à la vie politique.*

électoraux, le respect du renouvèlement constitutionnel et démocratique des élus, et du même coup, la création d'un climat de confiance sécuritaire pour que les investisseurs haïtiens et étrangers puissent investir au pays et faciliter une création d'emploi durable.

La transition et la consolidation de la démocratie

La transition et la consolidation de la démocratie constituent deux processus qui évoluent en fonction du choix des principaux acteurs sur la scène politique. Ces deux moments s'inscrivent, on l'a vu, dans des contextes différents et induisent, pour les acteurs, des enjeux distincts. Mais ces deux situations sont tout de même intimement liées. En fait, on ne peut prétendre appréhender le processus de consolidation de la démocratie sans tenir compte de la situation de crise précédant la transition et des conditions qui ont entouré le processus de transition politique lui-même, a affirmé Nathalie Cooren.

Toutefois, on ne peut pas parler de réussite de la transition démocratique sans tenir compte de la mise en œuvre des pratiques et consignes de la communauté internationale selon les pré-requis et concepts de nouvel ordre mondial. *''Car qui finance commande''*, dit-on. Une rupture avec le régime dictatorial pour se tourner vers la transition démocratique ne serait pas possible sans le soutien et la bonne volonté des amis internationaux d'Haïti. Donc, il convient de souligner que, en dépit des théories et méthodes sur la transition démocratique, la communauté internationale avait un rôle primordial à jouer. *' 'Cet espoir dépend également de la communauté internationale, qui devra repenser sa coopération, en réduire les gaspillages et les disfonctionnements et en accroître l'efficacité au bénéfice des plus pauvres''*

Construire un État de droit avec renforcement des mesures et fonctions régaliennes nécessitaient la mise en place par les autorités haïtiennes des institutions viables et crédibles pour de très bonnes élections avec la participation des leaders responsables et engagés. Dans une telle conjoncture, le nouvel État de doit devait, d'entrée de jeu, accorder une priorité maximale aux valeurs fondamentales du système de la démocratie républicaine. De fait, Haïti devait dès lors se doter des institutions sociales et politiques supposément capables de le rendre opérationnel pour accomplir les missions qui lui sont confiées. La création d'institutions sociales comme, entre autres, l'Office de protection du citoyen, la révision de certaines institutions politiques telles que le Parlement, l'étendue de ses pouvoirs et son articulation avec l'Exécutif devenu bicéphale, sont des exemples concrets qui témoignent, du même coup, du régime politique choisi.

C'était, quoique d'une façon très différente, dans ce contexte que le 19 octobre 1986, le CNG (Conseil National de Gouvernement) a mis sur pied la formation d'une assemblée constituante avec pour urgente mission de doter le pays d'une constitution.

La Constitution de 1987

Autant l'assemblée constituante était decriée, ''*autant la nouvelle constitution était choyée*'' Mettant les duvaliéristes au rancart pendant dix ans (1987-1997), pour exprimer sa frustration et vengeance contre le statut quo macoutique, cette constitution était, par voie référendaire du 29 mars 1987, massivement approuvée par le peuple haïtien. ''*La citoyenneté débout, savourant sa victoire, prenant de plus en plus conscience de ses immenses responsabilités historiques vis-à-vis des générations futures, scella, avec le nouvel État, dans la Constitution du 29 mars 1987, un pacte de rupture définitive*

28

avec les forces obscurantistes du passé" En dépit de ses faiblesses apparentes, la constitution de 1987 recèle des principes d'innovation. *' 'Elle prévoit la séparation des trois (3) pouvoirs de l'État, prône la décentralisation des pouvoirs jusqu'au niveau de la plus petite entité administrative du pays, la section communale, la participation des citoyens à tous les échelons du pouvoir. Peut-être la plus grande innovation de cette constitution est-elle la formation d'un conseil électoral, chargé de planifier et d'organiser les élections à tous les niveaux"*[5]

Selon Marcel Painchaud dans son ouvrage Introduction à la vie politique, tous les gouvernements démocratiques disposent d'une loi électorale qui leur permet de prévoir les étapes à suivre pour favoriser la participation des citoyens à l'élection. Dans le cas d'Haïti, comme le pays venait tout juste de sortir d'un gouvernement dictatorial, il n'y avait pas d'institutions appropriées pouvant organiser les scrutins. Une fois la constitution ratifiée, il était dans l'obligation du Conseil National de Gouvernement de mettre sur pied des structures électorales pour la bonne marche d'une élection démocratique et honnête, ce qui a, conclusivement, resulté dans la création du Conseil Electoral Provisoire.

Le Conseil Electoral Provisoire

Selon les articles 191 à 199 de la Constitution de 1987, il y avait provision pour un Conseil Electoral Permanent avec pour mission d'organiser, en toute indépendance, des élections à tous les niveaux dans tout le pays. *"Le Conseil électoral permanent est chargé d'organiser et de contrôler, en toute indépendance, toutes les opérations électorales sur tout le territoire de la république jusqu'à la proclamation des résultats du scrutin"*[6]. À

---

[5] Op. Cit.
[6] Michel Soukar, *Entretiens avec l'histoire* (Tome 5).

défaut d'un conseil électoral permanent, en date du 13 mai 1987, apès publication, le Conseil National du Gouvernement nommait les membres du CEP (Conseil Electoral Provisoire) et d'un décret pour l'organisation de l'institution électorale. « *En attendant l'établissement du Conseil Electoral Permanent prévu dans la présente constitution, le Conseil National de Gouvernement forme un Conseil Electoral Provisoire (CEP) de 9 membres chargé de l'exécution et de l'élaboration de la Loi Electorale devant régir les prochaines élections..* »[7]

Mais ces élections seraient-elles crédibles sans, bien entendu, le soutien de l'armée d'Haïti ou apporteraient-elles des solutions durables sans des partis politiques structurés ?

L'armée d'Haïti

Réussir une transition démocratique en Haïti, devait, inévitablement, inclure la participation de l'armée d'Haïti, non seulement parce qu'à l'époque, elle contrôlait le pouvoir exécutif après le 7 février 1986, mais encore parce qu'elle était le seul garant de la sécurité nationale. Malheureusement, les premiers mois de gouvernance ont rapidement fait remarquer que l'institution militaire n'était pas une force sur laqu'elle le peuple pouvait compter dans le processus démocratique. ' *Le 7 février 1986 a ravivé les aspirations des militaires haïtiens. Cette date, importante pour l'armée d'Haïti, a dissipé sa nostalgie qui remonte à l'époque où Paul E. Magloire faisait 'la pluie et le beau temps'. En ce temps-là, le colonel Magloire nomme et révoque les chefs d'États à son gré. Si pendant 30 ans l'armée d'Haïti a gardé religieusement ses casernes sans franchir les limites de ses droits et devoirs, c'était pour attendre, en silence, l'exaucement de sa prière faite avec ferveur : que son règne vienne pour que sa volonté domine sur le pouvoir exécutif et*

---

judiciaire" Gérard Bathélémy dans son livre *les duvaliéristes après Duvalier* déclare : *"d'ailleurs on précise volontiers que, seul, François Duvalier avait su matter cette institution et la maintenir en dehors du jeu politique"*

Donc, c'était dans un contexte très difficile que, sous un régime militaire et des partis politiques non structuré, les premières élections post-Duvalier avaient eu lieu le 29 novembre 1987.

Elections post-Duvalier en Haïti

Les premières élections, post-Duvalier, qui devaient avoir lieu le 29 novembre 1987, pesaient lourd dans le processus de transition vers la démocratie en Haïti. Cependant, le massacre des paisibles citoyens dans les bureaux de vote à la ruelle Vaillant et dans bien d'autres régions du pays avait, en quelque sorte, handicapé le processus démocratique. L'annulation des ces joutes électorales couplée de l'impunité des coupables qui ont perpetré le massacre avait, dans une certaine mesure, créé un précédent qui devait, par la suite, conduire à une permanence des crises politiques découlant des élections de 1995, 1997, 2000, 2006 et 2010.

Mis à part l'ingérence de la communauté internationale, particulièrement le *"Core Group"* dans les affaires internes du pays, ce sont définitivement toutes ces conséquences des dirigeants inconséquents d'Haïti qui ont paralysé le processus de la transition démocratique entamé après 1986. *"Si les élections représentent le mode démocratique de désignation du personnel politique, des urnes sortent trop souvent en Haïti des dictateurs, contempteurs de la démocratie"* La transition démocratique de l'après-Duvalier, a donné suite à une série de gouvernements éphémères, coups d'État, assassinats politiques et interventions militaires de forces étrangères. De ces élections sont issus des élus à tous les niveaux de la vie politique qui,

31

malheureusement, n'ont toujours rien apporté comme soulagement aux maux structurels et conjoncturels que connaît le pays, sauf des opportunistes et des avares du pouvoir. Si le pouvoir de l'amour pouvait un jour surpasser l'amour du pouvoir des politiciens haïtiens, alors le pays serait déjà sur la voie de la démocratie et du progrès.

Dans une démocratie, mis à part le pouvoir exécutif, tout parti politique a besoin, dans les deux Chambres, d'une majorité de parlementaires pour pouvoir faire avancer leurs programmes de campagnes électorales. Mais dans le cas d'Haïti, les hommes qui sont forts politiquement ont toujours opté pour la totalité et ceci à n'importe quel prix. La crise des élections de mai et de novembre 2000 en est un exemple classique. Cette malheureuse expérience a conduit, non seulement à une crise politique de trois ans (2001 à 2004) qui devait par la suite emporter pour une seconde fois en exil le Président Jean-Bertrand Aristide, mais encore à l'établissement d'une force multinationale de maintien de la paix dans le pays.

Par définition, ' *'le mot élection est la désignation, par le vote d'électeurs, de lereprésentants qui occupent une fonction, au nom de ces derniers. La population concernée transfère, par le vote de sa majorité, à des représentants ou mandants choisis, une légitimité pour exercer le pouvoir attribué à la fonction ainsi occupée, par le biais d'un contrat politique''* On peut toujours l'appeler démocratie directe, libérale, participative ou représentative, dépendamment du pays ou du système politique en vigueur. Un fait est, les élections restent et demeurent une étape importante dans un processus démocratique. Mais quel type de démocratie voulait-on vraiment imposer au peuple haïtien ? Est-ce une démocratie où la majorité populaire aura seulement à élire des dirigeants ? Ou une démocratie pour une stabilité politique capable de faciliter les changements sociaux et économiques pour toute une population en quête d'un mieux-être ?

Dans cet ouvrage de plusieurs chapitres, l'expérience politique haïtienne du départ de Jean-Claude Duvalier le 7 février 1986 à la longue transition democratique en dent de scie en 2015, est décrite chronologiquement.

De la résonnance d'un mouvement national où des prêtres de la théologie de libération avaient joué un rôle important, le premier chapitre retrace la crise du départ de Duvalier le 7 février 1986. Durant ce moment d'euphorie populaire, le peuple était dans les rues pour exprimer son contentement du départ d'une dictature vieille de vingt-neuf ans. De cette manifestation de réjouissances, il s'ensuivait aussi d'une coïncidence avec un déchaînement plein d'espoir pour le pays, particulièrement chez les masses défavorisées qui rêvaient d'un lendemain meilleur.

Par contre, même au-delà de tous les discours démago-giques, creux et promesses fallacieuses des politiciens véreux post-Duvalier, il était d'une grande nécessité que les nouveaux dirigeants de la République établissent la fondation pour qu'Haïti puisse passer d'une dictature à une démocratie durable.

Toutefois, réussir la transition démocratique impliquerait la mise en œuvre des pratiques selon les pré-requis et concepts de nouvel ordre mondial. Ce qui explique que le processus devant aboutir aux élections générales post-Duvalier le 29 novembre 1987 était porteur d'espoir. Malheureusement, comme la mise en place était biaisée au départ, les élections s'en trouvaient avortées.

Comme le régime transitionnel militaire du 7 février 1986 était dans l'obligation d'organiser des élections pour remettre le pouvoir à un gouvernement civil le 7 février 1988, ainsi avait eu lieu le 18 janvier 1988 le scrutin incontesté où furent élus des parlementaires et le premier Président post-Duvalier pour mener à bon port le destin de la nation pour cinq ans.

Après le massacre des élections générales du 29 novembre 1987 et la mascarade électorale du 17 janvier 1988 par le régime militaire, le pays a connu une succession de gouvernements éphemères, d'où 1988 et 1989 : les années des coups d'État.

Le processus de transition raté après la mauvaise gestion du gouvernment militaire qui a succedé le départ de Jean-Claude Duvalier en 1986 a conduit à des gouvernements éphemères. Pour l'auteur du livre *le Coup de Cédras*, Herold Jean-François, pendant la période de transition du départ du dictateur en 1986 a mars 1990, Haïti a connu plusieurs coups et tentatives de renversements de gouvernements. *"Au cours de cette trop longue période de transiton, le pays a eu droit a quatre coups et tentatives de coup d'État : 19-20 juin 1988, coup du général Henry Namphy contre le Professeur Lesly Manigat ; 17 septembre 1988, coup du général Prosper avril contre le tombeur de Manigat ; 3 avril 1989, conflit au sein des FAD'H, tentative de putsch des colonels Himmler Rébu, Philippe Biamby et Leonce Qualo, supporté quelques jours plus tard par le commandaant des Casernes Dessalines, le colonel Guy Andre François. Le 10 mars 1990, un consensus national obtint le départ du général Prosper avril, et Madame Ertha Pascal Trouillot, jusqu'au juge a la Cour de Cassation, lui succède au Palais national, après un intermède de soixante-douze heures, assure honorablement par le général Hérard Abraham.»*

C'est dans ce contexte troublé de la vie politique nationale que furent annoncées les élections générales du 16 décembre

1990. Avec la candidature du prêtre populaire Jean-Bertrand Aristide dans le processus, ces élections étaient porteuses d'espoir pour les classes défavorisées. Ayant prêté serment, selon les vœux de la constitution de 1987, le 7 février 1991, le gouvernement Lavalas, avec comme Président, Jean-Bertrand Aristide et Premier ministre, Réné Préval, devait, à la faveur d'un coup d'État sanglant des militaires le 30 septembre, quitter le pouvoir.

Mais avec le soutien de la communauté internationale qui, dès les premières heures, avait condamné le putsch, de son exil dans un premier temps au Venezuela, ensuite dans la capitale américaine (Washington), le Président en exil allait mener une longue bataille pour son retour au pouvoir le 30 octobre 1994.

Il rentra pour compléter le reste de son mandat ; c'est pendant cette période, avec le soutien de la communauté internationale que la police nationale d'Haïti (PNH) avait été créée. C'était aussi à ce moment qu'avait été organisé le scrutin général de décembre 1995. De ces élections, son frère jumeau (comme il aime appeler son Premier ministre Réné Préval) est arrivé au pouvoir. C'était dans une ambiance de fête que, pacifiquement, la passation entre le chef d'Ètat sortant Jean-Bertrand Aristide et le Président élu avait été faite le 7 février 1996.

En dépit des obstacles rencontrés pendant sont mandat, René Préval a su rester au pouvoir pour, finalement avec son Premier ministre Jacques Edouard Alexis, organiser les élections controversées de mai et de novembre 2000. Lors de ces joutes présidentielles, Aristide était, pour son second mandat, élu Président de la République.

Comme il l'avait annoncé lors de sa passation de pouvoir le 7 février 1996, Aristide était, le 7 février 2001, revenu au

35

pouvoir. De son investiture jusqu'à son départ forcé le 29 février 2004, les trois ans d'administration d'Aristide étaient, du fait des élections controversées de mai et de novembre 2000, très bouleversés.

Dans un contexte politique en perpétuelle transition, en mars 2004, un gouvernement de transition avec un mandat de deux ans avait succedé au Président Aristide. Il était composé du Président de la Cour de Cassation, Me. Boniface Alexandre comme chef de l'exécutif et d'un ancien haut fonctionnaire des Nations-Unies qui vivait de sa retraite en Floride, comme Premier ministre. Bénéficiant d'un soutien inconditionel de la communauté internationale, le gouvernement de transition avait promis beaucoup. De toutes les promesses faites à la population, au moins, quoique envoyées en plusieurs occasions, des élections générales avaient eu lieu le 7 février 2006, date à laquelle devait entrer en fonction le Président élu.

Mieux vaut tard que jamais : trois mois après la date que la constitution prévoit pour la rentrée en fonction, Réné Préval avait, le 14 mai 2006, prêté serment comme Président de la République d'Haïti. Il était très critiqué dans la gestion de la chose publique. Durant son second mandat, son équipe composée de ses proches dirigeait le pays comme un petit clan de copains qui en était à ses premieres expériences. C'était dans ce contexte que malheureusement était survenu le terrible tremblement de terre du 12 janvier 2010 et les élections de la honte à deux tours du 28 novembre 2010 et du 20 mars 2011.

Finalement, c'est aussi dans un contexte très difficile des élections frauduleuses et surtout de reconstruction du pays après le tremblement de terre du 12 janvier 2010 que le chanteur Michel Joseph Martelly était arrivé à la magistrature suprême de l'État. Ainsi, en gagnant même avec l'aide de l'international, le deuxième tour du scrutin du 20 mars 2011, il mettait fin à vingt ans de gouvernance du secteur populaire Lavalas. Avec sa présence au pouvoir, ainsi commençait un autre épisode pour le peuple haïtien. Mais, dans la foulée, le chanteur-Président Martelly sera t-il capable de mettre fin aux vingt-cinq ans d'échec démocratique qui, malheureusement, avaient trop duré dans le pays ?

Chapitre 1
L'attente de 1986 et ses déceptions

« *Etrange cheminement de la parole dans un pays qui se libère d'un dictateur sans avoir recours aux armes. Etrange cheminement d'une parole libre arraché a l'intelligentia libérale, réprise et réssucitée par le peuple. Etrange parcours de cette parole qui s'est faite action, s'est installée au cœur du peuple, et l'a entraîné. Verbe magique, Parole combattante, quel a été le chemin de cette arme si étrange dont se sert un peuple pour se libérer.* »

M.L. BONNARDOT
G. DANROC

Durant toute l'administration de François Duvalier, dit Papa Doc, il y avait des oppositions locales aussi bien que des résistances venant des Haïtiens de l'extérieur, afin de dire non au régime sanguinaire de Duvalier dans ses basses œuvres. Cependant, il avait pu résister et faire obstacle à tous les assauts et tentatives de destabilisation contre son régime monté de toutes pièces par l'opposition. Selon des analystes, le système ne serait pas en mesure de survivre tous ces obstacles, et ceci pendant longtemps, si toutefois il n'avait pas le soutien de la communauté internationale. Le contexte international et les conflits internationaux, particulièrement la guerre froide existant entre les États-Unis et L'URSS, avaient joué en sa faveur. Ce qui en portait plus d'un à penser que le docteur François Duvalier semblait maîtriser non seulement la classe politique, mais aussi les conjonctures internationales.

À un moment où les États-Unis mâtaient dans la région tous les gouvernements de tendance communiste ou socialiste, de son côté, Président Duvalier en profitait, lui aussi, pour se débarrasser de tous ses ennemis politiques, aussi bien d'une partie de l'inteligentia haïtienne que des prètres catholiques. C'était sur cette base de crise internationale et locale qu'il avait pu, pendant quartoze ans, régner comme seul souverain d'Haïti. De l'amendement de la constitution à la création d'une force paralèlle à l'armée d'Haïti dites les Tontons Macoutes, du changement des couleurs du drapeau national bleu et rouge en noir et rouge, de l'emprisonnement, l'exil à l'élimination physique des opposants politiques, ce sont autant de choses négatives réalisées pendant le régime de François Duvalier.

Avant sa mort en 1971, bien entendu avec des arrangements politiques au niveau local, provisions légales de la constitution et bénédictions des grandes puissances occidentales, le Président François Duvalier avait pu, pacifiquement, faire la transition du pouvoir à son jeune fils, Jean-Claude Duvalier. Le jeune homme n'avait pas encore vingt ans quand il prêta serment comme Président de la République. Ce qui faisait de lui le plus jeune Président dans l'histoire du pays à pouvoir briguer la magistrature suprême de l'État d'Haïti.

Héritier d'un pouvoir où tous les conseillers et le personnel de son administration étaient des amis loyaux de son père, le jeune Président a su gouverner et continuer la dynastie des Duvalier. Pour apaiser les masses défavorisées aussi bien que ses partisans, tout au début de son gouvernement, le Président Jean-Claude Duvalier déclarait, au cours d'un discours, que son père avait fait la révolution politique et que lui ferait la révolution économique.

Son intention était de se présenter comme étant un gouvernement non seulement progressiste, mais aussi d'ouverture. Quoique comme aimaient dire ses partisans ''pitit tig se tig'' (le fils d'un tigre est un tigre), le comparer à juste titre au gouvernement de son père, aux dires de certains analystes, historiens et hommes politiques analysant

40

les deux régimes, l'administration de Jean-Claude Duvalier était plus un gouvernement d'ouverture que répressif. Il est vrai qu'il y avait des persécutions politiques, des exils et des assassinats politiques durant ses années de gouvernement, mais le comparer au régime de répression de son père ne serait pas de bonne guerre. Les exilés de novembre 1980 sont un cas classique de ceux-là qui avaient été persécutés pour leurs idées politiques ou leur opposition au régime, mais l'histoire retiendra aussi que pendant les premier mois de son investiture, il avait invité les exilés politiques sous l'administration de son père à revenir au pays.

Les critiques contre son gouvernement étaient nombreuses. On lui reprochait certaines gabegies adminstratives et des violations des droits humains. Corruptions et détournement des fonds du trésor public étaient en autres des reproches faites au régime de Baby Doc. Son mariage avec Michèle Benette, une femme de couleur de la bourgeoisie haïtienne en mai 1980, créait déjà un certain conflit entre les deux ailes du duvalirisme, c'est-à-dire ceux de la première heure avec son père en 1957 et ceux du jean claudiste. Mais là encore, il y avait une certaine stabilité politique. Cependant, l'émergence sur la scène politique des jeunes prêtres de la théologie de libération de concert avec des leaders de l'opposition aussi bien que la tuerie des écoliers des Gonaives étaient autant de choses qui allaient déclencher une révolte générale dans le pays.

Effectivemment, tout allait bien pour le gouvernement de Jean-Claude Duvalier, lorsque aux Gonaives, cité de l'indépendance, avait commencé une opposition contre le régime. Lors d'une manifestation dans cette ville, le peuple rendait le gouvernement responsable de sa situation de misère dans laqu'elle il vivait. Pour pallier ce mouvement de soulèvement, le ministre Alix Cinéaste avait été dépêché sur les lieux. Ironie du sort, c'était aussi dans cette ville que, dix-huit mois plus tard, qu'avait commencé, avec la mort de Daniel Israël, Mackenson Michel et Jean Robert Cius, trois jeunes écoliers des Gonaïves, les mouvements de protestations qui devaient emporter le régime vers l'exil le 7 février 1986.

Bref, avec des manifestations dans presque tous les départements, spécialement dans les grandes villes du pays, les derniers jours de janvier 1986 annonçaient déjà la couleur. Port-au-Prince, la capitale d'Haïti, où à l'époque se trouvait toutes les grandes forces militaires et répressives du gouvernement, était encore passive et suivait jusqu'alors l'évolution de la crise réclamant le départ de Jean-Claude Duvalier. Comme dans les villes de provinces, les écoles et les universités étaient aussi fermées à Port-au-Prince. Cependant, avec la manifestation du 30 janvier 1986, Port-au-Prince s'était alignée au côté d'autres villes qui réclamaient le départ de Duvalier. Le faux départ du 31 janvier allait conduire à une semaine d'État siège.

Analysant les raisons de cet État siège, certains experts dans la crise politique haïtienne pensaient que c'était une question pour la communauté internationale de trouver une terre d'asile pour le dictateur.

Comme des rumeurs couraient déjà sur le départ de Jean-Claude Duvalier, durant les nuits du 5 et 6 février, la population était impatiente en termes de quoi demain serait fait. Avec la fermeture des stations de radios qui étaient jugées, par le gouvernement, exagérées dans la diffusion des nouvelles locales, il était presque impossible d'avoir des nouvelles sur le dénouement de la crise. Donc, les jeunes en particulier et la population en général, en quête d'informations, ont essayé, et certaines fois très tard, d'être branchés sur des émissions des ''*short wave* '', radios venant des pays proches. Tandis que les Haïtiens dans certaines communautés en diaspora qui, de près, suivaient l'évolution de la situation, ont quotidiennement appelé leurs parents et amis pour les informer sur les toutes dernières nouvelles sur la crise haïtienne. Donc, à partir des informations qui circulaient, la question n'était plus « *est-ce qu'il partira* » mais plutôt une question de temps, à savoir : « *quand est-ce qu'il quittera le pouvoir.* »

Entre-temps, toutes les activités étaient au point mort. L'état de siège avait complètement paralysé la vie nocturne. Donc, très tôt dans l'après-midi, par peur d'être victimes de répresailles des tortionaires du régime, les gens étaient déjà à la maison. La nuit du jeudi 6 février fut la plus longue. Des rumeurs de toutes sortes circulaient à Port-au-Prince. Par prudence, les gens se gardaient de divulguer certaines informations qu'ils recevaient soit des membres proches du pouvoir, soit des medias de la communauté internationale. Ils ne voulaient pas non plus répéter les mêmes expériences du 31 janvier ou le faux départ du dictateur avait été annoncé, alors qu'il était encore présent au Palais National. De ce fait, ils préféraient attendre. Des parents et amis encourageaient les leurs, particulièrement les plus imprudents, à ne pas prendre des risques ; en un mot, le consigne était de rester chez soi. Pour ceux qui avaient de l'expérience dans les dénouements de crise politique en Haïti, quelque chose allait certainement arriver. Dans les chambres d'hôtel du pays, les reporters internationaux en quête des toutes dernières nouvelles, attendaient impatiemment.

Pendant que certains dormaient, d'autres étaient sur le pied de guerre et attendaient les toutes dernières nouvelles. Finalement, l'annonce fut faite. Après avoir dirigé le pays pendant presque trente ans, la famille Duvalier est partie. Ne voulant pas affronter la colère du peuple, Président Duvalier avait choisi de quitter le pays au beau milieu de la nuit. Pendant que le peuple dormait, celui qui, pendant les derniers mois, était devenu impopulaire, a laissé le pays. ' *Il était 2h45 quand le Président, accompagné de sa famille et des proches collaborateurs, dans un C-141 de l'armée américaine partait pour l'exil. Et au moment de son départ, le dictateur a prononcé son dernier discours: «Désirant entrer dans l'histoire la tête haute, la conscience tranquille, j'ai choisi de passer le destiné de la nation, le pouvoir aux Forces Arrmées d'Haïti en souhaitant que cette décision permettra une issue pacifique et rapide à la crise actuelle.»*[8]

Avec ce discours dans la matinée du vendredi 7 février 1986, ainsi prendrait fin vingt-neuf années de dictatures des Duvalier père et fils. Ainsi s'annonçait aussi une nouvelle Haïti pleine d'espoir et de promesses. À Port-au-Prince comme dans les villes de provinces, une foule en délire avec des branches d'arbre errait dans les rues pour exprimer son contentement. Jeunes de tout âge, vieux, hommes et femmes de toutes les classes sociales confondues exprimaient leurs joies et satisfactions. Sans tenir compte de leur contentieux, ils s'enlaçaient en marchant. On pouvait lire sur presque tous les murs : « Vive Haïti libérée, Deuxième indépendance.» Dans chaque coin de rue, en échangeant des vœux, le peuple se réjouissait du départ. Mais malheureusement, d'autres gens étaient, dans tous les endroits, à la recherche des macoutes et sympatisants du régime. *« Si d'un côté le 7 février était une journée de fête et de célébration pour certains, pour d'autres la chasse à l'homme a commencé contre ceux qui pendant vingt-neuf années du régime ont tué, assassiné et pillé les trésors publics. Vengeance et poursuite incessantes formaient le tableau.»*[9]

Les macoutes les plus chanceux avaient eu le temps de se mettre à couvert. D'autres, habillés en leurs uniformes bleus

---

[8] Daniel Roussiere, Jenane Rocher, Gilles Danroc. *Les élections du 29 novembre 1987. La democratie ou la mort.* Bibliotheque Nationale d'Haïti, p 14.

[9] Op. cit.

avec leurs foulards attachés par des boîtes d'alumettes qui montaient la garde dans plusieurs zones, étaient encore en postes même après que le Président eut fait ses adieux. Ainsi, ils étaient les premiers à être lynchés par la population en colère. *''Au matin du 7 février, une immense crie de joie fut entendu aux quatre coins du pays. À Port-au-Prince, 500,000 personnes environ, toutes couches sociales confondues, hommes et femmes, ont pris place autour du palais présidentiel. La presse étrangère était surprise par la rage avec laquelle le peuple traquait les macoutes. Certains sont lapidés, d'autres brûlés vifs. Leurs maisons sont pillées et incendiées. La rapidité avec laquelle des macoutes sont répérés démontre jusqu'à quel point la colère populaire se contenait auparavant »*[10]

Pour proteger des vies et sécuriser des biens, l'armée et la police ne pouvaient pas intervenir dans tous les coins du pays, ainsi se sont produit, nationalement, des dérapges. Le bilan était lourd en termes de pertes de vies humaines, biens et immeubles des membres du régime déchu. Des maisons aussi bien que des magasins soupçonnés d'appartenir à des macoutes et barons du régime furent sacagés et pillés. Il n'y avait pas seulement sur les murs des sglogans de Haïti libérée ou deuxième indépendance, on pouvait aussi lire des slogans comme : « à bas les macoutes, à bas Jean-Claude et sa femme Michèle ! » Pendant qu'une foule aux alentours du palais et ailleurs célébrait le départ du dictateur, d'autres étaient au cimetière de Port-au-Prince pour attaquer les tombeaux de Papa Doc et de l'ancien général Jacques Gracia. Plusieurs auteurs et journalistes qui commentaient les événements qui ont eu lieu ce vendredi 7 février 1986 étaient unanimes à reconnaître que la journée était d'une

---

[10] Laennec Hurbon. Comprendre Haïti, Essai sur l'État, la nation, la culture. Editions Karthala, 1987, p.11.

part, pleine de rejouissance et d'autre part, de violences accrues, de chasse et de pillages.

À ce sujet, les auteurs Daniel Roussière, Jenane Rocher, Gilles Danroc dans leur livre : *Les élections du 29 novembre, la démocratie ou la mort*, ecrivent ce qui suit : *"Une extraordinaire explosion de joie, une véritable liesse populaire que personne ne pouvait décrire, transforme Port-au-Prince en une ville carnaval. La foule se dérange en direction du palais national ; les gens s'embrassent, se congratulent, des soldats sont portés en triomphe; des tontons macoutes sont dépouillés de leurs uniformes, battus. Au cri de 'À bas Jean-Claude Duvalier ! À bas Michèle ! Vive l'armée !» Des groupes prennent la direction du Radio Soleil et exigent sa réouverture immédiate. Au cimetière de Port-au-Prince, les manifestants s'attaquent au tombeau de 'Papa Doc' (le père de Jean-Claude Duvalier) : les mains ensanglantées, les manifestants frappaientt ce petit monument de couleur claire à coup de pierres. Les quatres murs de l'édifice sont pulvérisés. La foule profane aussi le tombeau du général Gracia Jacques qui fut, pendant 20 ans, chef de la garde présidentielle et le fidèle serviteur de Duvalier père et fils. Au Bel air, au Centre ville, à Laboule, Delmas, Thomassin, Carrefour, des scènes de pillage sont enregistrées malgré l'intervention de la police et de l'armée..."*[11]

Jusqu'avant les évenements politiques de fin 1985 et du début 1986, internationalement, le portrait d'Haïti était toujours celui d'un pays calme et pacifique oú l'Haïtien était toujours présenté, en dépit de son extrême pauvreté et sa misère, comme un peuple docile et hospitalier. Mais la journée du 7 février avait permis de se faire une autre idée sur ce peuple. Manipulés

---

[11] Daniel Roussiere, Jenane Rocher, Gilles Danroc. *Les Elections du 29 novembre 1987. La démocratie ou la mort.* Bibliothèque Nationale d'Haïti, p.15

par des leaders aux discours violents, des jeunes aussi bien des adultes avec leurs actions empreintes de violence presentaient des images horribles à la communauté internationale. Avec des pneus usagés de voitures communement appelés *"père Lebrun"*, les macoutes furent tués, ainsi à coups de pierres ou de machettes, ou bien arrosés avec de la gazoline et brûlés vifs.

Dans les stations de radio, les églises catholiques et protestantes à travers des prêtres et pasteurs modérés aussi bien que des leaders de droits humains ont appelé le peuple au calme et à la pondération. De même, le chef du gouvernement de transition avait demandé au peuple de garder le calme. Comme cette violence continuait pendant toute la journée du 7 février, dans l'après-midi, un couvre-feu fut établi sur tout le territoire où l'Armée et les forces de police patrouillaient les villes.

La grande question était : comment un gouvernement répresif de vingt-neuf années a dû, sans grande résistance, partir si vite ? Pendant les années 60, spécialement durant le régime du Dr. François Duvalier, de nombreux mouvements de résistances, venant des Haïtiens de l'extérieur, avaient essayé de renverser le dictateur. Mais Papa Doc avait fait obstacle à toutes les attaques de l'enemi, dites "camoquin". Avec des troupes loyales montées par les gardes présidentielles du Palais National et des tontons macoutes dans tout le pays, le régime de Papa Doc a su rester au pouvoir jusqu'à sa mort en 1971.

C'était un pays et un régime stable que le jeune fils de François Duvalier avait trouvé lorsqu'il était arrivé au pouvoir en avril 1971. En dépit des tentatives des groupuscules de rebelles hostiles à la dynastie, le pouvoir de Baby Doc, comme celui de son père, surmontait tous les assauts. "Le mouvement de Latortue" en janvier 1982 par des rebelles venant de l'exterieur, en était un exemple classique. Mais comment Jean-Claude Duvalier a-t-il quitté le pouvoir sans résister alors qu'il avait particulièrement les Tontons Macoutes, des troupes loyales pour le protéger ? Sa chute le 7 février 1986 était-elle accidentellement liée au mouvement du nouvel ordre mondial ou avait-elle des relations avec les mouvements de protestations des acteurs nationaux en place dans le pays ?

Dans son livre *la Séduction Populiste – Essai Sur la Crise Systematique Haïtienne et le Phenomène Aristide (1986-1991)*, Jean Alix René, en analysant le départ suprenant du dictateur Jean-Claude Duvalier le 7 février 1986, pense qu'il était le résultat des pressions simultanées des forces internes comme l'église, les jeunes et les politiciens traditionnels. *''La chute des* duvalieristes *après une trentaine d'années de pouvoir a surpris tant par sa soudaineté que par la nature des forces qui en sont venues à bout. Elle est survenue sous la préssion simultanée de l'Eglise, des jeunes et des politiciens traditionnels, dans une conjoncture de crise ou l'édifice duvaliériste se trouvait complètement lézarde par les luttes internes d'hégémonie entre les* duvaliéristes *authentiques et les jeanclaudistes. Cette crise conjoncturelle qui conduisait à l'éclatement du régime des Duvalier en 1986 trouve sa source dans deux processus distincts mais reliés entre eux, l'un économique, l'autre politique..''*

Le départ du régime des Duvalier avait laissé un bilan négatif. Le bilan était lourd pour vingt-neuf années de régime. C'était un pays complètement en retard par rapport aux autres du continent, spécialement la République Domicaine dont Haïti partage la frontière. Mis à part les deux routes nationales 1 et 2, l'accès aux localités réculées du pays laissait à désirer. L'Haïti de l'après Jean-Claude était encore au stade archaïque. Il n'y avait pas assez d'hopitaux pouvant offrir des services de santé á la population, d'écoles primaires et secondaires pour les enfants, centres professionnels et universités pour les jeunes. Les gens vivant dans des villes, autres que Port-au-Prince,

48

commes dans les provinces réculées étaient abandonnés à eux-mêmes. L'État des routes et des maisonnettes dans certaines localités aussi bien que le style de vie des habitants étaient encore comme à l'époque de la guerre de l'indépendance. Comme les gouvernements antérieurs, les régimes des Duvalier père et fils, eux non plus, n'avaient rien fait pour améliorer la souffrance et la misère des pauvres gens.

Ironie du sort : les gouvernements des Duvalier comme Jean-Pierre Boyer sont les deux régimes qui ont passé beaucoup plus de temps au pouvoir. De père en fils, les deux ont dirigé le pays pendant 29 ans. Qu'avaient- ils-fait pendant les vingt-neuf années de gouvernement. Quelle était leur contribution apportée à l'infrastructure et au logement dans les villes de provinces et quartiers défavorisés de la capitale?

Quant à Port-au-Prince, la capitale, la situation n'était pas différente des villes de provinces. Le tableau était aussi sombre. Dans les régions métropolitaines, les bidonvilles comme Cité Simone (devenue Cité Soleil), La Saline, Solino, Bel-Air, Saint Martin, Delmas, Carrefour Feuilles et Martissant où croupissaient les masses defavorisées sans accès à l'eau potable, à l'éducation ou aux soins médicaux, l'image d'une ville sans infrastructure urbaine se trouve ainsi représentée. À part de quelques lycées comme Alexandre Pétion, Antérnor Firmin, Toussaint Louverture pour les garçons et Lycée des Jeunes Filles, qui ont été construits bien entendu sous l'administration des anciens gouvernements bien avant les Duvalier, l'éducation des enfants haïtiens a été laissée à la merci des écoles privées. Parmi ces institutions scolaires, bon nombre d'entre elles ne repondaient pas aux normes des infrastructures modernes.

Étant donné le nombre réduit de facultés comme Agronomie, Sciences, Médecine, Droit, IERAH (L'Institut d'Études et de Recherches Africaines), Linguistique, Ecole

Normale, Sciences Humaines, Ethnologie, INAGHEI (Institut d'Administration de Gestion et des Hautes Etudes Internationales) avec capacité d'accueillir presque chaque année une centaine d'étudiants, incluant les *moun-n pa* (le favoritisme), l'Université d'État d'Haïti ne disposait pas de places en nombre suffisant pour accueillir les jeunes sortant des examens officiels des classes terminales. Le chômage ravageait les parents et les jeunes en général. Les jeunes étaient sans espoir. Pour certains bacheliers, l'Académie Militaire semblait être la seule option. En raison du nombre réduit de récrutés qui pouvaient entrer en formation à l'Academie, il fallait être en contact avec un haut gradé de l'armée d'Haïti ou être de connivence avec un membre influent du régime pour avoir une chance de se faire admettre. Dans l'administration publique, la corruption gangrenait tous les échelons. Donc, avec un tel bilan, le gouvernement qui remplaçait Duvalier devrait avoir à ses côtés des hommes et des femmes compétents et de bonne volonté pour en arriver à une bonne gouvernance.

Chapitre 2
Le Conseil National de Gouvernement (CNG)

Le départ du dictacteur Jean-Claude Duvalier créait un vide politique qui fut, à l'aube du 7 février 1986, remplacé par un gouvernment civilo-militaire appelé Conseil National de Gouvernment (CNG). Composé de quatre militaires, le Lieutenant Général Henri Namphy, Président, et les Colonels, Williams Régala, Max Valles et Prospère Avril, plus deux civils, Alix Cinéaste et Gérard Gourgue, qui étaient des conseillers. Le Conseil National de Gouvernement, avec un mandat de deux ans, avait pour mission de stabiliser le pays, de plus, de le doter d'une nouvelle constitution et d'organiser des élections libres, honnêtes et démocratiques. L'équipe gouvernementale, spécialement son Président, le Lieutenant Général Henri Namphy et le Professeur de l'université et Président de la Ligue haïtienne des droits humains, Gérard Gourgue, pendant les premiers moments du dit Conseil National de Gouvernment, inspiraient confiance au sein de la population.

Parmi les nouveaux ministres qui formaient le cabinet, le Colonel Williams Régala dirigeait le Ministère de l'Intérieur et de la Défense en avec la rigeur d'un militaire. On se souviendra encore de cette phrase célèbre du ministre de la défense : *''jan yo vini konsa nap resevwa yo (On vous reçoit comme vous vous êtes venu).''* Déclaration qui avait été faite pendant l'absence du général Président Henri Namphy pour l'étranger alors que la population voulait manifester sans l'autorisation des forces de l'ordre. Le Colonel Max Valez occupait le poste de Ministre des Relations Publiques et de l'Information. Pour les deux civils, Gérard Gourgue et Alix Cinéaste, le premier fut Ministre de la Justice, le second, Ministre sans portefeuille.

Aux premières heures de leur investiture, le discours de ce Conseil National de Gouvernement se voulait apaisant. D'une diction bégayante, le général lut ce qui suit : *"L'Armée ne nourrit aucune ambition politique et demeure au service des intérêts supérieurs de la Patrie"* Si la foule, pour se réjouir du départ du dictateur à vie, était dans les rues, par contre, nombreux étaient ceux qui se méfiaient du gouvernement de transition. Déjà, ils parlaient du « duvalierisme sans Duvalier. » Tandis que, pour rassurer d'autres secteurs, des promesses étaient faites à des alliés de la communauté internationale par le Président du CNG qui déclarait *''à toutes les puissances étrangères et amies, aux Institutions internationales, que le gouvernement respectera les accords, traités et convention qui le lient avec elles..''*

Quant à ceux qui faisaient du dérapage, du pillage et qui ne respectaient pas la vie et les propriétés privées des autres, le gouvernement avait aussi lancé un appel au calme. *''Appel au calme, à la pondération pour le rétablissement de la paix et de l'ordre : promesse formelle de respecter les droits humains''* C'était dans cet ordre d'idée que l'ancien Premier Ministre Robert Malval, dans son livre *l'Année de toutes les duperies*, écrit que *' le général Henri Namphy qui dirigea le Conseil National de Gouvernement à la chute de Duvalier, avait toutes les chances d'entrer dans l'histoire par la grande porte.'[12]'*

Mais, le gouvernement de transiton était-il en mesure de combler le fossé de deux cents ans d'inégalité entre ceux-là qui possèdaient plus de la moitié des richesses du pays et

---

[12] Robert Malval, *l'Année de toutes les duperies*, page 32.

ceux-ci qui n'avaient absoulement rien ? Le général avait-il la possibilité, l'expérience et la bonne volonté de répondre aux attentes du peuple haïtien qui avait tant souffert des vingt-neuf années de dictature des Duvalier ? Était-il en mesure de se conduire en vrai chef capable de prendre les bonnes décisions pour le pays ou n'était-il qu'une poupette facile à influencer, intimidé par les macoutes et la communauté internationale ?

Immédiatemnt après le départ de Duvalier, le Conseil National de Gouvernement avait pris deux grandes mesures : le retour du drapeau bleu et rouge le 17 février 1986 comme couleurs nationales et la dissolution du corps de Volontaires de la Sécurité Nationale (VSN) créé par le docteur François Duvalier.

Durant les mois qui suivirent, comme les événements se multipliaient, le Conseil National de Gouvernement a connu différents changements. Les Généraux Namphy et Régala maintenaient leur renommée d'hommes forts du régime, alors que le Colonel Valles était remplacé et que les deux civils, Gourgue et Cinéaste, démissionnaient. Le jour de sa démission, le 20 mars 1986, soit plus d'un mois après le départ de Duvalier, certains reprochaient à Me. Gourgue son implication au départ du colonel Albert Pierre (Ti Boule), homme de main des régimes duvaliéristes, lors de son exil au Brésil. Le Colonel Pierre était reconnu pour sa cruauté dans la zone des Croix-des-Bouquets. Le jour du départ de ce colonel notoire, Me. Gourgue s'était présenté à la télévision nationale, à sa façon habituelle, pour dénoncer d'un ton ironique le départ de Mr. Pierre. ''*Jodi a gen youn gwo toutrel ki sove nan kalòj la (Aujourd'hui, une grosse touterelle s'est enfuie de sa cage).*''

Bref, Me. Gourgue a démissionné de son poste tout en dénonçant le non engagement du CNG dans les affaires internes du pays. Après cette démission ''*Le Conseil*

National de Gouvernement a connu trois versions civilo-militaires avec des dominants des casernes. La première, formée de 6 membres, incluant deux civils : Me Gérard Gourgue le défenseur des droits de l'homme et Alix Cineas venu de l'aile modérée de la mouvance duvaliériste. Très vite, l'effectif a augmenté, trois membres rejoignaient le staff : les Généraux Namphy et Régala et Me Jacques François, enfin les deux premiers et Me. Luc Hector..''[13]

L'armée d'Haïti

Pour mieux comprendre la portée historique de l'après 7 février 1986 et le gouvernement de transition au pouvoir avec la si lourde responsabilité de conduire Haïti vers la transition démocratique, il s'avère important de faire l'historique de l'institution militaire haïtienne.

L'ancien général Prosper Avril, dans son livre *la Génèse des Forces Armées d'Haïti*, écrit : ' *'Haïti avant même l'arrivée de Christophe Colomb en Amérique, a toujours disposé une armée à vocation de défense du territoire, concept maintenu tout au long de l'histoire nationale. Parti des faibles structures militaires des autochtones de l'île en passant par l'armée coloniale de Toussaint Louverture, notre pays, depuis l'indépendance en 1804, a connu 3 types d'armée : la première, avant 1915, dite indigène, la deuxième, sous l'occupation américaine de 1915, Gendarmerie, et enfin la troisième, apres l'haitianisation en 1934, dite haïtienne et connue sous les dénominations de 'Garde d'Haïti, d'Armée d'Haïti ou de Forces Armées d'Haïti.''[14]*

---

[13] Mirlande Manigat, *Traité de Droit Constitutionnel* Haïtien, Volume II (Universite Quisqueya, Port-au-Prince Haïti, p 482).

[14] Prosper avril, *la Genèse des Forces Armées d'*Haïti, p 17.

L'armée d'Haïti (FAD'H), comme presque toutes les armées dans des pays en voie du dévelopment, a toujours joué un rôle important dans les affaires politiques du pays. Quand elles ne sont pas à l'avant scène de la politique, elles sont parfois les marionettes des pouvoirs civils. Dans le cas d'Haïti, l'histoire politique haïtienne est faite de coups d'État, complots, arrestations arbitraires et assassinats exécutés par des militaires qui se comportaient, dans bien des cas, commes bourreaux et hommes de mains de certains régimes des dirigeants assoiffés de pouvoir. Du plus bas niveau, c'est-à-dire du grade de caporal à celui de l'état-major, le militaire haïtien était corrompu. ''L'armée est organisée en pratique, non en théorie sur la base de la corruption. En d'autres termes, la corruption se retrouve dans le processus a tous les niveaux, depuis les promotions jusqu'aux nominations en passant par la routine quotidienne de la vie militaire''[15]

Créée par les États-Unis durant leurs dix-neuf années d'occupation (1915-1934), la gendarmerie nationale allait, après le départ des Marines en 1934, devenir une institution de destabilisation dans la politique haïtienne. Avec le soutien de la communauté internationale à travers des puissantes ambassades occidentales à Port-au-Prince, un général de l'armée d'Haïti, qui est, dans bien des cas, un agent de la CIA, peut décider à n'importe quel moment de la destinée d'un candidat à la présidence aussi bien q'un chef d'État en fonction, surtout si ce dirigeant remet en cause ses intérêts et celui des Etats-Unis. Même en retraite, un officier supérieur pouvait exercer de grande influence dans la politique haïtienne. De 1804 jusqu'à la seconde moitié du vingtième siècle, nombreux furent les officiers et généraux qui ont, directement ou indirectement, influencé la politique

---

[15] Garry Hector, Herard Jadotte, Haïti et l'après-Duvalier : continuités et ruptures. Editions Henry Deschamps/CIDIHCA, 1991, p.126.

ou occupé des postes de présidents en Haïti. Cependant, avec l'arrivée du docteur François Duvalier au pouvoir en 1957, l'équation allait changer. Pendant presque trente ans de régime (père et fils), le militaire haïtien allait devenir, de l'acteur qu'il était pendant toute la première moitié du siècle, tout en jouant un rôle de suppléant des macoutes dans l'exécution des sales besognes des dictateurs, un observateur de la politique.

De leur poste dans les casernes, certains militaires, du grade de soldat à celui de l'État major, étaient parfois arrêtés, puis rétrogradés dans des postes d'attachés militaires dans des ambassades, voire tués et, dans d'autres cas, utilisés comme hommes de main et bourreaux du régime. Sous les gouvernements des Duvalier, les militaires, dans bien des cas des hauts gradés, étaient souvent humiliés par des macoutes aussi bien que de leurs femmes et leurs maîtresses. C'était cette armée qui, au lendemain même du 7 février, avait soulevé autant de doutes de la part des analystes et experts dans la crise politique haïtienne. Parmi tous les questionnements, beaucoup étaient sceptiques quant à la vision de ces généraux au pouvoir.

C'était dans cette optique que Gérard Barthelemy cite : *"Le 7 février 86 a ravivé les aspirations des militaires* Haïtiens. *Cette* date, *important pour l'armée d'*Haïti, *a dissipé sa nostalgie qui remonte à l'époque ou Paul E. Magloire faisait 'la pluie et le beau temps'. En ce temps la, le colonel Magloire nomme et révoque les chefs d'États à son* gré. *Si pendant 30 ans l'armée d'*Haïti *a gardé religieusement ses casernes sans franchir les limites de ses droits et devoirs, c'était pour attendre, en silence, l'exaucement de sa prière faite avec ferveur : que son règne vienne pour que sa volonté domine sur le pouvoir exécutif et judiciaire"*[16]

---

[16] Gérard Barthelemy, *les* duvaliéristes *apres Duvalier,* éditions

Analysant la possibilité du Conseil National de Gouvernement de réussir dans une Haïti de l'après-Duvalier, bien entendu après une absence de 29 ans sur la scène politique, Gérard Bathélémy, dans son livre *les duvaliéristes après Duvalier,* déclare « *d'ailleurs on précise volontiers que, seul, François Duvalier avait su matter cette institution et la maintenir en dehors du jeu politique* : c'est ce qui permet à Frantz Merceron de déclarer : ' *'L'armée d'*Haïti *est peu préparée à diriger un pays. Ses effectifs limités, controlée et tenue à l'écart pendant 29 ans par un civil fort et méfiant assisté de ses miliciens, sans aucune expérience politique, mais bardée dans ses certitudes d'un Duvalierisme sans failles, telle est l'Armée d'*Haïti *à qui le pouvoir échet en 1986*''[17]

Il était évident que l'armée avait été à la fois victime et bourreau durant les régimes des Duvalier, mais celui qui présidait l'intérim du régime de transition avait bénéficié de l'admiration de la population. On assiste après le 7 février à une certaine tolérance de la population en faveur du général Président. ' *'Dans une large mesure en tant qu'institution, l'armée a été une victime de la dictature* duvaliériste *même si elle a aidé à consolider celle-ci. En 1986, elle aurait pu se racheter : la population lui a su gré de s'être associée au processus de renversement de Jean-Claude Duvalier et le Général Namphy au début, s'était vu atrribuer le surnom de 'chouchou'* ''[18]

En dépit des tableaux sombres que de par son expérience et le passé politique que pouvait projeter une institution comme l'armée d'Haïti, pour certains, on pouvait encore espérer. La

---

l'Harmattan, 1992, p 73-74.
[17] Op.cit.
[18] Mirlande Manigat, *Traité de Droit Constituionnel* Haïtien Volume 2, Université Quisqueya, Port-au-Prince, Haïti, pp. 481, 482.

dissolution des membres volontaires de la sécurité nationale (VSN) et l'annonce de la liberté de la presse étaient des signes positifs que les militaires au pouvoir voulaient aller dans de bonne direction. De plus, le remplacement des couleurs du drapeau noir et rouge de François Duvalier par celles de bleu et rouge le 17 février, aussi bien que le jugement de certains membres zélés de l'ancien régime, étaient des signaux clairs que cette nouvelle administration voulait conduire le pays sur les rails de la démocratie. Ce qui explique qu'en dépit de quelque cas de dérapage et de désordre de la population contre les biens de certains partisans et des macoutes du régime, le départ de Jean-Claude Duvalier offrait une ère nouvelle pour une Haïti démocratique.

Il y avait de quoi espérer au lendemain même du 7 février 1986. Beaucoup pensaient qu'avec ce momentum national, le régime militaire de transition allait voir converger toutes les forces vives du pays vers un consensus de changement. C'était cette espérance d'une Haïti nouvelle et prospère qui a poussé des Haïtiens de l'extérieur, par ambitions politiques pour certains et par nostalgie pour d'autres, à rentrer, dans un temps record, au pays immédiatement après le départ de Jean-Claude Duvalier. D'où le phénomène et l'opération de retour au pays des exilés politiques.

L'arrivée des exilés politiques

L'arrivée des Haïtiens de la diaspora qui, pour la plupart, s'étaient exilés pour leurs oppositions aux régimes des Duvalier, était porteuse d'espoir. Ils étaient divisés en plusieurs catégories : ceux qui s'étaient exilés sous le régime de papa Doc pendant les années 60 et d'autres durant l'administration de Baby Doc. Parmir ces derniers, il y avait des journalistes et des politiciens du 28 novembre 1980.
Donc, comparé à ceux qui étaient absents depuis les années 60 et début 70, on pouvait remarquer comment il était facile

58

pour les exilés du 28 novembre 1980 de reprendre contact rapidement avec la population. Ils avaient encore des attaches et une certaine popularité parmi les étudiants, les jeunes aussi bien que les gens défavorisés dans les bidonvilles.

Certains, exilés pendant plus de vingt ans, ont profité de leur asile politique pour étudier et apprendre les techniques du développement de leurs pays d'accueil. Ils étaient donc impatients de rentrer pour apporter leur petite contribution au développement de leur pays. Tandis que d'autres, après des efforts consentis au cours de longues heures de travail par semaine, avaient en quelque sorte fait des économies. Âgés et épuisés par leurs longues heures de travail, ces Haïtiens dits de la diaspora voulaient rentrer pour investir en Haïti. Pays vierge avec tous ses problèmes structurels et conjoncturels, Haïti avait besoin des ressources humaines, de différentes expertises et d'investisseurs, surtout locaux. Mais malheureusement, la Constitution de 1987 allait empêcher bon nombre d'entre eux – qui, pour diverses raisons, avaient adopté la nationalité du pays d'accueil – de participer pleinement à leurs devoirs civiques et politiques. Ajoutez à cela des investisseurs d'origine haïtienne, mais qui, avec d'autres nationalités, ont été victimes de régulations similaires à celles des étrangers qui voulaient investir dans le pays.

Dès l'arrivée de ces Haïtiens de l'extérieur ou exilés politiques, déjà on assistait à une certaine confrontation entre eux et les habituels politiciens du terrain. Ces derniers qui, pour bien des raisons, n'avaient pas pris le chemin de l'exil, ils se considéraient comme les seuls héritiers détenteurs d'une notoriété d'être les futurs dirigeants du pays. Tandis que les exilés politiques, dont bon nombre étaient arrogants, se croyaient expressément qualifiés pour occuper des postes électifs ou nominatifs, du fait qu'ils avaient des diplômes et expériences des grands pays de l'Europe, d'Amérique du Nord et Latine. Ainsi commençait

59

la grande bataille entre ceux qui, peu de temps auparavant, luttaient contre le régime féroce des Duvalier.

Entre-temps, regroupé sous le couvert de différentes associations, le peuple s'organisait dans une lutte sans merci pour la démocratie et le changement des conditions préliminaires des gens des classes défavorisés. Durant toutes les manifestations qui s'ensuivaient, le peuple ne cessait de réclamer un État de droit, bien entendu avec la participation dans les prises de décision des ces masses qui, pendant presque deux cents ans, avaient été exclues des activités politiques de leurs pays.

Création des associations politiques

Parmi les acteurs et regroupements populaires qui se réclamaient des changements pour les masses, l'église catholique, par l'intermédiaire des prêtres et des émissions très écoutées depuis les studios de Radio Soleil, avait grandement contribué à cette bataille. ' *'Le grand virage de l'Eglise catholique en Haïti en faveur du peuple dans sa lutte contre la dictature héréditaire de Duvalier date de l'automne 1980.»*[19] Micial M. Nerstand, dans son livre *Religions et Politique en Haïti*, rejoint les devanciers qui ont écrit sur la position de l'Eglise dans la crise haïtienne de l'avant et de l'après Jean-Claude Duvalier : *« Deux mois après la chute de Duvalier, la conférence épiscopale dégageait les priorités pour le peuple haïtien dans la construction d'une nouvelle communauté: alphabétisation, élaboration d'une constitution, élections libres, épuration dans l'administration politique. Venait enfin, comme urgente, la réforme agraire''*[20]

---

[19] Laennec Hurbon, *Comprendre Haïti. Essai sur l'État, la nation, la culture*. Editions Karthala, 1987, p.11.

[20] Micial M. Nerstand, *Religions et Politique en Haïti*. Editions

60

Après 1986, l'espace universitaire qui, pendant longtemps sous les régimes des Duvalier très limité en termes d'activités politiques, était devenu un endroit de débats et de revendications sociales. À travers des mouvements de sensibilisations universitaires, des musiciens engagés comme par exemple Manno Charlemagne aussi bien que des professeurs et prêtres de tendances de gauche sont intervenus dans tous les auditoriums avec des discours surchauffés contre l'imperialisme américain, l'armée et la bourgeoisie. Parmi les jeunes prêtres aux discours radicaux, Jean-Bertrand Aristide était le fer de lance du mouvement de soulèvement des étudiants. À l'époque, le tandem Manno Charlemagne, Jean-Bertrand Aristide et les étudiants marchait bien contre le statu quo. *''L'université, à cette époque, constituait un espace de débats publics. Si les étudiants représentaient la frange sociale la plus consciente de la cruciale réalité contre laquelle devraient partir en guerre les citoyens, il leur était cependant difficile d'être efficaces sur le terrain à cause des tabous de toutes sortes qui prévalaient dans le milieu universitaire. L'apport du secteur étudiant était surtout d'ordre théorique mis à part quelques actions isolées d'un petit noyau d'étudiants. Ce mouvement subissait l'emprise néfaste des partis politiques de gauche..''*

Cependant, le militaire haïtien, et ceci comme presque tous les autres militaires de l'Amérique Latine et des autres pays du tiers-monde, est antiprogressiste. Donc, de concert avec les forces rétrogrades du pays, comme tout autre mouvement, il réprimait par la violence celui des étudiants. *''Banboch demokratik la fini/les libertés d'expressions sont terminées''*, déclarait le Président du Conseil National de Gouverrement, le lieutenant général Henri Namphy.

Karthala, Paris 1994, p. 257.

Ainsi s'annonçait une autre bataille. Par la faute des politiciens et leaders dont les idéologies et revendications étaient complètement révolues dans un nouvel ordre mondial, la bataille allait être musclée, compliquée et délicate durant toute l'année 1986, tant sur la forme que sur le fond.

Les événements du 26 avril 1986

Comment parler du 26 avril 1986 sans historiquement faire mention du 26 avril 1963 ? Donc, remontons à la crise de 1963. Suite à un attentat contre les enfants du dictateur François Duvalier à l'entrée du Collège Bird de Port-au-Prince, des officiers et leurs familles furent persécutés, arrêtés et assassinés. Cela avait commencé un vendredi matin du 26 avril 1963. Il était aux environs de sept heures vingt-cinq du matin, quand la limousine qui devait transporter les enfants du dictateur arriva à l'entrée du Collège Bird. *''Comme elle le fait chaque jour de classe. Les portières s'ouvrent et deux passagers descendent : Jean-Claude Duvalier, un adolescent grassouillet, et sa sœur Simone agée de seize ans. Tous deux se préparent à pénétrer dans l'école. La limousine est en train de faire demi-tour. Elle a franchi le portail et se dirige déjà dans l'avenue bordée d'arbres, à trois pas de maisons du palais. Soudain, une série de détonations. Le chauffeur ainsi que deux gardes du corps s'effrondrent, morts. Plus tard, des témoins déclarent qu'ils ont vu une voiture qui semblait attendre l'arrivée de la limousine et une autre qui la suivait. On n'a pas tenté de kidnapper les enfants du Président ni même de leur faire du mal. ''[21]*

Ceux qui avaient eu la chance ce jour-là de rencontrer le dictateur immédiatement après l'attentat contre la vie de

---

[21] Bernard Diederich, Al Burt : *Papa Doc et les Tontons Macoutes. La vérité sur* Haïti. Editions Abin Michel, p.195.

leurs enfants au Collège Bird déclaraient que le Président François Duvalier était furieux. Dans sa colère, le Président *''est persuadé que seul un tireur d'élite a pu abattre avec une vitesse et une telle précision l'escorte qui accompagnait ses enfants. À son avis, il ne peut s'agir que du lieutenant François Benoît. Persuadé que Benoît est l'un des responsables de l'attentat, Duvalier donne l'ordre à sa garde de commencer les représailles..''*[22]

Pour mieux persécuter les opposants politiques, Président Duvalier était de nature à créer les événements. Comme il le faisait souvent, il était passé maître dans ce genre d'affaire. Dans le cas de l'incident du 26 avril 1963, le dictateur voulait-il tout simplement se débarrasser du Lieutenant Benoit et de certains autres officiers de l'armée d'Haïti jugés jusqu'alors comme une ménace à son gouvernement ? L'attentat centre la vie des enfants du dictateur était-il vraiment un coup monté pour se débarasser de certains officiers de l'armée ? Ou venait-il vraiment des opposants du régime ? Si on répond oui à la seconde question, pourquoi le mercenaire assigné à cette tâche n'avait-il pas exécuté les enfants quand il était facile à faire, particulièrerment après avoir abattu ceux qui étaient chargé d'assurer leur sécurité ? Voulait-il tout simplement lancer un message ou un avertissement au dictateur pour lui faire savoir que ses enfants étaient très vulnérables. Seul, le dictateur pouvait apporter la lumière sur les doutes qui planaient autour des événements sanglants du 26 avril. Quoi qu'il en soit, l'événement du Collège Bird présentait un lourd bilan en termes de dégâts matériels et de pertes en vies humaines.

Sous les ordres du Président, les macoutes, back-up par certains membres des forces armées, s'étaient rendu à la maison de la famille Benoît pour tuer les parents de l'officier

---

[22] Op.cit.

et finalement brûler leur maison. Ils ne s'arretèrent pas là puisqu'ils avaient le feu vert ce jour-là. Ils tuèrent également des officiers et civils soupçonnés d'avoir des implications dans l'attentat contre la vie des enfants du Président. Au nombre d'une vingtaine, l'officier Benoît était parmi ceux la qui avaient la chance de trouver réfuge á la résidence de la mission Dominicaine á Port-au-Prince. Même là, ils étaient poursuivis par les bourreaux de François Duvalier, action qui a occasionné de vives tensions pendant quelques jours entre les deux gouvernments. Cette situation devait par la suite nécessiter l'intervention de l'OEA et d'autres diplomates dans la région pour calmer les esprits et empêcher l'éclatement entre les deux chefs d'État de la frontière.[23]

Dans son livre *l'Armée d'*Haïti, *Bourreau ou Victime*, l'ancien général Prosper avril avait expliqué le conflit combien tendu entre le gouvernement de Port-au Prince et son homologue de Santo Domingo. *« L'émotion soulevée par l'affaire du Collège Bird fut telle qu'elle eut des répercussions très graves sur les relations haitiano-dominicaines. Elle a en faillite même provoquer la guerre entre les deux pays. Des éléments des forces de l'ordre ayant, par excès de zèle, tenté d'atteindre le lieutenant François Benoît au siège même de l'ambassade où il avait trouvé réfuge, le ministre dominicain des Affaires Etrangères adressa à la chancellerie* haïtienne *une note sévère de protestation stigmatisant la conduite des unités de police : mon gouvernement, écrit le chancelier dominicain Andres A. Freite dans un cable dâté du 28 avril 1963, a appris que la chancellerie de l'Ambassade dominicaine dans cette capitale a été envahie par des membres de la Force Publique* haïtienne *et que des membres de cette force y sont demeurés. Ils se sont aussi introduits en la résidence*

---

[23] Bernard Diederich, Al Burt : *Papa Doc et les Tontons Macoutes. La vérité sur* Haïti. Editions Abin Michel, p.195.

de l'Ambassade, interférant brutalement dans le libre mouvement de cette dernière. Ces violations aussi insolites des normes du Droit Internationale universellement consacrées et reconnues de manière spéciale par le système interaméricain ont entraîné la plus énergique répudiation de mon gouvernement »[24]

Et dans cette note sévère adressée au gouvernement de François Duvalier, le Ministre des Affaires Etrangères de la Republique Dominicaine avait, dans sa conclusion, lancé un ultimatum au gouvernement de Port-au-Prince : *''Compte tenu de la gravité des faits et des circonstances dénoncés dans la présente, mon gouvernement espère que dans un délai irrévocable de vingt-quatre heures après l'envoi de ce message, le gouvernement* haïtien *agira de façon à donner des preuves non équivoques d'un changement radical de sa conduite vis-a-vis de la République Dominicaine''*[25]

Donc, ce fut en mémoire de tous ceux et celles qui avaient été assassinés et emprisonés à Fort Dimanche que, vingt-trois ans plus tard, dans ce même fort, des parents, amis et leaders politique ont manifesté le 26 avril 1986. C'était aussi à cette occasion que des militaires avaient ouvert le feu et tué des manifestants. *''Le 26 avril 1986 en est devenu le symbole. Une grande manifestation du souvenir, exprimait un consensus quasi national, s'avance devant Fort Dimanche, la caserne ou furent torturés et executés bon nombre de 30,000 Haïtiens qui, selon les estimations, furent victimes des Duvalier. Des pétitions circulent pour en faire parc du souvenir avec un mémorial des disparus. Soudain, l'armée tue : 6 morts, 54 blessés, le choc de la répression contre la libération, le nouveau pouvoir lève un coin du voile »*[26]

---

[24] Prosper avril, *l'Armée d'*Haïti, *Bourreau ou Victime ?* Imprimerie Le Natal S.A., octobre 1997, pp 145-146.
[25] Op.cit.

Pour justifier la tuerie de ce jour, une des notes émanant des forces Armées d'Haïti faisait état d'hommes armés dans la foule qui voulaient entrer dans l'enceinte de ce fort.

L'année 1986 n'était cependant plus les années 60 ou, dans le cadre de la guerre froide, tout régime militaire ou gouvernement dictatorial qui exprimait désapprobation et désintérêt envers les activités communistes était toléré par l'administration américaine. Avec l'évolution du nouvel ordre mondial et des changements politiques dans la région, le régime était obligé de s'ajuster aux normes et réalités du moment. D'où la naissance de la loi mère.

La constitution de 1987

Une constitution est la base fondamentale d'une nation. Étant la loi-mère, elle crée les institutions politiques, distribue et divise les branches de pouvoir et, dans une certaine mesure, garantit les droits de chaque citoyen. Une constitution est plus qu'un assemblage de lois. Elle est à la fois une accumulation de lois permettant de retrouver des droits fondamentaux comme la liberté individuelle et collective, les libertés d'expression et de conscience, les aspects éducationnels, culturels et traditionnels acceptables pour tout un peuple. Dans le cas des États-Unis, le peuple américain entretient un respect et une révérence toute particuliere pour la constitution de son pays. Selon lui, la consitution est le fondement de sa liberté et de sa prospérité. Selon Madame Mirlande Hyppolite Manigat, ''L'objet de la Constitution est de jeter les bases de la société en projetant une vision philosophique de la nation, en précisant les valeurs partagées par les membres de la société, parfois ses inquiétudes, toujours ses espérances. Une Constitution

---

[26] Op.cit.

comporte généralement quatre parties d'inégale longueur et d'importance juridiquement différenciée : un Préambule ; le corps de la Constitution ; des Dispositions Transitoires ; des Dispositions Finales et/ou Générales. »[27]

La charte constitutionnelle, prétendument bourgeoise, deviendra la cible de ce secteur exprimant à travers les colonnes de l'hebdomadaire Haïti-Progrès ses virulentes critiques contre elle et contre l'Assemblée constituante qui lui a donné naissance. On pouvait lire : *« Les élections en vue de la formation d'une assemblée constituante le 19 octobre 1986 ont été boycottées par la majeure partie de la population... Ce corps formé d'ailleurs de vingt membres directement nommés par le CNG, outre les dits élus, ne bénéficie aucune représentativité populaire... »* La conclusion s'impose logiquement : *« Non à la carte électorale, non à la Constitution et non aux élections du CNG. »*[28]

Comme pour faire obstacle à la Constitution de 1987, plusieurs conférences, débats, interventions radiophoniques et télévisées avaient été organisés soient en Haïti aussi bien que de l'extérieur par des Haïtiens. D'un côté comme de l'autre, on reprochait la désignation d'une forte majorité des membres de cette assemblée par le régime militaire représentant différentes entités des forces politiques du pays comme un moyen de contrôler les actvités et d'influencer les travaux de cette constitution.

Dans son livre *Coopération et développement : le rôle du pouvoir législatif dans le fonctionnement modéré de l'État*, l'ancien parlementaire Samuel Madistin pense que '*'La constitution de 1987 est considérée comme le point de mire du nouvel État à remplacer l'État prédateur, oligarchique, exclusive que nous*

---

[27] Mirlande Manigat. *Manuel de Droit Constitutionnel*. L'Imprimeur II, 2004, pp. 43-44.

[28] Mac-Ferl Morquette, *les nouveaux* Marrion, pp70, 71.

avons connu de 1804 à 1986. Le peuple haïtien *réclame un État de droit axé sur la participation populaire à la prise des grandes décisions intéressant son avenir. Cette constitution, née dans un contexte particulier, pose formellement le principe de la séparation des pouvoirs. Elle prône un réaménagement du pouvoir politique au profit du Législatif, tout en consacrant l'indépendance du pouvoir judiciaire. Elle a innové par la création du poste de Premier Ministre, instituant une dyarchée au plus haut sommet de l'État..'* [29]

Quoi qu'il en soit, l'assemblée constituante avait été mise sur pied et avait fait son travail de projet de constitution qui lui avait été assigné. Il appartenait au peuple de décider du reste, c'est-à-dire de la ratifier ou de la rejeter. Donc, le dimanche 29 mars 1987 fut une journée très significative. Ce jour-là était important parce que c'était la date à laquelle le gouvernement de transition avait convoqué le peuple à ratifier ou non la Constitution de 1987. Il était aussi important pour une génération de jeunes gens et de jeunes filles qui avaient grandi sous les gouvernements des Duvalier de faire leur premiere expérience de vote démocratique. Presque deux ans auparavant, le pays avait été invité à participer au référendum de Jean-Claude Duvalier, organisé par l'homme fort du régime : le Ministree de l'Intérieur, le Dr. Roger Lafontant. Le peuple avait boycotté le projet parce que c'était une mascarade orchestrée par le gouvernement en place, dans le but de faire plaisir à la communauté internationale. Mais ce dimanche 29 mars, en dépit des consignes de boycottage lancées par les opposants à la Constitution, le peuple était sorti pour aller la ratifier.

---

[29] Samuel Madistin. *Coopération et développement, le rôle du pouvoir législatif dans le fonctionnement moderne de l'État.* Presse de l'Imprimeur II, Port-au-Prince, Haïti octobre 2001

Très tôt le matin, habillée en blanc car telle était la consigne des supporters de la Constitution, une foule imposante se retrouva dans les bureaux désignés à cet effet. Traditionnellement et culturellement, Haïti est un pays religieux. Donc, les gens de différentes croyances religieuses étaient, comme d'habitude, allés à l'église, puis, une fois les messes dominicales terminées, ils se regroupèrent pour aller ratifier la Constitution. Des jeunes gens qui faisaient la queue sous un soleil de plomb ont exprimé leur engouement pour ratifier cette constitution dans le but de doter le pays d'une loi-mère capable de l'orienter vers le progrès et la démocratie.

À travers sa détermination à ratifier la constitution, le peuple haïtien a voulu lancer au gouvernement militaire de transition, aux leaders de tendance dictatoriale aussi bien qu'à la communauté internationale, un message clair traduisant son mot d'ordre d'en finir avec le régime dictatorial. « *À cet égard, le vote massif du 29 mars 1987 en faveur de la constitution est le signe non équivoque du réel sursaut d'un peuple qui veut en finir avec le despotisme.* »[30]

Certes, beaucoup de voix s'étaient élevées contre la ratifica-tion de cette loi-mère. Pour lui faire obstacle, plusieurs colloques ont été mis en place par des organisations d'opposants. Elle avait suscité bien des remous au sein de differentes strates sociales et de la classe politique d'alors. Autant de débats avaient eu lieu. Autant d'opposition contre les membres de l'assemblée nationale et la constitution elle-même. Selon des experts qui analysaient la conjoncture et l'euphorie qui ont abouti à la ratification de cette constitution, un seul article peut-être avait motivé les masses populaires et certaines organisations socio-politiques dans leurs démarches. Selon eux, c'est l'article 291 qui a dressé une barrière en face de tout duvaliériste avec l'intention, soit de participer aux prochaines élections, soit de

---

[30] Michel Soukar, *Entretiens avec l'histoire (Tome 5)*, 2005, pp 121-122.

briguer un quelconque poste politique à l'avenir. ' *'Autant l'assemblée constituante était suspecte, autant la nouvelle constituante était choyée. Mettant les duvaliéristes au rancart pendant dix ans. Cette constitution était massivement approuvée par voie référendaire le 29 mars 1987. En dépit de ses faiblesses apparentes, la constitution de 1987 recèle des innovations. Elle prevoit la séparation des trois pouvoirs de l'État; prône la décentralisation des pouvoirs jusqu'au niveau de la plus petite entité administrative du pays : la section communale ; la participation des citoyens à tous les échelons du pouvoir. Peut-être la plus grande innovation de cette constitution est-elle la formation d'un conseil électoral, chargé de planifier et d'organiser les élections à tous les niveaux* * '* [31]

En dépit de la mauvaise gestion du gouvernement de transition, une autre étape importante venait d'être franchie ; il restait une autre beaucoup plus significative vers le processus de la démocratie, à savoir, l'organisation d'élections, surtout crédibles et transparentes.

Les élections du 29 novembre 1987

Selon l'ouvrage de Marcel Painchaud *Introduction à la vie politique*, tous les gouvernements démocratiques disposent d'une loi électorale qui leur permet de prévoir les étapes à suivre pour l'orgaisation des élections. Dans le cas d'Haïti, comme le pays venait tout juste de sortir d'un long système dictatorial, il n'y avait pas d'institutions appropriées pouvant organiser des scrutins. Ce qui explique que le Conseil National de Gouvernement était donc dans l'obligation de mettre sur pied les structures aptes à assurer la bonne marche d'une élection démocratique et honnête.

---

[31] Op.cit.

Pour y parvenir, après la ratification de la constitution, c'était le tour d'un Conseil électoral provisoire de neuf membres. Dans les articles 191 jusqu'au 199 de la Constitution 1987, il y a provision pour un Conseil Electoral Permanent avec pour mission d'organiser en toute indépendence des élections à tous les niveaux dans tout le pays. ''Le *Conseil électoral permanent est chargé d'organiser et de contrôler en toute indépendance, toutes les opérations électorales sur tout le territoire de la république jusqu'à la proclamation des résultats du sctutin*'' À défaut d'un Conseil électoral permanent comme prévu dans la constitution, le 13 mai, le Conseil National du Gouvernement nomma les membres du CEP (Conseil Electoral Provisoire) et publia un décret organisant l'institution électorale. Les neuf conseillers électoraux étaient chargé de l'exécution et de l'élaboration de la Loi Electorale devant régir les prochaines élections. Il était reparti comme suit :

1- Un membre de l'Exécutif, non fonctionnaire ;
2- Un membre de la Conférence Episcopale ;
3- Un membre du Conseil Consultatif ;
4- Un membre de la Cour de Cassation ;
5- Un membre de l'organisation de Défense des Droits Humains, ne participant pas à la compétition électorale ;
6- Un membre du Conseil de l'Université ;
7- Un membre de l'Association des Journalistes ;
8- Un membre des Cultes Réformées ;
9- Un membre du Conseil National des Coopératives.[32]

Et en date du 21 mai, les neuf membres proposés à la composition du dit Conseil électoral provisoire ont prêté serment par-devant la Cour de Cassation. Les neufs membres étaient composés comme suit :

1- Ernst Mervil, Président ;

---

[32] Daniel Roussière, Jenane Rocher, Gilles Danroc : les « élections » du 29 novembre 1987, la démocratie ou la mort ? Bibliotheque Nationale d'Haïti, p.110.

2- Pierre Labissière, vice-Président ;
3- Max Alex Verrier, secrétaire ;
4- Alain Recourt, trésorier ;
5- Philippe Jules, membre ;
6- Emmanuel Ambroise, membre ;
7- Napoleon Eugène, membre ;
8- Charles Pérodin, membre ;
9- Carlo Dupiton, membre.[33]

Entre-temps, très mobilisé sur le terrain, certaines organisa-tions populaires, manipulées par des leaders de gauche qui pensaient qu'une révolution ou la prise du pouvoir pouvait se faire par des actions armées comme à l'époque de la guerre froide, le boycottage de l'élection faisait son chemin. Pendant les mois qui suivirent la création du Conseil électoral provisoire, on assista à des déclarations codées de la part de certains leaders des partis politiques opposés aux élections. La tactique du double langage continuait comme à l'époque de la formation des constituants qui devaient travailler sur la charte constitutionnelle. Avant, c'était « *non à la constitution* » ; plus tard, c'était « *non aux élections. Nous n'allons pas aux élections avec les militaires. Il nous faut un autre gouvernement capable d'organiser des scrutins libres et démocratiques* » réclamaient les leaders politi-ques et les organisations de gauche. ' '*La tactique du double langage, du double visage a marqué la longue période de la transiton démocratique. Elle s'est révélée une arme particulière-ment efficace aux mains de cabotins de la politique dont les grossiers jeux de scène ont trop longtemps provoqué les applaudissements de spectateurs gagnés à leur cause*' '[34]
Certes, l'armée dans sa politique traditionnelle, comme elle l'avait fait en 1957 pour le docteur François Duvalier, voulait effectivement organiser des élections orientées, dirigées au profit d'un candidat. Mais l'hypocrisie et la mesquinerie dans le jeu de double langage des leaders de la classe politique avait, dans une

---

[33] Op.cit.
[34] Op.cit.

certaine mesure, désamorcé l'atmosphère électorale et, du même coup, facilité le jeu macabre de l'armée. Au lendemain même du 7 février, certains leaders de la classe politique haïtienne étaient toujours indécis en termes de leur participation effective dans un processus démocratique. Avec des discours révolutionaires, bon nombre de leaders politiques n'étaient toujours pas d'accord sur la manière d'accéder au pouvoir. Dans leurs prises de positions toujours codées et empruntées au double langage et au marronnage, certains préconisaient la prise du pouvoir par la force et d'autres voulaient le prendre par la légalité, mais, bien entendu, avec la faveur de l'armée et de la communauté internationale. ' *'On assiste ici a la résurgence de cette vieille querelle entre ceux qui préconisent la prise du pouvoir par la force et ceux qui veulent y accéder par la voie légale, ces derniers que les pseudo-révolutionnaires qualifient dédaigneusement d'électoralistes »*[35]

Même lorsqu'ils s'unissaient à certains moments contre le régime militaire pour protester contre certains abus et violation des droits humains, le conflit entre ceux qui voulaient arriver au pouvoir par la force et la voie légale était le cheval de bataille de tout un groupe de politiciens. Ceux qui voulaient les élections étaient le plus souvent décriés et insultés en des termes tels « vendeur de patrie » ou « *machan-n peyi.* » Toujours dans ce même ordre d'idées, Mac-Forel Morquette dans son livre *les Nouveaux* Marrion, cite dans une interview au journal *Haïti Progrès* en date du 20 au 26 janvier 1988, l'opinion du prêtre activiste : Jean-Bertrand Aristide, une voix très écoutée à l'époque : ' *J'ai toujours admis que la Constitution impliquait des élections, mais j'ai aussi toujours considéré les élections comme incapables de constituer une solution pour le pays, malade jusqu'à la moelle. Lorsque s'approchait le 29 novembre, j'ai*

---

[35] Mac-Ferl Morquette, *les Nouveaux Marrion*, pp73-80. *L'été chaud de 1987 et le 'Rache Manyok'*

respecté la position de ceux qui voulaient aller voter, mais moi-même, je n'ai pas pris de carte électorale pour participer aux élections, parce que je ne me voyais pas allant tremper mes mains dans cette chose pareille''[36]

Dans cette même interview, l'auteur cite le discours enflammé et codé de tendances de gauche qu'un prêtre aimait prononcer aux cours de ses interventions dans des manifestations de jeunes et étudiants qui, à l'époque, épousaient les idées antibourgeoises, antiarmées et antiaméricaines. *''Les élections, c'est la bourgeoisie, c'est l'armée, c'est un petit clan qui les organise avec le concours de la mafia internationale et élections sur élections, tandis que le peuple, toujours maintenu* anba tab la, *cherche à renverser la table sur laquelle sont installés les nantis..''[37]*

En analysant les déclarations du prêtre contre les élections de 1987, beaucoup pensaient qu'il aurait un autre comportement si á l'époque il avait 35 ans, l'âge qui, selon la constitution, l' autorisait à participer aux élections. Très contradictoire, l'homme haïtien est toujours contre les élections, surtout quand il estime qu'elles ne seront pas en sa faveur. Il ne s'oppose pas ou ne sera pas opposé aux élection si, dans les coulisses, il sait que le résultat du scrutin lui sera favorable. Il est rare, très rare, le politicien haïtien qui oppose à quelque chose par principe ou idéologie. C'est cette faiblesse qui permet souvent à l'international de s'infiltrer et manipuler facilement les élections en Haïti. Les leaders politiques haïtiens sont tellement inconsistants dans leurs prises de position qu'ils feraient n'importe quoi pour accéder au pouvoir. C'est dans ce contexte qu'on peut conclure que, si le pouvoir de l'amour pouvait un jour surpasser l'amour du

---

[36] Op.cit.
[37] Op.cit.

74

pouvoir des politiciens traditionnels haïtiens, Haïti serait déjà dans la voie du progrès et de la modenité.

Entre-temps, pendant l'été, les tensions se sont accrues à Port-au-Prince lorsque *''En juin 1987, le CNG veut mettre le nouveau Conseil Electoral Provisoire (CEP) sous tutelle du Ministre de l'Intérieur''* Pour défendre l'indépendance du conseil électoral et le processus déjà initié par cette institution comme outil dans sa lutte démocratique, des journées de grèves ont été décrétées par des organisations populaires contre le régime militaire de transition. La grève n'est alors *« plus simplement l'un des produits de la démocratie moderne ; elle est aussi garante de la démocratie politique »*, disait un chef de parti politique de l'opposition.

Comme les activités étaient en partie paralysées, on s'employa à mater ces journées de grèves, à travers des forces répressives de certaines unités de l'armée comme le Corps des Léopards, Casernes Dessalines et Fort Dimanche. Le gouvernement de transition issu du 7 février 1986 arrêtait, incarcerait et tuait dans les quartiers défavorisés tous ceux qui protestaient et demandaient leur départ. Pendant que des unités spécialisées lourdement armées occupaient les rues et zones stratégiques ou devaient se dérouler des manifestations, des gens très agités lançaient des slogans contre le régime de transition. Pour contrecarer l'escalade de la violence que le régime militaire de transiton instaurait dans le pays, la classe politique de l'oppositon coordonnait plusieurs mouvements de protestations. Des mots d'ordre de grève générale furent lancés par des associations de chauffeurs, des travailleurs, de paysans et des étudiants.

Dans l'intervalle, on en était à cette phase des examens nationaux dans le pays. En dépit des ''forcing'' du gouvernement pour organiser les examens officiels de l'État connus sous le nom de baccauréat I et II (Rhéto et Philo), un pourcentage très élevé des élèves en classes terminales ont

75

suivi et respecté la grève jusqu'au boycottage de ces examens. Figure charismatique très écoutée à l'époque, l'Evêque de Jérémie, Monseigneur Willy Romélus, dans un discours, lançait le mot d'ordre de *'Rache Manyók, bay tè a blanch* (le gouvernement militaire doit se retirer du pouvoir). Idée qui a été suivie par toute la classe politique qui se réclamait de l'opposition.

Le 23 juillet 1987, des paysans furent massacrés à Jean-Rabel par des militaires, des anciens membres de la milice des Duvalier et des grands propriétaires terriens. Quelques jours plus tard, l'homme politique Louis Eugène Atis a été assassiné à Léogane le 2 août. Ce fut aussi le cas, quelque mois plus tard, pour l'avocat et chef de parti Yves Volel. Il fut tué avec la constitution en mains au Grand Quartier Général de Port-au-Prince, le 13 octobre de la même année. Ces assasinats politiques soulevaient des inquiétudes graves quant à la volonté du régime militaire à pouvoir organiser des élections crédibles dans le pays : dès le départ, il était qualifié par certains analystes politiques comme le « duvaliériste sans Duvalier ».

Comme l'idée du *"rache manyok"* lancé par l'opposition avait échoué, il fallait trouver un moyen de faire obstacle au Conseil National du Gouvernement. D'une façon voilée, certains leaders qui, auparavant, parlaient leur double langage d'antiélections, ont rapidement changé de discours. Question de laisser la porte ouverte ou de courtiser cette même armée et la communauté internationale dans l'exercice des prochaines élections tant décriées. *' Les nostalgiques du présidentialisme fort, malgré les conséquences désastreuses de trente années de dictature en termes de rancœurs, de frustrations, de haine et de déchirement du tissu social, ont regretté que la Constitution de 1987 ait limité le pouvoir de l'Exécutif qu'ils voulaient total...'*

En fin de compte, malgré la position très critique contre la Constitution de 1987, le double langage ou discours voilé contre l'organisation des élections, il était nombreux ceux la qui se faisaient inscrire au processus électoral que devait organiser le régime militaire. Tout en s'appuyant sur un programme politique, regroupés sous la platforme dénommée groupe 57, ces leaders anti élections, qui voulaient, avec leur mouvement de *rache manyók*, le départ du régime militaire, s'étaient finalement présentés à tous les niveaux comme candidats aux élections générales du dimanche 29 novembre 1987.

L'histoire des élections en Haïti a toujours été, avec la complicité de l'armée et l'ingérence de la communauté internationale, une mascarade organisée au profit d'un quelconque candidat de la classe politique de leur choix. Mais, cette fois, avec un Conseil Electoral Provisoire déterminé à organiser des élections honnêtes et crédibles, non seulement tout le monde voulait tenter sa chance, mais aussi on pensait que c'était la chance à prendre de sorte qu'on puisse avoir un gouvernement démocratiquement élu.

Pour le peuple, toutes les élections crédibles et honnêtes devraient passer par l'application de l'article 291 qui, dans sa stupulation, demande que toute personne connue notoirement pour ses actions de zèle durant le régime des Duvalier, ne pourra briguer aucune fonction publique. Selon certains analystes, c'était ce seul article qui motivait le peuple à ratifier la constitution le 29 mars 1987. Ainsi stipulent les articles 291 et 292 :

Ne pourra briguer aucune fonction publique durant les dix (10) années qui suivront la publication de la présente constitution et cela sans préjudice des actions pénales ou en réparation civile ;

a) Toute personne notoirement connue pour avoir été par ses excès de zèle un des artisans de la dictature et de son maintien durant les vingt-neuf (29) dernières années ;
b) Tout comptable ayant occupé des fonctions publiques durant les années de la dictature sur qui plane une présomption d'enrichissement illicite ;
c) Toute personne dénoncée par la rumeur publique pour avoir pratiqué la torture sur les prisonniers politiques, à l'occasion des arrestations et des enquêtes ou d'avoir commis des assassinats politiques.

Le conseil électoral provisoire chargé de recevoir les dépôts de candidature, veille à la stricte application de cette disposition.

Ainsi, dans le cadre du stricte application comme il était prévu dans l'article 291, certains barons ou sympatisants du régime des Duvalier jugés trop zélés comme Clovis Désinor, Alphons Lahens, Edouard Francisque, Jean L. Théagène, Clovis Desinor et Claude Raymond s'étaient vu refuser leur participation aux élections générales de 1987.

Sans avoir peur de l'autorité établie, ces candidats avec leurs fierfs macoutiques ont ouvertement menacé de faire sauter le pays si toutefois ils n'arrivaient pas à participer aux élections de novembre 1987. Déjà, les couleurs étaient annoncées et comme le dit le proverbe haïtien, *"se depi samdi pou wè kouman dimanch w ap ye (c'est à partir de la journé du samedi que vous aurez une idée de comment dimanche sera fait)."* Une fois ces candidats se sont écartés de la course électorale ; déjà, le camp duvaliériste s'était mobilisé dans le cadre de la planification des basses œuvres de style macoutique. Pour avoir été trop zélée pendant les 29 années de règne des Duvalier, et par suite de connivence avec les militaires au pouvoir, la population avait peur des répresailles de ses sbires duvaliériste. Dans le but de contrecarrer l'institution électorale et d'intimider la population durant les jours qui précédaient la date du scrutin, ces Messieurs continuaient leurs discours menaçants. Joignant les actes à la parole, ils encendièrent des bureaux de votes dans les villes de provinces aussi bien que dans la capitale ; avec des tirs nourris, ils menaçaient aussi les habitants des zones rurales.

Dans *les élections du 29* novembre *1987*, les auteurs Daniel Roussière, Jenane Rocher et Gilles Danroc retracent chronoliquement la liste des événements qui ont précédé les massacres et l'annulation des élections. Les événements suivants montrent les lieux et actions des macoutes durant le processus et le jour des élections.

La Montée infernale de la Terreur

- Selon l'AFP, depuis la dernière vague de violence aveugle du secteur duvaliériste, on comptabilise depuis dimanche dernier, 26 personnes qui ont perdu la vie et 41 autres qui ont été blessées.

- Une dépêche de l'AFP indique que, dans la nuit du 27 au 28 novembre, une personne a été abattue de plusieurs balles par le secteur duvaliériste opposé aux élections. De nombreuses rafales de tirs automatiques ont été entendues au cours de la nuit à travers les rues de la capitale.

- D'autre part, près de Déluge, localité située près de Montrouis, dans le départment de l'Artibonite, une Brigade de Vigilance est parvenue à intercepter un individu qui tirait et était accompagné de 25 macoutes : ce macoute fut mis hors d'état de nuire. Ensuite, un groupe d'individus en uniforme armés jusqu'aux dents a debarqué hier, vendredi 27 novembre, vers 1 heure. Ils se mirent ensuite à semer la panique, à tirer : on déplore des blessés par balles, des personnes torturées. Ils incendièrent et saccagèrent huit maisons, dont le bureau du BEC...

- Ce samedi 28 novembre, seize heures de temps seulement avant les élections présidentielles que les gens attendent depuis 30 ans, (c'est-à-dire depuis 1957, date des élections frauduleuses qui ont mis Duvalier au pouvoir), la situation demeure tendue dans le pays.

- Dans le Plateau Central, à Hinche, les trois-quarts de la population restent fermes sur leur décision d'aller voter demain. Le rendez-vous est donné pour six heures, bien que de nombreuses rafales aient été entendues dans la nuit de vendredi soir. Le BED a été la cible des attaques et a reçu 13 à 15 impacts de balles...

- Un transfert vient d'être opéré dans le district militaire de Mirebalais (Plateau Central : le capitaine Renoir Duverna est transféré aux transmissions et remplacé par le capitaine Gentil provenant de la Caserne Dessalines. Un jeune, interrogé par un journaliste, s'exclame : « *Les choses ne sont pas claires mais j'irai voter quand même. Je suis decidé. Qui vivra verra ! J'espère que l'armée est sincère quand elle dit qu'elle va assurer la sécurité.* »

- Aux Gonaives, moins de 24 heures avant les élections, on enregistre beaucoup d'activités dans la rue et près du Bureau Electoral Départemental. Sur toutes les lèvres, il n'y a qu'une seule parole : ce sont les élections demain matin.

- À Saint-Marc, la population est prêtre pour aller voter afin de chanter les obsèques du macoutisme. Pourtant chaque soir, des gangs de macoutes « *san-manman* » descendent dans les sections rurales pour tirer et intimider les paysans. Une note de presse d'un correspondant local de

Radio Soleil indique que les autorités macouto-militaires de Saint-Marc font déjà connaître qu'il ne sera pas question d'élections demain.

- À Desdunes, des rafales de balles ont été entendues dans la nuit du 25 au 26 novembre. De nombreuses douilles de balles ont été ramassées près du BEC.

- À L'Estère, le bureau de BEC a également été incendié.

- À La Chapelle, ils ont détruit le bureau du BEC et les macoutes tirent. Le docteur Ourdy a reçu au total 18 balles dans sa voiture.

- À Cabaret et à l'Arcahaie, les Brigades de Vigilance sont sur le pied de guerre. Francis Nixon, délégué du BEC d'Arcahaie, a dû se mettre à couvert depuis dimanche et ne peut dormir depuis lors à son domicile.

- À Montrouis, c'est la pagaille totale : les observateurs constatent que le marché est désert. De nombreux barrages ont été posés par les macoutes entre Montrouis et Saint-Marc, ce qui constitue des signes inquiétants. Le Président de BEC à Montrouis, qui ne peut pas dormir chez lui depuis plusieurs jours, a affirmé que les macoutes ont fait savoir qu'ils allaient tirer sur tous les bureaux de vote de Montrouis demain.

- À Petit Goave et Grand Goave, le fond de l'air respire les élections. De gros efforts sont déployés pour faire arriver les bulletins dans les zones les plus reculées. Des jeunes surveillaient conjointement le BEC de Grand Goave pour assurer la sécurité, d'autant plus que deux bureaux de vote ont été incendiés avant hier, dans la septième section de Faucher.

- Dans la commune de Léogane, dans la soirée une Brogade de Vigilance était sur pied pour passer la nuit à surveiller le BEC en raison des menaces d'incendie qui pesaient.

- Dans le Département du Nord-Ouest, au milieu de la semaine, tout le matériel électoral dans le bureau d'Anse à Fleur a été incendié. À Saint-Louis du Nord, dans la nuit de vendredi soir, le BEC a été l'objet de jets de pierre et la pancarte du BEC a été détruite.

- L'attaque et le barage de Freycineau : ce 28 novembre, divers appels téléphoniques arrivent de Saint-Marc à la station Radio Soleil indiquant que la population est aux abois et que le groupe armé dénommé des « *san-manman* » de Saint-Marc lance un véritable défi, jurant d'empêcher le déroulement des élections. Entre Montrouis et Saint-Marc, sur la route nationale N°1, les journalistes et les observateurs ne peuvent pas franchir les barrages dressés par les macoutes qui les menacent de leurs revolvers ou de machettes.

Dans l'après-midi, une nouvelle dépêche de l'AFP informe qu'une équipe de la 5ème chaîne de TV française a été agressée ce 28 novembre alors qu'elle s'apprêtait à entrer dans la ville de Saint-Marc. C'est un groupe de jeunes garçons armés de machettes et de revolvers qui a détruit la caméra, selon Jean-François RENOU, l'un des deux membres de cette équipe.

- À Petite-Rivière de l'Artibonite, durant toute la semaine, la population a vécu dans la terreur. Le samedi 28 novembre, vers 4h p.m, au moment où les membres du BEC distribuaient du matériel aux présidents et personnels des bureaux de vote, le presbytère a été une seconde fois l'objet de coups de feu, après l'attaque contre les prêtres du Prado dans la nuit du 23 novembre, et tout le monde a dû prendre la fuite en laissant par terre le matériel. Des traces de balles ont été remarquées sur les murs.

Pendant cette nuit, ils ont tiré sur un bon nombre de côtés : sur la maison du Président du BEC et de sa mère. Ces deux familles furent longtemps dans l'impossibilité de regagner leur logis. Cette même nuit, deux incendiaires qui opéraient avec le préfet Baguidi Grand-Pierre ont perdu la vie et deux autres furent blessés : par suite d'une erreur, le commando a tiré sur leur camionette.

- À Marchand-Dessalines, de nombreux jeunes ont été obligés de s'enfuir. Les deux prêtres de la paroisse, P. Emile Beldor et P. Pierre-Elie Geffrard, ont dû quitter la ville. La situation reste tendue.

- Aux Gonaives, dans la nuit précédant les élections, l'on assiste à un concert de balles sur la ville, de 22h.30 du matin. Plusieurs maisons ont été la cible de balles, dont les bureaux du BEC.

La veille des élections, on pouvait entendre distinctement le ronronnement sourd de gros véhicules militaires se déplaçant d'un point de la ville à un autre. L'armée et les bandes macoutes mettaient leur dispositif et leur arsenal en place. Le magazine *Time* rapporta dans les jours qui suivrent, que *« le général Namphy a été vu arrivant au Palais National peu après minuit le samedi 28 novembre. À l'époque, Namphy ne dormant pas au palais, il a dû y revenir en pleine nuit que pour prendre en mains les opérations. »[38]*

Dans la nuit du samedi 28 aux premières heures du dimanche 29, on pouvait entendre des tirs nourris des armes

---

38

automatiques dans des quartiers populaires comme Carrefour Feuilles, Martissant, Bel-Air, Solino. Malgré tous les incidents regrettables et les intimidations des macoutes quelques jours et même des heures avant le scrutin, signes clairs que le régime militaire n'allait pas garantir la sécurité des bureaux de votes et des électeurs, le peuple était décidé à aller aux élections pour élire des dirigeants qui devraient prendre en mains les destinées de la nation. Les membres du Conseil Electoral Provisoire, déterminés eux aussi à s'acquitter de leur tâche, ont pu faire parvenir, en dépit des difficultés en termes de moyens de transport, les matériels électoraux et bulletins dans les bureaux de votes, même dans les zones les plus reculées du pays.

Tôt dans la matinée du dimanche 29 novembre, la population était dans les rues pendant que d'autres étaient en ligne dans les bureaux de votes pour participer aux premières élections post-Duvalier. Sur le visage des jeunes, on pouvait voir la détermination et la passion d'aller remplir, pour la première fois, leur devoir civique et patriotique. Les chrétiens de différentes appartenances religieuses étaient encore à l'église, attendant la fin de la messe dominicale pour aller eux-mêmes participer aux élections. Par prudence, une autre catégorie était restée chez elle, suivant à travers le reportage de certaines stations de radios l'évolution du processus, avant de sortir enfin pour aller jeter les premières pierres dans le rétablissement démocratique et, du même coup, permettre au pays de démarrer sur la voie du changement et du progrès.

À travers les reporters, observateurs, experts et analystes commentant les élections, en grande partie, la communauté internationale fut au grand rendez-vous pour couvrir les premières élections de l'après-Duvalier. Pendant les vingt-neuf années des Duvalier, il y avait eu des élections dirigées et orientées pour élire des députés et magistrats. Elles étaient toujours organisées par le régime au profit des candidats de la grande famille duvaliériste. Les dernières élections sénatoriales et présidentielles remontaient á septembre 1957. Donc, avec les élections générales de novembre 1987 sous la direction d'un Conseil Electoral Provisoire indépendant, la presse nationale et internationale avait de quoi commenter.

Les journalistes et reporters haïtiens de la diaspora ont été, eux aussi, au rendez-vous pour couvrir, après presque trente ans, les premières élections présidentielles et sénatoriales de l'après-Duvalier. En un mot, la presse locale comme l'internationale voulaient être témoins de ce grand évenement historique. Malheureusement, ayant bénéficié de la complicité des militaires, spécialement du Ministre de l'Intérieur qui a en faillite à sa mission de garantir la sécurité sur tout le territoire, les nostalgiques duvaliéristes, avec des militaires qui ne portaient pas leurs uniformes, ont frappé très fort. Montés à bord de voitures pick-up, masqués avec des cagoules, munis de leurs armes automatiques et de machettes, ils blessaient et tuaient les électeurs dans les bureaux de vote. À l'école publique Daguinneau Lespinasse, dans la ruelle Vaillant (du haut de Lalue), Port-au-Prince, les commandos composés de macoutes et de militaires ont, une fois de plus, endeuillé la famille haïtienne. Ainsi se matérialisait ce que, dans les premiers jours du gouverenment de transition, certains analystes et critiques ont pensé : le duvalierisme sans Duvalier. Les auteurs du livre *les Élections du 29 novembre* rapportent les faits suivants : à l'aube, sept corps au moins gisaient déjà dans les rues de Port-au-Prince ; à Pétion-Ville, Delmas et Carrefour-Feuilles, les soldats tirent en l'air pour intimider les électeurs. Hors de la capitale, la violence est générale, bien que plus difficile à observer.

Les observateurs affirment que des tontons macoutes ont attaqué au moins trois églises catholiques à Port-au-Prince, tuant au moins deux fidèles. Dans l'église du Sacré-Cœur, qui faisait aussi office de bureau de vote, le père Nicolas Christian, curé de la paroisse, a indiqué que des tontons macoutes ont interrompu la messe du matin, ont frappé deux femmes avec les manches de leurs machettes, puis ont grimpé sur l'autel et ont cassé plusieurs objets sacrés.

Au 117 de la rue des Miracles, la foule des électeurs vient d'être dispersée par des tirs provenant d'une voiture. À Caridad, dans la zone de Carefour-Feuilles, la situation est intenable : la population vit, pendant des heures, sous le coup d'un bombardement systematique. Le local de la centrale syndicale FOS (Federation Ouvriere Syndicale), rue des Miracles, où était entrpose du matériel pour une soixantaine de bureaux de vote, a été mitraillé et detruit.

Urbain Bernard, un homme de 60 ans, travaillant a l'IDAI, est l'une des nombreuses victimes abattues sans pitie, en pleine rue de Port-au-Prince : bien que sa fille lui ait demandé de ne pas sortir ce jour-là, il a voulu, comme tant d'autres, remplir son devoir civique : déposer son bulletin dans l'urne. Il fut abattu d'une rafale de mitraillette au moment où il se trouvait, avec 14 autres passagers, dans une camionnette rue Caravelle (Christ Roi). Le vehicule est criblé de balles par les macoutes assoiffés de sang.

La sœur de Mr. Yvon Fougere fut grièvement blessée : alors qu'elle se trouvait en compagnie de son fiance, Fritz Michel, le couple a été attaqué par un groupe de macoutards armés jusqu'aux dents. Les agresseurs n'hésitèrent pas à les dépouiller de tout ce qu'ils possedaient. Leur forfait accompli, ils ouvrent le feu sur Mlle Fougere et son fiancé. Celle-ci est atteinte de trois balles. Quant a Michel, il reçoit pas mal de coups de machettes et sombre dans le coma, dans un état désespéré.

Radio Soleil, voix de l'Église catholique, qui était à l'epoque une radio très appréciée du peuple haïtien en raison de son ferme engagement à ses côtés, est l'une des cibles prioritaires, en ce dimanche noir : elle est réduite au silence. La station est criblée de grenades et de bombes incendiaires, son émetteur brûlé par un escadron de 16 soldats en uniforme, d'apres le temoignage du père Hugo Triest, directeur de la station. Le gardien qui assurait la surveillance du site est grièvement blessé.

La plupart des stations de radio diffusion émettant à partir de la capitale haïtienne sont attaquées à plusieurs reprises, soit à l'arme automatique, soit à la grenade : ainsi, Radio Haïti Inter subit diverses attaques dans la nuit de samedi et même le dimanche matin. Des grenades sont lancées en direction de cette station. On ignore l'ampleur des pertes. Tout ce que l'on sait, c'est qu'a 8h 45 environ, ce dimanche matin, la station du haut de Delmas subit le troisième assaut de la soirée. Elle recevra de nouvelles décharges d'armes automatiques dans la soirée de ce dimanche. Radio Antilles ne fonctionne plus : elle a été fortement saccagée durant deux nuits consécutives, samedi et dimanche, par de nombreuses rafales d'armes. Il en est de meme de Radio Cacique.

Determiné à poursuivre le processus électoral, les membres du Conseil Electoral Provisoire ont voulu, en dépit de ces actes de violence des macoutes, accompagner le peuple dans le choix de ses dirigeants. Finalement, sous les fortes pressions des macoutes armés, les membres du CEP ont fait marche arrière en publiant une note pour annoncer, à une date ultérieure, l'annulation du processus électoral.

Quelques heures après, pour justifier les actes des macoutes, les membres du CNG ont accusé et rendu les conseillers électoraux responsablse des événements malheureux et regrettables du dimanche 29 novembre. *''En 1987, faute de pouvoir maîtriser la machine électorale et de diriger le vote populaire, l'Armée d'Haïti avait planifié et perpétré le massacre 'de la ruelle vaillant' et d'autres tueries en divers endroits du pays aux fins de bloquer le processus. Le jour même du déroulement du scrutin, le Général Henry Namphy intervenait sur l'écran de la Télévision Nationale pour dénomcer la partialité du Conseil Electoral Provisoire et, du même coup, annoncer sa caducité..''*[39]

Comme ils ne pouvaient pas contrôler, dans ses interêts mesquins, le CEP d'alors, le régime militaire voulait que la prochaine campagne électorale soit complètement sous sa domination. ' *'Pour reprendre les choses en main, le général Namphy jeta très vite la responsabilite du masacre sur le CEP, qu'il dissout par la même occasion, le jour même du vote raté. Et le* contrôle *des élections, qui allait échapper à l'armée d'*Haïti, *lui est revenu, avec la mise en place d'un nouveau Conseil électoral bidon présidé par Jean Gilbert qui allait donner au pays les élections truquées du 17 janvier 1988. '*[40]

Au lendemain du lundi 30, les notes de presse, communiqués, déclarations et indignations n'ont pas cessé de faire l'actualité dans les médias locaux. Encore une fois, la classe politique était divisée. Des leaders politiques, associations étudiantes, organisations paysannes et religieuses ont fustigé le régime militaire. Ils n'ont pas mâché leurs mots en rendant les militaires responsables du massacre du 29 novembre. Alors que d'autres politiciens, les nostalgiques du présidentialisme ont recommencé avec leur tactique du double langage et du discours codé, histoire de mieux se positionner où d'avoir la

---

[39] Daniel Roussière, Jenane Rocher, Gilles Danroc : les élections du 29 novembre 1987.La democratie ou la mort. Bibliotheque Nationale d'Haïti.

[40] Dr. Pierre Sonson Pierre. *Haïti : l'État de choc.* Imprimerie H. Deschamps, Port-au-Prince, Haïti. p. 99.

bonne grâce des militaires dans les prochaines élections. Mis à part des acteurs de l'international, traditionnellement, les élections en Haïti ont toujours été une affaire manipulée et dirigée par les hommes en uniforme. Donc, pour les présidentielistes, mieux valait se ranger du côté des boureeaux, des criminels au lieu de marcher avec le peuple qui, jusqu'alors, représentait une quantité négligeable dans le choix des élus.

Entre-temps, pour protester contre les actes criminels des macoutes et des militaires a l'encontre des votants dans les bureaux de votes, des candidats aux élections présidentielles et chefs de partis ont formé le Comité d'Entente Démocratique (CED). Se retrouvaient dans cette organisation Marc Bazin (MIDH), Sylvio Claude (PDCH), Gérard Gourgue (Groupe des 57), Louis Dejoie (PAIN). Dans une note de presse conjointement signée, ils réfusaient de participer aux prochaines élections que devaient organiser un CEP totalement sous la domination du régime militaire. Décision, qui dans une certaine mesure, facilitait dans un premier temps l'agenda du régime militaire et dans l'autre, certains candidats qui, avec la présence de ces messieurs dans un scrutin, seraient incapables de faire une différence. Avec le retrait des candidats de poids comme Gérard Gourgue, Sylvio Claude et Marc Bazin, il était plus facile pour les militaires de manipuler les prochaines joutes au profit de leur pourlains.

Une fois le CEP était officiellement dissout par le Président du CNG, ces coneillers étaient obligé de se mettre à couvert. Le Président du CEP, le Professeur Ernest Mirvil, se trouvait à l'aéroport lorsque son passeport lui a été confisqué par l'officier de l'immigration. Le professeur Mirvil se mit à couvert, juste le temps de quitter l'aéroport. Dans un premier temps, il essaya l'ambassade du Venezuela, qui était fermée. Ensuite, l'ambassade d'Allemagne, close elle aussi. Finalement, c'est à l'Institut Français que Mr. Mirvil, grâce à un contact, se réfugia. Encore avec l'aide d'autres contacts, son passeport fut finalement récuperé des agents de l'immigration. De décembre 1987 jusqu'au mois de mars 1988, le Président du CEP dissout résida dans l'ambassade. C'est dans le marquis qu'il a suivi les élections frauduleuses qui ont amené Lesly François Saint Roc Manigat au pouvoir. Selon Mr. Mirvil, des malades mentaux de l'hopital de Sigueneau furent emmenés de force pour voter en faveur du candidat Manigat.

Les élections du 17 janvier 1987

Vu le contexte politique dans lequel le gouvernement militaire était arrivé au pouvoir, il était naturellement dans l'obligation d'organiser le plus rapidement possible les élections générales, de sorte que, le 7 février 1988, la transition du pouvoir politique puisse se faire à un gouvernement élu. L'année 1987 n'était pas la période des guerres froides où des dirigeants au pouvoir pouvaient, en se fondant sur des excuses de mouvements communistes dans leurs regions, accuser, arrêter, emprisonner, exiler et tuer les opposants à leur régime comme bon leur semblait et, finalement, garder le pouvoir à vie. L'année 1987 était l'époque du nouvel ordre mondial. Même lorsque la communauté internationale n'est pas toujours d'accord avec les gouvernements de base populaire issus des élections démocratiques, officiellement, elle n'encourageait plus les régimes dictatoriaux.

Dans une interview accordée au quotidien le Nouvelliste, Dr. Rony Gilot, ancien Ministre de Jean Claude Duvalier, décrit la crise politique poste élections avortées du 29 novembre 1987 comme suit: *''Au lendemain des horreurs du 29 novembre 1987 où des soldats en treillis ont mitraillé des électeurs aux portes mêmes des bureaux de vote, la classe politique en bloc s'est élevée contre le Conseil national de gouvernement (CNG) de Namphy et de Régala. Pour survivre, ce gouvernement a dû courtiser nombre de leaders politiques pour les porter à prendre part aux élections programmées pour le 17 janvier 1988 sous l'égide d'un CEP monté à la va-vite et peuplé de créatures de l'armée. Il ne s'est pas gêné pour offrir à chacun des responsables politiques contactés le sceptre présidentiel (Grégoire Eugène, Hubert Deronceray, Philippe Auguste, etc). La pomme du pouvoir était bien tentante. Leslie Manigat est tombé dans le piège du serpent. Il commet ainsi le péché originel de participer à ces élections entachées de sang au nom, dit-il, « d'un risque calculé ». En définitive, le risque était fort mal calculé, vu les obstacles qui vont jalonner son bref parcours et sa chute fracassante quatre mois plus tard. Mon livre décrit justement les infortunes de ce risque mal calcul''* (Nouvelliste 28 mai 2015).

Donc, forcé par la communauté internationale à passer le pouvoir à un gouvernement civil, conformément à ses premiers discours, le régime militaire du général Henri Namphy était obligé, dans moins de deux mois, d'organiser des élections générales. Mais quelles élections ?

Contrairement aux normes démocratiques, en peu de temps et ceci manu-militari, un conseil électoral a été mis sur pied pour organiser les élections du 17 janvier 1988. Une fois que les militaires ont eu le contrôle du nouveau CEP pouvant organiser des élections truquées au profit de leurs candidats comme cela a toujours été fait dans l'histoire du pays, l'assurance de sécurité a été faite aux candidats et électeurs. *''Le général Henri Namphy, alors qu'un journaliste étranger lui demandait comment l'Armée a pu rester aussi passive face au massacre des votants, le 29 novembre 1987, a répondu : « On ne savait pas qui tirait sur qui, mais rassurez-vous, quand l'Armée prendra les choses en main, tout sera sous* contrôle. *Cette phrase est assez explicite pour se passer des commentaires. » Tenant parole, le 17 janvier*

1988, l'Armée prit les choses en main pour servir à la nation sa farce électorale. Tout s'est déroulé dans la plus grande sécurité »[41]

À quelques semaines de l'échéance, dans les médias d'État comme la radio et télevision nationale, les candidats ont défilé l'un après l'autre avec une diatrible d'excuses expliquant les raisons de leurs participations au processus. Dans ces élections, il était évident que les candidats n'avaient pas assez de temps pour faire campagne. Mais faire campagne dans de telles élections, était-ce vraiment une priorité pour les candidats puisque le résultat ne serait pas vraiment determiné à partir d'une participation populaire ? Après une courte campagne électorale, le 17 janvier 1988, avec un faible pourcentage de participation et un conseil électoral manipulé par le régime militaire, le peuple se rendait de nouveau aux urnes pour élire des dirigeants de l'Haïti post-Duvalier.

Mais comment ? Avec quelle crédibilité ? Ils étaient nombreux, ceux qui pensaient que la mauvaise organisation de ces élections pourrait non seulement créer une crise politique dans le processus de transition démocratique, mais aussi affecter le bon fonctionnement des élus. Ces élections constituaient un motif pour que le pouvoir de ces dirigeants puisse être contesté par l'opposition. Bref, ''*Les élections sanglantes et avortées de novembre 1987 laissèrent un vide que ni l'armée à l'image trop ternie ni la classe politique trop compromise avec elle ne pouvaient remplir. Les militaires s'arrangent alors avec Lesly Manigat, chef d'un petit parti de droite, pour les sortir momentanement d'embarras. Des élections officielles furent rapidement organisées et auxquelles moins de 2% de la population prirent part. Manigat fut elu sans surprise..*''[42]

---

[41] Hérold Jean-François : *le Coup de Cedras*. Imprimeur II, p. 16.

Le 7 février 1988, un gouvernement civil, incluant un Président, des députés et sénateurs assurait la transition et, du même coup, permettait à Haïti de connaître son premier gouvernement civil de l'après-Duvalier. Ainsi prenaient fin les deux annéess du régime militaire. Le gouvernement de transition, spécialement le général qui le présidait, avait, comme les militaires des élections de 1957, raté la chance de conduire son pays vers la démocratie. Le général qui était chouchouté par toute la population au moment de prendre la parole tôt dans la matinée du 7 février 1986 comme Président du Conseil National de Gouvernement, pouvait, deux ans après, faire toute la différence en Haïti. Malheureusement, il ressemblait trop aux militaires qui l'avaient précédé au timon des affaires de l'État.

En sortant par la petite porte, le général a laissé à l'histoire le soin de le juger comme quelqu'un de mal avisé de la chose publique de son pays et du monde international. En un mot, le général Président avait sacrifié le rêve du 7 février 1986. Comme tant d'autres dirigeants haïtiens, il avait piteusement échoué. '*Le général Henri Namphy, qui dirigea le Conseil National de Gouvernement à la chute de Duvalier, avait toutes les chances d'entrer dans l'histoire par la grande porte. Il choisit de sortir par la petite.* »[43]

---

[42] Robert Malval. L'annee de toutes les Duperies. Imprimerie Le Natal S.A, Port-au-Prince, Haïti, Juillet 1996, pp.32-33.
[43] Op.cit.

Chapitre 3
Le Gouvernement de Lesly Manigat

*En politique, plus ça change, plus c'est la meme
chose. La politique est l'art de profiter des sotises des
autres et de s'en faire des rentres. La politique, si vous
vous avisez de penser à ceux qui vous le servent, il y a
de quoi se lever de table et faire vœu de ne plus
manger que des oeufs à la coque. En politique, peut-
être plus encore qu'en toute autre matiere, on appelle
sages que ceux qui partagent la folie du moment.*

KARR, ALPHONSE

Au matin du 7 février 1988, c'était dans presque l'indifférence
totale que le professeur Lesly François Manigat a prêté serment
comme le premier Président élu de l'après Jean-Claude
Duvalier devant un Parlement que le peuple et la communauté
internationale ont considéré, comme lui, illégitime. ''*La fin
justifie les moyens*''. Mais quand on arrivait au pouvoir comme
dans le cas des élections illégitimes du 17 janvier 1988, les
moyens étaient vraiment limités et impossibles à justifier. Cette
fin justifiait que le professeur était incapable de diriger une
Haïti où les militaires ne voulaient pas retourner dans leurs
casernes et remettre le pouvoir à un gouvernement civil, issu
d'élections conformement aux normes constitutionelles et
internationales suivant le contexte du nouvel ordre mondial.

Sous l'égide de la Constitution de 1987, Me. Martial
Celestin a été, en mars 1988, désigné comme Premier
ministre par le Président Lesly Manigat, puis ratifié par le
Parlement contesté issu des élections du 17 Janvier 1988.
Avec cette ratification, Me. Martial Celestin était devenu le
premier chef de gouvernement post-Duvalier.

La gestion du pouvoir politique issu des élections du 17 janvier 1988 connaissait beaucoup de difficultés de démarrage. Deux choses handicapaient le gouvernement du professeur Manigat : la crédibilité des élections qui l'a amené au pouvoir et la popularité du Président. La légitimité des élections qui a conduit le leader du RDNP au pouvoir avait été contestée par la communauté internationale aussi bien que par les forces vives politiques d'Haïti. Contestation qui a mis les nouveaux élus de l'exécutif et du législatif en isolement. Impopulaire nationalement et isolé par la communauté internationale, le professeur était arrivé au pouvoir dans un contexte très difficile. Comme le Président n'avait pas de la légitimité, les bailleurs de fonds ont été timides au déblocage d'une aide financière dont avait besoin le régime pour exécuter ses programmes politiques.

Conscient de son pouvoir controversé, le professeur se débrouillait comme '*Met Jen Jak*'' pour rallier à sa cause la classe politique, la population et les bailleurs de fond de la communauté internationale. Malgré tous ses efforts, comment maîtriser une armée qui avait repris goût au pouvoir, à la corruption, aux abus et à la violation des droits de la personne ? Il n'était pas facile pour le professeur de la cantonner dans les casernes. Pour quelqu'un qui, pendant son jeune age, avait été à l'école de papa Doc, le professeur savait pertinemment que son pouvoir n'allait pas pouvoir perdurer si les militaires ne restaient pas dans leurs casernes. Entre-temps, pour attirer l'élite de la classe politique qui, après les élections du 29 novembre 1987, avait faire bloc ensemble pour boycotter le scrutin qui l'a amené au pouvoir le 17 janvier 1988, le Président Manigat et le Premier ministre Célestin, avec des techniciens dans des postes qui réclamaient leur expertise, avaient essayé de former un gouvernement d'ouverture et de compétence qui, pour plus d'un, apparaissait comme une équipe compétente.

L'équipe gouvernementale, composée de Me. Martial Célestin comme chef d gouvernement et des ministres compétents venus de plusieurs horizons et de tendances différentes, laissait entrevoir un espoir pour le pays. À travers ses démarches, le professeur et son administration essayaient de réitérer l'exploit du Président Dumarsais Estimé. Comme le professeur Manigat, Estimé était arrivé au pouvoir dans un contexte très difficile. C'était dans l'indifférence totale qu'il avait prêté serment comme chef de l'État. *'Le 16 août 1946, après deux tours de scrutin avec une majorité de 31 voix sur 58, le député de Verrettes, Léon Dumarsais Estimé, était élu Président de la République d'Haïti pour un mandat de cinq ans''*

Dans son émouvant discours par-devant ses collègues, le Président Estimé déclarait : *''vous avez choisi un homme qui ne se recommandait ni par l'éclat d'un grand nom, ni par le prestige d'une illustre naissance.»* Il proclamait que *« si, bergers du troupeau, nous nous en constituons les loups, et si gardiens de la maison, nous nous faisons nous-mêmes les voleurs qui la brisent et la pillent, si rebelles au meilleur de nous-mêmes, nous manquons à nos engagements solennels, alors il sera temps [...] de nous demander compte. [...] Nous savons, ajoute-il, ce que valent les dictatures et les crimes à quoi elles poussent contre les vies, contre les courages, contre les consciences, contre les patries.»* Estimé n'oublia évidemment pas de remercier au passage le Comité exécutif militaire dont les membres, selon lui, venaient de donner *« à tous, un exemple de désintéressement et d'esprit démocratique, qui ne sera pas oublié.»*

Le Président Estimé connaissait le contexte dans lequel il était arrivé au pouvoir et les difficultés qui l'attendaient au Parlement d'alors : *"En descendant de la tribune, le nouveau chef d'État, dans un élan émouvant, alla serrer la main du sénateur mulatre Max Hudicourt du PSP, lequel avait juré de démissionner si jamais Estimé parvenait à la présidence. Plus que toutes les proclamations solennelles, ce geste magnanime de l'homme des Verrettes révélait dans quel esprit de réconciliation et d'apaisement il entendait inaugurer son mandat ".*

Comme Manigat, Estimé était, lui aussi, impopulaire. *"Pour le peuple cependant, l'élection de Dumarsais Estimé à la présidence représentait une escroquerie, un attentat à la démocratie, une horrible forfaiture qu'il accueillit avec des sentiments non dissimulés de surprise et de consternation. Dans les rues de Port-au-Prince, sans applaudir une seule fois le nouveau chef d'État, les badauds regarderont passer le cortège présidentiel dans un pesant silence de protestation, alors que les Capois, pour marquer leur déception, habillaient leurs lampadaires de brassards de deuil. Pourtant, avant la fin de son mandat, Dumarsais Estimé sera devenu l'un des dirigeants politiques les plus populaires que le pays eût jamais connus et son administration considérée comme rêve des plus imaginatives et des plus progressistes du siècle."*

Si, en 1946, Estimé avait trouvé la formule pour diriger, cependant en 1988, au préalable, le gouvernement du professeur Lesly François Manigat et Me. Martial Célestin faisait face à une hostilité continue des dirigeants de la classe politique. Certains candidats aux élections présidentielles du 17 janvier, qui se proclamaient gagnants du scrutin, avaient refusé de participer au gouvernement de coalition que voulait former le Président Manigat et son Premier ministre Célestin. Le marronage et le dilatoire sont des aspects particuliers du politicien haïtien. Ils sont maîtres dans l'art du boycottage et du sabotage. Officieusement, lors de réunions d'amis, certains politiciens et chef de partis politiques attendaient l'échec de l'administration de Manigat. Et, déjà, ils se positionnaient comme seuls alternatifs capables de retirer Haïti de la crise socio-économique aussi bien que de la problématique d'instabilité.

À la question « comment sortir du problématique de l'isolement de l'après les élections », chaque week-end, à travers son programme ''Anba Tonel'', le Président essayait tout pour se rapprocher de la population. Entre-temps, il participait à des messes dominicales qu'organisaient les églises protestantes et catholiques. Il essayait de courtiser toutes les forces vives et institutionelles du pays. Dans ses démarches et approches de sortie de crise, tout porte à croire que Manigat était non seulement de bonne volonté, mais aussi sur la bonne voie.

Au cours d'une émission de radio en diaspora, un éminent professeur et politologue haïtien, qui défendait le Président Manigat et son équipe, déclara : ''*On reprochait à Manigat d'avoir participé à des élections frauduleuses, mais est-ce exact de dire « frauduleuses », puisque jusqu'avant le scrutin organisé par Madame Ertha Pascal Trouillot en 1990, toutes les élections en Haïti ont toujours été des élections truquées à la faveur d'un candidat ? N'est-ce pas mieux de dire que le professeur à permis au général Namphy de sortir dans la crise où il s'était mis avec les macoutes et, du même coup, éviter au pays une crise continue de transition avec un régime militaire ?*» Tandis que, pour un analyste et historien sur les élections en Haïti, ''*une chose que ce professeur a omise, c'est que le sang des votants, en ligne pour remplir leurs devoirs civiques, a coulé lors des élections du 29 novembre. Le professeur était-il insensible au sang de ses innoncents. En participant aux élections du 17 janvier 1988, le professeur a indirectement cautionné le masssacre du 29 novembre 1987*''

Pour un autre analyste, comment un intellectuel de la trempe du professeur Lesly Manigat qui connaît l'histoire de la politique mondiale et les relations internationales des grandes puissances occidentales, avait-il pu s'associer aux mascarades des militaires de Port-au-Prince ? Pensait-il qu'il allait résussir dans son programme politique et faire oublier comment il était arrivé au pouvoir ? Si toutefois il ne réussissait pas, en faisant le choix de participer à la mascarade électorale de janvier 1988, ne compromettait-il pas sa chance à l'avenir de briguer d'autres fonctions dans le pays ?

Bref, au moment où, en termes de popularité, le professeur, dans ses ouvertures, commençait à marquer des points là où il était contesté, on assistait à une crise dans l'armée où le Président devait, en tant que commandant en chef des Forces Armées, prendre des mesures de redressement. L'éclatement d'un conflit au sein même de cette institution militaire opposant la haute hierachie du Grand Quartier Général au commandant des Casernes Dessalines, le colonel Jean-Claude Paul, nécessitait l'intervention de la hierachie de l'armée. Pour résoudre le problème et affaiblir le puissant colonel de ses troupes, le haut commandant des Forces Armées voulait muter l'officier supérieur à un autre poste au Grand Quartier Général. *'En ce matin du 14 juin 1988, je me trouvais au bureau du commandant de la Garde Présidentielle, le général Charles Louis, dont j'etais l'assistant en tant qu'inspecteur du département, quand se présenta le colonel Jean-Claude Paul, venu l'informer de son transfert au Grand Quartier General. Mécontent de cette décision du commandement, il fit valoir que le poste de G-2 auquel il venait d'être assigné ne lui convenait pas, vu qu'il n'était pas un démocrate..''*[44]

Comme le général Louis lui conseillait d'accepter cette mutation, le colonel Paul voulait, pendant qu'il était au Palais National, saluer le Président Manigat, avec qui il paraissait avoir de très bonnes relations. Une fois sorti du bureau du Président, toujours selon le Général Avril, quelques minutes après, colonel Paul était retourné au bureau du général Louis

---

[44] Prosper avril, *l'Armée d'Haïti, bourreau ou Victime ?* pp.213-116.

pour lui faire part d'une importante information concernant son transfert au Quartier Général. ''*Mon Général ! Le Président n'était pas au courant de mon transfert ! C'est un coup fourré ! S'il doit en être ainsi, on peut des maintenant me considérer comme un colonel rébelle !* »[45]

Déclaration qui, une fois autorisée par son chef supérieur, le général Carl-Michel Nicolas, allait forcer le général Louis à prendre des mesures pour empêcher le colonel Paul de mobiliser ses troupes des Casernes Desalines. Trompant la vigilance des sentinelles au portail du Palais National, le colonel Paul a pu rejoindre ses troupes loyales des Casernes Dessalines et leur faire part du problème et des éventuelles décisions à prendre. Situation qui allait contraindre le Président Manigat, en tant que commandant constitutionnel des Forces Armées, à prendre dans les prochaines quarante-huit heures, particulièrement le vendredi 17 juin, des mesures de redressement dans l'institution militaire en faisant des transferts de postes et, du même coup, en mettant en résidence surveillée le gènéral Henri Namphy. ''*De toute façon, le Président de la République tranche. Du coup, les événements subirent une accéleration..*''[46]

Toujours selon général Avril, deux jours plus tard, le vendredi 17 juin, ''*un numéro extraordinaire du journal officiel publiait un arrêté présidentiel mettant à la retraite les généraux Henri Namphy, Carl-Michel Nicolas et Wilthan Lhérisson et désignant le colonel Morton Gousse, promu général de brigarde, comme commandant en chef de l'armée par interim. Le général Henri Namphy était déchu de ses fonctions. Les raisons avancées : le commandant en chef aurait outrepassé ses droits en opérant, de son propre chef, des changements au sein du personnel militaire*''[47]

---

[45] Op.cit.
[46] Op.cit.

Ce changement opéré par le Président ce week-end portait plus d'un à s'interroger sur l'avenir d'un gouvernement comme celui de Manigat, qui n'avait pas le soutien de la communauté internationale. Qu'est-ce qui poussait un Président impopulaire comme celui-ci à prendre de telles mesures ? Déjà, on parlait de rumeurs d'un éventuel coup d'État pour le week-end. Mais compte tenu de la force en termes d'effectifs et d'entraînements tactiques que représentait une garnison comme celle des Casernes Dessalines, ce n'était pas possible. Des analystes politiques faisaient croire qu'avec l'appui du colonel Paul et de ses troupes, l'administration Manigat/Celestin était assurée de continuer les changements dans l'institution militaire, decriée pour cause de corruption. Ce qui explique que, ce week-end-là, une sorte de tension régnait dans la capitale haïtienne. Par peur de répresailles, on avait conseillé aux plus prudents de rester chez eux.

Profitant d'une division au sein de la classe politique et surtout de l'impopularité du gouvernement en place, les militaires qui avaient toujours voulu revenir au pouvoir ont, dans la nuit du dimanche 19 et lundi 20 juin 1988, perturbé l'expérience du premier gouvernement civil de l'après-Duvalier.

Aux premières heures du coup d'État, des rumeurs couraient que les militaires des Casernes Dessalines qui soutenaient le Président étaient en rébellion contre la garnison du Palais National qui appuyait le général Namphy, alors en résidence surveillée. Mais les premières images retransmises par la télévision d'État, tôt dans la matinée du lundi, ont rapidement démenti les informations faisant croire à une éventuelle confrontation entre les Casernes Dessalines et le Palais National. Contrairement à ce que pensaient les analystes et commentateurs quant à un éventuel conflit entre

---

[47] Op.cit.

ces deux régiments, les images montraient des soldats et des officiers de ces deux garnisons approuvant le départ de celui qui, le 7 février 1988, avait été présenté par l'institution militaire comme un gouvernment civil capable de mener le pays vers le changement et la démocratie. Malheureusement, il fut chassé par ces mêmes militaires assoiffés de pouvoir et fort peu soucieux de la chose publique.

Comme il avait été inauguré grâce à la nonchalance de la population, ainsi était parti dans l'indifférence totale l'homme qu'on avait toujours présenté comme un ' *'scholar'.*' dans la classe politique haïtienne. Ce lundi matin du 20 juin 1988 était un jour comme tout autre. Rien de spécial. Pendant que la télévision nationale projetait l'image des militaires des Casernes Dessalines et du Palais National dans leurs uniformes de combat, histoire de faire comprendre qu'il s'était produit une quelconque confrontation dans la nuit du dimanche 19, le peuple, de son côté, vaquait comme d'habitude à son train de vie quotidienne. ' *'Il était arrivé au pouvoir à la faveur des élections frauduleuses des militaires. Ce sont encore les mêmes militaires qui l'ont forcé a parti. Qu'ils se debrouillent).*'', disait un jeune étudiant.

Tandis que, les macoutes et duvaliéristes scandaient un discours différent : ' *'Après nous c'est encore nous.*'' Voilà le général Henri Namphy au pouvoir pour une seconde fois. Et déjà, on retrouvait des hommes de la classe politique traditionnelle qui courtisaient le général, afin d'être encore plus proches au cas où se produirait une autre passation de pouvoir à travers d'autres élections frauduleuses comme celles du 17 janvier 1988.

Certes, professeur Manigat était arrivé au pouvoir dans un contexte très difficile. Et il le savait. Les élections dans lesqu'elles il était élu comme président a en quelque sortes, paralysait les tous premiers mois de son gouvernement. National et internationa-lement, il n'avait pas tellement de marges de manœuvres. Il était tres coincé. En depit des protestations et contestations au niveau national, et de l'isolement par la communauté internationale, il a pu, avec son Premier ministre, Me. Martial Celestin, monter une équippe avec les meilleurs cadres du pays. Au moment où il commencait, á travers son programme télévisé « Anba Tonel », a se faire connaitre par la population, c'est en cette periode la qu'il a eu le coup. Pour certains, vu son impopularité et de la façon dont il était arrivé au pouvoir, c'était normal qu'il est parti dans de telles circonstances. Pour d'autres, il était parti trop tot. Les deux avaient, peut être, des arguments pour supporter les pour ou contre positions.

Mais ce n'est que presque trente ans après, bien entendu avec les expériences négatives des dirigeants á caractères populistes qu'on arrive á comprendre les démarches et approches du gouvernement Manigat/Celestin en termes de modernité, de dévelopement durable aussi bien de la bonne gouvernance. *"Durant les 4 mois de sa présidence, Manigat a pris des mesures qui présageaient d'une superbe gouvernance dans le sens de la démocratie et de la modernité. Il a démarré son règne sous le signe de l'austérité ; il a eu le courage théorique de lancer la lutte contre la corruption et la contrebande, contre les dépenses somptuaires et l'expansion inutile du parc automobile de l'État. Il a lancé la croisade de la régénération de l'environnement. Durant ce laps de temps très court, vingt projets de loi ont été acheminés au Parlement et ont agité des débats de belle facture. Les choses semblaient si bien parties que l'aide internationale, suspendue au lendemain du massacre du 29 novembre 1988, est rétablie en faveur de ce gouvernement qui, admettait-on de partout, avançait d'un pied assuré vers la démocratie, la modernité et le développement national"* (Dr. Rony Gilot, Nouvelliste 28 mai 2015).

Chapitre 4
Le retour de Namphy au pouvoir

Maintenue sur le banc de touche pendant les vingt-neuf années des Duvalier pour jouer un rôle de second et de complices des dictateurs dans des actes criminels et violations des droits du peuple haïtien, l'armée, arrivée au pouvoir en 1986 après le départ de Jean-Claude Duvalier, ne voulait plus rester dans ses casernes. Dans son langage vernaculaire, le paysan haïtien vous dira : ''*zonbi goute sel, li pa mande rete*'' Le coup de Manigat le 20 juin, par ceux-là mêmes qui avaient organisé les élections truquées pour le porter au pouvoir, profitait surtout à l'armée, retournait le général Namphy au pouvoir pour, une seconde fois, continuer ses exactions et basses œuvres, bien sûr interrompues pendant les quatre mois du gouvernement civil de Manigat. ''*Le lieutenant-général Henri Namphy, chef du Conseil National de Gouvernement du 7 février 1986 au 7 février 1988, revint à la barre et forma un gouvernement exclusivement militaire composé de onze (11) ministres. Le général Williams Régala, Ministre de l'Intérieur et de la Défense du cabinet de François Manigat et qui s'était désolidarisé de ses collègues dans les derniers jours du cabinet gouvernement, se retrouva au sein de l'équipe avec le même portefeuille*'' (Haïti-Référence).

Le pouvoir de ces militaires sans état d'âme était un gouvernement de repression dans lequel les macoutes ou les nostalgiques notoires du duvaliériste revenaient au pouvoir pour continuer le duvaliérisme sans Duvalier. '*Avec le renversement de Manigat, on allait entrer dans un nouveau cycle du pouvoir militaire. À l'instar du Conseil Militaire de Gouvernement du général Antonio Kebreau, le général Namphy forma un cabinet ministeriel composé uniquement de militaires. C'était une façon de dire que l'armée assumait pleinement le pouvoir et que, cette fois-ci, c'était sans partage. On ne reconnaissait plus le général que tout le monde appelait « Chouchou » après le 7 février 1986. Namphy durcit sa position et se rapprocha de l'aile dure du divaliérisme incarné par des personnages comme Franck Romain, ce qui allait conduire à sa perte. De Chouchou, le généal Namphy se transforma en un monstre qui faisait des projets macabres contre le secteur democratique. »*[48]

Le général ne s'était pas retourné pour se racheter des deux ans de gâchis administratif et de violation des droits humains, de l'impunité des macoutes et duvaliéristes lors de l'assassinat des votants des élections générales du 29 novembre 1987. Dans un État démocratique, ces militaires devraient être jugés pour leurs implications dans le massacre de la ruelle Vaillant. De plus, s'ils voulaient arriver au pouvoir, ils devraient suivre, dans un premier temps, les étapes du parcours électoral et ensuite, à travers des campagnes et débats, faire face aux électeurs. Ce qui ne serait pas facile pour certains militaires, du fait de leur passé sombre dans les exécutions des basses œuvres des dictateurs Duvalier. Tel n'a pas été le cas. Tout militaire qui voulait arriver au pouvoir se voyait toujours mieux placé dans le désordre des coups d'État. Dans son livre *le Coup de Cédras*, l'auteur Herold Jean-François a mieux expliqué le rôle qu'avait joué le général avril dans le coup d'État contre le Président Manigat. *''Il faut rappeler que Namphy en résidence surveillée, privé du téléphone, n'avait pas les moyens de faire un coup d'État. C'est le général Prosper avril qui a tout planifié, aidé en cela par des jeunes officiers*

---

[48] Hérold Jean-François, *le Coup de Cedras*. Imprimeur II, p.272.

dont on revoit les têtes à chaque coup. Quand le char blindé est arrivé chez lui pour le ramener au pouvoir, selon des témoignages fiables, le général Namphy a paniqué, pensait qu'on était venu le chercher, lui et sa famille, pour le liquider »

Par contre, Général Avril refusait toute implication dans le coup du 19 et 20 juin 1988 contre Président Manigat. Le général ne laissait pas l'impression d'être un acteur véritable. Selon ses explications, il était plutot un simple observateur. La question était : comment un officier supérieur de la trempe de Prospère Avril qui avait fait toute sa carrière sous les gouvernements des Duvalier, ensuite cantonné à Port-au-Prince, aurait-il pu ne pas laisser son empreinte dans le coup d'État contre Manigat ? Surtout du fait qu'il était au courant du commencement du conflit opposant le colonel Paul et les autres hauts gradés de l'armée. Voulait-il les laisser se déchirer entre eux pour pouvoir mieux se positioner et finalement arriver à son objectif : devenir Président de la République ? Ou avait-il vraiment joué un rôle clé dans le coup d'État contre le professeur ? *''Ainsi, bien imbu de la façon dont les choses s'étaient passées, j'ai été sidéré de lire la déclaration faite par le professeur Leslie Manigat au cours d'une entrevue accordée en 1990 au journaliste francais Laurent Lesage : C'est avril qui a fait le coup d'État, au profit de Namphy d'abord, puis pour lui-même''* [49]

Dans son interview avec le journaliste français, le professeur pouvait bien ne pas avoir raison. C'était une possibilité. Mais quand, peu de temps plus tard, particulièrement trois mois après, il y avait eu un autre coup d'État, cette fois-ci par Avril contre le général Namphy, il avait dissipé les doutes qu'on pouvait nourrir concernant le rôle d'avril dans

---

[49] Prospere avril, *l'Armée d'Haïti, bourreau ou Victime ?* p 222.

le renversement du gouvernement du professeur Manigat dans la nuit du dimanche 19 et lundi 20 juin 1988.

L'Eglise Saint-Bosco, située non loin du Corps d'aviation (ancienne armée), au nord de Port-au-Prince, a été, pendant les dernières années du dictateur Jean-Claude Duvalier, le théâtre de rébellions contre le système macoutique vieux de vingt-neuf années. C'était à cet endroit que le jeune et très fougueux prêtre, Jean-Bertand Aristide, disciple de la Théologie de Libération, prêchait dominicalement, dans ses discours enflammés contre le régime dictatorial et le capitalisme, les fidèles de toutes classes, âges et sexes confondus, en quête de messages engagés contre le système corrompu. C'était aussi à cette place que le maire de Port-au-Prince et ses sbires, avec leurs brassards rouges, ont mis, le 11 septembre 1988, le feu à l'église au moment où le prêtre Aristide officiait. Ils tuèrent et blessèrent plusieurs fidèles. Parmir ces victimes, il y avait des enfants, des vieillards aussi bien que des femmes enceintes. Action qui, par la suite, allait soulever la conscience nationale contre le régime sanguinaire de Namhpy.

Une semaine après le drame de Saint-Bosco, particulière-ment le 17 septembre, pendant que le général était à Drouillard avec le maire de Port-au-Prince et les macoutes, la bande à Avril passait à l'action pour emporter le régime de Namphy. *"C'était pour dire que les autres militaires attendaient une opportunité que le général leur offrit le 11 spetembre 1988 avec le massacre en pleine messe de fidèles, à l'église Saint-Bosco, alors que le père Jean-Bertand Aristide officiait. Six jours plus tard, le 17 septembre, Namphy est emporté par un coup d'État. Le colonel Prosper avril, qui lui succéda, présenta son renversement comme une initiative de la base de l'armée. avril laissa comprendre qu'il avait été forcé par ces derniers de venir occuper la fonction de Président.."*[50]

---

[50] Hérold Jean-François, *le Coup de Cedras*. Imprimeur II, p.272.

Peu importe d'où était venue l'initiative du renversement du régime d'Henri Namphy. L'histoire retiendra que *"Pendant les quatre mois du gouvernement militaire du général Namphy, les Haïtiens assistèrent incrédules au retour en force des anciennes pratiques de terreur: intimidation de leaders politiques, assassinat de citoyens jugés gênants, mise en veilleuse de la Constitution, etc.."* (Haïti-Référence)

Selon Dr. Rony Gilot, dans son interview au quotidien le Nouvelliste, *" Namphy est revenu au palais national de façon inattendue ou tout au moins prématurément par rapport à ses calculs, mais dans une ivresse qui a obnubilé son pragmatisme habituel et même son gros bon sens. Comme un scorpion, il va se piquer et s'injecter un venin à lui-même et à l'institution militaire. D'abord, il commet l'anachronisme de former un gouvernement où tous les ministres sont des militaires. Ensuite, il sacre l'éminence grise de son régime, un ex-colonel qui n'a l'heur de plaire ni à la classe politique ni à la camarilla des « petits soldats » que son laxisme souriant projette impudemment au-devant de la scène militaro-politique. Ce sont ces petits soldats qui bientôt organiseront sa chute et iront même jusqu'à l'agresser. Ce geste sacrilège indique un degré assez avancé de pourrissement du corps militaire qui, de dérives en déviances, aboutira à une gangrène irréversible nécessitant l'amputation sous forme euphémique de démobilisation"* (Nouvelliste 28 mai 2015).

Chapitre 5
Le gouvernement de Prosper Avril

Comme le général Avril n'a jamais voulu se présenter comme le maître à penser des coups d'État contre Lesly Manigat et le général Henri Namphy, disons que Prosper Avril était arrivé au pouvoir à la faveur d'un mouvement orchestré par un groupe de soldats, bien entendu manipulés par des officiers de la hierachie militaire qui se réclamaient de la base progressite des forces armées d'Haïti (Fad'H). C'était le tour de ''l'intelligent Avril'', nom que lui donnait le dictateur François Duvalier. En tant que vrai manipulateur, à travers un sergent autoproclamé de la base des petits soldats, Avril calmait les esprits des militaires surchauffés et, du même coup, manipulait l'institution à ses interêts personnels. Le sergent du nom d'Heubreux s'était présenté le jour du coup d'État à la télévision nationale, pour prononcer un discours qu'il pouvait à peine lire, pour expliquer le coup d'État, ses raisons et comment le nouveau gouvernement compte apporter des changements dans l'institution militaire, dont l'image avait été fortement salie pendant les dernières années.

Le sergent occupait officieusement la fonction de vice-Président et participait à presque toutes les négociations et réunions politiques du gouvernement. Servant de liaison entre la présidence et les petits soldats et sergents de la base de l'armée, Heubreux était responsable de toutes les activités de coopérations que devait entreprendre un militaire de haut rang. Pour éviter de subir révocations ou tranferts anticipés, certains officiers, ignorant sa position hiérarchique, saluait à chaque fois qu'ils rencontraient le tout puissant Heubreux.

Tandis que d'autres, pour pouvoir bénéficier des faveurs du sergent au pouvoir, faisaient de même, affirmait un ancien colonel du Palais national. Entre-temps, Avril, bénéficiant d'un secteur de l'armée dans l'exécution de ses sales besognes, en avait du même coup profité pour faire avancer son agenda politique. C'était dans cette Haïti où règnait l'insécurité, l'immoralité avec une institution militaire divisée entre ceux qui soutenaient le Président et ceux qui lui opposaient leurs façons de gouverner que s'annonçait un autre coup d'État, fomenté par de jeunes officiers.

Tentative de coup d'État par un groupe d'officiers en avril 1989

La rumeur d'un coup d'État qui circulait, dans un premier temps, pour le mois éponyme du Président, plus particulièrement au début d'avril, laissait plus d'un penser à un "'poisson d'avril'' Ce dernier est, dans la culture haïtienne, une façon de faire courir, le 1er avril, de fausses informations sur n'importe quoi. Mais les activités militaires qui prenaient cours dans la nuit du 1er au 2 avril n'étaient pas du poisson d'avril contre le pouvoir du général. C'était un vrai coup de force contre son administration.

Les leaders du coup de force avaient pour nom les colonels: Himmler Rebu, Léonce Qualo et Philippe Biambi. Quant au colonel Guy François qui était, lui aussi, un allié, il venait tout juste d'être nommé commandant aux Casernes Dessalines, en remplacement du tout-puissant colonel Jean-Claude Paul qui avait trouvé la mort mystérieusement dans sa propre résidence un dimanche matin.

Selon sa planification durant la nuit du 1er au 2 avril, le Président de la République et les membres de sa famille furent arrêtés par un groupe de militaires, sur ordre des leaders du coup de force. Ils restèrent alors prisonniers au camp des Léopards. Pour un coup planifié par des jeunes tacticiens compétents de l'institution militaire, aujourdhui encore, beaucoup se posent des questions sur les vraies raisons de son échec.

Pour comprendre les raisons d'un tel échec, dans le cadre de l'historicité des coups d'États en Haïti, plusieurs éléments et cadres figures ont été étudiés et comparés. Un haut gradé de l'armée, opposé au coup d'État et qui ne voulait pas que son nom soit cité, déclara que tout était en place pour la réussite du mouvement de ces officiers rebelles. Il ne manquait qu'une seule chose, la plus importante : ces jeunes officiers n'avaient pas eu le soutien de l'ambassade américaine à Port-au-Prince, disait le haut gradé. Il ajoutait que tous les coups de force organisés et réussis dans le pays ont toujours reçu le soutien de l'ambassade. Quoi qu'il en soit, le coup a échoué, du fait des interventions des unités royales du Palais national. *''Le coup ayant echoué piteusement grâce à la réaction des troupes de la Garde Présidentielle et du Corps des Engins Lourds, je pus regagner le Palais National et reprendre le* contrôle *du pays''* [51]

Si certains commandants de troupes, solidaires á ce coup de force, sont restés sur le terrain, entre-temps, les trois leaders du putch n'avaient eu d'autre choix que de se réfugier de l'autre côté de la frontière. Avril, dans ses premières interventions, dénonça l'implication des anciens barons du duvaliériste dans le coup manqué du 1er au 2 avril, afin de désarmorcer les raisons invoquées contre lui par les leaders du coup de force. La propagande du général Avril voulait faire croire que le coup était organisé par les jeunes offiiciers au profit du Dr. Roger Lafontant, ancien homme fort et Ministre de l'Intérieur du gouvernement de Jean-Claude Duvalier, qui se trouvait à ce moment en République

---

[51] Prosper avril. *L'Armee d'Haïti, Bourreau ou victime ?* p. 239.

Dominicaine. Pour quelqu'un qui a été à l'école de papa Doc, faisant toute sa carrière militaire non seulement sous le régime des Duvalier mais paticulièrement au Palais national, Avril savait comment tirer sur la corde de la manipulation, disait un analyste politique qui ne voulait pas croire aux déclarations du Président. Compte tenu des fortes critiques que la population avait faites à l'idée de se voir dirigée par un macoute/duvaliériste, particulierement quelqu'un comme Lafontant, l'accusation d'Avril envers les officiers d'être à la solde de celui-ci avait été un argument, temporairement valable dans une situation de crise. Son but était, probablement, de forcer le peuple à se regrouper autour de lui au cas où il devrait faire un choix entre le duvaliériste Lafontant et le militaire avril.

Cependant, les révélations du colonel Rebu dans son livre *l'Échec d'avril* allaient, dans une certaine mesure, soit confirmer les déclarations du général Prospère Avril, soit créer beaucoup plus de confusions : *« Dix-sept heures ! On nous annonce une visite. C'est le docteur Roger Lafontant. Souriant, fraternel, paternel, le docteur philosophe. Un réproche filtré, sournois : ''Pourquoi vous ne m'avez pas mis au courant ? Je vous aurais aidé. Vous êtes parti avec vos cœurs à la conquète d'une citadelle. Il ne vous a rien manqué pour réussir. Certains vicieux du palais ont mangé pendant longtemps mon argent. À chaque fois, ils me dénonçaient auprès de Namphy pour conserver l'argent et les bonnes grâces du général. Je regrette que vous ayez échoué mais je respecte votre option. Mais pourquoi ne m'avez-vous pas mis au courant ? Bon, c'est desormais du passé. Il faut regarder vers l'avenir''*[52]

La seconde visite du Dr. Lafontant fut pour apporter de l'argent aux officiers en difficulté en République Dominicaine. Après

---

avoir remis une enveloppe jaune au colonel Rebu, il lui dit: " *'Himmler, il y a dix mille. C'est peu mais c'est tout ce que je peux offrir. Partage ça avec tes camarades. Bonne chance..* ' "[53] Et comme le colonel Rebu réfusait l'argent, il insista : " *'C'est mon devoir d'Haïtien. Je sais que tu es fier et orgueilleux mais tu en auras besoin. Et puis des hommes tels que toi, on ne les achète pas avec de l'argent..* "[54] Partant de cette conclusion, selon toute vraisemblance, il n'y avait eu au préalable aucun arrangement entre Dr. Lafontant et le colonel Rebu. Cependant, dans la foulée, si on essaie de bien comprendre les phrases qui suivent la conversation du colonel au docteur, on comprendra peut être certaines affinités entre Lafontant et les autres co-auteurs du coup.

Bref, Rebu poursuit pour dire ' *'Philippe et Léonce étaient bien plus habitués au docteur que moi... Philippe et Léonce le monopolisent pendant les dix minutes qu'il passe à la résidence. En partant, il laisse tomber sur la table du salon un parquet de journal qu'il a tenu jusque-là dans ses mains..* ' "[55]

Pendant que le Dr. Lafontant était un dirigeant influent du Racing Club Haïtien (RCH), Rebu était préparateur d'éducation physique à la Télevision Nationale d'Haïti (TNH) et des clubs de football, spécialement de la sélection juvénile des années 1980. Mis à part ces passions pour le foot ball que partageaient Rébu et Lafontant, comment un officier comme Rébu, jeune frère de l'ancien directeur de la Banque Centrale et chroniqueur sportif bien connu, n'aurait-il pas eu de relations étroites avec un grand baron duvaliériste comme l'ancien Ministre de l'Intérieur ? Apparemment, il était beaucoup plus facile pour Rebu d'avoir des relations avec Lafontant que pour les autres officiers du coup d'État...

---

[53] Op.cit.
[54] Op.cit.
[55] Himmler Rebu, *l'Échec d'avril*, pp.140-144.

Toujours dans son livre, Rebu parlait d'un colonel. Mais qui était donc l'ancien colonel que Himmler Rebu n'a pas cité et qui avait fait mention d'une somme de soixante mille dollars que Henri devait lui donner pour « *mettre ensemble des gars de la police, du palais et des Léopards pour renverser avril* »[56] ? Pourquoi Lafontant et ce colonel anonyme étaient-ils les deux seuls à visiter les auteurs du coup de force manqué ? Et ceci dans l'intervalle de quelques heures. De plus, pourquoi était-il beaucoup plus facile pour le colonel Rebu de citer le nom d'un personnage comme Roger Lafontant, alors qu'il se gardait de citer le nom de l'ancien colonel ? Ce dernier faisait allusion à un certain Henry... Et les soixante mille dollars, venaient-ils de cet Henry-là dont le colonel Rébu avait fait mention plus tôt, lorsqu'il parlait de l'argent apporté par sa femme ? ' *'Trois paquets de cent gourdes haïtiennes et trois milles dollars americains. Une attention de la présidence par les bons soins de notre cher camarade Henri Robert Marc-Charles* ' '[57]

Si la réponse est oui, parviendrait-on à cette conclusion que, se sentant coupable de n'avoir pas distribué ou informé Rebu des soixantes mille dollars du colonel retraité en République Dominicaine, le très cher camarade aurait voulu se racheter avec le minimum ? Où était la vérité dans tout cela ? Le coup du 2 avril était-il vraiment soutenu par des duvaliéristes ou d'autres militaires à la retraite vivant en République Dominicaine ?

Il serait peut être difficile de coller un nom à des soutiens financiers de ce coup de force, mais il reste un fait important : d'anciens duvaliéristes avaient joué un rôle important dans cette affaire. Ceci est confirmé par les propres déclarations de l'ancien Ministre des Finances du

---

[56] Op.cit.
[57] Op.cit.

116

gouvernement de Jean-Claude Duvalier, l'ingénieur Frantz Merceron, rapporté par le journaliste francais Nicolas Jallot : *''Parlant de l'aide qu'il eut à apporter au colonel Philippe Biamby lors de ses déboires avec les autorités americaines à la suite de l'échec du coup d'État du 2 avril 1989, Monsieur Franz Merceron déclara : 'C'est moi qui l'ai fait sortir de prison aux États-Unis où il (Philippe Biamby) se trouvait après le coup d'État destiné à renverser avril et dans lequel j'avais joué un rôle non negligeable, ainsi que mon ami Jean-Marie (Chanoine), car on estimait qu'avril avait depassé les mesures''[58]*

En tout état de cause, on comprend que, quelque part, les déclarations du général Avril n'avaient pas été une simple machination politique, mais peut-être quelque chose qui remontait à certaines façons d'agir comme les militaires et les hommes politiques en dehors du pouvoir – et surtout en exil.

Il faut aussi mentionner qu'entre-temps, au Champ de Mars de Port-au-Prince, l'autre fraction de l'armée, particulièrement les gardes présidentiels du Palais National opposés au coup de force du colonel Rebu et consorts, allaient se regrouper pour faire obstacle aux alliés qui étaient restés sur le terrain. Ce qui donnait lieu à une confrontation entre les unités les mieux équipées et préparées des Forces Armées d'Haïti. Pour pouvoir se défendre des assauts de l'ennemi, pendant des heures, des hommes en uniformes s'abritaient derrière les arbres et voitures entourant le Champ de Mars. Selon le général Avril, *'de la confrontation entre les troupes des Casernes Dessalines, Camps des Léopards et le Corps des Engins Lourds du Palais National, six militaires ont été tués, plus soixante-quinze blessés, dont trente-deux civils.* »

---

[58] *L'Armée d'Haïti. Bourreau ou Victime ?* pp. 151-152.

Les détracteurs du Président Aristide peuvent bien lui reprocher son implication directe dans le démantèlement des Forces Armées, particulièrement la façon arbitraire et inconstitutionnelle avec laquelle il avait mis à pied les soldats et officiers de cette institution, mais l'histoire retiendra aussi que le général avril posa la première pierre conduisant à la dissolution de l'Armée.

Les pleins pouvoirs du tout-puissant sergent Heubreux posaient des problèmes d'ordre hiérachique aux structures mêmes de l'institution militaire. Sous le gouvernement d'Avril, le sergent était considéré non seulement comme le numéro deux du gouvernement, mais officieusement il jouait aussi un rôle très important dans l'armée. Mis a part le problème hierachique que posait le role et pouvoir du sergent, mais quand on a pris des mesures pour dissoudre deux grandes unités comme le Corps des Léopards et les Casernes Dessalines qui avaient un très fort pourcentage de militaires bien entrainés dans l'éffectif des forces Armées d'Haïti, donc il ne restait pas grande chose au président Aristide de demettre de cette institution.

L'armée de l'après Avril était devenue une institution moins forte capable de resister contre toutes les manouvres politiciennes des hommes forts d'un pouvoir civil. Comment une armée unifiée autour de ses généraux lors du massacre des élections générales du 29 novembre 1987 et du coup d'État contre le Président Manigat, a-t-elle pu en plein jour exploser en plusieurs morceaux, jusqu'à s'affronter dans des combats internes ?

Mais, de tous les questionnements, le plus important était celui-ci : comment un coup de force comme celui de Rebu et ses alliés avait-il pu échouer ? L'histoire des coups d'État en Haïti montre qu'ils sont toujours organisés le week-end, particulièrement le dimanche soir. Ils ont toujours réussi.

Comme mentionné dans les paragraphes antérieurs, comment un coup d'État qui regroupait les unités les mieux équipées et préparées comme les Casernes Dessalines et le Corps des Léopards contre la seule unité du Palais National a-t-il pu échouer ? Les officiers ont manqué leur coup ; est-ce parce qu'ils étaient des mercenaires travaillant à la solde du duvaliériste notoire Roger Lafontant ou parce que, tout simplement, ils n'avaient pas eu la bénédiction des puissantes ambassades étrangères dans le pays ? Autant de doutes ou de questions qui planaient sur l'échec de ce coup d'État…

Ajouté à cela, pourquoi et comment des militaires, après avoir essayé de renverser un régime dans leur propre pays, ont-ils pu être emprisonnés aux États-Unis ? Était-ce une façon pour Washington de dire que le gouvernement américain ne tolèrerait aucun coup d'État qui n'aurait pas été planifié par l'ambassade même des États-Unis en Haïti ? Ce sont autant de questions sans réponses que le coup d'État manqué du 1er avril a laissées aux experts et analystes ayant commenté la politique haïtienne.

Quoi que l'on puisse dire ou penser, le coup de force des colonels Rebu, Qualo et Biamby avait piteusement échoué. Les putschistes étaient partis en exil, mais, même lorsqu'ils étaient en prison, comme beaucoup dautres exilés, ils grossissaient à l'extérieur du pays la liste des opposants du gouvernement. Entre-temps, deux importantes granisons de l'armée d'Haïti ont été elles aussi démantelées. Mais Avril restait encore au pouvoir avec ses pairs militaires, bien entendu avec le soutien de ses amis de l'international pour continuer à corrompre, à arrêter arbitrairement, à violer les droits de la personne et à manipuler politiquement certains leaders de la cité. C'est durant cette période si troublée et mouvementée de la vie politique haïtienne qu'est arrivé au pays un envoyé spécial avec une importante feuille de route.

L'arrivée de l'ambassadeur américain Alvins Adam, à Port-au-Prince

Alvins Adams, diplomate de carrière, était à Port-au-Prince, avec probablement une mission bien déterminée. Dès son arrivée à l'aéroport international de Port-au-Prince, il a fait une déclaration pertinente, d'où une phrase créole tirée du proverbe haïtien : « *Bourik chaje pa kampe.* » De ce proverbe, le nom de l'ambassadeur Alvin Adams allait se changer, pendant toute sa mission en Haïti, en *Bourik Chaje*. Dans la presse comme dans d'autres activités politiques, à chaque fois qu'on parlait de cet ambassadeur, on se réfèrait à lui comme à Bourik Chaje.

Lors de ses rencontres avec Avril, l'ambassadeur américain exprimait toujours la volonté de Washington pour la passation, à travers des élections, du pouvoir politique à un gouvernement civil. Dans son livre *l'Année de toutes les duperies*, Robert Malval, l'ancien Premier ministre pendant l'exil du Président Aristide à Washington, a mieux décrit l'arrivée de l'ambassadeur Adams : « *Ce fut dans cette situation d'impasse politique que débarqua en Haïti Alvin Adams, nouvel ambassadeur des États-Unis en Haïti. C'était un animal politique, un homme de pouvoir dont les pulsions proconsulaires se révélèrent au grand jour dès sa descente d'avion en novembre 1989. Dans un discours délivré en créole à l'aéroport Maïs-Gâté, il fit savoir, en termes assez clairs, qu'il avait pour mission de porter le pouvoir en place à restaurer les règles du jeu démocratique. Dans sa brève allocution, il tira de notre répertoire national un proverbe succulent :* « bourik chaje pa kanpe » *qui en disait long sur son appréciation de la situation. Cette petite phrase, qui lui valut le surnom de Bourik Chaje, fut interprétée diversement. Cependant, les observateurs les plus avertis en comprirent immédiatement le sens, à savoir que les péchés d'avril contre la démocratie étaient trop lourds pour qu'il en fût excusé.* »[59]

Oubliant le contexte de la politique internationale auquel Haïti était appelée à se conformer, le régime militaire Avril avait pris du plaisir à violer les droits des leaders politiques, membres des associations paysannes et des organisations universitaires.

Les prisonniers de la Toussaint

Mis à part de cette pratique, la montée du phénomène de zenglendo a pris une ampleur sans précédent dans la problématique de l'insécurité en Haïti. C'était un gouvernement de laissez-faire où certains militaires violaient et volaient au grand jour sans avoir honte de salir davantage l'institution militaire. Ils se sont impliqués dans tout. Entre-temps, des opposants du régime étaient arrêtés, incarcerés et battus. La tactique d'intimidation utilisée par le régime allait révolter la conscience nationale quand particulièrement ''les prisonniers de la Toussaint'' comme Evans Paul, Marino Etienne et Jean Auguste Mesieux furent présentés à la Télévision nationale avec leurs visages tuméfiés, ensanglantés, avec toutes les marques des tortures subies.

Chez la cho/ La chaise est chaude

Situation révoltante qui nécessitait une mobilisation nationale pour se débarasser du régime militaire qui, non seulement, ne respectait pas le droit du peuple haïtien, non plus que les pré-requis constitutionnels et démocratiques, à savoir l'organisation des élections. ' *'Le peuple, révolté par la milice du général qui caressait ouvertement des rêves de présidence à vie en retardant à chaque fois l'échéance*

---

[59] Robert Malval, *l'Année de toutes les duperies*, p. 35.

électorale, réclamait le départ du gouvernement'' La classe politique se mobilisait et réclamait le départ du Président et son remplacement par un gouvernement civil pour organiser les élections générales dans le pays. Ainsi, de son retour au pays après une visite en Chine où il était en quête d'assistance financière, en janvier 1990, le général Avril se trouve confronter à l'une des résistances les plus musclées contre son gouvernement.

En représailles à des protestations organisées en série, des leaders politiques, étudiants et syndicalistes de l'opposition ont, par la suite, été arrêtés et sévèrement battus par les sbires du régime. On se souviendra encore de l'arrestation du feu sociologue professeur Hubert de Ronceray, durant laquelle une cigarette avait été éteinte sur ses yeux. *''Cette fois, la coupe était pleine. Ce régime ne pouvait plus durer. Beaucoup prédirent qu'il s'effondrerait dans la boue et peut-être même dans le sang.»*[60] Toutes ces actions anti-démocratiques du régime militaire que dirigeait Avril ont conduit à un soulèvement général. C'est à cette époque très mobilisée contre le pouvoir du général qu'il lui fallut dire : *''Chez lan tro cho pou yon sivi*l (ce n'est pas le moment pour un pouvoir civil d'être en fonction).'' Il voulait faire savoir à la classe politique qu'il fallait encore attendre. Mais combien de temps ?

Entre-temps, avec le boycotage du carnaval organisé par le pouvoir au mois de février 1990, il était clair que la population, la classe politique et même les associations de travailleurs et d'étudiants étaient fatigués du régime du général Prospère Avril. Le pays se mobilisait davantage pour le départ du général. C'est dans le cadre de cette mobilisation que, le 5 mars 1990, au cours d'une manifestation populaire contre Avril dans la ville de Petit

---

[60] Op.cit.

Goave, que l'armée a tué une fillette de 11 ans. Assassinat qui fut la cause occasionnelle du départ d'Avril cinq jours plus tard. Finalement, le 10 mars 1990, soit onze mois après le coup manqué des putschistes, entouré de ses troupes de la garde présidentielle, le général Président annonçait sa démission. « *Nap kite Palè nasyonal, men nap rete nan peyi a*"/ *En se demissionnant, on va quitter le Palais National, mais on restera au pays* » déclarait Avril. Tel n'a pas été le cas puisque, quelques jours plus tard, Avril était, lui aussi et ceci comme dans le cas de tous les dictateurs d'Haïti, obligé à quitter le pays. En attendant que la classe politique lui trouve un successeur, le vide fut temporairement comblé par un autre militaire.

Chapitre 6
Hérard Abraham : le pont entre la transition d'Avril et de Trouillot

Malgré les critiques formulées contre l'armée quant aux basses œuvres des dictateurs Duvalier, le général Abraham était toujours présenté comme un militaire moderé. Mais comment un militaire haïtien pouvait-il se présenter comme un moderé alors qu'il avait fait toute sa carrière sous les régimes dictatoriaux des Duvalier ? On sait que l'armée, même cantonnée dans les casernes pendant les vingt-neuf années des Duvalier, a toujours secondé les dictateurs dans de sales besognes contres les opposants au régime. Parmi tous ceux qui avaient fait carrière en exécutant les ordres des dictateurs Duvalier, l'officier Abraham, après avoir brûlé toutes les étapes de la hiérarchie militaire pour arriver au poste de général comme tant d'autres militaires de sa promotion, était il toujours épargné quand l'état-major donnait des ordres à ses subalternes ? Dans les casernes, aux postes de commandes ou subalternes, Hérard Abraham était il un militaire observateur, témoin des arrestations arbitraires, de l'emprisonnement et de l'assassinat des opposants au régime ? Quel était son vrai rôle ? Quoi que l'on puisse penser d'un tel général, qui devait sa carrière aux Duvalier, Hérard Abraham n'avait pas mauvaise réputation, contrairement à beaucoup de ses collègues militaires. Ce qui poussait même les plus silencieux à se poser cette question : comment un homme comme lui avait-il pu survivre toutes ces années parmi les macoutes et les militaires sans foi ni loi sans avoir pour autant trempé dans les assassinats et malversations de ces deux institutions ?

C'est donc ce militaire qui, après le départ du général Président Prosper Avril le 10 mars 1990, assura la transition. Parmi les Haïtiens ou militaires qui souffraient de la maladie du présidentialime, le général Abraham semblait, quant à lui, être vacciné contre ce mal. À l'académie militaire comme durant toute sa carrière, il n'avait, semblait-il, pas non plus suivi ce cours de délation et de mensonge dont font toujours preuve les militaires et politiciens traditionnels en Haïti. Donc, comme convenu avec la classe politique, trois jours après avoir assuré la transition, le général remettait le pouvoir à un membre de la Cour de Cassation et réintégrait la caserne. Mais, si le général ne gardait pas le pouvoir comme devaient le faire certains de ses frères d'armes, dans la foulée, pouvait-il, en tant que commandant en chef, contraindre d'autres membres de l'état-major à ne pas influencer le pouvoir politique que dirigeait un civil ?

Au moment de passation de pouvoir entre le général Hérard Abraham et le juge Ertha Pascal Trouillot, un intervenant de circonstance, satisfait de l'honnêté du général qui avait su garder sa promesse, avait cherché très loin dans les proverbes haïtiens pour en tirer cette phrase très applaudie par l'assistance : *'Abraam di se ase''* Cette passation de pouvoir était-elle symbolique ou réelle ? Le général allait-il vraiment rentrer à la caserne et laisser le champ libre au gouvernement civil pour exécuter les lois selon les pré-requis de la constitution ? *'En effet, de la démission du général Avril à l'investiture de Mme Trouillot, soit soixante-douze heures, le général Hérard Abraham a assuré les commandes de l'État. Comme promis, il s'écarte et facilite l'application de la solution Trouillot imposée par l'Assemblée de Concertation regroupant tout ce qui comptait dans la classe politique. Mais il ne faudra pas se faire d'illusion ; l'armée, si elle ne détenait pas officiellement le pouvoir, allait montrer qu'il fallait compter avec son appui''*[61]

---

[61] Herold Jean-François, *le Coup de Cedras*, p. 274.

Chapitre 7
Le gouvernement d'Ertha Pascal Trouillot

Avec l'investiture du Juge Ertha Pascal Trouillot au Palais National, elle est devenue la première femme à pouvoir occuper ce poste de président Pour contrebalancer le pouvoir exécutif de Madame Trouillot, selon des accords politiques, un conseil consultatif fonctionnait parallèlement. Malheureusement, sitôt après cet accord, l'exécutif s'est démarqué des membres du conseil consultatif. Pour un pays instable, de grands défis structurels et conjoncurels attendaient le gouvernement de Madame Trouillot. Mais sa faiblesse à faire respecter les décisions judiciaires permettait à plus d'un d'entretenir des doutes quant à la volonté de ce gouvernement d'organiser des élections crédibles et honnêtes dans le pays.

En dépit de l'origine du gouvernement, qui était le résultat d'un large consensus entre tous les secteurs de la classe politique, très tôt, le gouvernment de Madame Trouillot se révéla incapable de faire appliquer la justice dans le pays. Contrairement aux politiciens traditionnels qui, grâce à leur popularité, sont capables de manipuler certaines institutions étatiques pour obtenir un quelconque résultat quant à certains dossiers importants, le nouveau locataire du Palais National se retrouva, dans un premier temps, sans marge de manœuvre.

D'autre part, elle était coincée face à une institution militaire qui, dépassée par les réalités politiques internationales du moment, était obligée de retourner dans les casernes, mais sans pour autant vouloir collaborer avec un gouvernement civil ni travailler sous son commandement. Pendant un certain temps, on a pu constater au sein du gouvernement de Madame Trouillot un déséquilibre institutionnel. L'insécurité galopante a conduit aux assasssinats de Serge Villard et Jean-Marie Montes, membres du Conseil d'État. Entre-temps, les macoutes étaient devenus plus arrogants dans leur langage et plus visibles dans leurs sorties personelles et activités politiques. *"Face à ce pouvoir sans base, l'armée d'Haïti en faisait à sa tête. Le pays était dès lors livré à lui-même, et tout était permis à tout le monde. Insécurité, retour en force des macoutes sous la protection de l'armée, permissivité, etc, tel était le spectacle auquel la nation a eu droit sous ce gouvernement"*[62]

C'est dans cette Haïti fragile, mouvementée et bouleversée politiquement que, le 7 juillet 1990, est arrivé à l'aéroport international de Port-au-Prince le Dr. Roger Lafontant, l'un des hommes forts du dernier moment du duvaliérisme. Il a été chaleureusement reçu au salon diplomatique. Malgre les tollés et remous soulevés par la présence d'un homme comme Roger Lafontant, le pouvoir de Madame Trouillot resta complètement indifférent, ce qui portait plus d'un à croire que la rentrée de Lafontant était planifiée non seulement par les classes dominantes de la politique nationale, mais aussi par les ambassades des grandes puissances occidentales à Port-au-Prince. À quelle fin ? À qui ou à quel groupe la rentrée de Lafontant allait-elle profiter ?

Le retour du Dr. Roger Lafontant en Haïti

Le moment était-il approprié pour le retour d'un duvaliériste de la trempe de Roger Lafontant dans un pays instable et qui cherchait encore à consolider les structures d'organisation des élections générales ? Il se sentait dans une telle position de force qu'il s'était officiellement déclaré candidat à la présidence –

---

[62] Herold Jean-François, *le Coup de Cedras*, p. 276.

128

mais, officieusement, avait-il d'autres visées à ce moment critique de la vie nationale ? Commentant le retour au pays de l'ex-Ministre de l'Intérieur, Franz Merceron, ancien Ministre des Finances sous le gouvernement de Jean-Claude Duvalier, pensait que le moment n'était pas favorable et que Haïti n'était pas non plus prêtre à accueillir Lafontant. Personne ne savait exactement ce qu'il était venu chercher en Haïti alors qu'il savait pertinemment que l'article 291 faisait obstacle à sa participation aux élections générales que prônait le gouvernement de Madame Trouillot, voire de remporter les présidentielles.

Pour certains analystes, comme la classe politique ne disposait pas vraiment de candidat potentiel aux élections présidentielles prévues à la fin de l'année, l'arrogante rentrée sur la scène politique de l'homme fort du duvaliérisme était un ballon d'essai et un test pour la population lors des prochaines élections. Son nom avait déja été cité lors du putsch manqué des colonels Rébu, Qualo et Biambi en avril 1989. Mais comme ce n'était pas une période électorale, la question n'avait pas soulevé de grands remous dans la classe politique. Mais, vu la conjoncture électorale, il était clair que, dans une élection supervisée par un conseil électoral indépendant, la participation de Lafontant était impossible, parce que l'article 291 de la constitution de 1987 lui en avait imposé les limites :

« Ne pourra briguer aucune fonction publique durant les dix (10) années qui suivront la publication de la Présente Constitution et cela sans préjudice des actions pénales ou en réparation civile :

a) Toute personne notoirement connue pour avoir été par ses excès de zèle un des artisans de la dictature et de son maintien durant les vingt-neuf (29) dernières années ;

b) Tout comptable des deniers publics durant les années de la dictature sur qui plane une présomption d'enrichissement illicite

c) Toute personne dénoncée par la clameur publique pour avoir pratiqué la torture sur les prisonniers politiques, à l'occasion des arrestations et des enquêtes ou d'avoir commis des assassinats politiques. »

Mais l'objectif de la présence de Lafontant en Haïti, selon certains analystes politiques, était de forcer l'électorat haïtien à jeter son dévolu sur un quelconque candidat de la droite ayant été non seulement soutenu par la bourgeoisie, l'élite intellectuelle et l'armée d'Haïti, mais aussi par la communuté internationale, particulièrement l'ambassade américaine à Port-au-Prince.

À défaut d'un potentiel candidat pouvant représenter les couches défavorisées, des sondages montraient que les gens étaient favorables à des candidats venus de la droite. Déjà, il se disait dans les milieux universitaires en sciences sociales, dans une faculté publique de Port-au-Prince : ' *'En lieu et place d'un Roger Lafontant, je préfererais prendre n'importe quel autre candidat, sauf les macoutes. »*

C'est dans ce climat troublé de la politique haïtienne que, ' *'Sous l'oeil vigilant des militaires lourdement armés, à Vertaillis Night Club, en septembre 1990, les macoutes se sont réunis en congrès, lançant comme un défi au reste de la société en lui disant que ''jamais plus ils ne se remettront à se cacher. Ils avaient repris confiance en leur capacité et en leur force de frappe. Ne disaient-ils pas à l'occasion qu'ils étaient la force, qu'ils avaient la force ?.''*[63]

---

[63] Herold Jean-François, *le Coup de Cedras*, p. 277.

C'était donc dans cette atmosphère très mouvementée par les déplacements dans tout le pays des duvaliéristes, qui voulaient, d'une façon audacieuse être candidats, que fut planifié le scrutin de décembre 1990. En dépit de fortes pressions de part et d'autres sur le terrain, contrairement à son prédécesseur qui, pour garder le pouvoir, avait utilisé toutes les manœuvres dilatoires, l'administration de Madame Trouillot, quant à elle, voulait à tout prix organiser les élections à la fin de l'année 1990.

Ne voulant pas répéter les mêmes erreurs durant les élections avortées dans le sang le dimanche 29 novembre 1987, des démarches ont été faites par l'administration de Madame Trouillot auprès de la communauté internationale pour la supervision et le bon déroulement du scrutin. À travers des visites rendues d'une facon régulière par des membres de l'OEA et de l'ONU en Haïti, déjà on pouvait, même avant la date du scrutin, sentir la présence de la communauté internationale dans le pays. En dépit des critiques continues de certains secteurs contre le régime en place, on pouvait aussi croire en la bonne volonté du gouvernement de Madame Trouillot et de la communauté internationale à organiser des élections honnêtes et crédibles dans le pays. Mais des élections au profit de quel électorat puisque, jusqu'à date, il n'existaot aucune vraie mobilisation de la population à prendre part au processus électoral ? Deux raisons expliquaient cette lenteur ou ce mépris de la population : l'absence de candidats populaires aux élections présidentielles et la peur d'une quelconque répétition des expériences malheureuses du 29 novembre 1987.

Lafontant n'était pas au pays en novembre 1987 quand les macoutes avaient terrorisé et tué á la Ruelle Vaillant des électeurs tenant leurs bulletins de votes. Par contre, puisque le pouvoir politique, issu de concert en mars 1990 avec les forces de l'ordre garantes de la sécurité, faisait preuve d'incompétence et d'irresponsabilité dans certains dossiers auxquels le pays se heurtait, cette préoccupation parmi d'autres empêchait la masse de s'inscrire au processus électoral de fin d'année.

Entre-temps, par peur d'être, encore une fois, attaqués et tués par la populace comme après février 1986, des duvaliéristes lourdement armés sous la vigilance des miltaires, avaient, avec arrogance, déclaré pendant leur congrès à Vertaillis Night Club, que *'jamais plus ils ne se remettraient à se cacher. Le sensationnel retour de Roger Lafontant en Haïti, début juillet, apportait un crédit supplementaire à toutes ses inquiétudes. Roger Lafontant fut l'un des plus notoires dirigeants macoutes, zélé serviteur du régime des Duvalier, Ministre de l'Intérieur et de la Défense cumulés dès 1972. Dire d'un homme qu'il a du sang sur les mains est une accusation grave. Ici, elle devient euphémique. Le chef des escadrons de la mort, l'un des hommes les plus associés à toutes les tortures, les tueries des années duvaliéristes, circulait librement à Port-au-Prince. Il jouissait d'une tranquille impunité, en dépit d'une interdiction d'entrée en Haïti et, simultanément, d'un mandat d'arrêt lancé contre lui. Une partie de l'armée lui assurait quiétude, aide et protection »*[64]

On était début octobre 1990. La population continuait à se désintéresser du processus pouvant conduire aux élections de décembre. Comme au temps de la Constitution de 1987, *' 'la tactique du double langage''*, le « non aux élections, non à l'impérialiste et non à l'armée », faisait encore son chemin par l'intermédiaire de leaders très écoutés de la classe politique qui se réclamaient du secteur démocratique. Mais la stratégie de bien d'autres, c'était de dire non à un

---

[64] Pierre Monterde- Christophe Wargny. *Apre bal, Tambou lou.* Editons Austral, Paris 1996. p.29.

moment, mais pour, finalement, pouvoir se conformer dépendamment de ses interêts personnels ou de sa classe. ''*Nous ne participons pas aux élections organisées par les Blancs*''. Façon de dire ce n'était pas encore notre tour.

Si l'on analysait le parcours des crises politiques de l'après-Duvalier, particulièrement des élections avortées de novembre 1987 jusqu'à celles de décembre 1990, on n'en finirait pas si, dans ce court essai, il fallait énumérer les différentes stratégies de campagne des candidats. Mais beaucoup sont unanimes à reconnaître que, durant les périodes électorales, la tactique de critiquer pour finalement se positionner dépendamment des circonstances, sont les qualités particulières du politicien haïtien.

Subitement, ceux qui étaient contre les élections organisées et sécurisées par les Blancs ont changé de stratégie pour finalement se porter candidats aux élections des Blancs de l'OEA, de l'ONU et des États-Unis. Bond en avant qui consista, pour le secteur démocratique qui avait pourtant fait le choix du professeur Victor Benoit du KONAKOM comme candidat à la présidence, à changer de stratégie, quelques jours avant la date limite d'inscription des candidats fixée par l'institution électorale, au profit d'un autre jeune et fougeux candidat au verbe facile. Le candidat qu'on a préferé au professeur Victoir Benoit était le disciple de la Théologie de Libération, le prêtre de Saint-Bosco, Jean-Bertrand Aristide.

La candidature d'Aristide

Sous la bannière du FNCD (Front National pour le Changement et la Démocratie), celui qui avait été pendant les dernières années très écouté par les masses et les étudiants se présentait aux élections pour briguer le poste de la première magistrature de l'État. L'annonce de la candidature d'Aristide aux élections était comme un stimulant pour les masses qui,

133

jusqu'avant cette décision, s'étaient montrées réticentes au projet du scrutin annoncé antérieurement par le pouvoir en place. Comme ils s'identifiaient à ce prêtre de Saint-Bosco, les électeurs des quatres coins du pays firent, durant les jours suivant les dépôts de ses pièces au conseil électoral, la queue dans les bureaux pour se faire inscrire sur sur la liste électorale. Entre-temps, ce jeune prêtre-candidat avait été très constesté par l'oligarchie de la classe politique et de la communauté internationale.

À Port-au-Prince la capitale, comme dans les villes de provinces et les zones les plus réculées d'Haïti, il n'était plus question de rumeur autour de la candidature de ce jeune prêtre qui se réclamait comme ami des pauvres : il était désormais candidat. Pendant longtemps, les gens ne s'étaient pas montrés intéressés par le scrutin. Cependant, une fois l'annonce faite, en un temps record, les bureaux d'inscription du Conseil Electoral sont passés en quelques jours de salles vides en salles bondées. Partout, on pouvait remarquer, à l'intérieur des bureaux, une foule massive de jeunes comme de veillards, sous un soleil de plomb, et ceci à longueur de journée pour se procurer une carte électorale.

Qaund aux Haïtiens de la diaspora, ils accueillaient cette nouvelle avec satisfaction. N'empêche, des sympathisants du prêtre candidat avaient une certaine inquietude quand á la bonne marche de ces élections. Pendant qu'ils se montraient très occupés, surtout avec les dernières expériences électorales de la ruelle Vaillant, comme au temps du scrutin de 1987, cette candidature avait, á nouveau, divisé la classe politique haïtienne. De la dâte de son inscription fin d'octobre au 16 décembre le jour du scrutin, le candidat Lavalas n'avait pas bénéficié d'assez de temps pour faire campagne.

Aux dires d'un lavassien de première heure, ' *Aristide n'était pas prêt à se présenter au processus électoral puisque cela*

134

n'a jamais été ses intentions. C'est le vide insoutenable créé par les partis politiques et certains leaders d'organisations populaires qui l'a poussé à prendre une telle décision" Cependant, si l'on tenait compte des discours anti-électoraux du père Aristide après le départ de Jean-Claude, on pouvait bien comprendre qu'il n'était pas intéressé á se présenter aux élections, comme l'avait fait remarquer cet activiste de la gauche qui soutenait sa candidature. Pourquoi ce désintérêt ?

Jusqu'avant 1990, aucune élection n'était garantie ; on comprendrait donc mal un candidat tel qu'Aristide dans une élection où il craignait encore d'une répétition du massacre du 29 novembre 1987. L'argument qui réfutait le plus les déclarations de l'activiste, c'était celui qui voulait faire croire que, pour être candidat aux élections présidentielles, il fallait avoir 35 ans. Ainsi, jusqu'avant juillet 1988, Aristide n'avait pas l'âge que préconisait la constitution. Donc, il ne pouvait pas s'intéresser aux élections, sachant qu'il rencontrerait un obstacle constitutionnel à son inscription.

Bref, à l'époque, toutes les analyses avaient été utilisées et interprétées pour faire comprendre le désintérêt ou l'envie d'Aristide de se presenter comme candidat aux élections présidentielles. Cependant, en surplus de ses discours engagés contre le régime dictatorial de Duvalier et des militaires, Aristide, de par son origine sociale, n'appartenait pas à la classe dominante des politiciens traditionnels du pays. C'est précisément ce qui faisait sa popularité parmi les classes défavorisées.

Si, chaque jour, le candidat Aristide gagnait du terrain, par contre, constitutionnellement, en écartant certains candidats à la présidentielle du 16 décembre 1990, les réactions de la classe politique étaient partagées quant à ce qui pourraient se passer les jours précédant le scrutin. Toutefois, dans la foulée, certains estimaient que, par ce geste, le Conseil

135

électoral provisoire voulait à tout prix organiser des élections crédibles et transparentes dans le pays.

Le Renvoi de certains candidats à la course électorale

Après neuf mois, le gouvernement de transition de Madame Trouillot, avec un Conseil électoral indépendant et un soutien logistique et sécuritaire de la communauté internationale, avait convoqué le peuple haïtien à aller voter aux élections générales du 16 décembre pour élire un Président, des députés, des sénateurs aussi bien que des maires. Mais, en dépit des forces de sécurité et des d'observateurs internationaux dans le pays, l'électorat, particulièrement les supporteurs d'Aristide, avait encore des doutes quant à la journée du scrutin.

Celui du 16 décembre 1990 était le premier organisé en Haïti après les élections controversées du 17 janvier 1988. Depuis, le pays avait connu une succession de gouvernements éphémères avec des coups d'État et des mouvements politiques parfois sanglants. Donc, face à ce constat, les enjeux de la tenue d'élections transparentes en 1990 s'avéraient importants pour la survie démocratique du pays.

Pour y parvenir, le Conseil Electoral Provisoire (CEP) avait une tâche immense et combien difficile à remplir pour organiser des élections crédibles dans le pays. L'organisation des élections est devenue beaucoup plus compliquée lorsque les intérêts mesquins et individuels des uns et des autres ont primé sur les intérêts collectifs et communautaires. Cependant, avec la décision du Conseil Electoral, se basant sur l'article 291 afin d'écarter certains duvaliéristes considérés comme notoires, le cauchemar du massacre à la ruelle Vaillant lors des élections du 29 novembre 1987 hanta immédiatement le pays.

Après le renvoi du processus électoral, comme le voulait la constitution de 1987 dans son article 291, de certains candidats considerés comme macoutes notoires, la liste des candidats aux présidentielles du 16 décembre 1990 fut répartie comme suit :

1. Jean-Bertrand Aristide (FNCD)
2. Marc Louis Bazin (ANDP)
3. Louis Dejoie (PAIN)
4. Hubbert de Ronceray (MDN)
5. Sylvio Claude (PDCH)
6. Thomas Desulmé (PNT)
7. René Théodore (MRN)
8. Volvick Remy Joseph (MKN)
9. François Latortue (MODELH)
10. Vladimir Jeanty (PARADIS)

Dans cette liste de candidats sus-mentionnés, deux seulement étaient vraiment compétitifs à cette course électorale : Jean-Betrand Aristide et Marc Bazin. Les autres n'étaient que des figurants qui se présentaient toujours aux élections, soit pour des intérêts mesquins, soit pour mieux se positionner pour un quelconque poste ministériel. Il est important de mentionner que, jusqu'avant l'arrivée du père Aristide dans cette course électorale à la fin du mois d'octobre, même avec un militant farouche des Duvalier comme Sylvio Claude, le candidat favori était Marc Louis Bazin, ancien Ministre des Finances de Jean-Claude Duvalier vers le début des années 1980. ' *'De retour au pays, il s'était fait l'apôtre du liberalisme. S'il avait gagné la confiance de la bourgeoisie, il n'avait pas cependant bénéficié de l'estime des masses attachées aux idées progressistes véhiculées par les mouvements de gauche en vogue à l'époque, notammment la théologie de la libération. Son discours, pourtant cohérent, rationnel, logique, placé dans le champ des idées d'économie libérale, n'avait pas d'écoute dans le milieu populaire. Sa campagne électorale était axée sur une propagande au contenu superficiel véhiculant des idées dépassées aux yeux d'un peuple en quête de discours nouveaux''* [65]

Pour comprendre le processus électoral du 16 décembre et le candidat Marc L. Bazin, il fallait aussi comprendre les querelles de chapelles et l'idée de boycott qui ont toujours animé les leaders de la gauche haïtienne. ' *'Deux mois et demi avant le scrutin, tout le monde donne Bazin gagnant. Éu d'avance. La gauche parie plutot sur le boycott, enfermée dans ses querelles de chapelles. Et dans son discours à priori antimacoute..*'' [66] Bazin, avec le nom de ' *'Mister Clean''*, titre qu'il a su gagner durant le peu de temps qu'il a passé dans l'administration de Duvalier, bénéficiait d'une certaine admiration tant du côté des élites intellectuelles et économiques du pays, ainsi que de la communauté internationale. Pour quelqu'un qui avait fait des études à l'étranger et avait derrière lui une bonne carrière dans des organisations internationales, le fonctionnaire Marc Bazin, après la fin de la guerre froide, était bien vu par la communauté internationale ou, de préference, il était l'homme du moment de Washington.

Mis à part tout cela, l'alliance que Marc Bazin avait conclue avec des leaders sociaux démocrates était d'un grand soutien pour lui dans la course électorale du 16 décembre 1990. Ce qui explique que tout était en place pour que Bazin puisse gagner les présidentielles, de sorte que le pays revienne à une stabilité politique après plusieurs coups d'États militaires.

Mais c'était un faux calcul puisque, jusqu'auparavant, le secteur populaire était indécis en termes de leur participation

---

[65] Dr. Pierre, Sonson Prince. *Haïti : l'État de Choc.* Imprimerie H. Deschamps. Port-au- Prince, Haïti. p.p 86-87.
[66] Op.cit.

138

aux élections ; finalement, ils avaient fait volte-face. Selon eux, les enjeux électoraux étaient trop importants pour ne pas participer au processus. Donc, tout en utilisant la popularité du prêtre Jean-Bertrand Aristide, le secteur populaire voulait à tout prix, participer et gagner non seulement la présidence, mais plusieurs postes de députés et de sénateurs lors du scrutin du 16 décembre 1990.

Contrairement à son adversaire, Aristide venait d'une famille pauvre de la province. Très tôt, il bénéficia des faveurs de l'église catholique. *"Le religieux à la rhétorique envoûtante, Jean-Bertrand Aristide, est né à Port-Salut, une bourgade du département du Sud, d'une famille pauvre. À l'âge de trois ans, il perdit son père et fut recueilli par les Pères Salésiens. Il fit ses études classiques au Collège Notre-Dame du Cap Haïtien et s'adonna à l'étude de la théologie pour être ordonné prêtre. Le clergé, choqué par la virulence des sermons de ce jeune prêtre épris d'amour humain et de solidarité, préféra l'envoyer poursuivre ses études au Canada et en Israël. De retour au pays, il dirigea une petite église placée au cœur de la Croix-des-Bossales, à proximité de deux bidonvilles, la Saline et Cité Soleil, ci devant Cité Simone. Par ses prêches explosifs, Aristide contribua de façon siginificative à la chute de la dictature. Il dénonçait l'impérialisme américain, le Fonds Monétaire International et pratiquait une évangélisation libératrice des masses dans son éssence"*[67]

Campagne du candidat Lavalas

La plateforme FNCD et le candidat Lavalas avaient commencé officiellement leurs campagnes électorales pour les présidentielles et législatives, comme c'était toujours le cas en Haïti, quelques semaines avant la date du scrutin. Une campagne basée sur des slogans comme *"se grès kochon an*

---

[67] Op.cit.

ki kwit kochon/c'est l'huile du porc qui fera la cuisson'' Le charismatique candidat Lavalas, avec son discours populiste, avait à chaque intervention, fustigé les macoutes, la bourgeoisie, la hiérachie de l'égllise catholique, l'armée et le capitalisme des États-Unis. *''Kapitalis se peche motel/le capitaliste est un péché mortel''*

Avec l'emblême de campagne *''coq kalite numéro 5''* et les dicours emflammés, le père Aristide augmentait chaque jour le nombre de ses sympathisants des secteurs paysan, étudiant, travailleur, classe défavorisée des bidonvilles, zones urbaines et des provinces. Désigné comme prêtre de gauche, en revanche, il n'avait pas la sympathie de la classe dominante haïtienne aussi bien que de la communauté internationale qui, dans un contexte de l'après guerre froide, aurait bien préféré négocier avec un candidat et, dans le futur, avec un président au discours moderé, mais non-populiste.

Pendant que Jean-Bertrand Aristide gagnait du terrain, d'autres candidats dans la course, qui s'étaient déjà vus perdre face á ce jeune prêtre, commençaient à planifier des stratégies de réponses de l'après-élection. Certains pensaient à décrier les irrégularités du scrutin. Pour d'autres, sauver le pays contre ce gauchiste, si toutefois il est élu, signifiait empêcher son investiture. Et déjà, l'idée d'un coup d'État était en gestation. Entre-temps, Roger Lafontant – celui qui, après qu'un mandat d'amener lui eut été deferé, mais grâce à la complicité d'un secteur de la hierachie militaire, était en cavale –, visait, lui aussi, quoique écarté de la course électorale, à faire obstacle au candidat populaire du FNCD.

Dans l'intervalle, en Haïti comme à l'étranger, le candidat aux présidentielles, Jean-Bertrand Aristide attirait, soit par curiosité ou grâce à ses discours enflammés contre les macoutes, la bourgeoisie, l'armée et l'impérialisme américain, la grande foule. Les tournées dans des villes nord-américaines ont

140

toujours fait salle comble, où les plus curieux étaient venus pour écouter celui qui prétendait conduire Haïti vers un changement démocratique durable. Tenant compte de l'enjeu politique, économique et social que les élections devaient jouer dans le processus de développement d'Haïti, des activistes politiques de la Floride, New York, Massachusetts et Canada, en signe de soutien aux candidats du FNCD mobilisés en plusieurs sous comités, ont organisé des rencontres aptes à générer des fonds. '*Nous ne pourrons pas voter le 16 décembre. Si nous pouvions, nous débarquerions en nombre imposant la veille du scrutin et rejoint le peuple dans le choix des dirigeants. Mais malheureusement nous ne le pouvons pas, financièrement, nous allons contribuer aux élections du Président*', disait d'une voix chaude un supporteur de New York. Ainsi, comme en Haïti, les Haïtiens de la diaspora, particulièrment dans les grandes villes des États-Unis comme New York, la Floride, le Massachussetts, le New Jersey, le Canada et la France, étaient mobilisés à distance au profit des campagnes du prêtre de la Théologie de Libération.

Le leader Lavalas était dans presque toutes les grandes villes du pays, à l'époque neuf départements, pour encourager les classes défavorisées à préserver leurs cartes électorales pour le scrutin du 16 decembre. '*Votez tous les candidats sous l'emblème du coq au numéro 5*'', disait toujours le candidat Lavalas chaque fois que les gens étaient venus l'écouter. C'était dans le cadre de cette mobilisation de campagne que des sympathisants du mouvement Lavalas, réunis à Pétion Ville le 5 décembre pour écouter Aristide, ont été victimes des actes criminels des nostalgiques opposés au changement de pouvoir politique. Le bilan fut lourd : plusieurs blessés et tués dans le camp Lavalas. Il était évident que, malgré une promesse de l'armée d'Haïti et des forces de polices internationales qui promettaient la garantie de sécurité des candidats et des électeurs au processus électoral, les nostalgiques du secteur obcurantiste et ennemi de la

141

démocratie n'allaient pas laisser une victoire aussi facile au jeune prêtre Jean-Bertrand Aristide, qui n'était pas des leurs.

Dans un programme de campagne axé sur *'twa roch dife »* comme : compétence, transparence et militance, le leader Lavalas continuait chaque jour à gagner beaucoup plus de sympathisants dans les bidonvilles où il électrisait les gens dans toutes les réunions par des slogans comme *''makout pa ladan-n, aba mistè blan, se grès kochon qui kwit kochon''*.

Finalement, contrairement au scrutin du 29 novembre 1987, grâce au soutien de l'armée d'Haïti et de la communauté internationale, à l'exception bien entendu de certaines localités, les matériels électoraux ont pu parvenir à temps dans les bureaux de votes. Ne voulant pas répéter les erreurs de novembre 1987, d'un côté, la communauté internationale assurait les moyens logistiques et sécuritaires alors que, de l'autre, l'armée d'Haïti garantissait non seulement la securité des candidats durant leurs campagnes électorales, mais promettait aussi de sécuriser tout le territoire durant la journée du vote.

Le dimanche 16 décembre1990

L'ambassadeur américain Alvin Adams, qui maîtrisait bien la langue créole, tirait dans son riche répertoire des proverbes pour dire à la veille du scrutin : *se depi nan samdi pou konnen koman dimanch ou ap ye''* Ainsi, *' 'La nuit est tombée sur Port-au-Prince. Tôt. Nous sommes le 16 décembre 1990, soir d'élections, au cœur de l'hiver caraïbe. La saison de rêve des touristes occidentaux. Il n'y a pas de touristes, tout au plus quelques dizaines de Blancs dépêchés par des médias du Nord. Des étrangers incolores et invisibles dans la foule sans nombre qui s'avance »*[68]. Si,

---

[68] Pierre Monterde et Christophe Wargny, *Apre bal, Tambou lou.*

durant la nuit du samedi 28 novembre 1987, on avait été encouragé à rester chez soi, par peur d'être abattu par les balles assassines des uzis et mitraillettes des militaires et macoutes, cette nuit du samedi 15 décembre 1990 fut différente. « *La nuit, cette fois, n'est pas hachée par les bruit des uzis, les mitraillettes de l'armée ou des macoutes, mais après les clameurs de joie venues des banlieues enserrant une métropole qui déborde de toutes parts*".[69]

À Port-au-Prince, la capitale, comme dans les autres villes et sections rurales des provinces, c'était une marée humaine venant de toutes les couches sociales, âges, sexes et, religions confondues qui venait voter pour les différents candidats lavalas. Du Nord au Sud, de l'Est à l'Ouest comme de l'Artibonite et de la Grande Anse, ils venaient de partout. Dans des villes, des faubourgs, des bidonvilles et zones défavorisées comme Solino, Carrefour Feuille, Marissant, Cité Soleil, Bel-Air, La Saline, Sainte-Hélène, Raboteau et Lafosset, les gens avaient fait le déplacement pour dire non aux forces réactionaires et rétrogrades des Duvalier, mais oui au changement de pouvoir politique et à la démocratie.

Sur le visage des gens, jeunes et vieux de toutes religions et classes sociales confondues, il y avait une lueur d'espoir. Ils étaient tous décidés à élire le jeune prêtre des bidonvilles. Ils n'avaient tous qu'un seul discours : *Titid se nou, nou se Titid (Aristide c'est nous. Et nous sommes Aristide).* »

Contrairement aux autres candidats à la course électorale, le père Aristide incarnait l'espoir. Il symbolisait l'aspiration d'un tout un peuple. ' '*La majorité des Haïtiens voyait en lui un messie, un père, à un moment où toutes les institutions du pays étaient tombées en faillite. Ceux qui lui proposaient de se présenter aux*

Editions Australes, Paris 1996.
[69] Op.cit.

élections avaient raison, lui seul était capable, en effet, de drainer le peuple dans une mouvance électorale »[70].

Au matin du lundi 17 décembre, le peuple était descendu dans les rues de Port-au-Prince pour célébrer par anticipation la victoire de leur idole, le prêtre des bidonvilles, Jean-Bertrand Aristide. Par ce geste, les tractations dans les grandes ambassades occidentales aussi bien que parmi les émissaires occidentaux sur le terrain ne pourraient plus avoir d'influence sur le résultat des élections, qui seraient annoncéés dans les jours à venir par l'institution électorale. De ce fait, il n'était plus question de savoir qui gagnerait les élections mais plutôt, selon quel pourcentage il gagnerait... !

Comme annoncé, après les fêtes de Noel, le père Aristide avait non seulement gagné les présidentielles à 67% des voix, mais la plateforme FNCD (Front National pour le Changement et la Démocratie) avec laquelle il s'était porté candidat, avait raflé bon nombre de postes de maires, de députés et de sénateurs aux élections. Ainsi, si les détracteurs du prêtre Jean-Bertrand Aristide voulaient utiliser des irrégularités ou des fraudes électorales pour protester contre son élection, il leur fallait maintenant penser à d'autres manœuvres. Car l'histoire retenait qu'à part quelques petites irrégularités, les élections du 16 décembre 1990 qui ont porté Jean-Bertrand Aristide au pouvoir étaient crédibles, honnêtes et transparentes.

Mais si, après validation, les résultats des dernières élections avaient donné pour gagnant le prêtre des bidonvilles, déjà les macoutes, pour faire obstacle à son investiture, avaient mis leurs plans macabres à exécution, puisqu'ils ne pouvaient pas les contester. Si le peuple et le secteur populaire se réjouissaient et savouraient encore leur victoire

---

[70] Dr. Pierre Sonson Pince, *Haïti : L'État de choc*. Imprimerie H. Deschamps, Port-au-Prince, Haïti. p.58.

144

aux urnes, déjà, dans d'autres secteurs, des anti-Aristide complotaient à un coup de force... !

Le coup d'État manqué du Dr. Roger Lafontant

Ainsi, pendant qu'une équipe préparait la transition entre la sortie du gouvernement provisoire de Madame Trouillot et le Président élu Jean-Bertrand Aristide, Haïti avait l'aspect d'un pays qui allait finalement s'élancer vers la démocratie moderne. Si, à travers des prises de positions et des activités de masse, de jeunes prêtres de l'église catholique s'étaient associés avec le peuple pour obtenir le départ du dictateur Jean-Claude Duvalier le 7 février, toute la hiérarchie de cette institution n'était cependant pas complétement associée au changement tant prôné par le Pape. Ou, si toutefois elle voulait un changement à travers un gouvernement démocratiquement élu, ce n'était pas avec le prêtre Aristide. Ce dernier a toujours été considéré comme un élément gênant. Pour certains, il faisait peur. Pour d'autres, il était le prophète du malheur.

Le discours ô combien menaçant du Mgr. Ligondé, prononcé le 2 janvier 1991, faisait peur. Pendant que même les analystes et experts de la crise haïtienne qui s'étaient toujours montrés pessimistes, prônaient déjà des changements positifs pour le pays, le Réverend Père Ligondé, lui, avait vu les choses différemment. Question d'exprimer son désaccord au gouvernement élu du 16 décembre. ''*En l'an 2000, on mangera des pierres en Haïti*'' disait Mgr Ligonde. Si certains interprétaient le message du Mgr. comme une prophétie, cependant les plus avisés pensaient déjà que quelque chose, particulièrement un coup d'État, était en gestation.

Quoique le temps eût donné raison au discours combien ô inquietant de Mgr. Ligondé, comment pouvait-il alors

145

prophétiser négativement sur le devenir d'un gouvernement démocratiquement élu qui n'était même pas encore entré en fonctions ? Cette déclaration était mal venue puisqu'elle venait d'un ancien serviteur zélé des deux régimes des Duvalier. S'il était aussi facile de prophétiser négativement sur la réussite du mouvement Lavalas, pourquoi était-il toujours difficile pour Monseigneur Ligondé et d'autres leaders des églises catholiques et protestantes de se positionner du côté des pauvres ? Ou était Monseigneur Ligondé lorsque les macoutes, les tortionaires et les sbires du pouvoir des Duvalier arrêtaient, emprisonnaient et tuaient les opposants au régime dans les prisons, particulièrement à Fort Dimanche ?

Bref, on était au dimanche 7 janvier. Traditionnellement, la fête de fin d'année en Haïti est célébrée jusqu'au week-end qui suit le jour de l'indépendance et la fête des aieux, c'est-à-dire les 1er et 2 janvier. Ainsi, au moment où le peuple s'attendait le moins à un coup d'État, surtout de la part des macoutes, dans la nuit du dimanche 7 janvier 1991, le docteur Roger Lafontant est apparu à la Télévision Nationale. Dans un discours, il annonça : « *Je m'associe aux Forces Armées et aux Forces de Police pour assumer le pouvoir.... La panacée n'est pas à l'Est, Attila ne rentrera pas à Rome''*.

Qui était derrière ce coup ? Pourquoi un candidat démocratiquement élu ne pouvait-il pas prêter serment quand le peuple voulait en finir avec les nostalgiques duvaliéristes ? D'où venait cette idée ? Bref, ''*pendant le déroulement démocratique des élections générales de 1990-1991 à Haïti, Roger Lafontant tenta un coup de force durant la nuit du 6 au 7 janvier 1991''* Tandis que Roger Lafontant affirmait avoir le soutien de l'armée, le général Hérard Abraham et le haut commandement militaire condamnaient immédiatement ce coup de force.

Dans un communiqué à la population, le général Abraham évoquait, lundi matin, la mutinerie d'un groupe ''*à la solde de*

146

Roger Lafontant » ayant pris en otage la présidente provisoire de la République, Ertha Pascal-Trouillot « *après l'avoir forcée à démissionner. Le général Abraham affirmait alors que les forces armées d'Haïti, fidèles à leur mission constitutionnelle, condamnaient cet « acte de terrorisme » et prenaient « toutes les dispositions pour que la situation revienne à la normale.* » Il appelait la population à garder son calme.

L'armée d'Haïti n'avait pas été la seule à condamner le coup de force du 7 janvier. La communauté internationale, particulièrement à travers l'organisation régionale, a tenu le jour même une réunion en urgence pour plancher sur la crise haïtienne. ' *'La communauté internationale ainsi que l'Organisation des États américains ont condamné la tentative de renversement du gouvernement provisoire d'Haïti. Le jour même du coup d'État, le Conseil permanent de l'OEA a tenu une réunion d'urgence pour discuter de la situation à Haïti et a décidé de soutenir le gouvernement provisoire* ''

Entre-temps, le Président élu s'était mis à couvert ' *'Le Président Aristide, réfugié a l'ambassade de France parla au peuple en ces termes : bare anwo, bare anba, makout nan mitan, rete rèd. Sous la pression populaire, le Haut Commandement de l'armée d'*Haïti *procéda à l'arrestation de Roger Lafontant, qui fut conduit d'abord au Grand-Quartier Général des FADH et ensuite au pénitencier national* »[71]

Pour le coup d'État manqué de Lafontant, le bilan était lourd. ' *'Quelques 75 personnes ont perdu la vie et plus de 150 autres ont été blessés lors des violences qui ont éclaté à Port-au-Prince pendant cette tentative de coup d'État. Dans la lignée, l'église catholique n'a pas été épargnée. En réponse au discours du Monseigneur Ligondé prononcé le 2*

---

[71] Dr. Pierre Sonson Pince. *Haïti : L'État de choc.* Imprimerie H. Deschamps, Port-au-Prince, Haïti. p.64.

janvier, le peuple a réagi violemment contre la Nonciature.
« Ce jour-là, la Nonciature avait été mise à sac et le nonce agressé par une foule acharnée »[72]

Dans *Roger Lafontant ou la destinée tragique d'un fauve politique*, ouvrage de la collection "Au gré de la mémoire", Dr. Rony Gilot portrait le leader du coup manqué du 7 janvier 1991 comme suit: *"Fauve politique assoiffé de pouvoir, Roger Lafontant a occupé le fauteuil présidentiel pendant une heure, à la suite d'un coup d'État, le 7 janvier 1991. Il finira en prison. Sa destinée est tragique. Il a été « abattu comme un chien galeux par un caporal qui venait la veille de recevoir de lui sept cents dollars pour payer l'écolage de ses enfants »,*

Peu importe ce qu'on peut dire ou penser de ce ministre de l'intérieur de Duvalier, Dr Roger Lafontant ' *'était un homme de pouvoir. Un homme qui aimait le pouvoir pour le prestige et l'autorité qu'il confrère, pour son faste et sa griserie ''.*

---

[72] Malval Robert. *L'année de toutes les duperies.* p.50.

Chapitre 8
Le pouvoir Lavalas

La tâche est lourde, mais je l'aborde avec enthousiasme et conviction, avec le soucis d'être le garant de l'indépendance de notre Assemblée et du respect de la pluralité des opinions qui s'y expriment et qui sont la marque distinctive de la démocratie.

EMMANUELLI, HENRI

C'était dans une ambiance de fête dans tout le pays que l'élu du 16 décembre a d'abord prêté serment au palais législatif au bicenténaire, ensuite, pour les cérémonies réligieuses, à la Cathédrale de Port-au-Prince le 7 février 1991. Puis, il se rendit au Palais National pour le traditionnel discours à la nation, aux diplomates et aux autres dignitaires participant à ces festivités d'investiture.

Deux choses marquaient d'une note triste la journée d'investiture du chef Lavalas. ' *En effet, le jour même de la prestation de serment du nouveau Président, le 7 février 1991, une notification de rester à la disposition de la justice fut glissée au Président sortant, Madame Ertha Pascal Trouillot, pendant la cérémonie d'investiture à la Chambre Legislative. À travers ces démarches du système judiciaire, les responsables du nouveau gouvernement expliquèrent qu'ils avaient entrepris une telle action dans le but de rechercher la vérité sur le coup d'État manqué de Roger Lafontant le 7 janvier*'' Tandis qu'au Palais National, le Président haussait le ton : il mettait à la retraite, des officiers de haut rang de l'institution militaire, dans le but de purger l'institution militaire des officiers consideré comme des emmerdeurs au nouveau pouvoir, selon certains analystes politiques qui connaissaient bien la réalité poltique haïtienne, surtout le rapport entre l'éxecutif et les forces armées.

Après presque deux cents années de luttes au sein d'une nation divisée par l'inégalité entre ceux qui possèdaient trop et ceux qui n'avaient absolument rien, le 7 fevrier 1991, les destinées du peuple haïtien avaient été remises entre les mains du chef Lavalas. Cependant, avec un vote massif de 67% aux élections générales du 16 décembre, le Président Aristide pensait qu'il avait le feu vert pour décider de la moindre petite chose concernant les institutions du pays. Ce qui était particulièrement un bien mauvais départ pour le nouveau chef de l'exécutif, et plus généralement pour le pays tout entier.

Le nouveau chef de l'État avait-il l'expérience et la volonté d'opérer les réformes nécessaires tant souhaitées par les masses défavorisées ? De l'activisme militant au verbe enflammé de ''*makout pa ladan l, aba enperyalis*'' jusqu'à la présidence, le père Aristide, devenu chef de l'éxéutif, connaissait-il exactement les responsabilités qui lui incombaient au lendemain même de l'investiture du 7 février 1991 ?

Pour être plus précis, passant du prêtre activiste au Président de la République, Jean-Bertrand Aristide et son équipe étaient-ils prêts à affronter le lourd héritage d'un pays ravagé par la misère ? ''*Le candidat Aristide, par le simplisme de ses messages et la sincérité apparente de leur accent, avait réveillé les sources profondes de la sensibilité populaire qui, au fil des jours, étaient devenues ce puissant torrent de ferveur. Comment endiguer et canaliser ces flots désordonnés avec les maigres moyens intellectuels et financiers dont disposait le nouveau chef de l'Éta ?. Question d'autant plus inquiétante que le Président élu n'avait pas, avec une touchante candeur, avoué ses propres insuffisances. Il n'avait ni l'héritage politique d'un Déjoie, ni le réseau d'amitiés internationales d'un Bazin, ni les ressources intellectuelles d'un Manigat et pour ne citer que*

150

ceux-là. Il n'avait qu'une réthorique sociale, au souffle court, puisée dans la doctrine de la théologie de libération et qu'il brandissait à tous les coups pour mieux occuller l'absence de toute véritable pensée politique sociale et surtout économique"[73]

Port-au-Prince est, en elle-même, considérée comme la république d'Haïti, ce qui explique que les autres villes de provinces sont écartées de tout ce qui se fait dans le pays. Pour parvenir à combler ce fossé, le chef de l'État avait besoin de former, avec son Premier ministre, un gouvernement composé des cadres compétents. Ce chef de gouvernement devait être un rassembleur, quelqu'un qui connaisse les réalités politiques nationales d'abord et qui soit ensuite capable de faire bon ménage avec la communauté internationale. Car les enjeux étaient de taille. Les défis à relever étaient énormes. Donc, il fallait quitter le type de discours d'activiste et effectuer un dépassement de soi pour finalement voir les choses dans un autre contexte aussi global.

Le choix de René Préval comme Premier ministre

Depuis le départ forcé de Me. Martial Célestin en juin 1988, le bureau de la Primature était complètement inexistant durant les gouvernements éphémères des généraux Henri Namphy, Prosper Avril et celui du juge à la Cour de Cassation, Mme Ertha Pascal-Trouillot. Ce ne fut qu'en 1991, avec la nomination de René Garcia Préval par le Président Jean-Bertrand Aristide, que ce bureau refit son apparition. Effectivement, avec une base majoritaire au Parlement, Aristide, en consultation avec les présidents des deux chambres, avait fait choix de Réné Préval comme son chef de gouvernement. Dès lors, commençait une division entre les membres du FNCD, plateforme grâce à laquelle le

---

[73] Robert Malval. L'année de toutes les duperies. p.51.

candidat aux présidentielles Jean-Bertrand Aristide et bon nombre des députés et sénateurs étaient arrivés au pouvoir. Pour certains, comme pour d'autres et même parmi les plus zelés collaborateurs du Président, René Préval ne répondait pas à l'attente d'un Premier ministre qui pouvait faire démarrer la machine gouvernementale. Nombreux sont ceux qui lui reprochaient son inexpérience des affaires politiques, tant nationales qu'internationales.

D'autres voyaient en lui quelqu'un qui serait trop loyal et soumis au Président Aristide. En un mot, presque à l'unanimité, Préval n'était pas l'homme du moment. En dépit de cela, ne voulant pas être les premiers par qui le scandale était arrivé, c'est-à-dire comme des trouble-fête dans le processus démocratique, ainsi députés et sénateurs de la 45ème Législature avaient-ils, sans grande difficulté, ratifié le choix du citoyen Réné Préval comme Premier ministre.

Une fois en fonction, en dépit des débats autour de la compétence et l'inexpérience de l'équipe gouvernementale, les masses populaires dans des bidonvilles comme Cité Soleil, la Saline, Solino, Raboteau, Lafosset, Sainte-Hélène, etc croyaient au démarrage de la grande tâche de rénovation nationale que savait prôner l'activiste Jean-Bertrand Aristide. ' *'Nous avions été aux urnes pour voter les candidats numéro 5 de la plateforme Lavalas afin que nous puissons trouver du travail, des soins médicaux et assurer la sécurité dans le pays''*, criait à cœur joie un supporter du Président Aristide.

Le discours Lavalas

Au lendemain du 7 février 1991, à travers son discours, le chef de l'État voulait apaiser ceux qui s'étaient toujours opposés au mouvement Lavalas. Par contre, des gens qui se sentaient en sécurité dans l'état des choses où pataugeait le pays et qu'un changement radical désavantageraient,

152

voulaient sans plus tarder l'échec de la nouvelle équipe. Comme le gouvernement de René Préval n'avait pas fait d'ouverture aux partis politiques de l'opposition, cela aggravait davantage les relations entre la classe politique et le mouvement Lavalas. Ayant misé sur les 67% des votes de la population aux élections de décembre 1990, le gouvernement Lavalas avait limité la nouvelle équipe avec seulement des amis proches du Président. Là encore, disons seulement tous ceux qui n'étaient pas des trouble-fête, histoire de ne pas laisser de place à des opportunistes traditonnels de la politque haïtienne, disait un conseiller rapproché du Premier ministre. Une telle approche ne serait pas mauvaise si toutefois les nouveaux dirigeants avaient de l'expérience et de la compétence dans l'administration publique. La composition du gouvernement Aristide-Préval, en dépit de leur bonne intention d'apporter des réformes administratives dans un système politique corrompu et vieux de presque de deux cents ans, avait mal débuté, sans pouvoir satisfaire les plus urgents besoins des masses populaires.

Entre-temps, le chef de la Primature avait été convoqué au Parlement. Inhabitués à un système des trois pouvoirs, les gens entrevoyaient toutes les activités des parlementaires contre l'administration Aristide-Préval comme un boycottage de l'exécutif. Donc, en signe de soutien au chef de l'État et du Premier ministre, plusieurs manifestations de rues, organisées par des lavalassiens, avaient eu lieu à Port-au-Prince, particulièrement devant le local du Parlement au Bicentenaire. Pour faire obstacle au projet d'interpellation du Premier ministre René Préval par ces députés et sénateurs, les manifestants avaient, avec leurs pneus de caoutchouc en mains, menacé de faire brûler les élus s'ils parvenaient toutefois à faire partir le chef du gouvernement.

Par des slogans et autres déclarations menaçantes que relayaient les stations de radios et des chaînes de télévisions, des messages avaient été envoyés aux élus des deux chambres. À travers les prises de positions menaçantes des sympathisants du Président contre les parlementaires, certains détracteurs au pouvoir exécutif pensaient que le régime Lavalas avait directement encouragé la violence contre certains députés et sénateurs de la 45ème Législature. D'après ces opposants du pouvoir, la passivité du gouvernement d'empêcher et, à la rigueur, de punir selon la loi tous ceux qui proféraient des menaces, était un mauvais signal. Bref, pourquoi l'exécutif ne réagissait-il pas ? Encouragait-il vraiment cette dérive qui, aux yeux de tout le monde, n'était pas une bonne chose pour la santé démocratique du pays ? Quelles devraient être les mesures à adopter par les locataires du Palais National et de la Primature si toutefois ils voulaient rester dans le cadre du respect des trois pouvoirs ?

Le fait de ne pas pouvoir réagir pour empêcher cette hostilité grandissante des gens des rues contre les parlementaires avait non seulement motivé un groupe de parlementaires à interpeller le chef de la Primature, mais donnait aussi plus d'occasions à d'autres groupes d'opposants de préparer un coup de force contre le régime.

Convocation du Premier ministre René Préval

En date du 13 aout 1991, le Premier ministre René Préval fut convoqué par le Parlement. Cette convocation entrait dans le cadre de ses prérogatives constitutionelles et parlemetaires. Il s'agissait d'obtenir des informations sur l'état de fonctionnement du gouvernement de Préval. Certes, l'interpellation du chef du gouvernement par un groupe de parlementaires visait à le questionner sur la gestion des affaires publiques du pays mais, derrière elle, se cachait aussi des interêts personnels de certains groupes politiques. Mais pour un peuple qui parvenait tout juste à ses premières expériences démocratiques,

154

l'interpellation d'un Premier ministre à base populaire comme celui de René Préval inquiétait plus d'un.

Donc, le jour de cette convocation devant le Parlement, les lavalasiens s'étaient munis d'instruments tels que pneus usagés, bâtons et cailloux pour intimider les parlementaires. Comme leurs propos étaient les plus inquiétants et menaçants, un renvoi du chef de gouvernement était-il, à ce moment-là, une bonne solution ?

Effectivement, par peur et quoiqu'ils fussent insastisfaits des réponses du chef du gouvernement, le Premier ministre convoqué n'avait pas été destitué par les parlementaires. Certes, il restait en poste, mais pour combien de temps ? Si, à priori, l'idée des parlementaires convocateurs était de remplacer le chef de la Primature et son équipe par d'autres dirigeants capables d'aborder avec plus d'idées pragmatiques la problématique haïtienne, l'expérience cependant malheureuse des parlementaires avec le pouvoir exécutif, était dès lors, devenue inquiétante... !

Quelques semaines plus tard, particulièrement en septembre, comme le Président était aux tribunes des Nations-unies pour prendre la parole, la communauté haïtienne de New York, en termes de soutien, se mobilisa devant le quartier général de l'organisation mondiale à Manhattan. Dans l'après-midi, c'était à l'église catholique ''Patrick the Divine'' qu'à l'occsion d'une rencontre avec la communauté, le Président avait délivré le message de circonstance aux ressortissants haïtiens.

Avant son retour à Port-au-Prince, la délégation présidentielle avait fait un arrêt en Floride pour adresser également, comme il l'avait fait à New York, un discours à cette communauté haïtienne de la diaspora. À entendre parler le chef Lavalas, un coup d'État était en gestation contre son régime. Et c'était cette inquiétude qui, une fois rentré au pays, avait poussé le Président à prononcer ce farmeux discours du vendredi 27 septembre 1991. Discours menaçant qui impressionna tous ceux et toutes celles qui se trouvaient dans l'opposition au régime. Donc, l'élite haïtienne, presque tous secteurs confondus, tout en se basant sur la peur d'une dictature grandissante, trouvait alors l'occasion de faire partir le chef Lavalas. Ne voulant plus être eux-mêmes victimes de la violence tant décriée dans les discours menaçants du Président, les officiers de l'armée d'Haïti, avec la complicité de puissantes ambassades à Port-au-Prince, ont pu entreprendre, au cours du week-end du dimanche 29 au lundi 30 septembre, des actions de force pour destituer l'élu du 16 décembre 1990.

Le coup de force du 30 septembre

Dans son éditorial dans les colonnes du *Nouvelliste*, en date du 30 septembre 2013, Robert Duval expliquait mieux cette terrible journée des militaires : *'Un 30 septembre. Un lundi. Comme aujourd'hui. La nuit recouvrait Port-au-Prince sans étouffer les détonations, les râles d'agonie, les pleurs, les cris ni le cliquetis joyeux des flûtes de champagne. Ce jour-là, en 1991, sept mois après la prestation de serment du premier Président démocratiquement élu de l'après 7 février 1986, le pouvoir changeait de mains. De façon sanglante et brutale. La démocratie naissante s'était fait manger par ceux qui pensaient n'avoir pas encore fini de jouir des bienfaits du pouvoir. La démocratie naissante mourait au berceau faute de soins attentifs de ceux qui en avaient la charge..''*

Pour justifier son coup de force, le général Cédras reprochait au Président Aristide les violations de la constitution. Pour empêcher la mobilisation des sympathisants du Président comme lors du putsch raté de Roger Lafontant contre le gouvernement provisoire de Madame Ertha Pascal Trouillot, les militaires utilisaient des moyens musclés. Aux côtés d'autres gens tués, le docteur Roger Lafontant et le pasteur Sylvio Claude furent les premières victimes du coup d'État. Lafontant qui, pour son implication dans le coup d'État contre Madame Trouillot, avait été incarcéré au Pénitencier National de Port-au-Prince, fut assassiné, alors que le second, le pasteur Sylvio C. Claude, chef de parti politique et opposant au régime de Jean-Claude Duvalier, avait été fauché par la mort au Carrefour Quatre Chemins des Cayes, dans le département du Sud du pays.

Plusieurs versions avaient couru sur la mort de celui qui fut, en deux occasions, candidat aux élections présidentielles post-Jean-Claude Duvalier. L'une disait qu'il avait été arrêté par les soldats du poste militaire de Quatre Chemins des Cayes et que c'était là qu'il avait trouvé la mort. Une autre faisait croire qu'après son arrestation, il avait été livré à la foule en colère pour être tué par la suite. Dans les deux cas, on accusait le régime Lavalas qui était déjà en proie aux difficultés du coup d'État des militaires de Port-au-Prince. Quel que soit la version et l'auteur de l'assassinat de cet homme, l'histoire retiendra que le pasteur Claude avait été, vers les années 1970 et jusqu'à sa mort en 1991, un combattant farouche de la dictature de Jean-Claude Duvalier et un homme politique très populaire en Haïti.

Les détracteurs d'Aristide l'avaient rendu responsable dans la mort de ces deux hommes politiques, mais, selon toute vraisemblance, était-il possible au chef Lavalas, dont le pouvoir était en péril, de décider de la vie et de la mort de ces deux personalités politiques ? Certes, cela paraît possible dans le cas du Dr. Lafontant, du fait qu'il était encore en prison sous les ordres du chef du pénitiencier, hiérachiquement sous le commandement de la justice et de la police. Même là encore, dans les premières heures du coup d'État, le prêtre Président paraissait avoir beaucoup d'autres priorités que celles de passer l'ordre d'exécuter Lafontant dans sa cellule, déclarait un activiste politique qui défendait Aristide. Cependant, dans le cas du pasteur Claude, comment les ordres ont-ils pu arriver aussi vite au département militaire du Sud ou aux supporters du Président dans la même région ?

La situation était si difficile pour Aristide qu'il ne pouvait même pas effectuer le déplacement de sa résidence privée à Tabarre jusqu'au palais présidentiel du Champ de Mars. N'empêche l'intervention de l'ambassadeur français Raphaël Dufour qui l'avait aidé á faire le déplacement, il se serait, soit arrêté ou tué chez lui. Donc, comment était-il possible pour Aristide de faire passer des ordres pour tuer deux grandes figures politiques comme celles de Sylvio Claude et de Roger Lafontant, alors que, dans sa résidence privée à Tabarre aussi bien qu'au Palais National, il avait de sérieuses difficultés à gérer une partie de l'armée, en colère contre son régime ?

Quoi qu'il en soit, en termes de pertes de vies humaines et de violation de droits humains, surtout dans les quartiers populaires, fief de l'élu du 16 décembre, le premier bilan du coup d'État du 30 septembre 1991 était lourd. Non seulement les hommes de Cédras et de Michel François arrêtaient et tuaient les supporteurs d'Aritide, mais le droit à la parole par le biais d'une presse libre et indépendante, un des acquis majeurs de l'après 1986, avait été supprimé, à cause des mesures drastiques prises par les putschistes. Des stations de radio de diffusion comme Radio Antilles, Haïti Inter et Cacique, avaient été fermées sur ordre des militaires. *"Une fois le Président Aristide, parti pour l'exil, alors que la désolation envahissait la population, le général Raoul Cédras, la mine peu convaincante, apparaît a la télévision pour dire au pays que l'armée est revenue et conduirait le pays à bon port jusqu'aux prochaines élections..."*[74]

---

[74] Herold Jean-François, *le Coup de Cedras* p. 299.

Aux premières heures du coup de force, des noms tels le général Raoul Cédras, les colonels Alix Silva et Henri-Robert Marc Charles avaient été cités comme faisant partie de la junte militaire – information vivement démentie par le colonel Marc Charles, alors en poste à Washington comme attaché militaire. Plus tard, le général Cédras rectifia : l'armée n'avait pas fomenté de coup d'État, mais plutôt ''*une correction démocratique face à la dictature naissante du Président Aristide*'' Selon des militants politiques et des défenseurs de droits humains résidant à Port-au-Prince, au lendemain du coup d'État, l'impression dominante était que la bataille démocratique menée par le peuple depuis le départ du dictacteur Jean-Caude Duvalier se voyait complètement perdue.

Le déplacement des têtes de pont Lavalas vers d'autres zones du pays et l'assassinat des leaders des organisations populaires étaient autant d'événements ayant empêché des sympathisants du Président de se mobiliser pour leur retour. En lieu et place, ils furent, par contre, obligés de se mettre à couvert face à la répression du régime putschiste. Les arrestations et les violences physiques, parfois meurtrières contre les supporteurs du Président dans les bidonvilles empêchaient le secteur Lavalas de se mobiliser en une résistance efficace, capable de faire obstacle aux leaders putschistes. Comme ils se voyaient démobilisés, désorientés, nombreux furent ceux qui, dans les zones côtières, risquèrent leurs vies en haute mer.

Face à ce constat d'échec de la mobilisation des lavalassiens, le rassemblement pour le retour à l'ordre démocratique dépendait premièrement de la communauté internationale et ensuite, de la capacité de nuisance dans les rues des Haïtiens de la diaspora.

La communauté internationale et le coup d'État du 30 septembre 1991

Ce qui fut, puisque immédiatement, la communauté internationale avait initié la grande bataille diplomatique pour le retour à l'ordre constitutionnel. Moins de soixante-douze heures après le coup de force, particulièrement le 1er octobre 1991, lors d'une intervention à la Chambre des Communes Canadienne, le Premier ministre Brian Mulroney, d'un signal clair et d'un ton ferme, avait déclaré aux putschistes de Port-au Prince que : *''Le Canada n'a nullement l'intention de reconnaître un groupe de voyous qui se sont emparés du contrôle d'Haïti en évinçant le Président d'un gouvernement démocratiquement élu''*

De son côté, pour se saisir de la problématique du coup d'État en Haïti, l'organisation hémisphérique du continent Américain, OEA (Organisation des États Américains), réunie en assemblée spéciale, avait, le 2 octobre, invité le Président Aristide, alors à Caracas (Vénézuela), à venir s'exprimer à la tribune de cette assemblée régionale à Wahington. Le 3 octobre, c'était au tour du Conseil de Sécurité de l'Organisation mondiale, l'ONU (Organisation des Nations Unies) de fixer sa position face à la crise. Le lendemain, Aristide était invité par le Président américain George Bush (père). Ainsi commençait un long périple de trois ans, de Caracas à Washington et un peu partout dans le reste du monde, pour le Président Aristide. Il était réçu partout avec les honneurs dus à un chef d'État, avec déploiement de tapis rouge et eévue des troupes du pays d'accueil.

Même si une frange de la communauté interntionale avait joué un rôle important dans le coup d'État du 30 septembre, par contre, pour trouver une solution à la crise qui, éventuellement pouvait avoir des conséquences négatives sur le processus démocratique déjà en cours dans la région, toute une série mesures avait été adoptée par la communauté internationale. Dans son livre *le Coup de Cedras*, l'auteur Herold Jean-François a chronologiquement retracé les premiers efforts de l'international contre les putschistes en uniformes à Port-au-Prince. *"Tout un train de dispositions sera adopté, dans les jours suivant le coup de force, par la communauté internationale contre le pouvoir de facto haïtien. Le 7 octobre, l'Organisation des États Américains (OEA) décrète un embargo commercial contre Haïti ; le même jour, le Mexique et le Vénézuela, principaux fournisseurs de produits pétroliers en Haïti à un taux préférentiel, en regard de l'accord de San Jose, annoncent la suspension des livraisons au pays ; le 9 octobre, les ambassadeurs du groupe d'Amérique Latine et de la Caraïbe à l'ONU exigent la restauration de la démocratie en Haïti. Dans une résolution, le groupe recommande aux pays membres de l'ONU et aux organisations internationales d'appuyer les actions de l'OEA dans le sens de la suspension de toute aide autre qu'humanitaire à Haïti ; le jeudi 10 octobre, la France prend des dispositions pour mettre en œuvre un embargo commercial contre Haïti ; le 11 octobre, l'Assemblée générale de l'ONU adopte une résolution condamnant le coup de force et exigeant le rétablissement du Président Aristide dans ses fonctions. La résolution recommande qu'aucun gouvernement issu de ce coup d'État ne soit reconnu. Elle exhorte par ailleurs les États membres à envisager l'adoption de mesures en accord avec celles de l'OEA"*[75]

Au fur et à mesure que le temps passait, timidement, avec la réouverture des cours dans les écoles et universités, les jeunes allaient, à travers des mouvements de mobilisation, garder haut le flambeau de la résistance pour le retour à l'ordre constitutionnel.

---

[75] Op.cit.

Le mouvement de résistance des étudiants

Dès les premières heures de déclaration de candidature du Réverend Père Jean-Bertrand Aristide à la présidence, ses détracteurs et ennemis politiques, par manque de charité et de responsabilité citoyenne, parlaient du mouvement Lavalas comme d'une organisation régroupant des ' *'moun n sot ak moun-n sal/ des gens sales et analphabètes''* Mais devant toutes les niaiseries des opposants au mouvement Lavalas, nées de l'ignorance et la méchanceté des gens qui se réclamaient de l'élite intellectuelle par opposition politique, trouvaient-ils normal d'appeler des compatriotes ' *'moun-sot ak moun n sal''* ?

Ensuite, dans un pays où l'éducation n'est pas publique, c'était une honte d'entendre des concitoyens traiter d'autres compatriotes d'idiots. Et puis, depuis quand cette classe pauvre, mais devenue très importante dans l'électorat haïtien, était-elle composée de *moun-n sot et moun-n sales* ? François Duvalier n'était pas plus populaire à Port-au-Prince. Il ne l'était pas non plus dans de grandes villes. C'était aussi le cas dans le département du Sud, fief de l'agronome Louis Déjoie. Mis á part de cette exception dans certaines régions du pays, c'était bien les masses de l'arrière-pays qui avaient voté pour François Duvalier en 1957. À l'époque, ces gens n'étaient pas des ignorants. Ils n'étaient pas non plus des analphabètes et des gens mal vêtus lorsque, de force, on les « invitait » à venir à Port-au-Prince pour célébrer certaines fêtes nationales et celles des macoutes. Au contraire, des gens soi-disant issus de la bourgeoisie haïtienne avaient non seulement intégré le corps de la milice de Duvalier, mais ils avaient aussi l'habitude de porter les uniformes bleus des macoutes. Il s'agissait pour eux de se protéger contre les bourreaux du régime et, du même coup, de bénéficier des bienfaits qui en découlaient.

Mais en votant massivement Aristide le 16 décembre 1990, les pauvres gens des masses populaires étaient devenus tout à coup, avec toutes les connotations négatives, les ennemis du statu quo en Haïti, particulièrement l'élite qui savaient porter les couleurs des VSN (Volontaire de la Sécurité Nationale).

Bref, Haïti ne dispose d'aucune structure pour effectuer, au cours d'un scrutin, cette répartition par pourcentage de classe, de religion, de sexe et d'âge parmi ceux qui ont voté pour tel candidat dans telle élection. De toute façon *moun-n sote, ou moun-sales*, dans une élection ou le candidat Aristide avait eu 67% de l'électorat même lorsque le taux de l'analphabétisme était très élevé dans le pays, on veut croire que le candidat Lavalas avait aussi un pourcentage quelconque d'étudiants et des gens bien formés qui l'ont voté.

Donc, c'était ce pourcentage d'élèves et d'étudiants des écoles secondaires dans les lycées, écoles privées et universités de la capitale comme dans les villes de provinces, qui, rejoints par d'autres, avaient jugé inapproprié le coup d'État du 30 septembre contre le Président élu. Ainsi, dans leurs établissements scolaires et espaces universitaires, ils ont gardé haut le flambeau de la résistance contre les militaires durant les moments sombres du coup d'État de 1991. *''À différentes reprises, les facultés et les lycées en particulier allaient être le siège de manifestants en faveur du retour à l'ordre constitutionnel. D'un bout à l'autre du pays, les écoliers et les étudiants allaient faire entendre leurs voix. Au cours de ces manifestations, des photos du Président Aristide seront distribuées alors que les slogans et des graffitis hostiles aux autorités de facto apparaîtront sur les murs. Le degré de tolérance du régime de fait allait le porter à exercer une répression féroce contre la classe estudiantine''*[76]

---

[76] Herold Jean-François, *le Coup de Cédras*, p. 455.

On se souveindra encore de la FENEH (Fédération Nationale des Étudiants Haïtiens) et du ZEL (Zafe Elev Lekol/ mouvement des élèves). Ces deux grands mouvements de jeunes ont été les moteurs de résistance de toutes les activités des jeunes contre les militaires putschistes. Partout, ils tenaient le flambeau de la mobilisation pour le retour à l'ordre constitutionnel. Comme ils continuaient de manifester contre les putschistes de Port-au-Prince, leurs efforts de mobilisation donnèrent lieu à d'autres mouvements de résistance de la société civile.

Entre-temps, la commission présidentielle créée par le Président Aristide en 1992, avec une dizaine de membres des alliés politiques Lavalas, avait apporté une sorte de ballon d'oxygène à la lutte sur le terrain. À sa tête, se trouvait le feu père Antoine Adrien. La pression et la violence des militaires, surtout après la mort d'Antoine Izméri, survenue au grand jour à l'église Sacre-Cœur à Turgeau, Port-au-Prince, allait, en quelque sorte, désamorcer le mouvement. *"Antoine Izméry, qui était d'origine palestinienne et de confession catholique, fut l'une des personnes les plus riches à Haïti. Il fut l'un des bailleurs de fonds les plus importants de l'ancien Président Jean-Bertrand Aristide, et a aidé à financer sa campagne électorale. Lorsque le Président Aristide fut renversé et contraint à l'exil après le coup d'État du 30 septembre 1991, Izméry fonda le KOMEVEB (Komité Mete pou Vérité Blayi), qui a tenté de découvrir et de connaître les événements entourant le coup d'État et de pourvoir au retour d'un gouvernement démocratique. Le 11 septembre 1993, en pleine dictature du général Raoul Cédras, Antoine Izmery est kidnappé par une dizaine d'hommes de main armés dans l'enceinte même de l'église du Sacré Cœur où une messe était célébrée à la mémoire des victimes de l'incendie de l'église Saint-Jean Bosco. Traîné dehors, Antoine Izméry fut exécuté en pleine rue devant l'église"*

Comme cette commission avait été affaiblie et, en quelque sorte, n'avait pas produit le résultat escompté, d'autres forces de mobilisations et options de luttes, surtout de l'extérieur, étaient à considérer si on voulait toutefois garder le flambeau de résistance pour le retour au pouvoir de Jean-Bertrand Aristide. Si certains mouvements ou tentatives de mobilisation s'étaient affaiblis sur le terrain, soit par l'absence de leaders à leur tête, soit par la violence des militaires à la solde de Cédras et de Michel François, de son côté, la communauté haïtienne en diaspora continuait les mobilisations de rue. Pour le retour à l'ordre constittutionel, c'est-à-dire le retour physique du Président Aristide au pays pour finir son mandat, les Haïtiens de Brooklyn, de Queens, du Bronx, de Long Island et des environs se mobilisaient presque chaque jour devant les bureaux des Nations Unies à Manhattan.

Mais les Haïtiens ne se mobilisaient pas seulement à New York. Ils le faisaient partout aux États-Unis et dans le reste du monde où se trouvait une forte communauté d'origine haïtienne.

Le rôle de la diaspora au retour du Président

La communauté haïtienne de la diaspora avait, financière-ment, joué un rôle très important lors des élections du Président Aristide en 1990. C'est ce qui explique qu'immédiatement après sa victoire, dans l'idée de soutenir financièrement l'élu, les Haïtiens en diaspora avaient, à travers VOAM (*Voye Ayiti Monte/Mouvement de solidarité pour aider Haïti*) et même lorsque c'était insuffisant, collecté des fonds pouvant assurer des moyens financiers à la nouvelle administration, dans le cadre de la réalisation de certains petits projets.

Parallèlement, des cadres et investisseurs de la communauté haïtienne en diaspora planifiaient déjà leur rentrée au pays. Donc, directement, la diaspora se voulait utile au nouveau pouvoir. La nouvelle du coup d'État du 30 septembre était parvenue à un moment où la diaspora misait beaucoup sur la nouvelle équipe pour opérer le changement tant escompté. Ce qui expliquait que, faute de possibilités de mobilisation des organisations de base en Haïti, s'il existait, en surplus de la communauté internationale, une autre force sur laquelle Aristide devait compter pour son retour, c'était bien la diaspora.

Très tôt dans la matinée du lundi 30 septembre 1991, la communauté haïtienne de New York se rassembla devant les bureaux des Nations-unies pour protester contre les tentatives du coup de force en gestation à Port-au-Prince. Dans l'après-midi, après en avoir reçu confirmation que le coup a réussi, ce fut devant les bureaux privés du feu Wilson Désir, Consul Général d'Haïti à New York, situés aux coins des rues de Eastern Pakway et Franklin Avenues à Brooklyn, que la communauté haîtienne monta la garde.

Pour mieux structurer la résistance, des comités *ad hoc* furent rapidement formés. Pendant que des leaders commu-nautaires, des associations et organisations estudiantines préparaient la grande marche du vendredi 11 octobre 1991 qui devait sortir de Brooklyn pour aboutir aux bureaux des Nations-unies à Manhattan, chaque soir, des veillées patriotiques étaient organisées devant cette même institution mondiale. Chaque soir et ceci même pendant les rudes températures de l'hiver new-yorkais, les supporteurs d'Aristide étaient toujours présents pour réclamer le retour de leur Président. De ce fait, ils furent finalement appelés par Aristide les *'diplomates du béton'*. Pendant trois ans, le flambeau de mobilisation se trouva non seulement à New York et dans d'autres États américains, mais aussi dans toutes les grandes communautés haïtiennes en Amérique du Nord et de grandes villes d'Europe. Mais en tout état de cause, cela ne suffirait pas sans le combat quotidien des parlementaires de la 45ème Législature, particulièrement ceux qui soutenaient le retour du Président Aristide.

En réponss au coup d'État, des positions drastiques ont été prises par les députés et sénateurs pro-Lavalas du FNCD. En bloc, même ceux qui, pour diverses raisons, n'avaient pas apprécié le choix de René Préval comme Premier ministre, dénonçaient le coup de force et réclamaient, par des mesures fortes, le retour du Président à son poste.

Les parlementaires de la 45ème Législature

Le poste de Premier ministre que visait la plateforme FNCD et qui, malheureusement, avait été proposé à René Préval, créait au départ un mécontentement à l'état latent chez les sénateurs et députés du dit mouvement. Tension et mécontentement qui se poursuivirent jusqu'au coup d'État contre le Président Aristide. Cependant, depuis le putsch du 30 septembre, cette force politique nécessitait une alliance, une harmonisation et une cohésion de positions stratégiques.

Divisé en deux, il y avait des parlementaires dans les deux Chambres, qui supportaient le coup des militaires et d'autres qui reclamaient le retour du président Aristide au pays. Au sein du Parlement, une longue bataille serait, d'un côté, menée par des députés et sénateurs pro-putschistes contre ceux qui supportent Aristide. Ce qui donnerait lieu, de temps à autres, à des mesures arbitraires et antidémocratiques entreprises par les parlementaires influencés par la force des armes. Ce qui, dans la foulée, offrait aussi l'occasion à des parlementaires ayant toujours voulu le départ du Premier ministre René Préval de réaliser leurs rêves. Par peur de réprésailles des activistes lavalasssiens des rues, ces parlementaires avaient hésité à prendre des décisions à l'encontre du chef du gouvernement lors d'une convocation en août 1991, mais, le 8 octobre, ils profitèrent de l'appui des hommes de mains du major Michel François, de la Police de Port-au-Prince, et de la complicité du général Cédras pour destituer le Premier ministre René Préval.

Paradoxalement, pendant que la crise haïtienne faisait l'actualité dans le monde, les hommes en uniforme cantonnés dans leurs postes militaires au Champ de Mars, négocaient, de concert avec une aile pro-putschiste du Parlement, un gouvernement civil pouvant remplacer Aristide et René Préval. En surplus de leurs forces militaires sur le terrain, ces parlementaires utilisaient pour ce faire les articles 148 et et 149 de la constitution de 1987. C'est ainsi qu'on avait reconnu le premier gouvernement *de facto*, composé du Juge Joseph Nerette comme Président et de l'agronome Jean Jacques Honorat (11 octobre 1991-19 juin 1992) comme Premier ministre. Et, malgré *''un gouvernement intérimaire en fonction, les chefs militaires étaient à l'avant-scène politique, essayant d'influencer non seulement les activités politiques sur le terrain, mais aussi toutes négociations avec le gouvernement en exil et la communauté internationale''*

Dès les premières heures du coup d'État du 30 septembre, les militaires avaient systématiquement mené une campapgne de répression contre les sympathisants du Président en exil. Il y avait eu plusieurs morts pendant les semaines suivant le coup d'État. En outre, avec la création du FRAPH, la terreur et répression allaient augmenter dans les quartiers marginaux où se trouvait le fief d'Aristide, ceci jusqu'au retour à l'ordre constitutionnel.

Création du FRAPH

Créé en 1991, le *''FRAPH (Front Révolutionnaire Armé pour le Progrès d'Haïti), puis devenu Front pour l'Avancement et le Progrès Haïtien), fut une organisation para-militaire d'extrême droite, de type escadron de la mort qui terrorisa,*

168

avec les mêmes méthodes violentes des sinistres Tontons macoutes, la population haïtienne en commettant de nombreux crimes, exécutions sommaires, enlèvements et viols'' Pour se mettre à couvert contre la répression des militaires et des membres du FRAPH, des milliers de personnes se déplaçaient de ville en ville, de sections rurales en d'autres zones plus reculées du pays, tandis que d'autres risquaient leurs vies en haute mer pour chercher asile du côté de la Floride.

La campagne systématique de répression dont furent victimes les sympathisants du Président Aristide durant les trois ans du coup d'État avait un double aspect politique. À court terme, elle visait d'abord à limiter toutes formes de mobilisation que pourraient entreprendre les lavalassiens pour le retour du Président en exil. À long terme, elle visait aussi à casser le mouvement grandissant du secteur populaire acquis depuis le départ de Jean-Claude Duvalier le 7 février 1986. Le message des masses populaires, lors des élections générales de décembre 1990, était clair : chaque fois que se produiraient des consultations populaires, leur poids dans la balance politique serait toujours apte à influencer grandement. Donc, l'idée était de s'assurer de la démobilisation des têtes de pont des mouvements syndicaux, étudiants et organisations populaires, afin que, dans le futur, ils ne puissent jouer un aussi grand rôle dans l'avenir politique d'Haïti. Car leurs émergences dans les grandes décisions politiques du pays menaçaient, en quelque sorte, les centres traditionnels de pouvoir que représentaient certaines institutions dominantes d'Haïti et de la communauté internationale. Par conséquent, le secteur populaire, les associations d'étudiants, de paysans et syndicales étaient les principaux groupes ciblés par les militaires putschistes du coup d'État du 30 septembre 1991.

Entre-temps, pour fuir la répression des militaires, certains activistes lavalassiens ont, sur de fragiles embarcations, risqué leurs vies en haute mer. Mis à part le problème d'insécurité que représentaient ces *boat people* pour le gouvernement américain, ils ont du même coup grossi le nombre de ceux qui luttaient pour le retour à l'ordre démocratique en diaspora. Et, dans le cadre des négociations pour le retour à l'ordre constitutionnel, Aristide et ses conseillers utilisaient le déplacement de ces haïtiens comme argument d'un vrai problème d'instabilité politique. Ils préconisaient le seul retour du Président comme capable de freiner un tel phénomène ' *'50.000 Haïtiens ou plus ont pris la mer sur des fragiles embarcations pour fuir la répression et la difficile situation économique générée par le 30 septembre. Par centaines, par milliers, des vagues successives d'Haïtiens originaires de tous les départements géographiques ont tenté la grande aventure. Terrorisés dans leurs zones respectives, les premiers contingents étaient des réfugiés politiques, des membres d'organisations populaires et paysannes, des femmes dont les maris avaient disparu dans le 'massacre dissuasif' des premiers moments du coup d'État..'*[77]

Face à ce constat, mis à part les premières mesures adoptées, la communauté devait de plus augmenter ses efforts si toutefois elle voulait trouver une solution à la crise. Ainsi fut nommé un émissaire apte à soutenir les efforts de l'organisation hémisphérique pour trouver une solution pacifique à la crise en Haïti.

Ramirez Ocampo est nommé émissaire à la crise

Du côté de l'international, pour résoudre le problème du coup et dans le cadre d'une solution négociée, le diplomate colombien Ramirez Ocampo avait été nommé comme émissaire. C'était dans l'hostilité qu'un petit groupe de manifestants, des détracteurs du Président Aristide, avait accueilli â l'aéroport de Mais-Gâté la première visite du

---

[77] Malval Robert, *l'Année de toutes les duperies*, p.82.

diplomate colombien. Face à l'obstacle que représentaient les auteurs du coup d'État à un éventuel retour à l'ordre constitutionnel, le diplomate colombien fut obligé de rencontrer à plusieurs reprises les antagonistes. C'est en ce sens qu'en novembre 1991, il avait organisé une rencontre à Carthagène, en Colombie, entre le Président Aristide et les parlementaires. Puis, ''*Le 23 février 1992, en présence du secrétaire général de L'OEA, le Président Aristide et les Présidents des deux chambres signèrent le protocole d'accord de Washington qui prévoit, dans le cadre laborieusement négocié, le retour du chef de l'État dans ses fonctions à une date non précisée. En attendant, ce dernier désigna, dans un texte officiel daté du 25 février, René Théodore au poste de Premier Ministre*''[78]

Avant d'arriver à ce choix, les noms de deux candidats ont été soumis au Président Aristide par le Parlement haïtien. Ils étaient les deux candidats malheureux des élections du 16 décembre à savoir : René Théodore, du Parti Unifié des Communistes Haïtiens (PUCH) et Marc L. Bazin, Président du Mouvement pour l'Instauration de la Démocratie en Haïti (MIDH).

De deux choses l'une. Donc, Aristide avait fait choix de Théodore. Mais dès l'annonce de sa nomination comme Premier ministre désigné par le Président, national et internationalement, plusieurs questions avaient été posées concernant ce choix.

Premièrement, compte tenu de la position du leader du PUCH contre Aristide lors de la campagne électorale de 1990, beaucoup doutaient effectivement de la bonne volonté du chef de l'État à résoudre la crise en faisant le choix de M. Théodore comme Premier Ministre.

---

[78] Op.cit.

Deuxièmement – et c'était l'aspect le plus important –, face à un éventuel obstacle que pouvait rencontrer Théodore vis-à-vis de la communauté internationale, particulièrement vis-à-vis des grandes puissances occidentales impliquées dans des démarches diplomatiques pour trouver une solution à la crise, certains s'interrogeaient quant à la ratification de ce dernier par le Parlement haïtien. Ils se demandaient aussi, quoiqu'un mouvement communiste ne fût pas de mise, pourquoi le Président avait opté pour un leader communiste quand il savait pertinemment que son retour en Haïti devrait recevoir la bénédiction des États-Unis. Pourquoi n'avait-il pas voulu choisir Marc Bazin qui, lors des dernières élections de décembre 1990, avait été présenté comme un modéré de droite et protégé par la communauté internationale, particulièrement par les États-Unis ?

Le Président voulait-il, dans sa position extrême, forcer la communauté internationale et les forces politiques nationales à avaliser le choix de René Théodore comme ancien dirigeant d'un parti communiste dans un contexte politique de l'après-guerre froide?

Bref, comme le choix de Théodore n'avait pas été approuvé par les militaires, la solution à la crise politique se trouvait encore dans l'impasse. Les tractations aux niveaux national et international continuaient comme au lendemain du coup d'État. *« Le retour du Président n'est pas pour demain ! »* s'exclamaient impatiemment ses sympathisants, particulièrement ceux de la diaspora qui se mobilisaient en sa faveur. Déjà, dans des réunions sécrètes, comme le résultat à travers une solution pacifique que cherchait la communauté internationale tardait à venir, des lavalassiens, les plus intransigeants de l'aile dure de ce mouvement, réclamaient d'autres actions venant de forces parallèles contre les militaires, d'où l'idée de : ' *'se fè ki koupe fè/c'est par la force qu'on resoud les problemes forts''*

172

En date du 27 mars 1992, un arrêt de la Cour de Cassation a rendu inconstitutionnel et inopérant l'accord qui a été signé entre le Président Aristide et les parlementaires à Washington le 23 février de cette même année. Le général Raoul Cédras, à son tour, par une note en date du 9 avril de l'année 1992, rejeta l'accord de Washington. ' *'Cédras rejeta à son tour l'accord tout en ajoutant que l'armée d'Haïti est pénétrée de la gravité de la crise qu'affronte le pays et de l'urgente nécessité de solutions justes et adéquates. À sa manière habituelle, le commandant en chef glosait sur la situation alarmante de notre pays. Il n'avait rien d'autre à offrir au peuple haïtien que ses propres illusions'*[79]

Dans ses déclarations démagogiques, le général Cédras, pour bafouer la communauté internationale, cherchait toujours une légalité c'est-à-dire une explication au coup de force du 30 septembre. *« Ce n'est pas un coup, c'est une correction démocratique »* continuait-il à affirmer. Pour prouver que ce n'était pas un coup d'État contre tous les élus du 16 décembre, il arguait que seuls Aristide, son Premier ministre, René Préval et son équipe gouvernementale avaient été forcés de prendre le chemin de l'exil. En un mot, seules deux têtes du pouvoir exécutif avaient été frappées par cette mesure dite ''correctionelle'' du général Cédras. De quel droit un officier de l'armée pouvait-il apporter des mesures correctionnelles contre un Président populaire et démocratiquement élu ? Exise-t-il des dispositions légales pour justifier de telles actions ? Ou le général avait-il tout simplement le soutien des grandes ambassades dans le pays pour renverser Aristide ?

Bref, profitant de chaque opportunité offerte soit par les auteurs intellectuels du coup, soit par les parlementaires et

---

[79] Malval Robert, *l'Année de toutes les duperies*, p.87.

autres institutions du pays, Cédras disait toujours que c'était une correction démocratique.

Dans l'intervalle, les tractations avec les puissantes ambassades, le Parlement et les chefs putschistes au Grand Quartier Général continuaient à Port-au-Prince. C'était à cette période que la mise en place d'une solution démagogique pour trouver une nouvelle équipe gouvernementale avait vu le jour. Un commentateur d'analyse politique dans la ville de New York qui commentait ces manœuvres anticonstitutionnelles, déclarait que c'était un combat pour mettre Marc Bazin au pouvoir. Selon lui : ' *Il est clair que c'est le tour de 'Mister clean' qui, dans la mascarade de solution pacifique, veut un secteur de la communauté internationale''* Il poursuivait : *''puisque, jusqu'avant l'arrivée du candidat Aristide, les structures mises en place pour les élections du 16 décembre ont été faites pour Marc Bazin, si malheureusement, il ne pouvait pas les gagner, c'est l'occasion pour lui de se porter au pouvoir grâce à ses alliés nationaux et internationaux. Donc, le coup du 30 septembre a été orchestré par les agents du statu quo pour le placer au pouvoir dans le but d'exécuter le plan macabre de néolibéral de la communauté internationale''* concluait-il.

Quant aux putschistes et aux auteurs intellectuels du coup d'État, la présence d'un Marc Bazin à la tête d'un gouvernement répondait aux préoccupations de plus d'un, à savoir comment résoudre les problèmes de l'embargo et de l'isolement diplomatique dont fut victime le gouvernement *de facto* et les militaires depuis le 30 septembre 1991. Car il y avait fort à faire puisque Joseph Nerette et Jean-Jacques Honorat, respectivement chef d'État et Premier ministre ayant succédé à l'administration Aristide et Préval, n'avaient pu ni combler le vide institutionnel ni apporter les solutions escomptées à la crise. Il fallait alors penser à d'autres options.

En dépit des violences répétées dans les bidonvilles, particulièrement sur les membres des organisations populaires et estudiantines, le gouvernement civilo-militaire d'Haïti n'arrivait pas à diriger le pays. Donc, selon les putschistes, il fallait changer l'équipe gouvernementale. Étant la seule force sur le terrain capable de faire et défaire des dirigeants politiques, les militaires avaient, après le constat d'échec de Joseph Nerette et Jean Jacques Honorat, décidé de les limoger. Ainsi, le gouvernement de fait de Joseph Nerette et Jean Jacques Honorat, consécutivement, laissait le Palais National et la Primature dans la position de marionnettes lâchées aux mains des putschistes.

Il était évident que les militaires, les parlementaires et la classe politique réactionnaire du pays qui soutenaient le coup de force avait besoin de quelqu'un comme Bazin pour les sortir de l'isolement diplomatique. Mais que pouvait-on espérer de Marc Bazin dans un moment troublé d'une crise politique déjà trop ancienne ? Marc Bazin avait-il vraiment une chance de modifier l'équation politique en faisant changer les discours de l'OEA et de l'ONU contre les auteurs et co-auteurs du putsch et d'affaiblir leurs positions – comme, par exemple, la levée de l'embargo – ?

Persuadé que le candidat malheureux au scrutin de décembre 1990 avait des contacts au niveau international, ainsi, en juin 1992, les putschistes avaient-ils finalement jeté leur dévolu sur Marc L. Bazin. Contrairement au précédent gouvernement où l'exécutif était composé d'un Président et d'un Premier ministre, celui de M. Bazin était tout autre. Il était un super-chef de gouvernement sans un Président à sa tête. Ce qui veut dire qu'il était à la fois chef dÈtat et Premier ministre. Ou, il était le le chef de la Primature sur le terrain, pendant que Aristide le chef d'État, était en exile á Washington. Peu importe le chapeau que portait le candidat malheureux aux élections de décembre 1990, donc, du 19 juin 1992 au 8 juin

1993, Marc Bazin était, sur l'échiquier politique national, le garant des putschistes de Port-au-Prince, avec les partenaires de l'international. Cette position impliquait, dans le cadre d'une négociation avec l'international, la levée de l'ambargo imposé par l'OEA et l'ONU et suivi, dans le long terme, du retour en Haïti du Président Aristide

L'embargo imposé aux putschistes

Afin de faire pression sur les leaders du putsch aussi bien que sur ses alliés qui marquaient le pas sur place, la communauté internationale, sur la demande du Président Aristide, avait imposé un embargo contre les leaders d'Haïti. Au lieu de forcer les autorités de fait de Port-au-Prince à faire marche arrière, au contraire, cet embargo avait de sérieux impacts sur les gens de la classe défavorisée qui vivaient au jour le jour d'une économie haïtienne déjà moribonde. Tandis que les putschistes et leurs alliés, quant à eux, s'enrichissaient de la contrebande et de tout ce qui était illégal. *"Entre-temps, les prix des produits alimentaires et autres biens de consommation ont monté en flèche, lorsque les amis du régime ont saisi l'occasion d'en profiter. Il a paru que l'embargo n'était pas du tout dirigé contre le régime militaire haïtien, mais visait plutôt à obliger les ouvriers et les paysans appauvris à passivement accepter tout régime que les États-Unis veulent imposer"* [80]

On comprendrait mal comment les autorités *de facto* de Port-au-Prince auraient pu survivre aussi longtemps un embargo imposé par la communauté internationale. Pour que l'embargo puisse apporter les résultats escomptés, à savoir, forcer les militaires à quitter le pouvoir pour le retour d'Aristide, il fallait un contrôle strict sur la frontière haïtiano-dominicaine, mais c'était le contraire. On dirait que

---

[80] Herold Jean-François, *le Coup de Cedras* ; p. 300.

176

quelque part, il existait une complicité de la communauté internationale pour permettre aux putschistes de durer. Ils étaient nombreux, ceux qui reprochaient à la communauté internationale, particulièrement les États-Unis, leur laxisme et leur incohérence dans ce dossier. ' *'Pas de pressions sur la République Dominicaine avec laquelle s'est mis en place un véritable trafic, mais des manœuvres dilatoires à l'ONU pour refuser la véritable étanchéité demandée par le Canada et la France. Mais cet embargo, sans débouché politique, devient difficile à soutenir, y compris par les partisans du Président : le secteur privé accuse la communauté internationale et non les putschistes ; les militaires contrôlent seuls le marché noir ; la classe politique reste en majorité soudée aux militaires ; les secteurs populaires accusent l'étranger de laxisme et d'incohérence et s'interrogent sur les débouchés d'une tactique qu'ils comprennent mal »*[81]

C'était à ce moment très critique de laxisme et d'incohérence d'une frange de la communauté internationale qu'est venue l'idée de la rencontre de l'Ile des Gouverneurs. Parmi toutes les tentatives de l'international pour résoudre le problème du coup d'État de septembre 1991, le face-à-face entre le chef du pouvoir exécutif en exil et le chef hiérachique des forces armées était, selon plus d'un, porteur d'espoir dans la crise politique.

La rencontre de l'Ile des Gouverneurs

Dans le cadre d'une solution pacifique recherchée à la problématique du putsch du 30 septembre, des sanctions avaient été imposées aux chefs putschistes de Port-au-Prince. En ce sens, *"L'embargo pétrolier instauré par la résolution 841 du Conseil de sécurité des Nations Unies du*

---

[81] Op.cit.

16 juin 1993 avait pour objectif de contraindre les putschistes à accepter la restauration a l'ordre constitutionnel en Haïti. Quoique, en termes de rigueur, il y eût des doutes sur l'embargo qu'imposait la communauté internationale, mais dans l'ensemble, la mise en œuvre de ces sanctions a conduit les responsables militaires à négocier avec le Président''[82]

Pour parvenir à la réalisation de cette rencontre porteuse d'espoir, le diplomate Argentin essaya tout et rencontra tous les protagonistes de cette crise. Plusieurs visites ont été effectuées en Haïti par ce diplomate. C'est à cette fin qu'une rencontre, la toute première, entre Aristide et Cédras, fut programmée à New York en date du 27 juin au 3 juillet 1993.

Bon nombre d'Haïtiens vivant à l'extérieur du pays avaient, dès les premières heures du coup et jusqu'à date de cette rencontre, gardé le flambeau de résistance très haut, dans le cadre de mobilisation pour le retour à l'ordre constitutionnel. En signe de solidarité à leur Président en exil, ils voulaient en outre, à l'occasion de la visite du général Cédras à New York, lui offrir un spectacle sans précédent. Déjà, les leaders communautaires dans certaines villesdes États-Unis comme la Floride, le Massachussetts, le New Jersey et New York planifiaient une manifestation exceptionnelle en la circonstance. Compte tenu de la capacité de mobilisation des leaders communautaires et de son impact dans cette affaire et puisqu'ils n'en étaient pas aux premières manifestations, la rencontre entre les deux principaux protagonistes avait été, de préférence, organisée sur une petite île à New York du nom de Gouvernor's Island/ L'Ile des Gouverneurs, voulant ainsi défier à toute tentative de mobilisation des supporters d'Aristide.

---

[82] Christophe Wargny, *l'Élimination programmée du Président Aristide. Le Monde Diplomatique*, avril 1994.

178

Les négociations entre une partie des membres de l'administration d'Aristide et les militaires avaient commencé le dimanche 27 juin 1993. Pour l'histoire, voici la liste de ceux qui avaient participé à la rencontre de l'Ile des Gouverneurs. Pour le gouvernement d'Aristide, il y avait Robert Malval, l'ancien Premier Ministre Réné Préval, le directeur de Radio Haïti Inter Jean Dominique, Patrick Elie, Emmanuel Ambroise, l'ambassadeur d'Haïti à Washington, Jean Casimir, Carl Auguste, Dr. Roy, journaliste Marcus Garcia, Père Antoine Adrien, ambassadeur aux Nations Unies, Fritz Longchamp, Dr. Jean Molière, Ministre des Finances Marie Michèle Rey, l'agronome François Severin, Chavannes Jean-Baptiste, major Fourel Célestin, Jean Marie Chérestal et le professeur Franklin Midy. Tandis que, dans le camp des militaires, il y avait le journaliste Serge Beaulieu, le frère du chef de la police, le major, Evans François, le général Raoul Cédras, etc.

Lors de cette rencontre, sous les regards de la communauté internationale, un accord fut signé en date du 3 juillet 1993 à New York entre Jean-Bertrand Aristide et Raoul Cédras. Parmi ses clauses, il était question de la création d'une institution d'arbitrage du nom de la MINUHA (Mission des Nations Unies en Haïti) dont l'objectif était d'aider à l'implantation de certaines dispositions de cet accord. C'était aussi dans le cadre de cette négociation que, le 27 août 1993, M. Robert Malval était entré en fonctions comme Premier ministre de concorde.

La mission première de la MINUHA était, bien entendu avec le gouvernement de concorde de Mr. Malval, d'aider à la modernisation des forces armées haïtiennes et, du même coup, de créer une nouvelle force de police capable d'assister le processus démocratique. Cependant, face aux refus de coopération des autorités militaires haïtiennes de Port-au-Prince, la MINUHA n'avait pas pu être complètement déployée ni s'acquitter de son mandat. Donc, *"l'embargo avait été rétabli en octobre à la suite des manœuvres d'intimidation menées par des éléments inféodés aux responsables militaires afin d'empêcher le déploiement de la mission internationale de police (MINUHA). Cet embargo, qui ne concernait jusqu'à présent que les armes et les produits pétroliers, s'est accompagné depuis le début de son application d'une aide humanitaire internationale destinée aux populations les plus démunies"*.[83]

L'arrivée du Hallan County en Haïti

Trois mois après l'accord signé à l'Ile des Gouverneurs, il était conclu que le navire américain *Hallan County* devait rentrer à Port-au-Prince, avec des centaines de troupes américaines et canadiennes à bord. ' *Le 11 octobre 1993, Port-au-Prince attend le débarquement du premier contingent des forces de l'ONU chargé de veiller au respect de l'accord de l'Ile des Gouverneurs, signé le 3 juillet entre le Président Jean-Bertrand Aristide, en exil depuis le coup d'État du 30 septembre 1991, et le chef de la junte, le général Raoul Cédras.* »[84]

À la surprise des observateurs, analystes politiques nationaux et internationaux, le navire de la première force militaire mondiale a été, une fois arrivé dans la rade de Port-au-Prince, chassé par un petit groupe d'attachés à la solde des militaires. Sur le port, ce petit groupe de paramilitaires bien connu sous le nom de FRAPH, (Front Révolutionnaire Armé pour le Progrès d'Haïti) qui, par la suite, allait devenir (Front pour l'Avancement et le Progrès Haïtien), brandissait des bâtons, des pistolets pour protester contre l'arrivée du navire *Hallan-County*.

---

[83] Op.cit.

[84] Christophe Wargny, *l'élimination programmée du Président Aristide. Le Monde Diplomatique*, avril 1994.

Le rôle du FRAPH durant le coup d'État

Ayant à sa tête Emmanuel (Toto) Constant et Louis Jodel Chamblain, le FRAPH fut créé immédiatement après le coup d'État de septembre 1991. Sur le terrain, il était entraîné par des militaires proches de la grande famille des putschistes. Sous couvert des militaires, le FRAPH, du type « escadron de la mort », avait pour mission de terroriser, violer et exécuter les sympathisants du mouvement Lavalas, surtout dans les quartiers populaires. S'il était entraîné par les militaires putschistes, il était, par ailleurs, financé par un secteur de la communauté internationale qui opposait au retour d'Aristide – fait qui serait confirmé quelques années plus tard par Emmanuel Constant. Effectivement, après le retour à l'ordre constitutionnel, M. Constant fut arrêté et incarcéré aux États-Unis. Ainsi, en uniforme de prisonnier, lors d'une interview donnée à CBS (programme ''sixty minutes''), M. Constant déclarait qu'il recevait chaque mois sept cents dollars de la CIA.

Ce groupe de paramilitaires était seulement capable de perpétrer de violence sur les femmes et innocents gens, mais incapable de se battre contre des militaires professionnels de n'importe quel petit pays, voire les militaires américains. Ce jour-là, ils faisaient semblant de représenter un danger pour le *Hallan-County*. Ce fait est comparable à l'histoire du petit David contre le roi Goliath. De toute façon, le bateau fut forcé de faire demi-tour.

Plusieurs cas de figure peuvent expliquer ce revirement. Premièrement, le Pentagone n'avait pas été bien informé par ses hommes sur le terrain. Mais là encore, ces hommes maigres, mal habillés et équipés seulement de bâtons et de pistolets – Dieu seul sait s'ils possédaient des minutions – étaient-ils vraiment capables de forcer un navire américain à rebrousser chemin ? Deuxièmement, pouvait-on considérer le

181

retrait du bateau comme une certaine réaction face à ce qui était arrivé quelques jours plus tôt en Somalie ? Effectivement, « *Dix-huit soldats américains ont été tués peu de temps au paravant en Somalie. Haïti, une nouvelle chausse-trappe ? En fait, comme le souligne le New York Times, « malgré la volonté du Président Clinton d'assurer le retour d'Aristide au pouvoir et de restaurer la démocratie, des officiels du Pentagone ont déclaré qu'il était hasardeux de risquer des vies américaines pour un homme qu'ils considéraient comme un dirigeant douteux et peu fiable.* »[85] Troisièmement, *l*es militaires haïtiens étaient-ils suffisamment intelligents pour se référer aux événements de Somalie et, de ce fait, comprendre que les États-Unis n'allaient pas risquer la vie de leurs soldats en affrontant un groupe de parias comme ceux de Port-au-Prince ? Quatrièmement, les militaires du Champ de Mars avaient-ils été informés par un certain courant hostile à Aristide que rien n'allait se passer ce jour-là ?

Quel que soit le cas de figure qui paraît le plus convaincant pour expliquer le retrait du bateau, l'échec du *Hallan-County* mettait à nu l'administration américaine en termes de bonne volonté à résoudre la crise haïtienne.

Entre-temps, une frange de la communauté internationale, de concert avec le représentant des Nations-unies pour la crise haïtienne, le diplomate Argentin, Dante Caputo, travaillait sur d'autres projets de résolutions et de mesures pouvant contrecarrer et, grâce aux sanctions déjà existantes, limiter les marges de manœuvre des leaders du coup du 30 septembre. *"Parmi les nouvelles mesures envisagées figurent en particulier le gel des avoirs privés des responsables militaires et des personnes liées au régime de fait. La mise en œuvre éventuelle de ces nouvelles sanctions devra s'accompagner d'une aide humanitaire accrue, à laquelle, naturellement, la*

---

[85] Op.cit.

182

France participera. Toutefois, les sanctions ne pourront à elles seules rétablir l'ordre institutionnel à Haïti ; aussi la France cherche-t-elle à encourager la recherche d'une solution négociée entre les parties haïtiennes". À cette initiative, une première réunion des Amis d'Haïti s'est tenue à Paris en décembre 1993 pour tenter d'élaborer une stratégie commune en vue de débloquer la situation résultant de l'interruption de l'application de l'accord de l'île des Gouverneurs''

Malheureusement, plus tout changeait, plus les mêmes fautes se répétaient. La rencontre de l'Ile des Gouverneurs n'avait pas apporté le résultat escompté. Encore fallait-il recourir à d'autres tractations politiques et dilatoires avec les militaires quand ils tuaient en plein jour des officiels du pouvoir Lavalas.

Assassinats des alliés du pouvoir Lavalas

Quoi qu'on fasse et essayer pour résoudre la crise haïtienne, les choses n'ont pas vraiment évolué à Port-au-Prince. Tout en mettant en échec la communauté internationale, grâce à leurs basses œuvres, les putschistes gagnaient davantage de terrain. Le FRAPH continuait non seulement à exécuter dans les quartiers populaires les supporteurs d'Aristide, mais encore en profitèrent-ils pour assassiner en plein jour le commerçant bien connu, Antoine Izméry et le Ministre de la Justice, Me. Guy Malary. ''*Après Antoine Izméry, enlevé devant des diplomates, Guy Malary est assassiné avec ses gardes du corps le 14 octobre. Comme des dizaines d'autres depuis le 3 juillet 1993. M. Michel François, le chef de la police, et ses groupes « d'attachés » ont bien visé : le premier était le plus riche et le plus déterminé des partisans du Père Aristide ; le second, ministre de la justice, était chargé du lourd dossier de la création d'une nouvelle police. M. Dante Caputo, ancien ministre argentin des affaires étrangères et médiateur de l'ONU, peut bien parler*

183

de « complicité flagrante de la police avec les tueurs » et les Nations Unies d'assassinat minutieusement planifié et orchestré comme une opération de commando par les forces armées d'Haït »[86]

Si certains membres de la communauté internationale, à travers des agences et leurs ambassades sur le terrain, finançaient les putschistes et les encourageaient dans leurs basses besognes, parallèlement, avec l'escalade de la violence, une autre partie de la communauté internationale pensait que la crise haïtienne avait trop duré et qu'il fallait utiliser la force pour obliger les putschistes de Port-au-Prince à quitter le pouvoir. Mais trop de notes discordantes se faisaient entendre dans les actions internationales, où les intérêts des uns n'étaient pas forcement ceux des autres. Dans une certaine mesure, les conflits d'intérêts avaient joué en faveur des putschistes. *''L'Organisation des Nation-unies, aiguillonnée par le Canada et la France, souhaitait rééditer en Haïti le relatif succès enregistré au Cambodge. Mais la duplicité et l'ambiguïté des politiques américaines – successives ou simultanées – ont entravé ou discrédité les efforts internationaux. Et, au cours des mois d'octobre et novembre 1993, les révélations de la presse américaine sur le rôle de la CIA dans cette affaire sont édifiantes. On a ainsi eu confirmation que les principaux ennemis du Président Aristide (officiers supérieurs et politiciens) étaient, bien avant sa victoire électorale, des agents appointés de la centrale de renseignement américaine. Le général Raoul Cédras lui a, par exemple, fourni des rapports, tout au long de 1991, jusqu'au coup d'État du 30 septembre, financé par les grandes familles locales et le cartel de Cali, avec la bénédiction de l'ambassadeur américain Alvin Adams'*[87]

---

[86] Op.cit.
[87] Op.cit.

Tout en maîtrisant l'évolution de la crise, les militaires, les parlementaires et leurs alliés en sont arrivés à cette conclusion que la communauté internationale n'avait pas en tête d'exercer de véritables pressions sur eux ; donc, ils faisaient tout pour gagner du temps. Pertinemment, ils savaient que certaines décisions constitutionnelles comme la nomination d'un Premier ministre et d'un commandant en chef de l'armée ne pouvaient pas se faire sans le consentement du Président Aristide. Donc, ils jouaient sur tout ce qui pouvait leur permettre de gagner du temps. Sur le terrain, en brandissant leurs cartes de nationalistes, les parlementaires proches des militaires ont essayé une sortie de crise à l'haïtienne. Ils ont proposé, le 1ᵉʳ mars 1994, la désignation d'un Premier ministre pouvant remplacer M. Robert Malval alors démissionnaire (décembre 1993), l'amnistie des militaires dont les noms étaient cités comme coupables d'exactions et le départ à la retraite du général Raoul Cerdas. ''*En revanche, aucune date n'est fixée pour le retour du Père Aristide à Port-au-Prince. En clair, ce dernier est soumis à un chantage que l'on peut ainsi résumer : ou bien vous campez sur vos positions et rien ne bouge, ou bien vous nommez le Premier Ministre de « concorde nationale » qui doit succéder à M. Malval. Et, bien sûr, ce nouveau Premier Ministre sera notre homme-lige* ''[88]

Comme aucune avancée ne s'effectuait en termes de solutions pacifiques tant recherchées par la communauté internationale aussi bien que par les recommandations des parlementaires de Port-au-Prince, après plusieurs années de négociations et d'embargo, l'administration américaine cherchait une sortie de crise – mais d'une façon forte – à la problématique haïtienne vieille de trois ans.

---

[88] Op.cit.

Les États-Unis et le retour d'Aristide

Durant les premières heures du coup, les ambassadeurs français (Raphael Dufou) et américain (Alvin Adams) en Haïti ont, de toute évidence, grandement aidé le Président Aristide, surtout face aux menaces des militaires au Grand Quartier Général de Port-au-Prince. Mais cela n'avait pas pour autant empêcher les lavalassiens d'impliquer la CIA dans le coup de force. Selon des sympathisants zélés du Président, comment des militaires pouvaient-ils oser renverser un gouvernement non seulement élu démocratiquement, mais aussi populaire comme celui d'Aristide, s'ils ne bénéficiaient pas des bénédictions constantes de Washington ? Pour illustrer leurs positions, ils remontaient au coup avorté du colonel Himmler Rebu et consorts, qui n'avait pas été soutenu par l'ambassade américaine à Port-au-Prince, mais aussi à leur arrestation et incarcération dans les prisons américaines.

Quoi que puissent dire et penser les lavalassiens à propos du rôle que devait jouer la CIA dans le coup d'État, l'histoire retiendra qu'officiellement, le gouvernement américain comme beaucoup d'autres pays d'amis d'Haïti avaient ouvertement condamné le putsch contre Aristide. '*Les États-Unis ont formellement condamné le putsch et ont fait appel pour la réintégration éventuelle du Président d'Aristide dans ses fonctions de chef d'État..*''

Si, après le coup de force, Aristide s'était rapidement réfugié au Vénézuela, ce périple devait être de courte durée puisque c'est depuis Washington qu'il devait poursuivre son long exil. C'est dans la capitale américaine, par contre, qu'il a multiplié tous ses contacts au niveau international. Les élections qu'Aristide avaient gagnées le 16 décembre 1990 étaient non seulement financées, mais aussi supervisées par la communauté internationale, particulièrement les États-Unis. Tolérer les leaders du putsch du 30 septembre 1991

186

revenait, d'une certaine manière, à contredire le discours du vice-Président américain. Qui ne se souvient pas de la visite de M. Quale à Port-au-Prince, où il y a déclaré : ''*Pas de coup d'État en Haïti*'' Déclaration qui expliquait de l'importance que plaçait l'administration américaine dans le processus démocratique en Haïti. Était-il sincère ?

Encourager un coup d'État ne serait pas d'une bonne politique pour les autres pays de la région. C'est comme l'effet dominos, avec des conséquences graves sur le processus démocratique déjà en cours dans l'hémisphère Nord. Donc, c'était une menace pour d'autres pays de la région qui étaient tous à leurs débuts ; cela posait surtout un problème sécuritaire aux États-Unis. Il était donc du devoir de la communauté internationale et de l'administration américaine de faire obstacle aux putschistes en uniformes du Champ de Mars, afin de prouver au gouvernement de fait d'Haïti aussi bien qu'à tout militaire partisan d'un coup de force que la communauté internationale avec les États-Unis n'allaient pas encourager une telle démarche. George Bush (père) ne proclamait-il pas que *''les putschistes menacent la sécurité, la politique extérieure et l'économie des États-Unis''* ?

L'action militaire américaine

Les efforts de Lawrence Pezullo, conseiller spécial du Président Clinton pour Haïti et Dante Caputo pour les Nations Unies, n'avaient pas apporté le résultat tant escompté puisque, trois ans après, Aristide était encore en exil à Washington. À noter qu'à cause des violences perpétrées sur le terrain contre les supporteurs du Président Aristide, les flux de boat-people n'avaient pas cessé d'augmenter sur les rades de la Floride. Donc, il fallait en finir avec le va-et-vient diplomatique pour passer à un message clair aux putschistes. *''Your time is up /vos jours sont comptés''*, menaçait le Président américain, Bill

Clinton. Dans un discours télévisé du 15 septembre 1994, le Président demandait officiellement aux autorités militaires, auteurs du coup d'État du 30 septembre 1991, de se retirer du pouvoir. Après avoir mis l'accent sur la situation alarmante des droits de l'homme en Haïti, il annonça l'intention des États-Unis d'utiliser la force, si nécessaire, pour mettre fin à cette situation.

Même dans ce cas, le Président américain utilisait les dernières tentatives diplomatiques. Au lendemain de son discours, trois importants émissaires furent, avec des tâches significatives, envoyés à Port-au-Prince. L'ancien Président Jimmy Carter, le Général Colin Powell et le Sénateur Sam Nun avaient reçu l'ultime mission de forcer les putschistes d'Haïti à quitter pacifiquement le pouvoir. Comme ils hésitaient, ' *fort de ces concessions, Bill Clinton a ordonné le déploiement de 20 000 marines pour forcer le départ du « groupe de leaders haïtiens des plus prometteurs», soudainement perçu pour ce qu'il était, le « régime le plus brutal et le plus violent de notre hémisphère, exécutant des enfants, violant des femmes, tuant des prêtres et assassinant des orphelins. »*[89]

Ainsi mettait-on fin à un coup d'État de trois ans. En 1994, sous certaines conditions réunies dans le Plan de Paris, telles l'amnistie pour les putschistes et la formation d'une nouvelle force policière contrôlée, Aristide est revenu au pouvoir grâce à l'administration Clinton. Le pays, au retour du Président Aristide, sortait de trois années de répression. *« De nombreux programmes d'aide immédiate ont été mis en place, notamment avec les fonds publics, comme les 'petits projets de la Présidence. Ces projets, loin d'avoir donné les résultats escomptés, en particulier à cause de détournements et gaspillages de toutes sortes, ont également*

---

[89] Op.cit.

créé un clientélisme dans la tradition 'présidentielle' du pouvoir (Duvalier lançait de l'argent a la foule sur son passage, Aristide distribue chèques et dons), qui va rendre la phase d'austérité encore plus difficile à accepter par des secteurs désormais habitués à la manne étatique »[90]

Qui aurait cru que l'ancien prêtre de Saint Jean Bosco, avec son discours anti-impérialiste, aurait pu réintégrer son pays sous les ailes protectrices des *Marines* américains en octobre 1994 ? Malgré ses discours où le capitalisme était toujours critiqué comme un péché mortel, il était devenu brusquement un grand ami salvateur. Bref, on eût dit que les conjonctures du nouvel ordre mondial obligeaient les Américains à agir de la sorte. Ainsi, sous couverture des Nations-unies, avec des milliers de soldats sur le sol d'Haïti, Aristide était revenu au pays pour achever son mandat de cinq ans – retour néanmoins très controversé.

Certains sympathisants et cadres du mouvement Lavalas étaient favorables au retour à l'ordre constitutionnel et ceci sous n'importe quelle forme, tandis que d'autres, qui se proclamaient nationalistes, ne voulaient pas accepter le retour du Président avec une force étrangère sur le sol de Jean-Jacques Dessalines. Peu importe la position des uns et des autres quant au retour du Président : il était revenu pour finir les derniers mois de son mandat et, du même coup, bien entendu, pour démanteler les Forces Armées d'Haïti avec le soutien des forces américaines – condition qui, depuis longtemps, particulièrement depuis sa création par les Américains, était trop présente sur la scène politique. Avant même ce démantèlement, le retour du Président étant imminent, des structures ont été mises en œuvre pour une force de police pouvant soutenir le processus de la

---

[90] Op.cit.

démocratie en Haïti, avec le soutien des alliés de l'international, spécialement les États-Unis et la France.

Le rôle de Bill Clinton dans le retour d'Aristide

Durant les élections présidentielles américaines de novembre 1992, le candidat démocrate, William Jefferson Clinton avait prononcé un discours plus cohérent quant au retour à l'ordre institutionnel en Haïti. Dans sa quête des voix auprès des membres des associations humanitaires et des Églises qui ont montré une certaine sensibilité à la cause haïtienne, et surtout des haïtiano-américains qui revendiquaient le retour à l'ordre démocratique, il avait promis, s'il était élu, de freiner la politique « injuste et discriminatoire » menée à l'égard des réfugiés haïtiens. Mais il avait promis de meme de rétablir le Président élu d'Haïti dans ses fonctions. Donc, une fois entré à la Maison Blanche le 20 janvier 1993, le Président américain avait respecté sa promesse électorale, à savoir de restaurer la démocratie en échange du contrôle des ' *flux de réfugiés qui déferlent sur les rades de la Floride. Cependant les différentes agences du pouvoir dans la capitale américaine allaient rendre, à travers certaines notes discordantes, la tâche beaucoup plus difficile au Président démocrate*''[91]

Du 30 septembre 1991 au 15 octobre 1994, le coup d'État avait duré trois ans. ''Les dégâts causés par le coup d'État, les méfaits de l'embargo ne sauraient être réparés en un ou deux ans. Le Président Aristide ne pouvait pas mettre en place toutes les structures susceptibles de lancer le pays sur la voie du développement économique durable et d'opérer les changements souhaités. Le nouveau gouvernement allait devoir travailler, dans un contexte de profondes mutations

---

[91] Pierre, Sonson Prince. *Haïti : L'État de Choc.* Imprimerie H. Deschamps. Port-au- Prince, Haïti.

économiques, politiques et sociales pour orienter son action vers une réduction des inégalités et faire accéder les couches défavorisées à des conditions de vie plus acceptables''[92]

---

[92] Raoul Peck. *Monsieur le Ministre... jusqu'au bout de la patience.* Imprimerie Le Natal, Port-au-Prince, Haïti 1998. pp 55-56.

192

Chapitre 9

Retour du Président Aristide le 15 octobre 1994

Le 15 octobre 1994, c'était une foule en liesse qui était venue à l'aéroport pour accueillir, après trois ans d'absence, celui qui avait, en prêtant serment le 7 février 1991, la lourde responsabilité de conduire le pays vers la démocratie et le développement. Par démocratie et développement, on sous-entend stabilité politique, alternance du pouvoir au travers des élections selon l'échance constitutionnelle. Cela impliquait aussi des changements économiques et sociaux en faveur de la classe défavorisée qui, depuis l'indépendance d'Haïti en 1804, croupissait dans la misère et la pauvreté.

Face aux grands défis structurels et conjoncturels qui attendaient le Président, il aurait fallu que le gouvernement Lavalas, dans le peu de temps qui lui restait de son mandat de cinq ans, mît en place une stratégie de mise en œuvre de ce qu'il voulait réaliser. Il ne s'agissait pas seulement de retourner au pays et de terminer le mandat, mais de préference améliorer les conditions de vie du peuple haïtien en général. Les mesures d'urgences à adopter pour la réalisation de ce changement étaient trop importantes pour que l'on assistât impuissamment à un gouvernement sans vision.

Mais comment résoudre les crises économiques et sociales lorsque l'intervention, en septembre 1994, d'une force multinationale, dirigée par les États-Unis d'Amérique et autorisée par le Conseil de sécurité pour le rétablissement du gouvernement constitutionnel d'Haïti dans ses fonctions, était le resultat de compromis diplomatiques ? Pour mieux comprendre le gouvernement issu des élections du 16 décembre 1990 et son retour le 15 octobre 1994, il faut se rappeler les conditions dans lesquelles Aristide était revenu. Quand on recourt au compromis avec l'international, il faut s'attendre à tout, y compris à l'échec. Pour l'essentiel, *'son mandat a été révisé de façon que la Mission puisse aider le Gouvernement démocratique d'Haïti à s'acquitter de ses responsabilités, pour ce qui était de maintenir les conditions sûres et stables créées durant la phase multinationale et d'assurer la protection du personnel civil international et des installations essentielles; de professionnaliser les forces armées haïtiennes et de créer une force de police séparée".*

Il était convenu aussi que "La MINUHA devait également aider les autorités constitutionnelles légitimes à créer les conditions qui leur permettent d'organiser des élections législatives libres et régulières qu'elles convoqueraient"

À moins d'être d'une rare force de caractère et entouré d'une équipe compétente assoiffée de réussite, apparemment, en termes de marge de manœuvre, le retour était piegé et limité pour le leader des classes defavorisées. En dépit du retour à l'ordre constitutionnel, beaucoup se demandaient de quoi demain serait fait. C'est dans cet ordre d'idées qu'un opposant au régime Lavalas déclara : « *Plus cela change, plus c'est la même chose !* » Selon un article de Pierre Gotson, membre du Service d'information du Centre de recherche et d'action pour le développement (SICRAD), paru dans ALAI, 26 octobre 2001 : *"Le retour à la démocratie en 1994 ne s'est pas accompagné d'une amélioration de la situation du pays. La joie et l'espoir suscités par Arisitide ont laissé place de plus en plus à la déception devant l'immobilisme et la corruption"*

À son retour en 1994, Aristide fit de l'homme d'affaires Smarck Michel son chef de gouvernement. Choix qui pour certains, était considéré comme une façon pour le Président d'apaiser les riches membres du secteur privé qui, de concert avec l'armée et une frange de l'international, avaient soutenu ouvertement le coup d'État du 30 septembre 1991. Tout cela entrait dans le cadre des négociations avec l'international. En effet, les militaires et leurs alliés putschistes ont toujours vu le retour d'Aristide comme une menace pour leur survie et le maintien du statut quo.

Comme la cohabitation entre Président Aristide et le Premier ministre Smack Michel ne fonctionnait pas, le leader Lavalas avait finalement, pour remplacer Mr. Michel, fait choix de Madame Claudette Werleigh, son Ministre des Affaires Étrangères, comme chef de la Primature. Poste qu'elle garderait jusqu'à la fin de mandat d'Aristide, le 7 février 1996.

Et pourtant, quoique le retour fût critiqué par des sympathisants et autres pseudo-nationalistes proches du régime, ils étaient nombreux, ceux qui pensaient que, dans une certaine mesure, des progrès avaient été accomplis par l'équipe gouvernementale. Leurs arguments reposaient sur les élections législatives organisées sous l'administration du Premier ministre Smack Michel, dans un premier temps, et, dans l'autre, le scrutin présidentiel de décembre de la même année qui s'était déroulé sous le gouvernement du Premier ministre Claudette Werleigh.

Mais pouvait-on attribuer la réussite d'un gouvernement comme celui du Président Aristide aux seules élections ? Si elles pouvaient être considérées comme des progrès, puisqu'elles avaient été organisées selon l'échéance constitutionnelle et que les élus avaient été investis à temps, qu'en était-il des progrès économiques tant décriés par les proches du pouvoir ? Ou voulaient-ils tout simplement parler de leurs réussites économiques personnelles ? Le peuple avait-il été aux urnes le 16 décembre 1990 ou avait-il risqué sa vie pendant les trois ans du coup d'État sanglant des militaires pour pouvoir créer seulement de nouveaux riches ?

Quoi qu'il en soit, pendant que, dans les bidonvilles de Cité Soleil, Solino, La Saline, Raboteau, Lafosset et Sainte-Hélène, des masses défavorisées croupissaient dans la crasse, les proches du pouvoir qui, avant les élections, étaient consideré comme des pauvres, étaient passés d'un statut de pauvreté à celui de millionaires. C'était probablement ce changement économique que les proches du pouvoir ont qualifié de progrès économique. ' *'Dans les cercles proches du pouvoir, on estime que des progrès ont été accomplis sur les plans politique et économique. Ils évoquent les élections législatives démocratiques qui se sont tenues pendant l'été 1995, malgré quelques difficultés d'ordre logistique. Les élections présidentielles se sont déroulées sans entrave le 17 décembre 1995 et le transfert sans heurts des pouvoirs au nouveau Président a eu lieu le 7 février 1996. Et « À la demande du Président d'Haïti, le mandat de la MINUHA a été prorogé jusqu'à la fin de juin 1996.»*

Beaucoup se posaient des questions, à savoir : comment un homme aussi populaire et proche des classes défavorisées n'avait-il rien pu faire pour ses supporteurs, dont l'attente et la confiance était si grande ? Les opposants au régime du Président Aristide avaient trouvé de solides arguments pour expliquer l'échec de l'élu du 16 décembre. D'autres pouvaient bien dire que celui qui était revenu en Haïti le 15 octobre 1994 était complètement différent de celui qui avait prêté serment le 7 février 1991. Il faut être plus qu'un lavalassien ou un aristidien pour opposer aux arguments d'échec avancés par ses ennemis.

Oui, comme tous ceux qui l'ont précedé et qui n'ont rien pu faire pour les classes les plus pauvres de ce pays, Aristide a lamentablement échoué. De toute évidence, il faut être aussi de ceux qui s'opposaient à son avènement au pouvoir le 7 février 1991 pour ne pas reconnaître que le prêtre des bidonvilles était animé de bonne volonté. Oui, on pouvait bien lui reprocher son discours et ses approches pendant les sept mois de son mandat. Mais l'histoire retiendra qu'il avait à faire face au statut quo d'un petit groupe de réactionnaires qui, depuis 1804, a toujours accaparé toutes les richesses du pays et qu'il était aussi immobilisé par certaines grandes pussances occidentales.

Chapitre 10
La Police Nationale et la transition démocratique

Avant le retour du Président Aristide en Haïti le 15 octobre 1994, des discussions avaient eu lieu, lors de son exil à Washington, avec le gouvernement des États-Unis, l'Organisation des Nations-unies (ONU), les alliés et amis d'Haïti de la communauté internationale à propos notamment de la formation d'une nouvelle force de police pouvant aider au processus démocratique. Selon Isabelle Fortin et Yves-François Pierre dans *Haïti et la réforme de la Police Nationale d'Haïti*, "*l'escalade de la violence politique et sociale qui traverse Haïti depuis la chute de la dictature des Duvalier en février 1986 ainsi que le choix de l'implantation d'un État démocratique exprimé par la très grande majorité de la population expliquent que le besoin en matière de justice et, corrélativement, la réforme des organes de sécurité et de justice demeurent de première importance dans le processus de construction démocratique du pays entamée depuis lors*".

Par contre, la transition vers une nouvelle force de police civile à vocation démocratique était-elle possible à implanter en Haïti, compte tenu des mauvaises expériences de la population avec les militaires putschistes durant les trois ans du coup d'État ? En vérité, cette transition était beaucoup plus difficile, d'autant plus qu'après le démantèlement de l'institution militaire par Président Aristide en 1995, la Police Nationale d'Haïti (PNH) était la seule force légalement armée dans le pays. Puisque très nombreux étaient les problèmes structurels et conjoncturels dans une Haïti post-Duvalier, aborder des questions de police et de démocratie méritait de bien prendre en compte et de cerner les problèmes quotidiens que devaient rencontrer l'institution policière en général et l'agent policier, en particulier, sur le terrain.

Vu la complexité et le contexte dans lesquelles cette force de police avait vu le jour, ils étaient nombreux, ceux qui, pessimistes, se posaient des questions, à savoir : comment la PNH allait faire pour s'intégrer et avoir sa légitimité auprès de la population ? Surtout que cette dernière gardait encore les cicatrices de violence et d'abus subis, soit directement, soit de l'un des proches d'un quelconque membre de l'institution militaire.

Entre-temps, pour parvenir à la concrétisation et au développement de cette force de police, le processus de recrutement avait été mené en deux grandes étapes. En tout premier lieu, le noyau même de cette institution avait commencé avec la formation de nouveaux agents, qui, durant treize à quatorze semaines, avaient suivi leur ''training'' au centre de formation de Saskatchewan de Regina, Canada. ''*Une centaine d'expatriés haïtiens ayant suivi une formation de trois mois au centre de formation de la Gendarmerie Royale du Canada de Régina sont arrivés en Haïti au début de 1995 pour constituer le premier noyau de la PNH. Après une sélection sévère, basée notamment sur le mérite, sur le niveau d'éducation, et après des examens médicaux et physiques, les 365 premiers agents recrutés en Haïti pour la PNH ont commencé dès février 1995, dans le cadre du programme ICITAP, à recevoir une formation dispensée par des instructeurs venus des États-Unis, du Canada, de France et de Norvège*''.

200

Ajouté à cela et toujours dans le cadre de formation, de nouveaux agents avaient, depuis Port-au-Prince, effectué des voyages dans l'État du Missouri afin de compléter les pré-requis techniques nécessaires pour devenir officiers de police. Ce n'était pas sans méfiance, puisque les autorités d'Haïti avaient émis des réserves quant au déplacement de ces recrues pour suivre leur formation aux États-Unis. Le sentiment de crainte des autorités de Port-au-Prince remontait bien entendu à l'époque où d'anciens gradés de l'Académie Militaire d'Haïti savaient aller à West Point et à *College America* des États-Unis pour parfaire leur formation militaire. Et c'était souvent à partir de ce déplacement que bon nombre d'entre-eux étaient devenus, pendant ou après leur formation, des agents de déstabilisation et d'infiltration au sein de l'institution militaire du pays qui les avaient formés. Ce qui expliquait une certaine méfiance des dirigeants haïtiens à propos du déplacement des postulants officiers de police. De toute façon, *"Malgré les fortes réserves du gouvernement haïtien au sujet de la formation dans un contexte non-haïtien, un centre de formation de la police aux États-Unis (Fort Leonard Wood, Missouri) a été utilisé, afin de pallier la faible capacité du Centre de formation de la police à Port-au-Prince"*.

Mis à part leur formation au niveau national et international, il était convenu que cette force de police ne pouvait pas exister et fonctionner convenablement sans les provisions constitutionnelles et légales pouvant l'accréditer dans ses fonctions. *"La Constitution de 1987 et la législation haïtienne reconnaissent l'ensemble de ces principes. L'article 269-1 de la Constitution dispose que la police est créée pour la garantie de l'ordre public et la protection de la vie et des biens des citoyens; son organisation et son mode de fonctionnement sont réglés par la loi. Ceci n'est qu'un aspect du devoir de garantie de l'État établi par la Constitution dans son article 19: " l'État a l'obligation impérieuse de garantir le droit à la vie, à la santé et au respect de la personne humaine, pour tous les citoyens sans distinction, conformément à la Déclaration universelle des droits de l'homme".*

De plus :

> *La loi organique de la PNH a été adoptée par le Parlement le 29 novembre 1994 et promulguée par le Président le 23 décembre 1994. Le but de la loi était de "créer un corps professionnel de police civile, avec l'accent sur la protection de la vie et des biens du citoyen" (article 3). Ce texte prévoit une formation pour tous les agents, limite le port et le type d'armes utilisées par la PNH et prévoit la création d'un service d'Inspection générale pour surveiller la conduite des agents policiers surtout en matière de droits de l'homme.*

> *Selon l'article 7 de la loi du 29 novembre de 1994 portant sur la création de la PNH, les policiers ont pour mission "d'assurer la protection et le respect des libertés des personnes, des vies et des biens", de "garantir la sûreté des institutions de l'État" et de "maintenir l'ordre, la paix, la sécurité, la tranquillité et la salubrité publique" entre autres tâches"*

> *La législation haïtienne, par ailleurs, prévoit de borner le pouvoir de sa police. L'article 274 de la Constitution établit que les agents de la force publique sont soumis à la responsabilité civile et pénale. Les articles 289 et 293 du Code pénal établissent des sanctions pour les arrestations illégales, pour les tortures et pour la mort suite à tortures lors d'arrestations illégales. L'article 159 du Code pénal aggrave les peines lorsque des*

infractions, délits ou crimes sont commis par des représentants de l'ordre. En outre, des mécanismes de contrôle judiciaire et administratif de la police ont été prévus par le législateur, et mis en place ".

Le décret du 6 décembre a été fort critiqué pour admettre le principe d'inclusion d'anciens militaires au sein de la police nationale. Ce décret comporte trois articles dont seul le premier, la dissolution de la Force intérimaire, est de fait entré en vigueur. L'article 2, dont l'application est tant espérée des anciens policiers intérimaires, dispose que "Le CSPN prendra toutes les mesures nécessaires à l'intégration... ". Le CSPN doit encore prendre les dispositions nécessaires à l'intégration de ces anciens agents intérimaires: il reste à examiner de manière approfondie les dossiers individuels pour évaluer les aptitudes à servir la police, à recycler les agents par des stages de formation, et à intégrer leurs salaires dans le barème de la PNH.

Avant l'arrivée au pays des agents de la police formés au Canada, avec le retour à l'ordre constitutionnel, à la fin de décembre 1994, les tâches de sécurité publique avaient été assurées par des agents intérimaires, aux côtés des militaires de l'armée d'Haïti. En attendant le déploiement sur tout le territoire de cette force de police civile, pour pallier une carence de rôles et de fonctions de police qui, jusque-là avaient été assurés par les militaires, *"Une Force de Police Intérimaire (FPI) fut créée"* Elle était ' *'composée des ex-membres des FAD'H jugés aptes et n'ayant fait objet d'aucunes dénonciations publiques comme auteurs de violations des droits humains"* (Isabelle Fortin et Yves-François Pierre).

Mise en place de la Police Nationale d'Haïti

Au cours des mois qui ont précédé le premier déploiement de la PNH *"quelques 900 Haïtiens formés par les autorités des États-Unis à Guantanamo sont arrivés en Haïti à la fin décembre 1994, après avoir suivi une formation de deux à trois semaines, ils ont intégré la force intérimaire de sécurité publique en tant qu'auxiliaires de police"*. Et pourtant, quelque mois plus tard, *"Les 3000 anciens membres des FAd'H qui avaient suivi un stage de formation de six jours organisé par le* International Criminal Investigations Technical Assistance Programme *(ICITAP) du département de la Justice des États-Unis ont constitué la force intérimaire de sécurité publique. Cette formation intervenait dans le cadre d'un accord bilatéral conclu entre Haïti et les États-Unis. Les membres de cette force provisoire avaient été choisis au sein des FAd'H par un comité haïtien chargé, notamment, de veiller à ce que les présumés auteurs d'abus de droits de l'homme soient écartés. La MICIVIH était parmi plusieurs des entités ayant fourni des informations à ce sujet. Cette force intérimaire de police a été légalisée par un arrêté présidentiel en date du 6 janvier 1995, versant dans la force intérimaire les membres des FAd'H qui restaient en fonction"*.

Finalement, après quelque mois de formation au Canada, c'est durant l'été 1995 que les premiers éléments de la Police Nationale d'Haïti se sont déployés dans certains départements du pays. En dépit d'un soutien de la communauté internationale et de leur bonne volonté à protéger et à servir, la nouvelle force publique avait connu, dès son arrivée au pays, des débuts hésitants par manque de planification, de cohésion, d'équipements et de compétences des autorités haïtiennes. *"Les premiers agents diplômés ont été déployés au mois de juin 1995 dans les départements de l'Ouest, de l'Artibonite et du Nord. Les nouveaux policiers vont progressivement remplacer les "intérimaires" qui seront démobilisés au fur et à mesure. Au total, plus de deux mille intérimaires ont été ainsi démobilisés. La plupart vont suivre le même cours de réintégration à la vie civile que l'OIM avait déjà organisé pour plus de trois mille membres démobilisés des FAd'H. La rélève des policiers intérimaires par les nouveaux policiers ne se fera pas toujours sans accroc. Dans quelques endroits, les intérimaires ont déserté leurs postes d'affectation dès l'annonce de l'arrivée de nouveaux policiers. Dans d'autres endroits, la transmission de responsabilités a donné lieu à de fortes tensions. En juin 1995, quand la PNH a pris la relève de la Force intérimaire de police, à la caserne de Delmas, les responsables de cette dernière ont considéré humiliante la façon agressive dont les membres de la PNH les ont obligés à quitter les installations et ont manifesté leur intention de démissionner en réponse à cet "outrage".*

Organisation de la PNH.

Inspirée de la police nationale française, avec son quartier général situé à Port au Prince, la PNH est ainsi composée.

Au niveau national, elle est subdivisée en :
- **DGPNH** : Direction Générale de la Police Nationale d'Haïti
- **IGPNH** : Inspection Générale de la Police Nationale d'Haïti
- **DRG** : Direction des Renseignements Généraux
- **CAB** : Cabinet Du directeur Général de la Police Nationale d'Haïti
- **DD** : Direction du Développement ou Commissariat au Plan
- **DCASG** : Direction Centrale de l'Administration et des Services Généraux

205

- **DCPA** : Direction Générale de la Police Administrative
- **DCPJ** : Direction Générale de la Police Judiciaire

Les suivants sont les structures décentralisées des dix départements géographiques du pays :
- **DDO** : Direction Département de l'Ouest
- **DDA** : Direction Département de l'Artibonite
- **DDNE** : Direction Département du Nord-Est
- **DDN** : Direction Département du Nord
- **DDSE** : Direction Département du Sud-Est
- **DDNO** : Direction Département du Nord-Ouest
- **DDC** : Direction Département du Centre
- **DDGA** : Direction Département de la Grand-Anse
- **DDS** : Direction Département du Sud
- **DDnippes** : Direction Département des Nippes

Direction générale de la police :

La Direction générale de la Police nationale, organe central de commandement de la Police nationale, est une institution déconcentrée du Ministère de la Justice siégeant à la capitale. Elle est placée sous l'autorité d'un directeur général, occupant la fonction de Commandant en chef de la police, nommé par le Président de la République conformément à la Constitution. (Article 21)

Le Directeur général de la Police nationale, secrétaire exécutif du CSPN, est choisi parmi les directeurs centraux ou les commissaires divisionnaires et nommé, conformément à la Constitution, pour un mandat de trois ans renouvelable. (Article 22)

À cet effet, les premiers déploiements de la PNH ont été opérés sous les commandements du premier Directeur

206

général, Maître Adrien Rameau (mai 1995). Lors de sa démission à la fin de l'année 1995, le Dr Fourel Célestin, un ancien Colonel des FAd'H et proche du Président Aristide, a été nommé pour le remplacer. Cependant, en dépit d'une majorité de députés et de sénateurs dans les deux chambres, les parlementaires étaient opposés à sa nomination. *"Il faut signaler que le Parlement a montré ses réserves à l'encontre des anciens membres des FAd'H en contestant, en avril 1996, le principe de sélectionner des officiers ayant appartenu à l'armée pour remplir des fonctions de cadre dans la police"*.

Beaucoup de ceux qui ont dirigé la PNH étaient des hommes soumis à la cause du Président de la République. Ce qui explique que, pour mettre quelqu'un de confiance à la tête de la PNH, le choix des directeurs généraux par le président en fonction, dans bien des cas, violait la lettre et l'esprit de la promotion au sein de cette institution. Pour le poste de DG, généralement, le chef de l'État soumettait *"à l'administration d'une suite de directeurs généraux qui sont des civils sans formation ni expérience policière et qui, de plus, représentent en fait une mainmise des occupants du palais national sur l'institution policière"*.

Dès sa création en 1995 á 2015 se suivent comme directeurs de la PNH, Adrien Rameau, Fourel Celestin, Pierre Denizé, Jean Nesly Lucien, Jean Robert Faveur, Me. Jocelyne Pierre, Jean Claude Jean Baptiste, Léon Charles, Mario Andresol et Godson Orelus.

L'article 22 explique comment choisir un directeur général de la police. Ainsi, pour rester dans le cadre d'un semblant de légalité, sous l'administration du Président René Préval en 1996, M. Pierre Denizé, qui n'était pas membre à aucun poste de la PNH, était, dans un premier temps, devenu commissaire divisionnaire du département du Sud-Est et, le lendemain, Directeur général de la PNH. Comme la cérémonie d'investiture devait avoir lieu le jour suivant, il était retourné à Port-au-Prince par le même hélicoptère qui l'avait transporté à Jacmel pour se faire ratifier devant les Parlementaires de la 46ème Législature, le 5 mars 1996.

Connu sous le nom de L'IGPN, l'Inspection Générale de la Police Nationale est l'entité à compétence nationale chargée du bon fonctionnement de l'institution policière, du contrôle des directions et des services de la direction.

Inspection générale

On a tendance à présenter l'inspecteur général comme étant le numéro deux de la police, alors que le vrai rôle de l'inspection est d'enquêter sur tout ce qui se fait ou se passe au sein de l'institution policière. Le rôle de l'inspecteur *''C'est une police dans la police''* selon les articles 37-38 et 39 de la loi du 29 novembre 1994 portant création, organisation et fonctionnement de la Police Nationale. *"L'Inspecteur Général a pour mission de contrôler, d'enquêter et de conseiller le Directeur Général de la Police et le Ministre de la Justice sur l'État général de la Police Nationale, son efficience, ses rapports avec la population, les atteintes aux droits humains. »*

Direction Départementale

Quant à la direction départementale, elle ne participe jamais dans des opérations de police, tandis que selon les articles 47, 48 et 49, la fonction du Directeur Départemental est d'élaborer le plan de sécurité de sa juridiction, de diriger les opérations de police et de contrôler le travail de tous les commissariats de sa juridiction.

La Police Nationale d'Haïti et la démocratie

Depuis la création de l'institution militaire par les Américains au moment où ils quittaient le pays après dix-neuf ans d'occupation (1915-1934), il a toujours existé une force policière en Haïti. Comme elle a toujours été une force répressive avec des hommes de formation militaire, ainsi, la nouvelle réalité politique du pays, après le retour du Président Aristide en 1994, nécessitait une autre institution policière pouvant assister Haïti dans le processus démocratique. Mais, avec de faibles institutions sans grandes structures ni expérience démocratique, avoir une police démocratiquement efficace au service de la société n'était pas chose facile.

En outre, comment parler de police et de démocratie, alors que ces deux termes ne sont pas identiques, quoique dépendant l'un de l'autre. Ils sont inséparables parce que la garantie d'une démocratie durable passe inévitablement par l'utilisation de la force publique. *"La Police nationale est instituée en auxiliaire des pouvoirs publics en vue de maintenir l'ordre en général et de prêter force à l'exécution de la loi et des règlements"*(Article 7). Dans ce cas de figure, ne faudrait-il pas tenir compte de l'expérience culturelle et politique du pays, pour savoir si une force de police peut être démocratique en Haïti ? "*La problématique fonction de la police en démocratie; la relation avec l'État; les facteurs d'influence de la police. La relation entre la police et le citoyen dans une société démocratique, est foncièrement problématique. Tout semble simple quand on considère que la police protège les bons citoyens des brigands. Seulement, ceci ne correspond ni à la réalité sociale, ni à la réalité légale, ni à la réalité policière. En fait, le citoyen veut « être protégé » mais c'est contre d'autres citoyens qu'il doit être protégé. Cette question peut être soulevée de plusieurs points de vue: éthique, politique et juridique"*.

Selon le Docteur Frantz TOYO dans les colonnes du *Nouvelliste*, en date du 13 avril 2011 : « *la mise en œuvre d'une véritable société démocratique est la seule alternative crédible à une société oligarchique, dominée par la violence, l'injustice et le développement des inégalités, de l'exclusion et de la misère. La promotion de la réforme judiciaire et de la professionnalisation de la PNH sont autant de niches où la démocratie peut progresser à partir de l'intérêt immédiat de chacun, enfin pris en compte, de la compréhension des enjeux et de la crédibilité des responsables.*

Mis à part tout ce que l'on pouvait penser, avant le déploiement de la PNH sur le terrain, ils étaient nombreux, ceux-là qui plaçaient une certaine confiance dans cette nouvelle force. Surtout parce qu'elle avait pris naissance dans un contexte vraiment différent de la réalité traditionnelle de la politique haïtienne. Cependant, la manipulation de cette force par des hommes forts politiquement, ainsi que les erreurs quotidiennes commises par des policiers sur le terrain, ont totalement diminué cette confiance, alors que cette dernière était indispensable au bon fonctionnement de cette institution nouvellement créée. "*En outre, le manque de modèles et de commandement effectif a aussi posé des problèmes de conseils, de contrôle et de discipline. La délicate mission de la PNH était de maintenir l'ordre public. Mais à quoi sert la police si elle ne peut pas parvenir à inspirer confiance à une population qu'elle est censée protéger et servir ?* »

Obstacles à la nouvelle force de police

Comme tant d'autres institutions étatiques du pays, la police nationale fut, elle aussi et dès sa création, victime de toutes les crises qui affectaient les autres corps de l'État. Dès son déploiement en 1995 jusquà nos jours, la Police Nationale d'Haïti connut toutes sortes de crises. Quand ce n'était pas une crise d'identité, c'était des problèmes d'affectations de moyens, de gestion archaïque des personnels, de carrières, de recrudescence de la violence et de mutation. *"L'intégration d'anciens membres des FAd'H dans la PNH ainsi que des tensions internes ne sont que deux des problèmes auxquels la nouvelle force de police fait face et que la nouvelle équipe dirigeante s'est attelée à résoudre. En effet, de nombreuses contraintes opérationnelles et matérielles ont empêché la PNH de remplir complètement son rôle dès le premier déploiement en juin 1995 ".*

Tout en analysant la force publique de sécurité et la crise haïtienne en général, ils étaient nombreux, ceux qui ont posé cette question, à savoir : la PNH n'est-elle pas à l'image de la société dont elle fait partie ? Les conflits sociopolitiques qui ont marqué la fin des années 1990, spécialement après le démantèlement des forces armées, ont révélé cette carence au grand jour, tout en donnant raison à ceux qui étaient pessimistes quant à la possibilité à la nouvelle force de police de garantir efficacement la sécurité de la population. L'instabilité politique provoquée par des crises sociales et économiques qui, malheureusement, ont évolué en une crise structurelle qui, en quelque sorte, a miné l'institution policière. Comme les crises d'intérêts divergents et de conflits sociaux que connaît le pays avaient de sérieuses conséquences conjoncturelles et structurelles sur les institutions étatiques, elles s'étaient, par la suite, répercutées sur tous les échelons de la police nationale.

Les crises électorales de mai et de novembre 2000 qui ont entraîné la grande crise politique de trois ans, amenant le départ du Président Aristide en février 2004, avaient, elles aussi, des impacts négatifs sur l'institution policière. Selon Alexandra Guillet : ' *'Depuis 1995, Haïti n'a plus d'armée. Et depuis le soulèvement de la fin février, qui a conduit au départ de l'ancien Président Jean-Bertrand Aristide, le pays ne*

211

compte plus que 2500 policiers... pour 8 millions d'habitants.
Problème: "Cette police est insuffisante et très hétérogène,
explique le général Henri Clément-Bollée, commandant des
forces armées aux Antilles et désigné pour commander le volet
français de l'intervention en Haïti. Elle est composée d'ex-
policiers d'Aristide, de gens qui ont un uniforme mais aucune
formation, d'autres ont été nommés par Aristide parmi les
'Chimères', ses milices, juste avant son départ"

L'auteur poursuit dans ce même article : ' *'Mais l'instauration*
d'une paix durable en Haïti passe aussi par le désarmement
des rebelles. Car déposer les armes ne veut pas dire les
rendre. On estime à plusieurs millions le nombre d'armes en
circulation en Haïti. Les opérations de désarmements ont
commencé, mais de manière très limitée, explique le général
Clément-Bollée. Cette opération est une opération de très
longue haleine. Aristide a surarmé les 'Chimères' et, qu'on le
veuille ou non, les gens conserveront des armes de poing
pour assurer leur propre protection. Ce qu'il faut obtenir,
c'est que les armes cessent de circuler en ville et dans les
campagnes. Il faudra pour cela que la force de stabilisation
prenne le relais".

La nécessité d'une réforme au sein de l'institution policière
avait suscité un large consensus au sein de la société civile
et de la population en général. Pour que cette institution soit
viable, la question revient à parvenir à réformer le système
quand le pays est en perpetuelle crise.

Nécessité d'une réforme au sein de la PNH

Créée après le retour à l'ordre constitutionnel en octobre
1994, comme beaucoup d'autres institutions étatiques du
pays, la police nationale a hérité des problèmes structurels et
conjoncturels. Face à la crise d'instabilité politique continue,
la question de la réforme de la police mérite d'autant plus

d'être comprise avec beaucoup plus de rationalité et d'élaboration. C'était dans ce contexte, contrairement à toute autre forme de pensée et d'examen, que se situe l'analyse du docteur Toyo. *"Techniquement, on ne peut pas penser à faire une réforme judiciaire sans d'abord procéder à une vraie réforme de la professionnalisation de la PNH ainsi que celle de la Faculté de Droit et fournir les moyens nécessaires à l'Ecole de la magistrature haïtienne pour pouvoir atteindre l'objectif fixé. Sans une bonne enquête de la police, sans le professionnalisme des enquêteurs, il ne peut pas y avoir un procès pénal équitable, car la décision du juge sera entachée de vices de formes. La police n'est pas autorisée à juger un citoyen, elle opère pour la justice; elle travaille pour mettre les hors-la-loi à la disposition de la justice. Seul le magistrat est doté de l'autorité de rendre une décision de justice"*.

Plus d'un, lors de ces préoccupations et examen de cette institution policière, aurait demandé : pourquoi une réforme en profondeur au sein de la Police Nationale d'Haïti ? D'autres vous diront : *"pour quoi faire sinon pour améliorer la sécurité générale, au meilleur coût et dans le respect des principes d'une société démocratique ? S'il est nécessaire de fixer clairement les objectifs, il est indispensable de définir les mesures pour y parvenir, y consacrer les moyens humains, matériels et financiers dans une politique d'ensemble cohérente et d'en assurer la mise en œuvre avec une volonté continue"*.

Parmi les facteurs qui semblent impulser ces réformes figurent plus précisément: la volonté des nouveaux dirigeants de professionnaliser l'institution, la reconquête de son prestige aux yeux de la population, la demande des citoyens pour plus de sécurité tout comme l'intérêt de l'ONU et de certains gouvernements occidentaux dont les États-Unis, et le Canada en ce qui a trait à endiguer le trafic de stupéfiants et les flux migratoires sur les rives de la Floride".

Par contre, d'autres facteurs entravent la mise en œuvre de cette réforme. D'abord, le pays a toujours connu une tradition de force de son indépendance en 1804 à la création de la PNH en 1995, historiquement marquée par des régimes militaires, civilo-militaires ou civils appuyés par des forces paramilitaires. Ensuite, la remontée de la violence sociopolitique dans le pays sous le gouvernement de transition de Boniface-Latortue entre 2004 et 2006 imposait de lourdes charges sur une PNH qui parallèlement tentait d'entamer sa réforme. Le soutien de la population civile à la PNH se trouvait également largement érodé dû à la participation de certains membres dans le trafic de stupéfiants et des violations de droits humains face aux assauts politiques répétés et soutenus des 5 opposants au pouvoir d'Aristide. Finalement, la confusion et la coordination tardive de l'appui des intervenants internationaux d'une part, et, d'autre part, le fait que les institutions judiciaires manquant d'autonomie par rapport au pouvoir exécutif se trouvent trop souvent entravées par des considérations non légales dans leur fonctionnement sont des facteurs supplémentaires entravant la réforme de la PNH.

Cette dépendance nuit aux bonnes pratiques du droit, tout en rendant inopérante l'articulation police/justice qui se transforme alors en source de conflits inter institutionnels. À tout cela, il faudrait ajouter que la situation économique du pays s'est dégradée. Son PIB qui montrait en 1993 un taux de - 5.4% a chuté à -11.9% en 1994. Sa relance en 1995 à 9.9% a décliné rapidement jusqu'à 0.9% en 2000.

Depuis 2001, il n'a fait qu'accuser des taux très bas et négatifs (excepté en 2003) jusqu'à 3.8% en 2004.

En surplus de sa légitimité électorale précaire, le Président Aristide a utilisé au cours de son deuxième mandat21 des chefs de bandes armées – des chimères – pour défendre son régime et faire taire ses opposants. Certains anciens membres des FAD'H, exclus lors de précédents processus d'épuration avaient même réintégré les rangs de la Police Nationale durant cette période. L'efficacité et la crédibilité de l'institution étaient sérieusement compromises par de nombreuses allégations d'implications de policiers dans les enlèvements, le racket, le trafic de drogue et le vol. La brutalité policière a pu s'exercer en toute impunité.

L'institution voyait son début de professionnalisme sapé par un système de promotion axé sur la loyauté politique. Plusieurs hauts responsables la quittaient, de gré ou de force, pour être remplacés par d'autres sur la base de leur allégeance politique au pouvoir en place en dépit des procédures et des règlements internes concernant les promotions. La police perdait ainsi sa réputation et suscitait même la méfiance de la population envers elle.

(Isabelle Fortin et Yves-François Pierre)

Les discours démagogiques centrés autour des intérêts personnels véhiculés depuis près de vingt ans par les dirigeants politiques haïtiens ont conduit à cette fragilisation rélative de l'institution policière. ' *Ajouté à cela, la manque de carrière assoit sur la compétence et l'expérience des policiers, désormais incapable d'inspirer confiance et obligée de surenchérir dans la répression pour se faire respecter. Les années récentes ont ainsi été marquées par une évolution paradoxale dans la manière de percevoir leur travail par les policiers : ils se présentent de plus en plus comme les victimes de l'insécurité, réclamant protection et soutien à leurs autorités de tutelle, alors même qu'ils ont en charge le maintien de l'ordre public. Ce renversement de perspective a des conséquences évidentes sur la conception qu'ils ont de leur métier et sur leur identité socioprofessionnelle, notamment lorsqu'ils estiment être insuffisamment soutenus, par la justice et les magistrats, dans l'exercice de leurs fonctions''*

La communauté internationale et la PNH

Comme d'autres institutions du pays, et ceci depuis sa création, la PNH a bénéficié de grand soutien de la communauté internationale et pendant les dernières années de la MINUSTAH. En effet, la résolution 1743 du Conseil de Sécurité adoptée le 15 février 2007 donne mandat à ' *'tous les États membres, en coordination avec la MINUSTAH, à collaborer avec le gouvernement haïtien pour l'agrément de tous les fonctionnaires de police ainsi que le renforcement des capacités institutionnelles. Le soutien de la MINUSTAH à la PNH s'effectue à travers la Police des Nations Unies (UNPol) et se manifeste notamment par l'encadrement des policiers haïtiens sur le terrain ainsi que la formation des aspirants policiers. Vers une formation de qualité depuis son arrivée en Haïti, la MINUSTAH a participé à la formation de plusieurs promotions de policiers qui sont déjà déployés à travers le pays''.*

216

Chapitre 11
Le premier gouvernement de René Preval

> Ce qui est essentiel dans l'idée d'un régime
> démocratique, c'est d'abord la légalité: régime où il y
> a des lois et où le pouvoir n'est pas arbitraire et sans
> limites. Les régimes démocratiques sont ceux qui ont
> un minimum de respect pour les personnes et ne
> considèrent pas les individus uniquement comme des
> moyens de production ou des objets de propagande.
>
> RAYMOND ARON

René Préval, Premier ministre de février à septembre 1991, a été officiellement soutenu comme candidat aux présidentielles de décembre 1995 par le Président sortant, Jean-Bertrand Aristide. Ce soutien lui a permis, dès le premier tour, de gagner le scrutin. En dépit d'une très faible participation, due à l'abstention souhaitée tant par des partis politiques de l'opposition que par certains supporters du mouvement Lavalas, qui voulaient voir Aristide rester en fonctions pour rattraper les trois ans passés en exil, la passation de pouvoirs entre Aristide et Préval s'effectua dans le calme. Ce qui, dans une certaine mesure, donnait lieu à une continuité non seulement du processus démocratique, mais aussi du mouvement Lavalas. Comme disait un duvaliériste après la mort du docteur François Duvalier en 1971, lorsque son jeune fils Jean-Claude l'avait remplacé du pouvoir, ''*apre nou se nou/ après nous c'est encore nous*''. Contrairement à la passation de pouvoir entre les Duvalier père et fils, celle d'Aristide à Préval fut différente. Le contexte n'était pas le même, puisque c'était suite à des élections que cette passation avait été effectuée. Pourtant, les lavalassiens se réjouissaient du fait que le pouvoir restait entre les deux ''frères jumeaux''. Donc, ce 7 février 1996, les lavalassiens, même ceux qui s'opposaient aux élections, étaient sortis dans les rues pour jubiler et chanter ce refrain ' *'ti pas kout/passation de pouvoir entre nous*" Mais, au-delà de toute passion et émotion que puisse charrier cette passation de pouvoir, le défi qui attendait le nouveau Président était beaucoup plus grave qu'une simple affaire de clan entre les lavalassiens ou les deux frères jumeaux.

L'investiture de René Préval en tant que Président le 7 février 1996, marquait la première passation de pouvoir post-Duvalier entre deux présidents démocratiquement élus. À son investi-ture, tous les yeux étaient braqués sur son gouvernement, du fait que cette passation historique de pouvoir entre les deux chefs d'État s'était déroulée sans incidents. Mais l'aspect le plus important de l'affaire était surtout l'attente du changement des conditions de vie chez les masses défavorisées. Compte tenu du maigre résultat du gouvernement sortant d'Aristide, qui, malheureusement, n'avait pas pu s'acquitter des promesses faites lors des campagnes électorales, il convenait, pour assurer la continuité, que Préval réussît là où son frère jumeau avait échoué.

Cependant, le régime de Préval allait mal commencer, non seulement du fait des profondes divisions internes, qui mèneraient à la création par Aristide de son propre parti, *Fanmi Lavalas*, mais aussi à cause du boycottage des partis politiques de l'opposition, qui n'avaient pas participé aux élections. Avant même la création par Aristide de *Fanmi Lavalas*, une division existait déjà entre des gens qui soutenaient le grand mouvement politique de décembre 1990 et une tendance aristidienne elle-même. En vérité, ils s'entredéchiraient verbalement. Cette division se vérifiait entre ceux qui s'identifiaient à des lavalassiens authentiques et d'autres qui se disaient aristidiens. Les lavalassiens croyaient aux idéologies et aux tendances larges que charriait l'avènement du 16 décembre 1990, alors que les aristidiens, au sein même du mouvement Lavalas, ont aveuglement placé leur confiance dans le prêtre Président.

Entre-temps, pour former son gouvernement comme le voulait la constitution de 1987, le chef de l'exécutif faisait choix de l'agronome Rony Smart comme son Premier ministre. *"Rony Smarth, un économiste spécialiste des questions agricoles, a été choisi comme Premier Ministre par le Président haïtien René Préval. Dirigeant de l'Organisation politique Lavalas (OPL) qui détient la majorité des sièges au Parlement, Rony Smarth, âgé de 55 ans, a étudié au Chili avant de travailler au Mexique. À son retour en Haïti, il s'est occupé du dossier de la réforme agraire. Homme de consensus, il devra mettre en œuvre le programme énoncé le 7 février par le Président Préval, dont les deux priorités sont la relance de la production et le rétablissement de l'autorité de l'État"*

Au-delà de tout ce qu'on pouvait espérer de cette nouvelle équipe, il était évident que l'administration Préval/Smart avait hérité des dossiers épineux, comme celui des militaires démobilisés, de la privatisation et d'une nouvelle force de police sans grande expérience. Ajoutés à ceux-là, une économie moribonde paralysée par les trois ans d'embargo dû au coup d'État de 1991. La misère, l'exode rural, le problème de l'éducation, l'insécurité, la chèreté de la vie et le chômage étaient les grands défis qui attendaient le Premier ministre Rony Smart et son équipe.

Parvenir à la réalisation de son programme politique dépendait du choix économique que devrait faire la nouvelle administration, en termes de rapport avec les bailleurs internationaux. Initialement, le gouvernement avait opté pour le plan néolibéral. Même avec une majorité dans les deux chambres, la bataille ne fut pas facile pour le Premier ministre Rony Smart et son équipe. À l'intérieur même de la 46ème Législature qui, apparemment, venait d'une appartenance politique quasi-semblable, puisque l'OPL était majoritaire dans les deux chambres, le conflit était grandement ouvert entre ceux qui soutenaient le plan néolibéral et ceux qui s'y opposaient.

D'un autre côté, manipulés par une certaine tendance forte sur le terrain, des manifestants sortaient dans les rues presque chaque jour pour montrer leur opposition au processus de privatisation de certaines institutions publiques. *"Le gouvernement Préval-Smart prolongea la mission de la force des Nations-Unies, et entama des négociations avec la BID et du FMI qui préconisèrent une économie austère et la privatisation de certains organismes d'État, conditions au déblocage de l'aide économique gelée depuis octobre 1995. Un tollé s'ensuivit, Aristide dont le poids politique pesait lourd, se prononça contre la privatisation, d'autres secteurs, proches de sa coalition, emboîtèrent le pas. Préval tenta d'assurer les opposants à la privatisation en faisant miroiter devant leurs yeux le modèle de la Bolivie"*

Faire obstacle aux groupes très forts d'opposants n'était pas chose facile pour les nouveaux dirigeants, du fait qu'ils devaient chaque jour faire face à un groupe de manifestants ayant pris goût à défiler dans les rues. Ils sortaient non seulement pour revendiquer leurs droits, mais ils manifestaient également à des fins personnelles. Quand ce n'était pas dans les rues ou au Parlement, les ennemis de la privatisation des entreprises d'Étas s'exprimaient dans les médias, avec leur pouvoir économique et leur force de persuasion, pour faire passer leurs révendications contre le processus déjà enclenché par l'équipe au pouvoir. Face à toutes ces pressions politiques venant des manipulations d'un quelconque secteur, le Premier ministre Smart, démissionna finalement de son poste.

Provisoirement néanmoins, M. Smart resta en place pour gérer les affaires courantes de l'État, en attendant l'arrivée d'un nouveau locataire à la Primature. Mais, influencés dans une certaine mesure par l'exécutif, puis par d'autres secteurs qui tiraient sur la corde, les parlementaires de la 46ème Législature réfusèrent tour à tour de ratifier les Premiers ministres désignés : Hervé Denis et Erick Pierre. Entre-temps, la nation payait le prix de l'incurie des leaders irresponsables qui ne se souciaient pas des affaires de l'État et faisaient tout juste leurs apprentissages démocratiques. Le pays, pendant des mois, resta sans chef de gouvernement. *"La gestion de ce dossier consuma toutes les énergies du gouvernement, conduisit en partie au départ, le 9 juin 1997, du Premier Ministre Rony Smart, et prolongea le pays dans une crise politique, avec l'absence d'un chef de gouvernement pendant près de vingt et un mois"*.

Pendant ce temps, les élections qu'on devait organiser pour le renouvellement d'un groupe de parlementaires n'avaient pu avoir lieu à temps. En attendant l'arrivée de nouveaux élus, pour pallier le retard de cette alternance démocratique, les parlementaires dont les mandats étaient arrivés à terme voulaient encore rester au pouvoir. Allaient-ils conserver leurs postes jusqu'aux prochaines élections ? Quel serait l'avenir de ces parlementaires après le deuxième lundi de janvier ? Telles étaient les principales questions des médias, de la société civile et de la classe politique.

Le week-end qui précédait l'intervention du Président au Parlement, comme prescrit par la constitution de 1987, des rumeurs de toutes sortes couraient autour de ce qui pouvait se passer au Parlement. Ainsi, le deuxième lundi (11) de janvier 1999, le Président Préval renvoya les parlementaires dont les mandats étaient arrivés à expiration. Ainsi, avec un Parlement paralysé, l'une des préoccupations du Président Préval et leurs amis de l'international était de sortir le pays de l'impasse ''sans chef de gouvernement'' Face à cette crise dans la crise, seul un compromis entre la classe politique et Préval pouvait y aider.

Le choix du Premier ministre Alexis

Après la décision de mettre fin au mandat de tous les députés et d'un groupe de sénateurs au Parlement le 11 janvier, Président Préval dirigea le pays sans aucune structure parlementaire capable de contrebalancer le pouvoir exécutif. Dès lors, il commença à gouverner par décret. Donc, le Président fut décrié tant par la classe politique de l'opposition que par une frange de la communauté internationale. Si, auparavant, il n'était pas facile pour l'exécutif et le Parlement de trouver un compromis dans le cadre de la ratification d'un Premier ministre pouvant remplacer Rony Smart, il était devenu impossible de le faire sans chambre de députés et seulement quelques sénateurs restants. Donc, pour y parvenir, le choix d'un chef de gouvernement devait sortir d'un consensus politique.

Effectivement, en mars 1999, de concert avec les partis politiques de l'opposition et la bénédiction de certaines ambassades à Port-au-Prince, l'exécutif a pu finalement faire choix d'un nouveau chef de gouvernement, en la personne de Jacques Edouard Alexis, pour remplacer M. Smart, démissionnaire depuis bien des mois. Contrairement à M. Hervé Denis et à M. Erick Pierre, deux Premiers ministres tantôt désignés par Président René Préal, M. Alexis n'avait pas besoin d'une quelconque ratification dans les deux chambres, puisque, privé d'une Chambre des Députés et avec juste quelques sénateurs demeurés à la Chambre haute, le Parlement était disfonctionnel.

Arrivés au pouvoir dans un contexte aussi difficile, M. Alexis et son équipe avaient la lourde responsabilité d'organiser des élections crédibles pour le renouvellement des élus dont les mandats étaient arrivés à expiration. Pour y parvenir, étant un gouvernement de consensus, le Premier ministre Alexis misait beaucoup sur le soutien du Président

Préval, de la classe politique de l'opposition et de la communauté internationale. Mais une chose échappait au chef de la Villa d'Accueil : si, en apparence ou constitutionnellement, le pouvoir exécutif se situait au Palais National du Champ de Mars, en réalité, le vrai pouvoir était ailleurs. Le pouvoir absolu qui corrompt et décide de tout qui se passait en Haïti se trouvait à Tabarre, la résidence de l'ancien chef d'État Jean-Bertrand d'Aristide. Donc, comment organiser des élections crédibles en Haïti alors qu'il était si difficile et même impossible de le faire sans avoir été influencé du chef de *Fanmi Lavalas*, parti si fraîchement créé par l'ancien prêtre Président ?

Création du parti politique : *Fanmi Lavalas*

Comme les militaires après 1986, le Président Aristide avait pris goût au pouvoir politique. Donc, après avoir passé le pouvoir exécutif en 1996 à son frère jumeau Préval, il était déjà prêt à se représenter pour un second quinquennat. Comme la constitution l'empêchait de briguer consécutivement deux mandats, il fut dans l'obligation d'organiser les élections générales de décembre 1995 et de faire la passation du pouvoir à son successeur. Ce n'était pas sans raison que ses sympathisants étaient contre les élections présidentielles de décembre 1995 pour réclamer les trois ans que le Président avait passés en exil à Washington, afin de démontrer leur attachement à la présidence. S'il ne pouvait pas, du fait des pressions de la communauté internationale, particulièrement des États-Unis, rester au pouvoir pour récupérer ces trois ans, il annonçait déjà son retour lors de son dernier discours de passation de pouvoir à son frère jumeau. ''*Na we an 2001 (On se verra en 2001)*.'', date à laquelle devait entrer en fonction le successeur de Préval.

Puisqu'il ne pouvait pas se présenter à nouveau comme candidat à la présidence sous les bannières du FNCD (Front

National pour le Changement et la Démocratie ou de l'OPL (Organisation du Peuple en Lutte), il lui fallait sa propre machine politique. Revenir au pouvoir en 2001 sous-entendait disposer d'une structure politique en place pouvant lui permettre non seulement de briguer la présidence, mais aussi une majorité au Parlement. Ainsi, ' *'Le 3 novembre 1996, le Président Aristide a porté sur les fonds baptismaux, à Jacmel, une nouvelle organisation politique après plusieurs séances de travail avec une nouvelle équipe ayant émergé à la faveur du schisme consommé entre la nébuleuse Lavalas et l'OPL, l'Organisation du Peuple en Lutte. Ils étaient plus de trois mille à signer l'acte de naissance de ce nouveau parti. Aristide, bien moulé dans la pratique politique et fort des expériences acquises en exil, posait les jalons susceptibles de lui permettre de reconquérir le pouvoir, certainement sur d'autres bases, avec une nouvelle catégorie de politiciens. Si certains, non encore corrompus mais naïfs, ont gagné les rangs pour servir véritablement la cause du changement, d'autres, par contre, beaucoup plus fanatiques sont déjà rongés par l'acide de la corruption..* ' '[93]*

Le nouveau parti était composé des hommes loyaux du prêtre. Historiquement, Haïti n'a pas l'expérience des grands partis politiques. Faute de grands moyens économiques et de ressources humaines disponibles, il est toujours difficile pour un parti de s'implanter et d'imposer une idéologie, voire un programme national. Ce qui explique que l'histoire des élections en Haïti a toujours été canalisée autour d'un leader charismatique capable de mobiliser toute une population autour de ses discours creux. Au lieu d'investir dans le long terme d'un parti politique avec une vision et un programme de développement pour le pays, le politicien traditionnel haïtien attend toujours le dernier moment pour

[93] Dr. Pierre Sonoson Prince. *Haïti : L'État de choc.* Imprimerie H. Deschamps, Port-au-Prince, Haïti, pp.106.

se rallier à un courant ou une plateforme capable de gagner les élections.

En Haïti, le politicien traditionnel ou membre de la société civile joue toujours la carte de la communauté internationale pour gagner les élections. Pour bluffer, s'il ne vous dit pas qu'il est envoyé par Dieu, dans des conversations publiques, il laissait volontairement glisser des phrases pour vous dire qu'il avait été à Washington ou qu'il était l'homme de la communauté internationale. Donc, comme tant d'autres partis politiques sur le terrain, *Fanmi Lavalas* conservait en son sein la présence d'un petit groupe d'opportunistes prêts à tout pour avoir la bénédiction d'Aristide et, du même coup, arriver au pouvoir et jouir des privilèges qui en découlent.

Entre-temps, le gouvernement Préval/Alexis, à travers un Conseil Electoral Provisoire (CEP), mettait en place les structures pour des élections législatives et présidentielles. Mais comment organiser des élections quand l'escalade de la violence continuait et faisait peur à plus d'un ? *''Période au cours de laquelle plusieurs assassinats notoires avaient été enregistrés notamment ceux du Sénateur de l'OPL Yvon Toussaint, du journaliste Jean Dominique, directeur de Radio Haïti Inter, et du prêtre catholique engagé Jean Pierre-Louis dit "Pè Tijan"* (Kiskeya, 23 décembre 2005).

Mis à part de ces assassinats spectaculaires, l'héritage difficile des années de conflit internes entre les branches du pouvoir de l'État, avec ou sans l'opposition, risquait de peser lourd sur les élections de mai et de novembre 2000.

Élections législatives de mai 2000

Après presque deux ans d'instabilité politique, troublés surtout par la démission du Premier ministre Rony Smarth et un Parlement paralyé par l'absence des députés de la

Chambre basse et les deux-tiers du Sénat, le Conseil Electoral Provisoire (CEP) et l'administration Préval/d'Alexis ont annoncé la tenue des élections législatives pour le 21 mai 2000. À l'occasion de ce scrutin, le peuple devait élire 19 sénateurs, 82 députés, 133 conseils municipaux et 564 conseils d'administration de sections communales (CASEC). Entre-temps, comme une vague de violence menaçait le déroulement du scrutin, il était impossible pour les candidats d'organiser des rencontres publiques. Ainsi, avec la persistance du climat de terreur, les partis politiques de l'opposition qui, déjà, réfusaient de participer au processus devant conduire à l'élection législative de mai 2000, trouvaient là l'occation de ne plus continuer.

Fanmi Lavalas et les élections de mai 2000

Contrairement aux dernières élections où les électeurs montraient un certain désintérêt, lors du scrutin du 21 mai 2000, l'électorat avait fait montre d'une plus grande sollicitude. Ce qui conduisait non seulement à l'enregistrement d'une forte participation des électeurs au processus, mais aussi à voter le jour du scrutin. On a donc fait la queue devant les bureaux de vote. Cependant, en dépit de la présence de centains observateurs internationaux, dépêchés sur place par l'Organisation des États américains (OEA) et le déroulement dans le calme du scrutin, des leaders politiques de l'opposition ont dénoncé la teneur des élections. Ils ont du même coup émis des réserves compte tenu de multiples problèmes logistiques comme, par exemple, l'absence de personnel, de matériel, d'isoloirs, etc.

Par la suite, les observateurs de l'organisation régionale devaient dénoncer les méthodes utilisées pour le dépouille-ment des votes et l'attribution des sièges lors du premier tour. *"Cette affluence du public aux urnes n'a pas été la même lors du deuxième tour, tenu le 9 juillet 2000, les bureaux de vote étant restés presque vides. Ce deuxième tour, qui a été organisé uniquement en province, pour le renouvellement de 46 des 82 sièges de la Chambre des Députés, a été boycotté par l'opposition qui s'est retirée après avoir dénoncé des fraudès lors du premier tour".*

Décriées par les leaders de l'opposition et de la communauté internationale, les élections du 21 mai 2000 laissaient planner la possibilité d'une crise à l'horizon. Comment s'en sorti ? Devrait-on recommencer tout le processus, à savoir organiser des élections générales à la date prévue pour les présidentielles de fin d'année ? Ou, en dépit des menaces tant nationales qu'internationales qui planaient sur le pays et les nouveaux dirigeants, publier tout de même les résultats ? Ensuite, comme c'était toujours le cas, on ferait face au boycott de la classe politique et à l'isolement de l'international.

Quel que soit le cas de figure à adopter, il fallait, dans un premier temps, une note officielle des autorités électorales pour avaliser ou non les résultats. Comme ces résultats dépendaient des tractations et menaces venant du Palais National et de l'homme fort de Tabarre, l'institution électorale était divisée. Division qui, par la suite, devait forcer le responsable électoral, Me. Léon Manus, à s'exiler aux États-Unis. *"Le Président du CEP, Mr. Léon Manus, qui a refusé d'avaliser les résultats définitifs en raison des irrégularités dans le décompte des suffrages, a dû quitter le pays sous protection de diplomates étrangers et se réfugier aux États-Unis. L'OEA a retiré ses observateurs pour le deuxième tour, jugeant que les résultats du premier avaient été manipulés en faveur du parti Famille Lavalas de l'ancien Président Jean-Bertrand Aristide.."*

Le départ forcé du pays de Me. Manus n'a pas pu empêcher pour autant la publication des résultats de ce scrutin. Sur un total de 82 sièges à la Chambre des Députés, 72 ont été raflés

227

par le parti *Fanmi Lavalas*. L'appel à l'annulation lancé par les leaders politiques de l'opposition n'a pas été écouté par les autorités de Port-au-Prince puisque, non seulement les résultats ont été officialisés, mais encore une date avait été retenue pour l'investiture des nouveaux parlementaires. Comment le processus était-il arrivé à ce carrefour ?

Fanmi Lavalas était-il capable de gagner autant de sièges au Parlement ?

Au moment où l'annonce du scrutin de mai 2000 avait été annoncée, en termes de structure, *Fanmi Lavalas* n'était pas encore sur la route d'une institution qui se voulait d'un parti politique moderne. Mais vu la popularité de l'homme de Tabarre sur le terrain, *Fanmi Lavalas* était capable de faire une grande différence aux élections législatives de mai et surtout aux présidentielles de novembre 2000, où aucun candidat potentiel ne se présentait face à Aristide. Mais en même temps, *Fanmi Lavalas* était-il capable, sans avoir fraudé, de gagner autant de sièges, et ceci à tous les niveaux, aux élections législatives de mai 2000 ? À qui profitaient, si toutefois il y en avait, les fraudes massives de ces élections ? Pour réussir son programme politique, tout pouvoir exécutif a besoin d'une majorité dans les deux chambres. Mais frauder pour obtenir une majorité au Parlement peut bien susciter des conflits d'intérêts, tant au niveau local qu'international. Surtout lorsqu'il s'agit d'un parti politique comme celui du Président Aristide, qui avait autant d'ennemis au niveau national et international.

Si effectivement il n'y avait pas de fraude, comme le faisaient croire certains grands dirigeants du parti *Fanmi Lavalas*, donc que cachaient les partis politiques de l'opposition ? Le scandale tant décrié des leaders politiques sur le terrain était-il une manœuvre pour cacher leurs impopularités sur le terrain ? Surtout au moment où, pour barrer la route au mouvement

228

Lavalas, une frange de l'international avait grandement investi dans des organisations sociales et plateformes politiques qui étaient dans l'opposition au parti d'Aristide.

Quant aux élections présidentielles de novembre 2000, elles ont été boudées par tous les partis politiques de l'opposition. Après une victoire écrasante d'Aristide face à des candidats indépendants incapables d'obtenir 10% de l'électorat comme une alternative au pouvoir Lavalas, ' *'la plupart d'entre eux se sont regroupés pour former la Convergence Démocratique et ont même nommé leur propre Président en la personne de Maitre Gérard Gourgue, qui toutefois qui n'a jamais pu accéder à la présidence..*"

L'organisation "*des élections parlementaires (21 mai 2000) dont les premiers résultats exacerbèrent la crise et engendra une situation des plus douloureuses endeuillant de nombreuses familles*" était une très mauvaise note pour le gouvernement Préal/Alexis. Comme les élections législatives de mai 2000, bien entendu remportées par le parti *Fanmi Lavalas*, ' *'étaient non seulement marquées de beaucoup d'irrégularités, mais aussi de sérieuses accusations de fraude, ceci entraînait le boycottage des élections présidentielles de novembre 2000 par les principaux partis de l'opposition. Ce qui permettait à Aristide d'obtenir 92 % des votes. L'Organisation des États américains (OEA) dénonce toutefois les irrégularités dans le processus électoral, avec pour conséquence une réduction importante de l'aide internationale vers Haïti*".

Chapitre 12
Aristide deuxième version

Le devoir de l'homme d'État n'est plus de pousser
violemment les sociétés vers un idéal qui lui paraît,
mais son rôle est celui du médecin : il prévient
l'éclosion des maladies par une bonne hygiène et,
quand elles sont déclarées, il cherche à les guérir

DURKHEIN, EMIL

Le 7 février 2001, Jean-Bertrand Aristide, leader charismatique de la classe défavorisée, prêtait serment pour un
seconde fois comme Président de la république d'Haïti. Le
peuple avait décidé de le replacer à la tête de l'État pour
réaliser sa vision politique pour le pays puisqu'il avait été
vraiment incapable, lors de son premier mandat saboté par
un coup d'État, de prouver sa capacité de gouverner. Quant
à son retour au pouvoir, deux tendances se dégageaient
autour de la capacité du prêtre à diriger Haïti. Après
analyses et évaluations des problèmes du pays, surtout le
contexte dans lequel Mr. Aristide était arrivé au pouvoir,
certains pensaient que c'était une erreur de le reconduire en
poste. Puisque, même pendant le peu de temps qu'il avait
passé au pouvoir de son premier mandat (1991-1995), le
leader Lavalas montrait déjà son incapacité à cerner et même
à comprendre les problèmes structurels et conjoncturels du
pays. Tandis que d'autres pensaient qu'il lui fallait encore
un autre mandat. Effectivement, comme il ne pouvait pas
succéder à sa propre ré-élection au scrutin de décembre
1995, le prêtre, encore populaire, devrait attendre, comme le
veut la constitution de 1987, ce moment pour prouver de
quoi il était capable.

Immédiatement après son investiture, le 7 février 2001, quelques jours plus tard, le nouveau locataire du Palais National nommait Jean Marie Cherestal chef du gouvernement. Avec une majorité absolue dans les deux chambres, le choix du Président Aristide de M. Cherestal comme Premier ministre avait été facilement ratifié le 2 mars 1991.

Peu de temps après, le chef de la Primature faisait l'objet de critiques répétées non seulement de la part de plusieurs secteurs de l'opposition, mais aussi à l'intérieur même de son propre parti, *Fanmi Lavalas*. Ainsi, dans une lettre en date du 17 janvier 2002, il soumettait sa démission au Président Aristide. *''Cette démission a été acceptée au conseil des ministres tenues quelques jours plus tard (21 Janvier). Le 4 mars, Yvon Neptune, alors Président du Sénat de la République, fut désigné pour remplacer Jean Marie Chérestal. Un arrêté présidentiel entérinant la désignation a été publiée dans le journal officiel de la République..''* Le *Moniteur*, le lendemain.

L'ancien Président du Sénat a été ratifié par le Parlement le 12 mars 2002. Cependant, dès sa ratification, ils étaient nombreux, ceux-là qui pensaient que, compte tenu de la crise que connaissait le pays, la tâche ne serait pas facile pour le nouveau chef de la Villa d'Accueil. Comment allait-il s'en sortir quand il dirige le pouvoir exécutif avec un Président dont sa présence est visible dans les moindres petits détails, se demandait plus d'un ? Mais au-delà de tout problème que puisse présenter sa cohabitation avec le chef de l'État, la grande inquietude de beaucoup analystes et experts de la politique haïtienne résidait dans sa manière de résoudre la crise née des élections législatives de mai et des présidentielles de novembre 2000. Surtout lorsqu'il devrait négocier le boycottage de son gouvernement par des hommes de la classe politique de l'opposition aussi farouche qu'obstinée et l'isolement de son équipe par une frange, très puissante, de l'international.

Contrairement à 1991, cette fois-ci, Aristide était arrivé au pouvoir dans un contexte beaucoup plus difficile que lors de son premier mandat. Il charriait avec lui les conséquences des élections controversées du 21 mai et du 26 novembre 2000. En dépit de sa large popularité et de son charisme, la classe politique et la communauté internationale se montraient peu enthousiastes, faisant même montre d'une indifférence totale à son égard. C'était ainsi que, sous l'égide de l'Organisation des États Américains (OEA), le parti *Fanmi Lavalas* et l'opposition furent amenés à négocier la crise post-électorale de mai et novembre 2000.

Lors de ces négociations, plus d'une dizaine de rencontres se sont tenues. En dépit des propagandes faites autour de ces rencontres, elles restèrent infructueuses et n'avaient pas permis aux protagonistes de vider les contentieux. Malgré l'insistance de la communauté internationale, les deux parties ne parvenaient pas à un accord. N'était-ce pas là que voulait arriver la classe politique de l'opposition et la communauté internationale, à savoir isoler et sabotter les cinq ans de mandat du gouvernement Lavalas ? Quant à Aristide lui-même, voulait-il vraiment faire le grand sacrifice pour résoudre cette crise électorale tant décriée ? Entre-temps, dans le cadre de l'insécurité et de l'instabilité politique, le 3 décembre 2001, le journaliste Brignol Lindor, menacé pour avoir invité des personnalités politiques de l'opposition dans le cadre d'une émission qu'il animait, était tué à coups de machette.

Pendant que les tergiversations entre l'opposition, *Fanmi Lavalas* et son principal leader continuaient, à la fin de l'année, particulièrement le 17 décembre 2001, les proches du parti au pouvoir dénonçaient une *"tentative de coup d'État à l'encontre de Jean-Bertrand Aristide. Cette tentative de coup d'État avorté fait huit morts. L'opposition accuse le pouvoir d'être l'auteur d'un "montage" destiné à la réduire au silence''* Les rumeurs mettaient en relief un plan machiavélique visant à attenter à la vie du Président. Encore une autre crise dans la crise ! Était-elle une façon pour le régime Lavalas de gérer les opposants au pouvoir ou était-ce un coup réellement formenté par l'opposition et les puissantes ambassades occidentales en Haïti pour renverser Aristide ?

Tandis que l'opposition était indexée, elle criait au scandale et dénonçait les manœuvres politiques du parti au pouvoir. L'Organisation des États Américains, en tant qu'arbitre des grandes crises politiques en Haïti, diligentait une enquête sur ce dossier de coup d'État du 17 décembre. *' 'Les résultats révélaient tout le contraire. Il s'agissait plutôt d'une mise en scène planifiée dans le seul but d'affaiblir l'opposition et de lui faire taire. L'OEA est appelé à trancher. Pour apaiser la tension, l'organisation régionale a adopté la fameuse résolution 806, ensuite suivra le 822. Il était clairement recommandé au gouvernement d'Haïti d'indemniser les victimes du coup manqué du 17 décembre 2001, d'arrêter et de juger les coupables de la violence et de désarmer les quelques partisans proches du régime Lavalas..' '*

L'OEA n'était-elle pas biaisée dans ses enquêtes ? Le mouvement du 17 décembre était-il vraiment, avec le soutien des puissantes ambassades occidentales dans le pays, un coup formenté contre le leader Lavalas. Si l'armée, avec tous ses engins lourds, était encore en place, l'opposition réussirait-elle son plan pour renverser Aristide ? *'Peu importe ce que pensaient les uns et les autres au moment de ce coup du 17 décembre, plus tard, les déclarations des chefs de fils de bandes armées contre Aristide prouvaient effectivement qu'il y avait la main des puissantes ambassades dans ce coup. Donc, il n'était pas question des manipulations lavalassiennes pour persécutés les opposants politiques, il était tout simplement un coup manqué ",* disait un ancien député Lavalas.

Peu importait, en effet : dans l'intervalle, le pouvoir du Champ de Mars continuait de subir des pressions de la classe politique aussi bien que des recommandations dictées par l'internationale. Quoiqu'il soit important de mentionner que Président Aristide était réticent face à certaines recommandations faites par l'international. Cependant, l'une des premières décisions prises par le parti politique du Président était de proposer la démission des sénateurs dont l'élection avait fait l'objet de contestations.

Malgré certains efforts et compromis d'Aristide pour résoudre la crise, les leaders politiques opposés à son gouvernement se ralliaient davantage pour demander sa démission. Chaque jour, ils construisaient des alliances et formaient des blocs. De là, une coalition politique avait vu le jour. Il s'agissait de la Convergence Démocratique. Tous criaient d'une seule voix et réclamaient le départ du gouvernement en place. Au fur et à mesure que le temps passait, les revendications de l'opposition prenaient forme. Avec de grands moyens économiques, les leaders de l'opposition occupaient le devant de la scène politique. La Convergence refusait toujours toute forme de négociation ; son objectif était non seulement d'isoler, mais aussi d'asphyxier politique et économiquement tous les élus issus des élections du 21 mai et 26 novembre 2000.

En commentant la crise haïtienne opposant le gouvernement d'Aristide et l'opposition, Pierre Jean Christophe citait le *Washington Post,* pour ce qui suit: *"La Convergence a été formée en tant que groupe élargi avec l'aide de l'Institut républicain international... elle comprend d'anciens sympathisants de la dictature honnie de la famille Duvalier et des officiers militaires qui ont renversé Aristide en 1991 et terrorisé la population du pays pendant 3 ans. "*. De même, l'ex-ministre haïtien des Affaires étrangères, Fritz Longchamp, dans une interview accordée au Conseil pour les Affaires hémisphériques, a déclaré que la Convergence était *"conseillée par l'organisation IRI, basée à Washington et dirigée à Port-au-Prince par un agent d'origine haïtienne, dont la famille était étroitement liée à l'ancien homme fort des militaires, le général Raoul Cedras."*

Face aux pressions locales et celles de certaines ambassades à Port-au-Prince, le Président a fustigé le comportement politique de la communauté internationale. C'est ainsi que, lors des festivités du 18 novembre 2002 commémorant le 199ème anniversaire de la bataille de Vertières, le chef de l'État a dénoncé, en la circonstance dans son discours, le comportement des grandes puissances. Selon lui, *''ces ambassades occidentales continuent, à travers leurs influences aux affaires politiques du pays, à maintenir le peuple dans la misère, la pauvreté et du même coup, à perpétuer le système esclavagiste contre Haïti''*

Comme sa cote de popularité baissait considérablement, Aristide était très décrié sur les plans national et international. Les opposants à son régime continuaient de solliciter son départ. En date du 17 décembre 2002, l'ancien dictateur Jean-Claude Duvalier avait, de son exil en France, lui aussi demandé le départ du leader Lavalas. Au cours d'une interview accordée le 17 décembre 2002 à la chaîne de télévision américaine CBS, celui qui avait dirigé le pays de 1971 à 1986 déclarait que *"le pays vivait une situation alarmante"*. Celui qui, pendant des années, avait violé le droit de la personne et ignoré le bien-être du citoyen haïtien demandait lui aussi au Président Aristide d'abandonner le pouvoir !

Toujours dans l'idée de saboter le gouvernement d'Aristide et de l'affaiblir, l'opposition s'attaquait vigoureusement au régime sous d'autres formes de résistances. D'autres secteurs représentant les forces vives de la nation haïtienne faisaient aussi entendre leurs voix. Ils venaient d'horizon divers : intellectuels, membres des églises catholiques et protestantes, regroupement d'étudiants et professionnels de tous calibres. À cette longue liste d'opposants, s'ajoutait aussi des hommes d'affaires bien souchés non seulement auprès des puissantes ambassades étrangères à Port-au-Prince, mais aussi d'autres forces et amis dans l'international. En la circonstance, ils se regroupaient et formaient un mouvement dénommé "Groupe des 184".

Fort de leurs moyens économiques venant surtout du soutien financier d'une aile dure d'une fraction de la communauté internationale, ces opposants au pouvoir Lavalas occupaient le devant de la scène politique au même titre que la Convergence Démocratique. Les nombreuses manifestations populaires organisées par le Groupe des 184 avaient pour toile de fond le départ du régime au pouvoir. Entre-temps, la contestation gagnait des proches du Président. Les manifestations se multipliaient et les affrontements entre l'opposition et les organisations populaires qui soutenaient Aristide se faisaient de plus en plus réguliers. Lors de chacune de ces manifestations, se produisaient toujours de graves violences. *"Dans un pays où il est admis que la culture du dialogue a souvent fait défaut, ce n'est pas évident de mettre côte à côte autant de protagonistes de tendance différente et d'intérêts divergents pour écouter le Gouvernement et les partenaires au développement s'exprimer sur le présent et le futur de la Nation"*, a déclaré Adama Guindo, représentant Résident du PNUD et coordonnateur Résident des Nations-unies en Haïti à l'une de ses prises de position dans le dossier d'Haïti.

Tout au début de l'année 2003, l'insécurité était plus que jamais galopante dans le pays. En effet au début du moi de janvier, un étudiant a été assassiné. *"Le 8 janvier, Erick Pierre, étudiant en troisième année a la Faculté de Médecine avait été lâchement assassiné par les sbires de l'homme fort, Jean-Bertrand Aristide"* avait fait croire le seceteur de l'opposition.

Les lavalassiens pouvaient bien être responsables sans jamais l'avouer, puisque, dans ce pays, tout est possible. Par contre, on peut toujours perpétrer le désordre et rendre le parti adverse responsable, histoire de manipuler la communauté internationale en sa faveur. Quoi qu'il en soit, cet assassinat créait une certaine animosité entre la communauté estudiantine contre le régime Lavalas. Donc, les étudiants étaient mobilisés pour le départ d'Aristide. En réponse à ce crime lâche, le 13 janvier 2003, les étudiants étaient nombreux, sous les menaces des partisans de Lavalas, à participer à une marche pacifique pour denoncer l'assassinat de l'un de leurs. *« Aristide doit partir ! »* criaient les étudiants de l'université d'État d'Haïti. Sur tout le parcours, ils ont réclamé l'arrestation des bandits coupables de l'assassinat de l'étudiant Erick Pierre.

Vigoureusement, pour atteindre leur objectif qui était le renversement d'Aristide, l'opposition manœuvrait sur tous les fronts. Comme elle avait le soutien économique de l'international, ainsi utilisait-elle tous les moyens forts pour destabiliser le régime Lavalas. Parallèlement aux manifestations des étudiants et d'autres membres de la société civile, un délai avait été donné au gouvernement pour prendre des mesures concrètes – ce qui était, dans l'ensemble, des manœuvres politiques destinées à montrer, tout en respectant les normes démocratiques, la communauté haïtienne voulait négocier. C'était une apparence, car même si Aristide acceptait de se soumettre à ses demandes, elle présenterait d'autres exigences. Dans l'intervalle, le délai fixé par les 184 organisations de la société civile au gouvernement était arrivé à son terme le 15 janvier. Comme rien n'arrivait en perspective, le Groupe des 184, au travers des consultations, planifiait d'autres activités pouvant faire suite à son mouvement de protestation.

Entre-temps, le Président voulait se diversifier tout en déplaçant les données et préoccupations sur l'échiquier politique national pour les remettre dans un contexte général, c'est-à-dire beaucoup plus large. Selon Aristide, la célébration des deux cents ans de l'indépendance devait passer par le remboursement que payait l'administration du Président Jean-Pierre Boyer à la France. Il demandait aux dirigeants de ce pays la restitution de 21 milliards de dollars, somme qui, selon Aristide, correspondait aux 90 millions de francs payés par Haïti. Quoique légitime, cette demande avait été, comme toutes actions politiques entreprirent par le gouvernement d'Aristide, ridiculisé par l'opposition. Questions d'affaiblir le chef Lavalas

Les jours, les semaines et les mois sont passés, à travers lesquels plusieurs manifestations se sont organisées, mais le gouvernement, dont l'opposition demandait le départ, restait en place. De mobilisations pacifiques en mouvements d'insurgés, l'oppositon a changé de stratégie. Subitement, le mouvement de l'opposition était devenu un mouvement armé. D'où venaient les uniformes, les armes et les munitions ? Comment la République Domicaine avait-elle pu tolérer, pendant un certain temps, que des rebelles haïtiens puissent mener sur son territoire des actions armées pour renverser un Président élu ? Pendant ce temps, l'embargo imposé par la communauté internationale contre les putschistes lors du coup d'État de 1991 n'avait rien donné, à cause de cette négligence à la frontière dominicaine. Au moment où l'organisation hémisphérique parlait de démocratie dans un nouvel ordre mondial, l'international avait-il un rôle à jouer dans ce mouvement subversif de l'opposition ?

La branche armée de l'opposition

Bref, quelle que soit l'origine de son financement, pour forcer Aristide à partir, mis à part cette perpétuelle mobilisation pacifique des organisations politiques et de la société civile depuis tantôt quelque mois, une autre forme d'opposition beaucoup plus musclée se dessinait, tant aux Gonaïves que dans d'autres villes du pays. L'assassinat, le 22 septembre 2003, dans des conditions douteuses, d'Amiot Métayer, un ancien sympathisant zélé du régime Lavalas dans la ville des Gonaives, a mis le feu aux poudres. Ses proches ont immédiatement accusé Aristide de l'avoir fait assassiner. ''*Amiot Métayer, un chef de bande au service du Président Aristide, dont l'OEA réclamait l'arrestation, est assassiné à Gonaïves. Son groupe impute cette exécution au pouvoir et passe dans l'opposition sous le nom de Front de résistance révolutionnaire de l'Artibonite. Ce meurtre entraîne quinze jours d'émeutes dans la troisième ville du pays*''

Du coup, avec des manifestations contre Aristide dans une ville comme celle des Gonaives, foyer de résistance et de soulèvement contre les gouvernements post-Duvalier, le Président perdait des alliés dans la quatrième ville du pays. Ce qui, dans le cadre de l'affaiblissement du régime Lavalas, permettait à l'oposition de gagner encore plus de terrain.

En date du 14 novembre de l'année 2003, l'opposition continuait encore ses pressions en organisant une manifestation contre l'exécutif. Au cours de cette mobilisation organisée par la société civile et les leaders de l'opposition, plusieurs personnes ont été blessées par des jets de pierre lancés par des partisans de Lavalas. Ce jour-là, plusieurs membres organisateurs de cette marche ont été arrêtés et incarcérés. La recrudescence de la violence n'était pas seulement à Port-au-Prince puisque, la veille, particulièrement le 13, « *dans la cité de l'indépendance, une étudiante de 21 ans a été tuée par balle*

239

aux Gonaïves, alors que les policiers essayaient de disperser une manifestation antigouvernementale. »

Quelques jours plus tard, lors de la célébration du bicentenaire de la bataille de Vertières, le 18 novembre 2003, le gouvernement jouait sur la carte d'unité et d'entente nationale pour rappeler non seulement les leaders de l'opposition, mais aussi la population tout entière à l'unité. Mais vu les expériences faites avec Président Aristide au cours des dernières années, un chef de parti de l'opposition déclara qu'il ne pouvait pas lui faire confiance. Donc, le message d'unité nationale lancé par Aristide a été rejeté par les leaders de l'opposition. En lieu et place, ils exigeaient de préférence la libération de leurs membres et sympathisants arrêtés et incarcérés le 14 novembre par les forces de l'ordre de la région métropole de Port-au-Prince.

Quant aux diplomates étrangers en Haïti, particulièrement l'ambassadeur des États-Unis, M. James B. Foley, ils ont abondé dans le même sens que les leaders de l'opposition. Traditionnellement, le corps diplomatique est toujours invité à prendre part aux fêtes nationales d'Haïti. En ce temps la, pour protester contre les comportements inacceptables et antidémocratiques des membres d'organisation populaires pro-Lavalas et de la police lors de la manifestation en date du 14 novembre au Champ de Mars, l'ambassadeur américain a décliné l'invitation de participer à la célébration de la Bataille de Vertières, qui devait avoir lieu le 18 novembre 2003 au Cap-Haïtien.

Contrairement aux hommes politiques sur le terrain, entre-temps, l'Église catholique avait été très clémente vis-à-vis du gouvernement Aristide. Elle avait proposé que Jean-Bertrand Aristide termine son mandat jusqu'en 2006 et qu'il soit entouré d'un conseil d'union nationale constitué de représentants du parti Lavalas, de l'opposition et de la

240

société civile. Ce compromis, jugé comme une porte de sortie, a été vite accepté par Jean-Bertrand Aristide.. Cependant, les membres de l'opposition, qui ne cherchaient pas ouvertement une solution négociée à la crise, mais préféraient le départ du chef de l'État, n'entendaient pas faire marche arrière. Ainsi, l'opposition a rejeté la proposition de l'Église catholique et réclamé de nouveau la démission du Président Aristide. ' *'Le 21 novembre 2003- les évêques haïtiens proposent la création d'un "conseil électoral consensuel".* Accepté par le Président, ce plan est rejeté par l'opposition''*

Face aux dérives antidémocratiques des sympathisants de l'équipe au pouvoir, le mouvement armé dans les provinces de ceux qui voulaient le départ d'Aristide et la recrudescense de la violence généralisée, il était alors trop tard pour remettre les pendules à l'heure entre le pouvoir Lavalas et les leaders de l'opposition.

Violences dans les Facultés d'État

Le 5 décembre, les étudiants sont, une fois de plus, descendus dans les rues pour dénoncer les manœuvres dictatoriales du gouvernement, pendant que d'autres, à l'intérieur même de leurs facultés, étaient poursuivis par des sympathisants zélés du pouvoir. C'est au cours de cette protestation universitaire que s'est produit, malheureusement, l'incident si regrettable entre les partisans de Lavalas et les étudiants des Facultés des Sciences Humaines et de l'INAGHEI. En la circonstance, le Recteur de l'université, M. Paquiot, eut une jambe cassée. Quant aux étudiants eux-mêmes, ils ont connu aussi de très mauvais moments de la part des partisans lavalassiens. Quelques jours plus tard, particulièrement le 11 décembre 2003, des milliers de personnes, incluant des associations patronales, professionnelles toutes classes confondues, ont gagné les rues de la capitale pour réclamer, une fois de plus, le départ du Président Aristide.

Pour faire obstacle aux mouvements de soulèvement contre l'administration d'Aristide, dans le cadre de ses démarches propagandismes, le régime Lavalas utilisait toutes les dates et occasions des fêtes patronales et nationales à des fins politiques. Ainsi, le 16 décembre, plusieurs activités avaient eu lieu dans le cadre du treizième anniversaire de la première prise du pouvoir du mouvement Lavalas en 1990. Cependant, avant d'arriver à cette date dite historique pour les sympathisants Lavalas, un congrès national de deux jours avait été organisé dans la zone métropolitaine de Port-au-Prince. Pendant que les autorités de Port-au-Prince commémoraient cette date du 16 décembre, le gouvernement des États-Unis, par l'entremise du département d'État américain, appelait les autorités haïtiennes à ne plus continuer leurs pratiques de répressions et de violences contre les manifestations qui se tenaient dans le pays.

Démissions de certains officiels du pouvoir Lavalas

En cascade, et ceci comme en signes de protestation contre des violences commises par les partisans de Lavalas contre les étudiants lors des manifestations du 5 décembre à la Faculté des Sciences, plusieurs officiels d'institutions différentes ont remis leurs lettres de démission au gouvernement. Parmi ces démissionnaires, figurait la Ministre de l'Éducation nationale Mme Marie Carmel Paul-Austin, le Ministre de l'environnement Webster Pierre, le directeur général du Ministère de la Santé publique, le docteur Pierre Emile Charles et l'ambassadeur d'Haïti à Santo Domingo, M. Guy Alexandre.

Plus les jours passaient, plus la situation politique s'aggravait. Les acteurs étatiques rendaient coup pour coup et l'opposition, dans ses actions, se renforçait elle aussi. Avec son cahier de charges d'une sortie de crise, ainsi dans ses manifestations de plus en plus fréquentes, l'opposition ne ratait pas une occasion de réclamer clairement le départ du Président Aristide et la mise en place d'un gouvernement de transition. Comme le veut la Constitution, ce gouvernement de transition, selon les leaders de l'opposition, devrait être dirigé par le juge qui présidait la Cour de Cassation; qui serait ensuite soutenu par un Conseil des Sages, réunissant en son sein des représentants des principales institutions du pays – formule qui avait été déjà appliquée lors du gouvernement de transion de Madame Ertha Pascal Trouillot en 1990. La mission du dit Conseil était non seulement de veiller à la formation du gouvernement de transition, mais aussi à la mise en place de mécanismes de participation de tous les secteurs sociaux des affaires du pays, tandis que la mission principale de ce gouvernement dit « de transition » était de veiller à l'instauration de conditions démocratiques pour la tenue d'élections dans un délai ne dépassant pas 90 jours.

Contrairement aux attentes du gouvernement d'Aristide, les cérémonies de commémoration du Bicentenaire de l'Indépendance sur la place d'armes de l'Indépendance dans la ville des Gonaïves, s'étaient, suite à l'hostilité des manifestants de l'opposition réclamant le départ du leader Lavalas, très mal déroulées. Du fait de cet échec, le gouvernement, qui voulait non seulement célébrer en grande pompe cette fête historique de deux cents ans d'indépendance, mais aussi faire obstacle aux assaillants depuis longtemps dans cette ville, devait repenser sa stratégie. Après ce constat d'échec dans la ville des Gonaïves, les dirigeants Lavalas en sont arrivés à cette conclusion que, pour l'année 2004, la bataille s'annonçait beaucoup plus difficile.

Toujours dans l'objectif de faire pression sur le gouvernement d'Aristide, et du même coup, montrer leur mécontentement quant à la façon arbitraire dont cette institution avait été démantelée par le Président lors de son premier mandat, les

243

anciens militaires se mirent de la partie et formèrent le Front de Résistance de l'Artibonite. Dans l'intervalle de quelques jours, habillés d'uniformes de combat et munis d'armes sophistiquées, les insurgés progressèrent selon une dimension exponentielle. Ils ont pris d'assaut de grandes villes historiques qui ont toujours joué un rôle avangardiste dans les révolutions précédentes dans le pays.

Si lors des gouvernements des Duvalier père et fils, il n'était pas toujours facile pour les opposants d'organiser, de l'autre côté de la frontière, une force de résistance armée capable de faire obstacle aux deux régimes dictatoriaux, cette fois-ci, avec des armes plus sophisquées et sous les yeux de l'Occident, les assaillants se sont, au nom de la démocratie, renforcés pour renverser Aristide.

Dans le cadre de déstabilisation du gouvernement, les opposants au pouvoir ont tout fait pour mettre leur force en action. Au cours d'un assaut contre la cité des Gonaïves, les rebelles ont aussi attaqué les forces de police aussi bien que d'autres institutions étatiques de cette ville. ''*Le 5 février 2004- les Gonaïves, quatrième ville d'Haïti, tombe aux mains du Front de résistance révolutionnaire de l'Artibonite. Les assaillants ont mis à sac le commissariat de la ville, des tribunaux de Paix et de Première Instance.*

Ne pouvant pas résister aux mouvements des assaillants qui semblaient non seulement soutenus par certaines ambassades, les forces de l'ordre, ainsi que des autorités locales dans cette ville, ont pris la fuite. Et, comme une sorte de mise en garde, l'un des chefs rebelles, Winter Etienne, déclara que les assaillants attaqueraient d'autres villes dans l'Artibonite et dans le Nord, comme respectivement Saint-Marc et le Cap-Haïtien.

Entre-temps, le 10 février, ' *l'opposition politique et la société civile, regroupées au sein de la plate-forme démocratique, prennent leurs distances avec le mouvement insurrectionnel armé*" Alors, les réunions entre l'IRI (Institut Internationale Réublicaine), les leaders politiques et les membres de la société civile n'étaient pas un secret pour personne. C'était sans discrétion aucune que, sur les invitations de l'IRI, les leaders de l'opposition se déplaçaient de l'aéroport de Port-au-Prince pour aller à Saint Domingue comploter contre le régime d'Aristide. En plusieurs occasions, dans des prises de positions, certains leaders politiques de l'opposition savaient demander à l'administration républicaine de George Bush de les aider à faire partir Aristide.

Toujours dans le cadre d'une négociation désespérée, le CARICOM proposait entre Aristide et l'opposition l'option d'une sortie de crise pacifique. Le 21 février 2004, un plan international de réglement de la crise fut présenté à Aristide, qui l'accepta. Cependant, soutenue par des alliés de l'international et surtout avec des avancées du mouvement armé dans le reste du pays, l'opposition rejeta la proposition du CARICOM et continua d'exiger la démission d'Aristide.

Tandis que, le 18 février, les insurgés se dotaient d'un "*commandant en chef*" en la personne de Guy Philippe, un ex-commissaire de la police nationale d'Haïti (PNH). Le 22 février, les assaillants s'emparaient de Cap-Haïtien, deuxième ville du pays. Confiants dans leur force sur le terrain, les rebelles promettaient de rentrer à Port-au-Prince, capitale du pays et siège du pouvoir central. Donc, dans la lutte pour le départ du leader Lavalas, la capitale de Port-au-Prince allait devenir la dernière ligne droite des insurgés.

Le départ de Jean-Bertrand Aristide le 29 février 2004

Au fil des jours, la crise politique s'intensifiait. Le pays était plongé dans un chaos politique sans précédent. Les protestations se faisaient de plus en plus violentes dans les rues de la capitale et dans certaines villes de Province. Les protestataires continuaient à investir les artères de la capitale, en réclamant le départ du gouvernement en place. Ces événements s'étaient, bien entendu, accompagnés des actes de sabotage contre le réseau d'émetteurs de différentes stations de radios du pays, d'intimidation des journalistes et de quelques membres de la société civile, ce qui entravait la liberté d'expression, acquise depuis le départ de Jean-Claude Duvalier le 7 février 1986.

Entre-temps, non seulement le gouvernement s'était davantage isolé de la communauté internationale, mais certains alliés sur qui il savait compter dans le temps étaient, soit rentrés dans le marquis, soit avaient rejoint l'opposition. À ce stade, il n'était plus question de savoir si Jean-Bertrand Aristide démissionnerait ou non, mais plutôt combien de jours il lui resterait à passer au Palais National.

Après des semaines de violences intenses, tant à Port-au-Prince que dans les autres villes de province, couplées des menaces par les assaillants de prendre d'assaut la capitale, l'homme fort d'Haïti, le Président Aristide, fut finalement obligé de quitter Haïti le 29 février 2004. Aristide était parti, mais contrairement à son premier départ forcé en septembre 1991, le Premier ministre Yvon Neptune était resté à son poste jusqu'à la nomination de son successeur.

Quoique le départ forcé du Président Aristide fût inconstitutionnel, les opposants au régime Lavalas voulaient rester dans un semblant démocratique en respectant le cadre constitutionnel du processus de remplacement du Président.

Ainsi, selon les pré-requis constitutionnels, de concert avec la classe politique et la communauté internationale, le juge de la Cour de Cassation, Me. Boniface Alexandre, assura la présidence. Le journaliste Hérold Jean-François dit qu'en remplaçant Aristide, *"le même jour, à la tête de l'État, selon les dispositions de l'article 149 de la Constitution, le Juge Boniface Alexandre arrivait au pouvoir dans un pays libéré des organes contestés qui nous ont causé tous les torts que l'on sait, qui ont avili l'État, donné l'absolution au pouvoir pour toutes ses dérives, complices actifs de tant de vies fauchées, associés à la corruption rampante, au gaspillage et détournement des deniers publics et cautionnant toutes les dérives totalitaires du Président Jean-Bertrand Aristide plongé sans aucun frein dans la mégalomanie."*

Quelques jours après, soit le 4 mars 2004, un Conseil tripartite a été créé, lequel était composé de trois membres : un représentant du parti *Fanmi Lavalas* de l'ancien Président Aristide, un autre, la Plateforme démocratique, groupe opposé à l'ancien Président Aristide et le troisième, la communauté internationale.

Dans le manisfeste de la Plateforme, il était aussi question de la mise sur pied d'un Conseil de Sages. Il revenait au Conseil tripartite de choisir les membres du dit Conseil. Après consultation auprès des secteurs-clés du pays, les noms de sept personnalités ont été retenus pour former le Conseil. La constitution du Conseil des Sages une fois effectuée, il fallait choisir le locataire de la Villa d'Accueil. La mission revenait de droit au Conseil de sélectionner le Premier ministre parmi plusieurs prétendants. Ainsi, le 9 mars, avec la complicité de l'international, le Conseil avait fait choix d'un ancien consultant auprès des Nations-unies qui résidait dans l'État de la Floride aux États-Unis. Il s'agit de Gérard Latortue, qui avait été, pendant les quatre mois de règne du Président Lesly François – 7 février 1988-19 juin 1988 –, ministre des Affaires Etrangères.

Gérard Latortue est devenu le nouveau locataire de la Primature. À l'aéroport *Toussaint Louverture* de Port-au-Prince, apparut un Latortue très sûr de lui, quoique, dns l'ensemble il avait une certaine méconnaissance de la réalité politique qui rongeait la société haïtienne. Plus d'un le présentait comme un homme arrogant, croyant être le seul à pouvoir sortir le pays du marasme non seulement économique, mais aussi de l'instabilité politique. Pour rélancer l'économie, résoudre le problème de l'insécurité et organiser les élections, le Président Alexandre Boniface et le Premier ministre Gérard Latortue se sont vus confier un mandat provisoire de deux ans.

Entre-temps, pour mater les éventuels désordres des supporteurs lavalassiens, l'ONU a été sollicitée pour l'envoi d'une force internationale visant à garantir la paix et la sécurité en Haïti. C'est ainsi que *"le 30 avril 2004, une résolution établissant la Mission Internationale de Stabilisation d'Haïti (MINUSTAH) est votée à l'ONU, autorisant l'envoi de l'un des plus importants contingents de casques bleus (9,000 soldats). Dirigée par le Brésil, avec une forte présence de l'Argentine et du Chili, cette mission vise à rétablir la paix et la sécurité dans le pays, appuyer le processus démocratique et assurer le respect des droits humains."*

Chapitre 13
Le gouvernement de transition de 2004

Pour un homme, recevoir le pouvoir, c'est un peu, comme pour un champ, recevoir la grêle. Pour les deux, l'important est de savoir si la culture, après s'en remettra. Ceux qui gouvernent ne sont pas visibles et ceux qui sont visibles ne gouvernent pas.

JULLIAN MARCEL

C'est dans l'après-midi du mercredi 12 mars 2004 que le Premier ministre de transition, Gérard Latortue, boudé par le secteur Lavalas et alliés, mais fortement supporté par la communauté internationale, a été officiellement investi dans ses fonctions. Ètaient présent à cette cérémonie qui avait eu lieu au Palais National le Président provisoire de la République, Alexandre Boniface, des membres du corps diplomatique, du Conseil des Sages et une bonne partie de la classe politique et de la société civile. Arrivé au pouvoir dans un contexte très difficile où des anciens militaires imposaient leur propre loi, le gouvernement de transition héritait d'un pays instable où des institutions étatiques comme la justice et les forces de police étaient affaiblies par la crise politique vieille de trois ans. Cependant, *''À son investiture, le 12 mars, beaucoup de ceux qui soutenaient sa nomination, notamment ceux de la classe des affaires, croyaient qu'il créerait les conditions favorables pour une relance de la démocratie en Haïti, et endiguer l'insécurité..''*

De ce fait, le pays attendait beaucoup du gouvernement de transition. Lors du *''discours prononcé à l'occasion de l'entrée en fonction du gouvernement, le Premier Ministre Latortue a reconnu que son équipe devra faire face à de nombreux défis comme ceux relatifs à la justice, la sécurité*

249

publique, l'économie et la réalisation des élections. Gérard Latortue a, par ailleurs, fait remarquer qu'il dirige un gouvernement de transition qui se propose de lutter contre la corruption. Le nouveau Premier Ministre annonce qu'un audit général sera bientôt réalisé sur les finances publiques suite à l'entrée en fonction du nouveau gouvernement. Gérard Latortue croit indispensable une telle décision au regard des cas graves de corruption qui ont entaché l'administration de Jean-Bertrand Aristide. Le chef du gouvernement demande également aux membres de son équipe de faire une déclaration de leur patrimoine dans le souci de la transparence et du respect des lois." (*Radio Metrople Jeudi*, 18 mars 2004).

Le départ de l'homme fort de Tabarre avait, au lendemain même du 29 février 2004, suscité des critiques et des réflexions, les unes aussi pertinentes que les autres. Du fait que pendant trois ans de crise, le gouvernement du Président Aristide avait été, nationalement et internationalement très contesté, ils étaient nombreux, ceux-là qui misaient sur la réussite de cette nouvelle équipe. Dans un article soumis à *Alter Press* en date du 29 mars 2004, Nancy Roc a fait ces commentaires : *"Nous voilà à un autre tournant historique mais il nous semble que cette fois-ci, il constitue bien la dernière chance pour notre pays de prendre définitivement le chemin de la démocratie. La transition de 2004 ne pourra pas être une transition qui n'en finit pas et tous les observateurs s'accordent sur un fait: le gouvernement Alexandre /Latortue n'a d'autre choix que celui de réussir. Du gouvernement."* hors la loi."* Lavalas, nous passons à un gouvernement d'exception qui résulte d'un accord politique auquel même le secteur lavalassien aura contribué"*.

Quant au directeur de *Radio Ibo*, Hérold Jean-François, il abondait dans le sens de sa consœur Nancy Roc. Selon lui, *' 'la démission et le départ du pays le 29 février 2004 de l'ex-*

Président Jean-Bertrand Aristide a mis fin à la crise politique ouverte avec les élections du 21 mai 2000 génitrices directes des élections atypiques du 26 novembre 2000. Il va sans dire que la démission et le départ du pouvoir de Jean-Bertrand Aristide s'étend à tous les organes issus des élections contestées du 21 mai qui ont empoisonné la vie nationale pendant 1350 jours. Aussi, quand l'ancien Président signa sa démission et s'envola vers une destination inconnue au moment du décollage de son avion, Haïti venait d'obtenir ce que les lavalassiens lui avaient refusé pendant ce long laps de temps, c'est-à-dire, la fin de l'aventure du 21 mai 2000 et de son cortège de malheurs".

Pendant ce temps, d'autres parlaient de ' 'gouvernement de technocrates'' L'attente était forte et même trop lorsqu'on sait que le Premier ministre était un technicien de compétence internationale qui ne maîtrisait pas complètement les réalités et les tractations des secteurs opposés de la classe politique traditionnelle d'Haïti. Face à un tel constat, les plus prudents dans leurs analyses de la conjoncture se posaient des questions, à savoir : les nouveaux dirigeants de transition seront-ils à la hauteur de leurs tâches ? Si oui, quelle serait la position de l'international, surtout si la réussite des moindres petits projets de cette nouvelle administration dépend complètement de l'aide des bailleurs internationaux ?

Il était évident que le départ du Président Arisitide laissait un vide politique, lequel devait être comblé par une équipe capable de faire la différence. Mais à priori, la nouvelle équipe devait tenir un discours capable d'apaiser les fanatiques du leader lavalas et, du même coup, unifier la société haïtienne, de plus en plus déchirée, divisée pendant ces dernières années de crises politiques. La grande question était : que pouvait-on espérer d'un gouvernement de transition issu d'une crise vieille de trois ans, quand on savait que l'héritage légué par l'administration Aristide/ Neptune était des plus désastreux ?

Pour y parvenir, les nouveaux dirigeants aussi bien que les membres du conseil des sages, les partis politiques et organisations de la société civile, avaient, en date du 6 mars, paraphé un accord appelé transition politique. Le leitmotiv de cet accord était d'obtenir la promesse formelle des dirigeants en place d'organiser des élections générales à la fin de l'année 2005. Entre-temps, sous le dictat d'une frange de la communauté internationale et d'une classe politique à Port-au-Prince, avec l'arrestation des dirigeants Lavalas, le gouvernement de transition avait mal commencé.

Arrestation des officiels Lavalas

Peu de temps après le départ d'Aristide, plusieurs de ces officiels Lavalas ont été arrêtés. Tel fut le cas du chef du gouvernement, Yvon Neptune. Quoique aucune preuve tangible n'eût été présentée par ses accusateurs ni retenue par les autorités judiciaires de la nouvelle administration, le Premier ministre Neptune fut arrêté le 26 juin 2004. Comme les accusations portées contre lui étaient d'importance politiquement sérieuse, ainsi lui fallut-il croupir en prison pendant plusieurs mois.

Mis à part le Premier ministre Yvon Neptune, le ministre de l'Intérieur Jocelerne Privert et le député Amaus Manet eux-mêmes arrêtés et gardés dans des prisons d'Haïti, les autres, surtout des policiers de haut rang, furent transférés et incarcérés dans des prisons de l'État de Floride. Le Dr. Forel Celestin, sénateur du Sud-Est et Président de la Chambre du Sénat, qui, en 1995, avait été désigné pour être le chef de la Police Nationale d'Haïti, se trouvait dans la catégorie des officiels Lavalas arrêtés à Port-au-Prince et transférés dans les prisons floridiennes. Quant au commissaire Roudy

Thérassant, il était déjà en Floride lorsqu'il avait été arrêté en mai 2004. Le directeur général de la police, Lesly Lucien, faisait lui aussi partie de la liste des policiers et des proches d'Aristide emprisonnés aux États-Unis.

Jamais dans l'histoire récente, particulièrement post-Duvalier, on a arrêté autant d'officiels dans un gouvernement déchu. Étaient-ils incarcérés pour leurs implications dans le trafic de drogue, la violation de droits humains, ou bien le gouvernement des États-Unis voulait-il leur faire payer leurs affinités avec Jean-Bertrand Aristide ?

Au départ de Jean-Claude Duvalier en 1986, on n'avait arrêté ni les macoutes ni les ministres de son gouvernement. Au contraire, avec l'argent volé dans les Trésors Publics du pays, ils vivaient aisément dans leurs pays d'accueil. Quant aux coups d'État contre Manigat (19 juin 1988), Henry Namphy (17 septembre 1988) et le départ forcé de Prospère Avril (10 mars 1990), aucun militaire, ministre ou officiel de ces régimes n'avait été inquiété, voire arrêté pour leur participation á la drogue ou violation des droits humains.

Seule exception : les leaders (Himmler Rebu, Coileau et Biambi) du coup d'État avorté contre Prospère Avril ont été arrêtés et incarcérés aux États-Unis. Même les putschistes du coup d'État sanglant du 30 septembre 1991 contre Aristide n'avaient pas été poursuivis. Au contraire, après trois ans de malversations et de violations contre les supporteurs Lavalas, ils avaient calmement démissionné de leurs fonctions pour, finalement, aller vivre tranquillement en exil avec leurs fortunes amassées durant le coup de force contre un régime démocratiquement élu. C'est le cas, par exemple, du commandant des Forces armées, le général Raoul Cédras et le chef de la police, Michel François et d'autres de leurs complices. Pourquoi aucun de ces militaires et officiels de ces gouvernements, une fois démis de leurs fonctions, n'avait-il été inquiété ? Si on ne songeait pas à les poursuivre pour leurs violations de droits humains, pourquoi pas pour leur implication dans le trafic de drogue ? Alors qu'on sait que presque tous les barons de la drogue, en Haïti ou ailleurs, pour pouvoir continuer dans leurs malversations, s'ils ne sont pas directement impliqués soit dans l'armée ou la politique, ils ont toujours bénéficié de la complicité des hommes de l'armée et des pouvoirs civils. Bref, soit pour des raisons politiques ou implication á la drogue, des officiels civils et responsables de police lavalas avaient été arrêté, incarceré soit dans des prisons de Port-au-Prince ou de la Floride.

Pendant que ces officiels lavalassiens purgaient leur peine, le défi qui attendait le gouvernement de transition était de taille. Comme il n'existait aucune solution appropriée à ces problèmes, beaucoup en étaient à se demander si l'on avait forcé Aristide à partir pour le plaisir ou pour changer les conditions de misère des gens des classes défavorisées... !

Une montagne à déplacer

C'était à une société en proie à tous les maux, un pays à genoux avec bien des défis à relever qu'au lendemain de sa prise de pouvoir, le gouvernement Boniface/Latortue devait faire face. Ces défis étaient tout d'abord d'ordre conjoncturel et structurel qui touchait l'aspect social dans toute sa dimension de sphère politique et économique. Il fallait, tout en rétablissant l'autorité de l'État tant décriée à chaque nouvelle équipe, s'attaquer aux problèmes des institutions étatiques du pays. Le 7 mai 2004, en prenant la parole devant le Conseil d'administration de la Banque interaméricaine de développement, le Premier ministre Latortue ' *a dit souhaiter axer les actions de son gouvernement de transition sur deux chantiers clés pour revitaliser l'économie haïtienne. Il s'agit de deux piliers de la décentralisation: l'électricité et les routes"* Mais la saison cyclonique dans certaines zones d'Haïti allait rudement tester la compétence de cette nouvelle administration qui prônait tant le changement au pays et la bonne volonté des amis de l'international qui le soutenaient.

Gonaïves, premier test pour Boniface /Latortue

Les fortes pluies dans le département de l'Artibonite, particulièrement aux Gonaïves, causaient de graves pertes en vies humaines et de sérieuses inondations de maisons dans cette cité de l'indépendance et demandaient des solutions d'urgence et adéquates à la nouvelle équipe au pouvoir qui, dès son investiture, s'était vue décrite par certains comme un *"gouvernement de technocrates"* Sous la plume de Y. Pigenet, on peut lire : *"Après les inondations meurtrières de juin, les habitants d'Haïti viennent de subir le passage de Jeanne, l'une des pires tempêtes tropicales de leur histoire. Hier, on déplorait au moins 709 victimes, la plupart noyées. Un bilan provisoire, car certains secteurs étaient encore inaccessibles aux secours. Après avoir traversé une partie des Caraïbes et fait neuf morts aux Bahamas, deux à Porto Rico et sept en République dominicaine, Jeanne a atteint Haïti les 17 et 18 septembre. Ses averses diluviennes ont déversé des torrents d'eau et de boue dans les villes du nord et de l'ouest de l'île, notamment aux Gonaïves"* (*La Tempête tropicale Jeanne noue Haïti*, publié dans les colonnes du journal *le Monde* le 22 septembre 2004).

La tempête tropicale Jeanne a causé des milliers de morts, dont bon nombre d'entre eux étaient dus à la montée de l'eau dans cette ville. Le bilan était très lourd compte tenu de l'ampleur de cette catastrophe meurtrière qui avait frappé d'autres régions du pays, particulièrement le Nord et le Nord-Ouest. C'était un bilan catastrophique avec des milliers de sans-abri ni nourriture ni eau potable ni électricité. Ces sinistrés, évalués à des centaines, n'avaient

255

pour seul refuge que les toits des maisons qui étaient sur les eaux. Selon l'encyclopédie libre Wikipédia, *"De fortes pluies (330 mm) sur les montagnes du Nord d'Haïti causèrent de graves inondations et des coulées de boue dans l'Artibonite. Les dommages furent particulièrement graves dans la ville côtière des Gonaïves, touchant 80% des 100,000 habitants. Les pluies furent si intenses que pendant plusieurs jours les autorités haïtiennes déclarèrent avoir perdu trace de l'île de la tortue. Le décompte final de Jeanne en Haïti s'élève à 5,008 morts dont 2, 862 dans la ville des Gonaïves. On décompta aussi 2, 601 blessés. De nombreux cadavres ne furent pas enterrés pendant plusieurs jours et les secouristes durent faire des enterrements collectifs d'urgence afin d'éviter les épidémies. Certains corps emportés en mer par les eaux ne furent jamais retrouvés. Les inondations continuèrent bien après que Jeanne eut quitté Haïti. Les pillages se généralisèrent dans la zone sinistrée et les forces de l'ONU durent parfois affronter la foule lors des distributions de vivres »*

Les dommages du cyclone dévastateur Jeanne se soldèrent non seulement par de nombreux cadavres parmi la population artibonitienne, mais devinrent aussi un test pour l'administration du Président Alexandre Boniface et le Premier ministre Gérard Latortue. Le gouvernement de transition avait-il les moyens et les matériels pour mettre en place une structure pouvant faire renaître l'espoir et, du même coup, remettre debout la population, avec ses plantations ravagées et ses maisons détruites ? Ou faudrait-il attendre pour ce faire un élan de solidarité de la communauté internationale ?

Mis à part les problèmes causés par le cyclone Jeanne aux Gonaïves, l'un des obstacles et tests auxquels avait fait face le gouvernement de transition était l'Opération Bagdad en septembre 2004.

Opération Bagdad

Depuis le départ du Président Aristide le 29 février 2004, et en dépit d'une force de mission de stabilisation dans le pays (MINUSTAH) et un gouvernement de transition supporté par la communauté internationale, il ne passait pas un jour sans un climat de terreur et de violence en Haïti, particulièrement à Port-au-Prince, la capitale. Cependant, pour commémorer le 30 septembre, date du coup d'État sanglant des militaires contre le premier régime d'Aristide en 1991, des gangs qui se proclamaient fidèles supporteurs de l'ancien Président ont lancé dans le pays l'opération Bagdad. Deux grandes raisons motivaient ces bandits à la planifier et à l'organiser. Premièrement, le côté financier, puisque tous les enlèvements perpétrés ont été suivi de fortes rançons payées par les parents des victimes. Mais l'objectif primordial derrière ce mouvement était de déstabiliser le pays, forcer les militaires et policiers de la force onusienne à quitter le pays et, du même coup, rendre impossible la tenue des élections générales prévues pour fin 2005, commentait un analyste politique toujours dans l'opposition aux lavalassiens.

Dans leurs interventions et revendications publiques, chaque fois qu'ils en avaient l'occasion, les supporteurs du Président déclaraient toujours qu'aussi longtemps que Jean-Bertrand Aristide serait maintenu en exil, ils se mobiliseraient pour son retour au pays. Comme les gangs continuaient leurs actions de kidnapping et de violence, pendant que la Police Nationale et la MINUSTAH restaient impuissantes fac à ces bandits, on constatait que la population, par peur pour sa sécurité, était privée de sa liberté de déplacement. En bref, les gens avaient été pris en otages, certaines fois dans leurs propres maisons, magasins, écoles, universités et autres. Ainsi, préoccupées par la récrudescence de violence enregistrée dans le pays, particulierement à la capitale haïtienne, les autorités américaines avaient pris des mesures pour déconseiller à leurs ressortissants de rentrer en Haïti.

Les zones de non-droit

Durant ces moments politiquement sombres, certaines rues et certains endroits des régions métropolitaines de Port-au-Prince, malgré des embouteillages, étaient d'une fréquentation risquée si, toutefois, on voulait prendre un raccourci. Il était interdit ou difficile de circuler dans des zones dites de non-droit comme La Saline, Carrefour Péan, Bel Air, Rue St Martin, Delmas 2, Nazon, Route des Dalles, Grand Ravines (Carrefour Feuilles), Route 9 (Cité Soleil) aussi bien que dans d'autres quartiers, considérés à l'époque comme dangereux car sous le contrôle des chefs de gangs.

Selon Hérold Jean-François ''L'actualité de ces temps là, c'était la terreur à la Saline, aux différents marchés publics, à la zone de Varreux où la plupart des commerces et entreprises avaient dû fermer boutique et abandonner les lieux pendant longtemps. Plus d'une centaine de policiers tués, cibles privilégiées de l'Opération, des centaines de civils liquidés, des enlèvements spectaculaires, des assassinats de paisibles citoyens et d'étrangers qui se sont oubliés en ces lieux et dont les voitures ont été criblées de balles. Des professionnels pleins de promesses, de jeunes enfants, des adultes enlevés dont les parents ont payé les rançons et dont l'on retrouvait malgré tout le cadavre torturé, mutilé sur des piles de fatras. Haïti, pendant le trop long laps de temps de l'opération Bagdad I et Bagdad II était une société endeuillée. Un long cortège de morts, de kidnappés, de personnes rançonnées, de commerçants ruinés, un règne de terreur du banditisme sous les yeux impuissants de la police nationale et des forces des Nations-Unies. »

Il poursuit : *' 'Les bandits étaient tellement à l'aise qu'ils ont eue, une fois, même droit à la télévision pour filmer l'élimination de l'une de leurs victimes... Notre société souffre malheureusement d'amnésie ce qui permet les anciens bourreaux de se déguiser et de porter toutes sortes de costume pour s'imposer en toute imposture et nous imposer à nouveau leur loi. Ils sont immuables à cause du manque de vigilance de la nation.* »

Comment des bandits arrivaient-ils à défier un gouvernement composé de *"technocrates"* et qui avait le soutien de la communauté internationale ? Les bandits avaient-ils, officieusement, des rapports de travail avec les officiels nationaux et internationaux, de sorte qu'ils pouvaient rester aussi longtemps dans les basses œuvres contre la population ? Ou le problème de ''kidnapping'' et de banditisme généralisé avaient ils, contrairement a ce qu'on pensait, des connections avec certain membres de la bourgeoisie haïtienne ? Quoi qu'il en soit, il était visible, au vu et au su de tout le monde, que les efforts des patrouilles conjointes de la police nationale et de la Minustah n'avaient pas pu mettre hors d'état de nuire ces bandits.

Face à cette situation d'insécurité et d'instabilité politique, de nombreux officiels et membres de l'organisation de base du parti politique de *Fanmi Lavalas* avaient été arrêtés et incarcérés. De ce fait, un plan-cadre de réflexion visant à résoudre la crise haïtienne, issu d'une cellule nationale de base des Organisations Populaires de *Fanmi Lavalas,* avait vu le jour. *"La cellule exige la libération de tous les prisonniers politiques ainsi qu'une amnistie générale et l'entreprise de négociations sérieuses entre le Président Aristide, Fanmi Lavalas, les partis politiques, le groupe des 184, avec l'ONU, l'OEA et la CARICOM comme facilitateurs".* La cellule avait aussi d'autres propositions puisqu'elle avait réclamé *"la nomination d'un autre État-major pour la Police nationale*

259

d'Haïti ainsi que d'autres délégués départementaux, d'autres commissions communales et la formation d'un nouveau Conseil Electoral Provisoire en vue de l'organisation de bonnes élections dans le pays. »

Il semblait que les lavalassiens voulaient, à travers leurs positions de sortie de crise et comme lors du coup d'État militaire contre Aristide en 1991, forcer la communauté internationale à ménager un processus de négociation pouvant faciliter le retour du Président Aristide au pouvoir. Mais si une chose échappait à ces membres du cellule Lavalas, c'est que 2004 n'était pas 1991. C'était deux contextes différents puisque, au lendemain même du coup d'État de 1991 contre Aristide, c'était la communauté internationale qui, elle même, à travers ses prises de positions, voulait le retour du Président au pouvoir. Ajoutez à cela que, si la communauté internationale avait voulu que le chef de l'État reste au pouvoir, lors des négociations d'Aristide avec le groupe 184 et la Convergence Démocratique et autres secteurs de l'opposition, elle trouverait sans heurts une issue à la crise.

C'était dans ce contexte d'instabilité que le régime de transition et la communauté internationale voulaient organiser des élections au pays, mais, dans la foulée, tout était en place pour que ce scrutin puisse avoir lieu sans la participation des lavalassiens.

Les élections générales de 2005

Sortir de cette phase de transition et ne pas se retrouver devant les mêmes crises électorales de mai et de novembre 2000 impliquaient des élections crédibles, où la légitimité du prochain gouvernement était nécessairement importante dans la continuité du processus démocratique. De l'avis de certaines organisations politiques et leaders de la société

260

civile, l'organisation des élections crédibles devraient être non seulement une priorité pour le gouvernement Latortue/Boniface mais aussi un moyen de mettre fin à cette longue phase de transition. Mais organiser des élections de ce genre impliquait à priori la participation de tous les citoyens, aussi bien que des partis politiques, au processus électoral.

Cependant, pour impliquer la population dans une telle démarche dite démocratique, les autorités haïtiennes et leurs alliés de l'international devaient à priori faire montre d'une bonne volonté à résoudre le problème d'insécurité, aussi bien les aspects techniques et matériels que confrontés l'institution électorale. ' *'La Mission des Nations Unies de Stabilisation en Haïti (MINUSTAH), les autres acteurs internationaux et le gouvernement de transition doivent accélérer l'enregistrement des électeurs, persuader les citoyens que voter est important, et désarmer les gangs et les ex-militaires. Autrement, la participation ne sera probablement pas satisfaisante, la crédibilité des résultats en souffrira, et la légitimité du gouvernement sera mise en question..''*

Mais comment parviendrait-on à convaincre la population, particulièremnt les gens de la classe défavorisée et les leaders de même appartenance politique que le processus serait crédible, alors que presque deux ans depuis le départ forcé de l'ancien Président Aristide, la situation en Haïti était instable et très fragile ? De plus, comment convaincre l'électorat de se risquer à voter, alors que chaque fois, que ce soit en décembre 1990 et novembre 2000, des coups d'État avaient été fomentés contre les élus ? Le coup d'État du 30 septembre 1991 et le départ forcé d'Aristide le 29 février 2004 étaient des cas classiques que pouvait utiliser l'électorat dans les bidonvilles pour s'abstenir.

Paradoxalement, même sans coup d'État ou départ forcé de leurs élus, la situation socio-économique des gens des classes défavorisées était toujours restée la même. *' 'Si les élections apportent toujours quelques choses de positives dans d'autres pays, dans le cas d'Haïti, c'est toujours le contraire. Donc, pourquoi parler d'un processus électoral en Haïti quand elles ne vont, en termes de changement, rien nous apporter''*, affirmait un jeune universitaire Lavalas résidant à Cité Soleil, le fief du Président Aristide.

C'était dans un contexte ô combien difficile et paradoxal que le gouvernement de transition était arrivé au pouvoir en 2004, avec en particulier la pression des bandes armées, quand ce n'était pas celle d'anciens militaires démobilisés, c'étaient avec des sympathisants du Président déchu, situation qui avait, dans une certaine mesure, paralysé la vie nationale. Ce climat d'insécurité et de peur au sein d'une population qui, déjà, faisait face à bien des problèmes économiques et sociaux, avait, dans une certaine mesure, nui au processus du scrutin que promettait d'organiser l'équipe de transition. *''Des mesures de sécurité suffisantes doivent être mises en place afin de permettre au processus politique de se dérouler de façon relativement sûre à travers tout le pays..''*

De plus, comment faire campagne quand les gangs armés, en dépit d'une forte présence des troupes de la MINUSTAH, kidnappaient, tuaient et menaçaient dans certaines zones chaudes des régions métropoles du pays ? Selon Muhamed Junior Ouattara : *' 'L'insécurité n'a pas baissé d'un cran depuis le départ en 2004 du Président Aristide. Le pays est à la merci des gangs en dépit de la présence de 8000 hommes de la Mission des Nations unies pour la stabilité d'Haïti (MINUSTAH). Les haines enfouies des uns et des autres continuent d'alimenter les affrontements entre les partisans des anciens dictateurs, notamment Duvalier et Aristide. L'insécurité est si galopante que faire campagne dans certains quartiers de la capitale équivaut à la signature d'un arrêt de mort..''*

Report continu des élections générales de 2006

Le premier tour des élections présidentielle et législatives, qui devait avoir lieu le 20 novembre 2005, fut reporté, suite à des problèmes de violences, de bouleversements politiques aussi bien logistiques. *''Le gouvernement de transition haïtien a reporté la date des élections présidentielles et parlementaires au 27 décembre 2005, pouvait-on lire dans une note de la communauté internationale..''*

Entre-temps, pendant que des organisations politiques se mobilisaient pour la démission du gouvernement intérimaire, une seconde fois, les élections furent reportées. Quelques jours plus tard, nouveau report de ces élections. Cette fois, le scrutin reporté au 8 janvier 2006 devait encore être remis. L'annonce avait été faite par le Premier Ministre Gérard Latortue, qui, pour expliquer ce nouveau-delài, avait évoqué des problèmes techniques et logistiques. *''Le Premier Ministre a cependant assuré que la date butoir du 7 février prévue par la constitution pour un transfert des pouvoirs serait respectée..''*

Tandis que Max Mathurin, Président de la commission électorale devait, lui, déclarer que *"Les élections présidentielles et législatives prévues pour le début de janvier en Haïti ont à nouveau été différées, avait-on appris auprès de membres de la commission électorale. ''Nous devons faire face à la dure réalité, qui interdit la tenue des élections le 8 janvier, et mettre en œuvre les mesures nécessaires pour assurer un vote crédible''*

Ce n'était finalement que le 7 février, avec une longue liste de candidats, que la date des élections présidentielles et législatives fut retenue par l'institution électorale Donc, pour l'histoire, voici la liste des candidats qui s'étaient fait inscrire aux élections présidentielles de 2006 en Haïti. Ils étaient 34 à se porter candidats pour le poste de Président ; 312 pour les 30 sièges au Sénat et plus de 1000 pour 99 sièges à la Chambre des Députés.

Liste des candidats aux présidentielles de 2006

- Marc Bazin - MIDH/Lavalas
- René Julien
- Hubert de Ronceray - Grand Front Centre de Droit (GFCD)
- Samir Georges Mourra - MPH
- Rigaud Duplan - PJPDN
- Leslie Manigat - RDNP
- René Préval - Espwa
- Bonivert Claude - PTH
- Luc Mésadieu - MOCHRENA
- Chavannes Jeune - Union pour la Reconstruction d'Haïti
- Guy Philippe - FLN
- Jacques Ronald Belot - Indépendent
- Himmler Rébu - GREH
- Franck Romain - PACAPALAH
- Dany Toussaint - MODEREH
- Reynold Georges - ALAH
- Paul Denis - Organisation du Peuple en Lutte (OPL)
- Evans Nicolas - Union pour la Reconstruction d'Haïti
- Evans Paul – Alliance Démocratique
- Serge Gilles - Fusion des Sociaux-démocrates
- Gérard Gourgue - Mouvement Uni pour la Democratie
- Luc Fleurinord - *Mouvement Indépendant pour la Réconciliation Nationale*
- Judie C. Roy – REPAREN
- Jean-Henold Buteau
- Frantz Perpignan
- Jean-Marie Cherestal
- Edouard Francisque

Résultats officiels des quatre premiers candidats aux présidentielles de 2006

René Préval – *Lespwa*	992,766	51.21
Leslie Manigat - *(Rassemblement des Démocrates Nationaux Progressistes)*	240,306	12.40
Charles Henri Baker - Respect *(Respè)*	159,683	8.24
Jean Chavannes Jeune - *(Union Nationale Chrétienne pour la Reconstruction d'Haïti)*	108,283	5.59

Chapitre 14
René Préval, deuxième version

On ne change pas une équipe qui gagne, dit-on. Mais lorsqu'une équipe ne peut pas donner de résultat, on est obligé de la changer. En politique, lorsqu'on reconduit quelqu'un en poste, cela sous-entend qu'on était satisfait aux performances de la personne et on la retourne en fonction que ce soit électif ou nominatif, pour continuer ou terminer le travail déjà commencé. Était–ce le cas pour René Préval ?

Si l'on considère l'instabilité politique pendant les deux ans du gouvernement de transition et la présence des troupes militaires sur le terrain, les élections du 7 février 2006 étaient d'une grande importance pour le peuple haïtien puisqu'elles lui permettraient de se prononcer à nouveau sur l'avenir politique de son pays durant les cinq années à venir. Malgré quatre reports successifs du scrutin, le 7 février 2006, le peuple avait finalement décidé d'aller voter et de remplir ses devoirs civiques. L'intérêt que manifestait l'électorat quant à sa participation massive le jour du scrutin pour élire un Président et des parlementaires était visible. Il démontrait l'importance que le peuple avait placée dans le renouvellement des dirigeants, particulièrement pour l'alternance du pouvoir politique dans le cadre d'une stabilité démocratique, aussi bien que dans la crédibilité des dirigeants, à travers des élections.

Les premiers décomptes ont donné une grande avance au candidat Préval, grand favori des élections présidentielles, sur son plus proche concurrent, le professeur et ancien Président (7 février 1988-19 juin 1988), Leslie Manigat. Au tout débutdes dépouillements des buletins de vote, doté d'une avance de presque 70%, ce n'était que sous de fortes pressions et menaces de ses partisans du secteur populaire, dont bon nombre membres de l'organisation politique Lavalas, que Préval s'est vu attribué, finalement, 51% des votes. Pourcentage qui, selon la Constitution de 1987, lui était nécessaire pour remporter les élections.

Ainsi, en prêtant serment le 14 mai 2006 – soit avec deux mois de retard par rapport à la date prévue par la constitution de 1987 pour la rentrée en fonction du Président élu –, René Préval était devenu le cinquante-cinquième chef d'État de la République d'Haïti. Comme lors de son premier mandat en 1996, avec des problèmes domestiques les uns les plus urgents que les autres comme par exemple, l'insécurité, le chômage, la chèreté de la vie, l'exod rural, les militaires démobilisés et l'occupation du territoire par une force multinationale dite de stabilization, il était parvenu au pouvoir dans un contecte très compliqué.

Au prime abord, certains problèmes majeurs demeuraient un handicap quant à la réussite de l'administration de René Préval. Des analystes de la crise haïtienne pensaient que, vu les difficultés économiques et sociales que connaissait le pays, il ne serait pas facile pour la nouvelle équipe de démarrer rapidement. De plus, ils invoquaient aussi l'association dans le temps du Président élu avec Aristide et certaines irrégularités dans le calcul des votes blancs, surtout après les cinq jours de manifestations, particulièrement à l'hôtel Montana, pour donner une majorité à Préval. Selon eux, ces choses laissaient planer bien des doutes quant à la réussite du candidat élu le 7 février 2006. De plus, le renvoi de certains parlementaires de la 46ème Législature dont les mandats arrivaient à terme le deuxième lundi de janvier 1999, ainsi que les résultats frauduleux des élections du 21 mai et du 26 novembre 2000, étaient autant de choses négatives qu'on reprochait à Préval.

Néanmoins, ceux qui soutenaient Préval avançaient qu'il était le seul, depuis le départ de Duvalier le 7 février 1986, à pouvoir mener à terme son mandat de cinq ans. Ce qui signifiait qu'il connaissait les réalités politiques haïtiennes, expérience qui, dans une certaine mesure, pourrait l'aider à garantir une stabilité politique.

Bref, tout en bénéficiant de l'appui des militants pro-Aristide des quartiers populaires, contrairement au premier mandat, le Président Préval était, cette fois-ci, plus libre pour dégager les grandes lignes de sa vision politique pour le pays. La plateforme politique du parti Lespwa (L'espoir) sur laquelle le Président s'était présenté aux élections, regroupait en son sein certaines personnalités politiques bien connues sur le terrain ; elle était également composée des bases du Parti Louvri Barye de feu Renaud Bernardin (PLB), Kodinasyon Resistans Grandans (Eskanp-Korega), ainsi que de certaines organisations paysannes comme KOZEPEP. *Une fois élu, Préval a partiellement mis en œuvre ce qui avait été suggéré. Il a proposé un Pacte de gouvernance pour 25 ans, mis en pratique une stratégie de pacification sociale et tenté pendant les deux premières années de son mandat de créer, avec Jacques-Édouard Alexis à la Primature, un gouvernement de consensus et d'union nationale. Malheureusement, l'idée d'une concertation nationale sur le sujet a été par la suite abandonnée et les vicissitudes traditionnelles de la politique haïtienne ont repris le dessus.* (Ricardo Seitenfus, <u>René Préval: le florentin des Caraïbes.</u> Nouvelliste 7 mai 2015).

Bien que très conforté de ses avances dans les sondages ou des déficiences de communication durant les campagnes électorales, Préval était un candidat muet qui n'arrivait pas à faire de promesses. S'il y a une chose qui diffère Préval des politiciens traditionnels haïtiens, c'est qu'il ne parle guère. Cependant, au pouvoir avec un chef de gouvernement qui non seulement connaissait la problématique haïtienne, puisqu'il était déjà Premier ministre durant la première administration de Préval, et qui avait aussi le soutien de la communauté internationale, la nouvelle équipe voulait faire peau neuve.

Dans ses grandes lignes de politique générale, la plateforme Espwa, à travers le gouvernement de M. Alexis, promettait de moderniser le système judiciaire, de résoudre le problème des anciens militaires démobilisés, des gangs armés et, du même coup, de doter le pays d'une police professionnelle bien équipée, élément important pour éradiquer les problèmes d'instabilité et d'insécurité.

Jacques Edouard Alexis (*9 juin 2006–12 avril 2008*)

Le chef du gouvernement Jacques Edouard Alexis prônait la stabilité politique comme outil indispensable pour que les investisseurs nationaux et internationaux puissent rentrer et investir dans le pays. Il promettait aussi une croissance économique et une bonne gouvernance du système politique, qui devrait passer nécessairement par des réformes structurelles de l'État, la décentralisation, la transparence et la lutte contre la corruption. Dans l'objectif de promouvoir l'investissement privé et la relance de l'économie, sans tenir compte de la vulnérabilité des familles et de la situation précaire dans lequel vivait le peuple haïtien, le chef du gouvernement emprunta, selon les vœux des bailleurs de la communauté internationale, le chemin de la privatisation des entreprises publiques de l'État, telles l'énergie et les télécommunications. Mis à part le choix économique, le problème de l'insécurité restait un grand défi pour cette nouvelle équipe.

Paradoxalement, même avec les soldats de la force internationale de la MINUSTAH, les premiers mois de

270

gouvernance du Premier ministre Alexis ont été sabotés par des gangs armés qui kidnappaient, assassinaient et semaient le désordre dans les quartiers chauds et de non-droit des régions proches de la capitale. De l'opération Bagdad I à Bagdad II en 2006, le kidnapping recommençait en effet, comme au temps du gouvernement de transition de 2004, pour, pendant longtemps, endeuiller la société haïtienne. Cette impunité totale avait, spectaculairement, conduit à '' *Un long cortège de morts, de kidnappés, de personnes rançonnées, de commerçants ruinés, un règne de terreur du banditisme sous les yeux impuissants de la police nationale et des forces des Nations-Unies* (Herold Jean François).

Ces moments étaient des preuves tangibles que le gouvernement avait failli à sa tâche de rétablir l'ordre et la sécurité au pays. Ainsi, pour se resaisir de ce mal qui terrorisait la population, le chef du gouvernement et son équipe cherchait, à travers des intructions faites aux policiers nationaux, à faire preuve de beaucoup plus de fermeté, de sorte qu'il puisse vraiment rétablir sécurité et stabilité, conditions indispensables au développement durable de la croissance économique.

Malheureusement, Jacques Edouard Alexis, celui qui avait reçu la confiance de Préval en deux occasions pour diriger le gouvernement, se trouvait, après deux ans de gestion, dépassé par la recrudescence de la violence, la chèreté de la vie, l'insécurité et le chômage. Cependant, la montée des prix des produits alimentaires, enregistrée un peu partout dans le monde, allait causer son départ. Haïti, pays où la majorité de la population vit dans le chômage, avec au moins 2 dollars par jour et par habitant, a été, dès lors, très vulnérable. Dès les premiers jours du mois d'avril 2008, un mouvement de soulèvement a vu le jour dans la ville des Cayes pour protester contre le gouvernement du Premier ministre Alexis.

Durant le week-end qui précéda les dérapages à Port-au-Prince, lors d'un point de presse, le chef du gouvernement, tout en faisant preuve d'irresponsabilité, déclara qu'il ne pouvait rien faire face à la montée des prix des produits alimentaires. Il resta néanmoins en poste.

L'élargissement de cette crise alimentaire au niveau national, mais surtout à la capitale haïtienne, devait provoquer de violentes manifestations ou presque dix personnes ont été tuées, des dizaines d'autres blessées avec de nombreux dégâts matériels. Comme les manifestants brûlaient et saccageaient certaines maisons de commerces de la place, tout le pays attendait une intervention du Président de la République, afin de calmer les manifestants. Pendant des heures, la télévision d'État annonça que le Président allait adresser un message à la nation. Ce n'est cependant que plus de trois jours après que le chef de l'État a, pour ne rien dire, adressé des mots à la population haïtienne.

Comme le chef de l'État et son Premier ministre étaient impuissants face à ce qui se passait dans le pays, ainsi, ce soulèvement forçait des sénateurs de la quarante-huitième Législature à convoquer M. Alexis au Parlement pour le censurer le samedi 12 avril 2008.

Du 9 juin 2006 au 12 avril 2008, M. Alexis avait presque deux ans pour prouver non seulement sa capacité académique, mais aussi ses connaissances et expériences des problèmes politiques, économiques et sociaux d'Haïti. Il avait aussi deux ans pour compléter tout ce qu'il ne pouvait pas réaliser pendant le temps qu'il avait passé à la Primature, lors du premier mandat de René Préval. S'il voulait vraiment se porter candidat aux prochaines élections présidentielles, le Premier ministre devait, contraire-ment aux dernières élections de mai et de novembre 2000, montrer aux acteurs nationaux et internationaux qu'il pouvait faire mieux. Malheureusement, tel n'avait pas été le cas.

272

‘ '*Quand René Préval revint au pouvoir en 2006, il fit appel à Jacques Edouard Alexis comme premier chef de gouvernement de sa deuxième présidence. Alexis assuma cette fonction pour la seconde fois le 9 juin 2006. Dirigeant un gouvernement pluraliste composé des membres du parti du Président René Préval, de ceux de FUSION, de l'Organisation du Peuple en Lutte (OPL) et du parti de l'ancien Président Aristide, Lavalas, il fut la cible de plusieurs secteurs qui l'accusaient de laxisme envers les membres du gouvernement provisoire de Gérard Latortue et son manque de détermination face aux crises qui enfoncèrent le pays. Les émeutes de la faim d'avril 2008 eurent enfin raison de lui. Il fut renvoyé le 12 avril 2008 par une simple motion de censure parlementaire..*’'

L'agronome Alexis, qui bénéficiait du plein soutien de la communauté internationale, est parti en laissant un bilan négatif dans la gestion de la chose publique. L'histoire retiendra qu'il fut le premier chef de gouvernement à avoir été censuré par le Parlement de la République. On se souviendra aussi que, pendant ses deux gouvernances à la primature, M. Alexis a été le symbole de tous les contrastes et de toutes les confusions.

Quoique renvoyé par le Parlement, à défaut à pouvoir trouver immédiatement un autre Premier ministre pour le remplacer, Jacques Edouard Alexis et son équipe restèrent pourtant en charge pendant quatre mois à la Primature, pour liquider les affaires courantes.

Négociation pour trouver un remplacement a M. Alexis

Aux termes de plusieurs jours de consultations entre la classe politique et le Président Préval, le 27 avril 2008, le citoyen Ericq Pierre, un proche de Préval, qui, depuis une dizaine d'années, représentait Haïti à la Banque Interaméricaine de

Développement, fut désigné pour succéder à M. Alexis à la Primature.

Âgé de 63 ans, comme Jacques Edouard Alexis, M. Pierre était un agronome de formation. Il avait même avant l'arrivée de M. Alexis à la primature en 1999, déjà été désigné comme Premier ministre, mais malheureusement il n'avait pas été ratifié par le Parlement haïtien. Ce qui explique qu'il n'était pas nouveau dans cette affaire de désignation comme chef de gouvernement. Malheureusement, une fois de plus, Erick Pierre fut écarté dès la première étape de ratification. Le 12 mai, il se heurta à une forte opposition des députés majoritaires du CPP.

Contre toute attente, le Président devait, à la suite de l'échec de son ami Erick Pierre, jeter son dévolu, en date du 12 juin, sur son principal conseiller politique, Robert Manuel qui, lui aussi, allait connaître le même sort que M. Pierre. Il avait été écarté par les députés majoritaires du groupe CPP à la Chambre Basse. Sur un total de quatre-vingt-cinq députés présents lors de la séance de ratification, cinquante-sept ont voté contre la désignation de Robert Manuel au poste de Premier ministre, vingt-deux ont voté pour et six se sont abstenus. Les parlementaires qui étaient défavorables à la ratification de M. Manuel ont évoqué, lors de cette séance de ratification, le problème du nombre d'années de résidence de Manuel dans le pays, puisque lors de sa démission forcée du poste de Secrétaire d'État à la Sécurité publique le 7 octobre 1999, il vivait en exil au Panama. Il était seulement revenu en Haïti pendant les élections présidentielles de son ami Préval en 2006.

Tout en analysant le choix de ces deux personnalités par le chef de l'État, plus d'un se questionnait sur les raisons réelles que cachaient ces désignations. Voulait-il gagner du temps puisqu'il n'était pas sans savoir que ces deux candidats

274

allaient, dès leurs premières étapes de ratifications, rencontrer des obstacles au Parlement ? Le premier avait été écarté pour la même raison technique qui l'avait disqualifié lors de sa première désignation par le Président en 1997. Il était alors visible que le second allait directement faire face à un problème constitutionnel dû à cinq ans de résidence à l'étranger. Le nombre d'années que M. Manuel avait passé au pays, était, à l'époque, inférieur à trois ans.

Face à ces deux objections, il fallait, comme le stipulait la constitution, recommencer le processus pour trouver un remplaçant à Alexis, renvoyé depuis avril.

Michèle Duvivier Pierre-Louis (6 septembre 2008-30 octobre 2009)

Lors d'une rencontre au Palais National avec les présidents des deux chambres, en date du 23 juin, le Président leur a fit part de son choix de Madame Michèle Duvivier Pierre-Louis comme chef de gouvernement désigné pour remplacer Jacques Edouard Alexis. Avant la ratification de ce choix, la vie privée et intime de Mme Michèle Pierre-Louis avait fait l'objet de nombreux questionnements dans la presse, la classe politique et le Parlement. Ils parlaient tous de l'orientation sexuelle Madame Pierre Louis comme un handicap à briguer le poste de Premier ministre.

Entre-temps, le pays était frappé par les cyclones Gustave, Hanna et Ike. Après quelques mois de tractation et de négociation entre l'exécutif et la classe politique, le Parlement avait, finalement, entériné la nomination de Madame Michèle Duvivier Pierre-Louis au poste de Premier ministre. Avec cette approbation, après Madame Claudette Werleigh (1995-1996/Aristide premier mandat), Madame Pierre-Louis est devenue la deuxième femme à la tête de la Primature. ' *'Son successeur, Madame Michele Pierre-Louis*

275

(troisième personnage à être désigné à ce poste par le Président après la motion de censure) avait été ratifiée le 3 septembre 2008 après que le Président Préval eut essuyé les revers du Parlement durant le processus de ratification de ses deux précédentes nominations. Des controverses autour de son orientation sexuelle avait en faillite *faire dérailler le processus de sa ratification"*

En entrant en fonction le 5 septembre 2008, Madame Michèle Pierre-Louis est devenue le successeur d'Alexis. Si la crise des émeutes de la faim avait forcé un groupe de sénateurs à convoquer M. Alexis et son gouvernement au Sénat pour finalement le censurer 12 avril 2008, par contre, plus que la moitié de son cabinet avait été reconduite dans l'administration de Madame Pierre-Louis. Alors se posait cette question : M. Alexis était-il le fusible qu'on devait faire sauter pour sortir des intérêts personnels du clan ? Puisqu'il n'était pas logique de forcer un chef de gouvernement à partir, alors que presque tous ses ministres étaient restés en poste… ?

Quoi qu'il en soit, il y avait urgence pour d'autres promesses politiques. La nouvelle équipe, par l'entremise du chef de la Villa d'Accueil, Madame Pierre-Louis, se proposait de combattre les problèmes chroniques que connaissait le pays depuis des années : l'insécurité, la corruption et l'impunité sous toutes ses formes. *"Garantir la paix publique, maintenir la cohésion sociale, contribuer à l'apaisement politique au sein d'une société rétive au changement pacifique et au consensus et organiser des élections générales transparentes et impartiales"*, telles étaient les grandes lignes politiques du chef de la Primature.

Les défis du nouveau gouvernement

Madame Pierre-Louis était, mis à part les dégâts des cyclones Gustave, Hanna et Ike, arrivée à la Primature dans un contexte beaucoup plus difficile que son prédécesseur. Les défis qui attendaient son équipe étaient de taille puisque, selon un rapport du Programme des Nations Unies pour le développement (PNUD), 56 % des Haïtiens se trouvaient dans une situation précaire, vivant avec moins de 1 $ par jour, 77 % d'autres avec moins de 2 $. Sur quatre Haïtiens, trois étaient en chômage. Même ceux qui travaillaient ne connaissaient qu'un chômage déguisé puisqu'ils ne pouvaient pas, avec leur maigre salaire, répondre aux premiers besoins de leurs familles. Quant aux employés de la fonction publique, bon nombre d'entre eux, certaines fois, voyaient passer des mois sans recevoir leurs salaires.

De plus, avec l'instabilité politique et la recrudescence d'une insécurité chronique, bon nombre d'entreprises avaient été obligées de fermer leurs portes. *"L'économie haïtienne est pratiquement anéantie, outre le trafic illégal des stupéfiants, qui compte pour 14 % de la cocaïne importée aux EUA. L'exode de la classe moyenne et des professionnels reste un handicap majeur. Enfin, l'agriculture – la principale source d'alimentation et de revenus des Haïtiens – est minée par la déforestation de 97 % du territoire"* Alors que les élèves des classes primaires apprennent qu'Haïti est un pays essentiellement agricole… !

Face à ce tableau accablant, il y avait urgence pour une compétente et dynamique équipe qui soit capable de faire non seulement des impacts, mais aussi d'imposer des solutions durables. Mais au moment où des experts de la crise haïtienne analysaient les défis auxquels faisait face la nouvelle Première ministre, Madame Pierre-Louis, pour des raisons politiques et d'intérêts mesquins, avait été convoquée par un groupe de sénateurs de la République.

Convocation de Madame Pierre-Louis au Sénat

Un an à peine après son arrivée à la Primature, Michèle D. Pierre-Louis était interpellée au Parlement de la République par ceux-là même qui l'avait soutenue, particulièrement les sénateurs de la plateforme politique Lespwa et leurs alliés. Selon eux, le principal motif de cette interpellation était que *''Le gouvernement a gaspillé 197 millions de dollars américains, provenant du programme Pétro caribe, dans des projets bidons au lieu de s'attaquer aux problèmes d'infrastructures du pays. L'impossibilité de justifier l'emploi de ces fonds a jeté le doute sur la gestion du Premier Ministre Michèle Duvivier Pierre-Louis qui a servi de bouc émissaire..''*

En examinant les raisons de l'interpellation de Madame Pierre-Louis, un analyste du dossier d'Haïti avait posé cette question, à savoir comment des interpellateurs comme Wencesclass Lambert, Moïse Jean Charles, John Joël Joseph et Anacacis Jean Hector, qui étaient des alliés farouches de Madame, étaient devenus en une année ses bourreaux. Le mot « bourreau » n'est pas trop fort puisque, lors de la convocation de Madame Pierre-Louis, le Sénateur Joseph Lambert, frère ainé de Wencesclass (Sud Est), a déclaré au cours d'une intervention dans une station de radio de Port-au-Prince que *''Madame Pierre-Louis est comme une bête qui va à la boucherie. Elle ne sortira pas vivante (madan m lan se tankou yon bet ki prale labatwa).''* Sûr de lui-même et des tractations déjà préparées au Sénat, Joseph Lambert déclarait que, si Madame Pierre-Louis n'était sanctionnée par aucun vote de censure, il démissionnerait de son poste de sénateur.

Pour comprendre cette prompte interpellation, plusieurs cas de figures sont à considérer dans les scénarios qui y ont conduit. En convoquant Madame Pierre-Louis, ces sénateurs de 'l'Espwa' voulaient-ils se venger des autres collègues ? En effet, Evalière Beauplan, Youri Latortue, Edmonde Suplice Beauzil, Rudy Hérivaux, Andris Riché et consorts avaient, lors du soulèvement des émeutes de la faim, convoqué et censuré M Alexis sans leurs consentements le 12 avril 2008. Ou bien, ces sénateurs interpellateurs s'en prenaient-ils à Madame Pierre-Louis essentiellement pour la mauvaise gestion des 197 millions de dollars du fonds d'urgence post-cyclonique ? En intervenant dans des émissions de radio de la capitale haïtienne, les sénateurs de 'Lespwa' qualifiaient « d'album-photo » le rapport financier présenté par le chef de la Villa d'Accueil, qui était en leur possession. Ou bien voulaient-ils tout simplement faire partir le chef du gouvernement, histoire d'anticiper sur un quelconque obstacle qui pourrait les impliquer dans la mauvaise gestion de ce même fond de 197 millions ? Autant de questions obscures autour de l'interpellation des parlementaires de 'Lespwa'.

Contrairement à M. Alexis, Madame Pierre-Louis et toute son équipe avaient boudé l'interpellation des sénateurs. Au Sénat de la République en ce jeudi 29 octobre 2009, cette séance laissait le souvenir d'un Parlement médiocre. C'était une comédie de mauvais goût que ce débat à sens unique, puisque moins d'une dizaine de sénateurs, particulièrement Youri Latortue, Evalière Beauplan, Roudy Heriveaux, Madame Edmonde Supplice Beauzil et Andris Riché, avaient monopolisé pendant des heures cette séance de la honte. Si les sénateurs de 'Lespwa' étaient majoritaires en nombre, ils étaient pourtant, en termes de capacité, très inférieurs. Bon nombre d'entre eux étaient fiers ce jour-là de dire qu'ils n'étaient pas là pour faire des débats. Ils étaient venus, disaient-ils, juste pour censurer Madame Pierre-

Louis. Et on pouvait constater leur impatience quand le Président du Sénat, Dr. Kelly C. Bastien, qui était lui aussi un des leurs, voulait faire appliquer les normes et principes qui accompagnaient la lettre de convocation.

Entre-temps, comme d'habitude, la population vaquait à ses activités quotidiennes. Pour les gens des classes défavorisées, la convocation et même la destitution du Premier ministre importaient peu. Selon un groupe d'étudiants de la Faculté d'Ethnologie, *''sa kap fet lan pa gade nou. Se men m man pareyman. Yo se menm kabrit tomazo/ Ce qui se passe ne nous regarde pas. Ils sont tous des gens d'une même famille''*

Quoi qu'il en soit, comme son prédécesseur, Madame Pierre-Louis devenait, le 30 octobre 2009, elle aussi, l'objet d'une censure de la part des parlementaires de la Chambre haute. Elle avait été emportée par les vagues et ambitions politiques machiavéliques des leaders traditionnels haïtiens qui faisaient n'importe quoi pour satisfaire leurs petits intérêts de clan. Ainsi, avec ce départ, Président Préval se trouvait dans l'obligation de désigner un autre chef de gouvernement pouvant succéder à Madame Pierre-Louis.

Joseph Jean Max Bellerive

Encore une fois, le processus de désignation d'un Premier ministre recommençait. Contrairement aux derniers chefs d gouvernements désignés, le Président Préval n'était pas allé par quatre chemins pour trouver le remplaçant de Madame Pierre-Louis. Comme le veut la Constitution de 1987, avec les présidents des deux chambres du Parlement, le nom de M. Joseph Jean Max Bellerive avait été cité. Le choix fut rapidement fait. Ainsi fut-il facilement aussi ratifié par les deux chambres. *''Ce dernier, désigné le 30 octobre 2009*

par le Président René Préval, fut ratifié moins d'une
semaine, un record dans les annales des ratifications''.

Que pouvait-on espérer de M. Bellerive ? Avait-il le bagage intellectuel requis et assez d'expérience pour réussir ? Si oui, serait-il vraiment libre des tractations politiques du Palais National, des manœuvres du Parlement et, plus particulièrement, des ingérences de l'international ? Autant de questions pour l'arrivée en poste du nouveau chef de la Primature.

En devenant Premier ministre, Joseph Jean Max Bellerive, ancien titulaire au ministère de la planification et de la coopération externe, avait conservé 11 ministres sortant de l'ancien gouvernement de Michèle Duvivier Pierre-Louis. Ce qui montrait que le handicap était le chef du gouvernement. Comment pouvait-on reprocher à un chef de gouvernement, jusqu'à même le sanctionner pour cela, sa mauvaise gouvernance de la chose publique quand on reconduisait plus de la moitié de son équipe ? En tout cas, s'il était facile pour M. Bellerive d'obtenir sans grandes difficultés la confiance des deux chambres du Parlement, il n'en demeurait pas moins que les problèmes économiques, politiques et sociaux que connaissait le pays restaient les mêmes. Face à ces obstacles, la solution mérite beaucoup plus d'expertises et de bonnes volontés que de promesses politiciennes.

Contrairement à son prédécesseur, M. Bellerive avait une certaine expérience dans la gestion de la chose publique. Les enjeux étaient de taille, mais malheureusement peu de temps après, on voyait un chef de gouvernement se laisser influencer par un Président Préval. Au lieu d'éradiquer les vrais problèmes du pays, ce dernier, comme auparavant, poursuivait de préférence la création des commissions pouvant réfléchir et faire des recommandations sur des sujets comme l'économie, la sécurité et la force publique, l'éducation, la justice et l'amendement de la Constitution de 1987. Recommandations qui, dans bien des cas, étaient

281

restées dans les tiroirs du pouvoir exécutif.c'était dans ce contexte que se situait, sous le couvert manipulé du pouvoir exécutif et d'un Conseil Électoral Provisoire (CEP) complice, l'organisation des élections législatives de février 2010 pour renouveler quatre-vingt-dix-neuf députés et onze sénateurs. Durant toute cette période, le pouvoir exécutif était décrié, du fait de l'utilisation des fonds du trésor public et l'utilisation des bureaux du Palais National à des fins politiques.

Pour parvenir à la création d'une plateforme politique appelée 'Inité' dont l'idée était d'arriver à un éventuel contrôle dans les deux chambres de la prochaine Législature, le chef de l'exécutif soudoyait à tous les niveaux des élus en fonction aussi bien que des membres influents, des cadres et des dirigeants d'autres partis politiques. Donc, *"le changement de gouvernement n'était motivé ni par le souci d'efficacité ni par la récherche de résultats. En remplaçant Madame Pierre-Louis par Monsieur Joseph Jean-Max Bellerive, ancien ministre de la Planification et de la Coopération Externe dans les précédents gouvernements, Président Préval avait opté pour le changement dans la continuité"*

C'était dans cette Haïti, avec un avenir incertain malheureusement fait de machinations politiques de l'équipe au pouvoir, que survint la catastrophe meurtrière du 12 janvier 2010. *"Le gouvernement de Jean-Max Bellerive eut à faire face à une crise sans précédant dans l'histoire du pays suite au seisme dévastateur du 12 janvier 2010, et n'a pas su montrer le type de leadership qu'on espérait.."*

Le tremblement de terre du 12 janvier 2010

Pendant que l'exécutif et le Conseil Électoral Provisoire (CEP) mettaient en place les structures pour des élections frauduleuses pouvant donner une certaine légitimité au Président Préval dans ses ambitions mesquines de continuité, se produisit le terrible événement du 12 janvier. Comme les autorités haïtiennes en fonction passaient, d'ordinaire, plus de temps à manipuler les institutions étatiques et à détourner des fonds publics pour leur réussite personnelle, elles n'arrivaient pas toujours à voir ni à comprendre le développement anarchique des bidonvilles. En quoi cela devaient-ils les intéresser puisqu'ils pouvaient toujours se cacher derrière leurs petits monuments en béton au cas d'urgence ? En cas de maladie, ils pouvaient toujours acheter un ticket pour aller se soigner à l'extérieur comme par exemple à Cuba, aux États-Unis et dans certains pays d'Europe. En quoi cela pouvait-il les intéresser puisque leurs familles, dans la majeure partie des cas, ne vivaient pas en Haïti ? Pour eux, environnement, infrastructures, décentralisation, justice sociale ne sont que de simples mots. Quoique dans la foulée, l'histoire retiendra que M. Préval avait, bien entendu à travers le CNE (Centre National des Èquipements), déployé des efforts pour améliorer certains grands résaux routiers du pays. Mais ce n'était pas suffisant pour que le pays puisse faire face à une catastrophe naturelle comme celle du tremblement de terre de 12 janvier.

Pour certains dirigeants, Haïti est comme le commerçant bourgeois qui a son magasin aux Croix des Bossales ou dans le bord de mer. Il habite dans les hauteurs, mais descend chaque jour en ville dans les fatras, la boue, les ordures pour amasser de l'argent (des gourdes sales). Selon Dany Laferrière, ''*La bourgeoisie haïtienne c'est comme la classe affaires d'un avion qui sait qu'il y a une bombe en classe économique et qui pense qu'elle ne sera pas touchée quand la bombe explosera*''.

Comme les dirigeants politiques, la famille du bourgeois haïtien qui exploite le pays, fort souvent, vit à l'étranger. Ses enfants, pendant un certain temps, savaient aller en Europe pour des études universitaires, mais depuis des décennies, il a, de préférence, envoyé ses enfants dans les grandes universités nord-américaines. Juste le temps de faire le voyage de moins de deux heures entre Port-au-Prince et la Floride le week-end, puis retourner à Port-au-Prince très tôt le lundi matin. Il ne connaît pas la Citadelle Laferrière, Labadee, etc, mais il voyage toujours en Europe, en Amérique et d'autres continents pour ses vacances et faire des achats.

Quand il ne veut pas prendre l'avion, il conduit juste quelques heures pour aller se ravitailler et s'amuser de l'autre côté de la frontière, afin de ne pas rester, si ce n'est pour une affaire de fric ou de plaisir sexuel, dans cette capitale sale, sans infrastructure, sans électricité, ceinturée de bidonvilles. Ce bourgeois est l'exemple classique des autorités haïtiennes.

Ce qui compte, pour beaucoup de dirigeants haïtiens, c'est le détournement des fonds publics vers des banques étrangères, les plaisirs sexuels et les belles voitures – même lorsqu'il n'y a pas de routes pour les faire rouler. Leur compréhension d'une réussite politique se situe dans le cadre personnel, familial et clanique. Ils se moquent complètement de leurs communautés et les gens qui les ont élus. Si ouvertement ils font campagne sur des programmes politiques bidons, une fois arrivés au timon des affaires de l'État, ils ne visent, tout en utilisant leurs statuts hommes et femmes d'État, que les fonds publics et matériels du pays, pour faire des voyages, régler leurs affaires familiales et de clans.

Bref, c'est cette Haïti-là, avec des dirigeants sans vision qui, meutrièrement, fut frappée par le tremblement de terre du 12 janvier. Selon Daly Valet dans l'éditorial du Matin 'Ras-le-bol' du lundi 19 avril 2010 : ' *Le séisme du 12 janvier a asséné le dernier coup de pioche fatal à ce qu'il restait de Port-au-Prince. Notre capitale était devenue une sorte de poubelle à ciel ouvert. En fait, ce tremblement de terre n'a fait qu'apporter une signature naturelle à un acte de décès dressé par les habitants de la ville eux-mêmes et ses gestionnaires successifs depuis 1986. Cette descente ininterrompue aux enfers est à inscrire dans l'ordre des dommages directs et collatéraux de l'incurie et de la mal-gouvernance. Les élites militaires putschistes, la gent lavalassienne et cette ribambelle d'objets politiques volants non identifiés de l'ère post-duvaliérienne n'ont fait que se servir grassement, mais non servir gracieusement. De l'État central aux municipalités, la République dans son entièreté, une et indivisible, périclitait. Jusqu'à l'actuelle dislocation. Désastres transversaux. Marasmes multisectoriels. Absence de vision ? Incompétence ? Quelle qu'en serait la cause, le bilan de ceux-là qui se disputaient et se tuaient pour le contrôle des vestiges de l'État bancal et atrophié duvaliérien est là. La crise de gouvernance et l'inconséquence des élites. Le pays et sa capitale implosaient parce que médiocrement administrées".*

Ce 12 janvier, des édifices publics comme le Palais National, les Ministères, des écoles privées et publiques aussi bien que des églises protestantes et catholiques, particulièrement la Cathédrale de Port-au-Prince et le quartier général des bureaux des Nations-unies qui se trouvait à l'Hôtel Christopher, ne furent pas épargnés par ce tremblement de terre dévastateur d'une magnitude 7.3. Dans l'effondrement de Christopher avaient péri les numéros 1 et 2 de l'organisation mondiale en Haïti. *"Le séisme de Haïti est la plus grave catastrophe naturelle à laquelle les Nations Unies ont eu à faire face en raison des dégâts causés par les secousses aux services de l'État haïtien et aux ONG internationales présentes sur place",* a fait savoir l'ONU. *' 'La destruction de bâtiments gouvernementaux et la mort de nombreux fonctionnaires haïtiens rend plus difficile le travail humanitaire que lors du tsunami en Asie en 2004",* a expliqué Elisabeth Byrs, porte-parole du Bureau de coordination des Affaires humanitaires de l'ONU.

Pour un pays sans grandes infrastructures, ce tremblement de terre avait semé le désespoir en Haïti. Le soir du séisme du 12 janvier 2010, c'est une population affolée dans des zones affectées des régions métropolitaines de Port-au-Prince aussi bien dans d'autres villes du pays comme Léogane et Jacmel qui, par sursaut de survivre, a *"investi les rues, les places publiques, les espaces vides ainsi que les centres sportifs dans le but d'éviter les vestiges des édifices menaçant à tout moment de tomber"*. Rapidement, des camps se sont constitués. Port-au-Prince était devenue la capitale des tentes.

Pendant les premières heures du séisme, les autorités haïtiennes, dans toutes leurs composantes, étaient complètement inexistantes. Comme il n'y avait pas de dirigeants responsables et concernés pour répondre à une catastrophe d'une telle magnitude comme celle du tremblement de terre, la population fut abandonnée à ses seules ressources pour gérer ses problèmes quotidiens dans la cité. *"Plusieurs camps sont gérés par des comités qui y assurent, autant que possible la cohabitation journalière incluant les règles d'utilisation des toilettes et des douches communes, le nettoyage des camps, la représentation du camp auprès des organisations non gouvernementales lors des distributions. Le nombre de familles qui y vivent, le nombre de femmes enceintes et le nombre d'enfants sont recensés par ces comités qui y effectuent un travail énorme. (Alter Press, le 4 mars 2010).*

Si ce seisme a montré l'échec de l'international dans le cadre de ces projets de développement dans ce petit pays de la Caraïbe, par contre, il a aussi mis au grand jour les faiblesses du gouvernement de Préval/Bellerive á pouvoir diriger Haïti. *Aux yeux de la Communauté internationale, le Préval garant de la stabilité a disparu avec le tremblement de terre du 12 janvier 2010. Non seulement il a changé profondément de comportement, mais en plus les défis du pays étaient d'une* *autre nature, exigeaient d'autres aptitudes.* S'il y avait jusque-là un mariage presque parfait entre Préval et le moment historique haïtien, marqué par l'accalmie politique et la stabilité macro-économique, le séisme a inévitablement entraîné un divorce traumatisant. Le 12 janvier, Préval devait présider une cérémonie organisée pour le 150e anniversaire de la Faculté de droit de l'Université d'État d'Haïti (UEH), qui aurait lieu en fin d'après-midi à l'hôtel Karibe. Au départ réticent, il avait finalement accepté l'invitation. Il avait quitté le Palais National en direction de la résidence officielle à Canapé Vert, avant de se diriger vers Pétion-Ville, quand le drame a eu lieu. Il a échappé deux fois à la mort: parce qu'il ne se trouvait pas dans le Palais National quand celui-ci s'est effondré, ni à l'intérieur de la résidence officielle située dans l'une des zones les plus affectées par le tremblement de terre et également en ruine. Choqué, absent, silencieux, Préval était une ombre du Président que le pays aurait eu besoin pendant les premières semaines qui ont suivi la catastrophe. Ses nombreux critiques regrettent qu'il n'ait pas fait appel à l'union nationale et au peuple pour la reconstruction. En fait, il a tenté de se remettre en silence du coup qui l'avait laissé à genoux.* (Ricardo Seitenfus, <u>René Préval: le florentin des Caraïbes.</u> Nouvelliste 7 mai 2015).

Au moment où le Président Préval, le chef de la Primature Bellerive et son équipe étaient critiqués pour leur incompétence dans la gestion de la crise du séisme du 12 janvier, les autorités parlementaires pensaient à proroger le mandat du Président de la République au-delà du 7 février 2011.

La prorogation du mandat de René Préval approuvé par les parlementaires

Comme, du fait du tremblement de terre, les élections législatives de février 2010 n'avaient pas pu être organisées pour le renouvelement du mandat des parlementaires, c'était sous forte pression et manifestations de l'opposition que ces 99 députés et 11 sénateurs de la 48ème Législature, entrée en fonction comme le Président de la République en mai 2006, avaient mis fin à leurs quatre ans de mandat le lundi 10 mai 2010. C'était aussi en cette période troublée de fin de mandat des parlementaires que, sous formes de pressions, de tractations et de compromis politiques, les législateurs de la Plateforme Espwa et ses alliés ont approuvé la prorogation du Président René Préval qui, au lieu du 7 février, devait prendre fin le 14 mai 2011.

Si M. Préval ne pouvait rien faire au cours de leur madat de cinq ans, avait-il vraiment besoin de quelques mois de prolongation pour réaliser ce qu'il ne pouvait pas faire en cinquante-sept mois ? *"Menm si yo bay Préval 5 kan anko, li pap rive fe anyen/ Même avec un autre mandat de cinq ans, Préval ne fera rien"*, avait déclaré un étudiant de la Faculté d'Ethnologie qui protestait au cours d'une manifestation qui avait eu lieu au Champ de Mars contre la prolongation du mandat du Président.

Non seulement le mandat de l'équipe au pouvoir était arrivé à terme, mais compte tenu de leur incompétence dans la gestion des affaires de l'État, leur départ était plus qu'une urgence. En surplus du tremblement de terre du 12 janvier 2010 et le projet de reconstruction, il y avait aussi les crises politiques, économiques et sociales que seule une équipe compétente et expérimentée peut resoudre, si on voulait toutefois parler de développement durable. D'où la nécessité d'élections générales en fin d'année 2010. *La fin du second mandat du Président*

Préval n'aurait pas pu être plus problématique. Contre vents et marées, le chef d'État tentait de maintenir un minimum de normalité dans le pays. Mais la mission était d'autant plus difficile que l'heure était venue de choisir son successeur. Et comme cela se produit toujours dans de telles circonstances, la tension allait crescendo ; en plus, à la crise politique-électorale s'ajoutaient les dilemmes de la construction et de la propagation de l'épidémie de choléra. Malgré cela, les confrontations politiques et électorales ont rapidement remplacé les besoins pourtant urgents de reconstruction et d'éradication du choléra. Maître du temps politique, du silence et de l'esquive, Préval a réussi à être épargné par les crises humanitaires. Il n'aura pas la même chance avec la crise électorale déclenchée par sa succession et sera finalement battu sur le terrain politique, son domaine de prédilection; un destin ironique pour quelqu'un habitué à navi guer sur les tumultueuses eaux politiques haïtiennes et qui a dominé l'histoire récente du pays. (Ricardo Seitenfus, <u>René Préval: le florentin des Caraïbes.</u> Nouvelliste 7 mai 2015).

Les élections du 28 novembre 2010

Au moment où certains secteurs de l'opposition, avec de faibles manifestations des rues, réclamaient le départ du chef de l'État et du Conseil Electoral Provisoire (CEP) qu'ils jugeaient incapable d'organiser des élections crédibles, le chef civil de la Mission des Nations-unies pour la Stabilisation en Haïti (MINUSTAH), Edmond Mulet dans son rôle de pro-consul, fut le premier à annoncer l'organisation des élections générales pour le 28 novembre 2010. Suite à cette déclaration, le CEP aussi bien que le Président Préval, puisque que le chef de la MINUSTAH l'avait voulu, annonçaient le scrutin pour la fin de l'année 2010. C'était sur cette base qu'au cours d'une intervention au forum des Affaires, commerce et investissement au Club

Indigo, Préval eut à déclarer à la presse en date du 11 juin 2010 que le peuple serait, sous peu, convoqué à ses comices.

De 1987 à 2010, il y avait eu 13 élections en Haïti. Aucune d'elles n'était sans reproche, par excès ou par défaut. À l'exception de celle du 16 décembre 1990, quand elles n'avaient pas été manipulées par des hommes forts au pouvoir, elles étaient influencées par la communauté internationale. C'est ce qu'a écrit le professeur Guy-Michel Vincent dans un article titré les *élections : un casse-tête haïtien,* publié dans les colonnes du *Nouvelliste,* le 10 juin 2010. L'article du professeur *"traduit la réalité tumultueuse des élections en Haïti, plus précisément de 1946 à 1986, et la période post-duvaliériste depuis le massacre de la ruelle Vaillant le 29 novembre 1987 jusqu'à la journée électorale troublante vécue dans le Plateau central le 19 avril 2009.."*

C'était dans un contexte difficile que, en dépit des critiques et manifestations contre l'exécutif et le CEP en termes de sa capacité à pouvoir organiser des élections honnêtes dans le pays, le secrétaire général adjoint de l'OEA, comme tant d'autres secteurs de la communauté internationale, voulait à tout prix l'organisation d'élections en Haïti. *''Il est vital d'organiser les élections en vue de préserver la stabilité politique en Haïti'',* a indiqué l'Organisation hémisphérique *dans un communiqué au cours d'une réunion de haut niveau sur le processus électoral en Haïti.* Selon le Secrétaire adjoint de l'OEA, Albert Ramdin, *''Il est extrêmement important pour l'OEA, les Nations Unies, la CARICOM et les autres partenaires d'Haïti de jouer leur partition en vue de créer des conditions favorables à l'organisation des élections''*

Alors que les décombres du tremblement de terre du 12 janvier 2010 étaient encore visibles dans toutes les régions métropolitaines de Port-au-Prince et d'autres villes comme Léogane et Jacmel, le pays avait à faire face à une épidémie.

Cette dernière avait immédiatement plongé le département de l'Artibonite et ses environs dans une nouvelle crise.

Le choléra, une crise de plus.

Comme toutes les institutions haïtiennes, le système de santé *''n'était pas préparé et ne possédait ni les connaissances ni l'expérience nécessaires pour faire face à une crise de santé publique de cette envergure''* Selon le rapport de l'UNICEF intitulé *les Enfants d'Haïti- un an après-Des secours à la reconstruction : un long parcours,* paru en janvier 2011 : *''La situation s'est encore assombrie vers la fin de l'année quand une épidémie de choléra a provoqué une nouvelle situation d'urgence en Haïti.... Le choléra a plongé le pays dans une nouvelle crise-touchant les 10 départements du pays, tandis que le vibrion du choléra se propageait rapidement et que la transmission s'ccelérait après le passage de l'ouragan Tomas au début du mois de novembre. La maladie frappe le plus lourdement en dehors de Port-au-Prince, dans les régions les plus difficiles à atteindre, caractérisées par une absence totale de services sociaux de base en raison du sous-développement.* »[94]

Au moment où, fin octobre 2010 et dans les régions de l'Artibonite, on découvrait les premiers cas de choléra, le pays était déjà soumis à cette fièvre électorale. Les panneaux, les affiches et photos des candidats aux présidentielles et législatives, préparés avec les grands moyens financiers, étaient partout. Face à cette crise épidémique et le constat d'échec de l'État, les idées étaient divisées entre la poursuite des élections et leur report. Les arguments étaient abondants sur le sujet, mais là encore, tout dépendait du placement des uns et des autres dans la course électorale. Donc, c'était sur le

---

[94] *Les enfants d'haiti- un an après-Des secours à la reconstruction : un long parcours.* Janvier 2011, p.7.

fond d'une crise dans une autre, puisque les cicatrices du tremblement de terre étaient encore bien ouvertes, avec une épidémie de choléra en surplus, que le peuple devait aller aux urnes pour renouveler les élus.

Origine du choléra

Dès les premiers jours, lorsque l'épidémie de choléra commençait à faire des victimes au sein de la population artibonitienne, déjà on s'interrogeait sur son origine. Au fil des jours, des informations faisaient croire que la première cause de cette contamination était bien l'eau du fleuve de l'Artibonite. Dans un pays où l'accès à l'eau potable est un luxe, le fleuve était la principale source de consommation pour les habitants des zones environnantes. Si tel était le cas, à savoir que l'eau du fleuve était à l'origine de cette maladie, alors d'où pourrait bien venir cette contamination ?

Pour trouver un élément de réponse à ce problème de choléra, plusieurs hypothèses avaient été prises en considérations, dont la plus évidente était l'évacuation des toilettes d'une base de la MINUSTAH dans la zone concernée. Selon Amélie Baron, correspondante de *Radio France Internationale (RFI)* à Port-au-Prince *"La source de contamination estconnue depuis plusieurs jours : c'est bien l'eau du fleuve Artibonite, et sa consommation par les habitants des zones environnantes, qui est la cause des milliers de cas. Sur ce qui pourrait avoir souillé l'eau du fleuve, les hypothèses sont multiples mais l'évacuation des toilettes d'une base de la Minustah (mission de l'ONU) est pointée du doigt.."*

Pour évaluer la situation et avoir une idée sur les causes de l'épidémie, une visite des autorités médicales du pays, particulièrement du Dr. Gabriel Thimoté, directeur général du ministère de la Santé Publique, avait eu lieu dans la région. Cette visite rentrait aussi dans le cadre de la prophylaxie : comment soigner les malades et, du même coup, éviter la propagation de l'épidémie dans la région et le reste du pays. *"C'est la compagnie haïtienne Jetco qui fait la collecte des excréments humains dans cette base qui est située à Mel, à l'entrée de Mirebalais. Donc, nous sommes allés sur place, nous avons parlé avec eux... nous allons peut-être enquêter pour connaître la manière dont elle traite les déchets en question, vu qu'elle est en contrat avec la Minustah pour la gestion de ces déchets"*, poursuit la correspondante de RFI, Amélie Baron.

Selon Lima Soirélus dans son article *Origine du choléra: autres études, même résultat,* publié dans les colonnes du *Nouvelliste,* en date du 21 septembre 2011, les Népalais étaient les causes du choléra en Haïti. M. Soirélus écrit ce qui suit: *"utilisant des techniques de traçage pour étudier l'épidémie de choléra en Haïti, des chercheurs de Translational Genomics Research Institute (TGen) et de l'Université technique du Danemark (DTU) ont confirmé une fois de plus l'origine népalaise du choléra en Haïti. Ces études, conduites de manière plus minutieuse que d'autres dont les résultats ont été publiés en 2010 et en 2011, révèlent que comparés avec des échantillons népalais, 10 vibrions cholériques venant d'Haïti ont présenté des similitudes patentes. Le rapport établit que l'ADN (acide désoxyribonucléique) de 24 échantillons de choléra (de la bactérie Vibrio cholera) de cinq districts différents du Népal était pratiquement identique à celui de 10 échantillons de choléra d'Haïti"*

Bref, pendant que les décombres du tremblement de terre du 12 janvier 2010 étaient encore visibles dans les zones touchées et que l'épidémie du choléra faisait des morts par milliers dans tout le pays, les élections générales faisaient leur chemin. Une élection, bien entendu, dans un premier temps, taillée sur mesure par la communauté internationale puisque c'était Edmond Mulet, le représentant des Nations-unies en

Haïti, qui avait été le premier à annoncer le scrutin pour le 28 novembre. Et dans l'autre cas, le pouvoir en place, à travers un CEP manipulé, voulait tout rafler, à savoir les importantes municipalités, mais surtout la présidence et une majorité de parlementaires. Mais de toutes les manipulations des uns et des autres, l'élimination du parti *Fanmi Lavalas* de la course électorale avait soulevé des doutes quant à la crédibilité de ce scrutin. Malgré ces doutes, beaucoup esperaient qu'elles puissent avoir lieu, vu leur importance.

L'importance des élections du 28 novembre

Les enjeux du scrutin de la journée du 28 novembre 2010 étaient importants non seulement par ce que c'étaient á travers de ces élections que devraient sortir 99 députés, 11 sénateurs et un président de la république, mais dans le cadre du processus de reconstruction, il s'averait nécessaire que ces futures dirigeants soient non seulement compétents, mais crédibles aussi. Compétents, puisque, mis á part l'administration de quatre mois du professeur Maigat, la gestion politique des vingt-neuf années de post duvalier était une affaire de médiocre. Donc il a fallu á travers des choix différents, conduire des dirigeants valables á tous les niveaux des appareils étatiques du pays. Questions de montrer á la jeunesse haïtienne et au reste du monde qu'il existe encore des valeurs dans cette république.

L'élection de ces élus était beaucoup plus importante, puisque la continuité que l'équipe au pouvoir voulait faire avaler le peuple n'était pas de mise. Ainsi face aux candidats du pouvoir, particulièrement le candidat á la présidence Mr. Jude Celestin (Directeur du CNE/Centre National d'Équipement), la population devait imposer une rupture avec l'émergence d'une nouvelle classe politique au timon des affaires du pays. La crédibilié des nouveaux dirigeants pouvant négocier dans le cadre des projets de réconstructions avec les partenaires de l'international était d'une importantance á nulle autre pareille, que le pays ne devait pas répéter les mêmes erreurs des élections législatives de mai et présidentielles de novembre 2000. Mais, dans la foulée, que pouvait on esperer quand l'équipe au pouvoir, avec des candidats á tous les niveaux, avait leur propres agendas. Quand était-il de la communauté internationale qui influençait toujours les grandes décisions politiques au pays? Malheureusement á l'encontre du pays et des masses défavorisés.

Quoiqu'il en soit, après quelques semaines de campagnes mouvementées pour certains candidats avec de grands moyens économiques, timidement, l'idée des élections faisait son chemin. Cependant, á mesure qu'on avançait dans le processus, comme l'épidémie du choléra continuait nationalement de faire des morts dans la population, donc á quelque jours des élections, il y avait un débat très houleux entre les candidats qui voulaient l'organisation du scrutin et ceux-la qui reclamaient son report. Mais ceux-la qui étaient bien placés dans les sondages s'étaient, chaque jour, plus determiné á aller aux élections. Ainsi, ils ne rataient jamais l'occasion pour dire que seuls de nouveaux dirigeants issus des élections peuvent, dans le cadre du processus de négociation avec l'international et de reconstruction en général, approcher le problème avec d'autres visions de modernité.

Entre-temps, avec le support de l'international et d'autres institutions étatiques du pays, le Conseil électoral provisoire (CEP), dirigé par Gaillot Dorsainvil, mettait dans les dix départements du pays, les bouchés doubles pour l'organisation des élections á la date retenue. Comme le processus faisait son chemin, donc il n'était plus questions si les élections devreient avoir lieu, mais plutôt seraient elles crédibles.

Ainsi, comme il était prévu, tôt dans la matinée du dimanche 28 novembre 2010, la population était motivée pour faire de ces joutes un succès. Mais quelque part, dans les laboratoires infernals, déjà, á travers des tractations politiques on machinait, que ce soit pour le poste de président, députés et sénateurs, des élections frauduleuses pour des candidats. ' *'Depuis l'absence des bulletins du parti le plus populaire jusqu'aux irrégularités du jour du vote, dont de nombreuses mentions de bourrage d'urnes et le rejet de nombreux électeurs des listes électorales, ces élections ont été une farce évidente du début à la fin''*, a affirmé le co-directeur du Center for Economic and Policy Research (CEPR), Mark Weisbrot, dans un communiqué publié le soir du 28 novembre 2010''.

Ce même constat d'irrégularités avait éte fait aussi par certains observateurs et experts nationaux. ' *'Suite au scrutin du 28 novembre, de nombreux observateurs nationaux - le Conseil National d'Observation des Élections (CNO), L'Initiative de la Société Civile (ISC), Le Réseau National de Défense des Droits Humains (RNDDH), Le Centre d'Éducation, des Recherches et d'action en Sciences Sociales et pénales (CERESS), le Conseil Haïtien des Acteurs Non Étatiques (CONHANE) et Mouvman Fanm Actif Kafou (MOFKA) - ont dénoncé « la façon désastreuse dont se sont passées les élections législatives et présidentielles du 28 novembre 2010 ''*, écrivent-ils dans un communiqué publié au lendemain du scrutin. Plusieurs citoyens ont perdu leur vie ou ont été grièvement blessés ; des bulletins parallèles ont été frauduleusement introduits dans le circuit; des centres de vote ont été saccagés ou incendiés ; des bulletins réguliers ont été emportés, déchirés ou renversés ; beaucoup de bureaux ont été fermés de façon anticipée sans procès-verbal »*, constatent-ils. Ces observateurs pointaient le pouvoir du doigt : "la mise en place d'une machine politique partisane au niveau des délégations et des collectivités territoriales ; le changement arbitraire et illégal des superviseurs et des membres de bureaux de vote ; les difficultés données aux mandataires et aux observateurs pour remplir* *leur fonction dans certains bureaux représentent les gouttes d'eau qui ont fait déborder le vase".*

Pourtant au moment ou dans des grandes ambassades de Port-au-Prince, á travers des tractations politiques, la communauté internationale, cherchait, de ces élections, á sauver ce qui pouvait être encore sauvé, á Caribe Convention Center, á Petion-Ville, il y avait une importante rencontre entre les candidats á la présidence. Ils étaient au nombre de 12 candidats á se réunir dans l'après midi du dimanche 28 pour demander l'annulation de ce scrutin. M. Jude Celestin, candidat que supportait le pouvoir exécutif de M. Préval, lui n'était pas présent.

Dans la foulée, était il possible la demande d'annulation de ces candidats lorsque les vingt-neuf (29) á trente (30) millions de dollars US dépenser durant le processus, venait des contributions de la communauté internationale. Donc selon certains analystes qui réflechissaient sur une possibilité de réprise de ces élections, ils se disaient, seule la communauté internationale pouvait décider si elle était prête á re-investir dans un autre scrutin de ce genre.

Mis á part la rencontre des candidats aux présidentielles á la Caribe Convention Center, M. Martelly et ses supporteurs étaient dans les rues de Pétion Ville et de Delmas pour auto proclamer leur victoire. Comment conprendre Martelly qui était á Caribe demandant l'annulation du scrutin, puis que quelques minutes après, avec un groupe de manifestatants, il parlait un autre discours. Inconsistance, c'est le style propre d'un politicien traditionel haïtien. Bref, ses partisans étaient très mobilisés. Manifestations qui, selon les lois électorales en vigeur, étaient interdites. Par cet acte, Martelly et ses supporteurs voulaient re-inventer l'action des lavalassiens qui, á travers des manifestations au lendemain même du 16 décembre 1990 s'etaient auto-proclamé la victoire de leur candidat. A la seule différence, les élections du 16 décembre 1990 étaient non seulement crédibles, mais le candidat Aristide était bel et bien le gagnant de ce scrutin. Il n'avait pas besoin des experts de l'OEA pour avaliser les résutats. Au contraire, si á l'époque il était possible, l'organisation hemisphérique et de puissantes ambassades á Port-au-Prince imposeraient un résultat défavorable au candidat lavalas, consideré trop á gauche.

Entre-temps, les autorités de l'institution électorale donnaient une conférence de presse en fin de soirée pour prendre le contre pied de tous ceux qui critiquaient le scrutin. Selon le président du Conseil électoral provisoire, Gaillot Dorsinvil, la journée a été "bouclée et réussie". *''Le CEP indiquait aussi que le scrutin a été annulé dans seulement 56 centres de vote sur 1 500. Cela ne représentait "que 3,5 % des centres de vote"*, affirmait Mr. Gaillot, président du CEP. Les membres du CEP présents déclaraient qu'ils n'étaient pas au courant de la demande d'annulation des 12 candidats à la présidence : *"La demande d'annulation formulée par la majorité des candidats n'est pas formelle"*, affirmait le directeur général du CEP, Pierre-Louis Opont. *"Le CEP ne peut pas se prononcer sur une requête qui n'est pas formelle"*, avait-t-il dit. *"Les candidats prennent une position politique, nous, nous faisons un travail technique"*, avait-t-il poursuivi.

Pendant que certains candidats á la présidence demandaient l'annulation du scrutin, entre-temps, la communauté internattionale, á travers le Chef de la MINUSTAH en Haïti, elle cherchait la formule magique pour sauver le scrutin. Si pour beaucoup, la journée du 28 novembre 2010 était une mascarade électorale, quant á Edmond Mulet, Chef de la Minustah, il avait, au cours d'une interview accordée à l'AFP, déclaré que tout s'était bien passé: *"En général, tout se passe bien, tout est paisible. Il y a eu quelques incidents à*

Desdunes (région de l'Artibonite d'Haïti), des incidents mineurs. C'est la fête électorale ''.

Si le Chef de la MINUSTAH gardait une attitude positive vis-à-vis de la journée électorale du 28 novembre, alors que dans l'après midi même de cette joute, au cours d'une réunion entre les missions diplomatiques accreditées en Haïti, les opinions étaient divisées en termes de ceux-la qui voulaient le départ du Président Préval et ceux-la qui voulaient qu'il restait au pouvoir. Si tout était bien passé, que devaient-ils lui reprocher, jusqu'à même le demander á quitter le pouvoir ?

Dans l'intervalle, coincé par les hommes du pouvoir et les puissantes ambassades occidentales à Port-au-Prince, l'institution électorale publiait un résultat partiel du scrutin. Cependant, selon ce qui se discutaient dans les ambassades et des missions diplomatiques dans le pays, ce résultat ne réfletait pas les intérets de l'international.

Résultat partiel des présidentielles et législatives du 28 novembre 2010

Une étude faite par Eric Sauray immédiatement après les élections du 28 novembre 2010 révèle que le taux de participation des présidentielles et législatives était très faible. Face á ce constat, la question méritait d'autant plus d'attention puisque ces élections devraient mobiliser beaucoup plus de monde non seulement par ce qu'elles ont été organisées dans un contexte très difficile de reconstruction du pays après le séisme dévastateur du 12 janvier, mais elles devraient être aussi l'occasion pour renouveler l'équipe lavalassienne toutes versions qui depuis vingt ans occupait la scène politique. Le scrutin était trop important pour que l'on assiste á un taux de participation aussi faible.

Quoi qu'il en soit, le taux de participation du résultat partiel du conseil électoral provisoire était, selon Eric Sauray, de 22,87%. *'' On est loin des 60% de participation de 1990. On est également loin des 8 % des élections chaotiques de novembre 2000 qui ont permis à Jean-Bertrand Aristide d'accéder une seconde fois à la tête de l'Etat haïtien. Les deux extrêmes écartés, on constate néanmoins que le taux de participation est en dessous de la moyenne de 26% établie en fonction du taux de participation constaté à partir des statistiques des six premières élections présidentielles ayant précédé celle-là. Mais, plus que le taux de participation, c'est le taux d'abstention de 77,13% qui doit interpeller. Ce faible taux de participation ou ce taux élevé d'abstention révèle une distance des citoyens avec la chose publique et leur peu d'intérêt pour l'élection présidentielle qui, jusque-là, était pour eux l'événement structurant de la vie politique haïtienne. En 24 ans, les citoyens haïtiens ont appris qu'une élection présidentielle ne changeait rien en Haïti. Elle est le plus souvent la cause de l'aggravation des crises. Elle n'est pas la solution. Elle est le vrai problème''.*

Pour mieux comprendre l'étude faites par Eric Sauray et le faible taux de participation, le suivant est le tableau illustrant le parti, le nombre de votant aussi bien du pourcentage de chaque candidat aux présidentielles du 28 novembre 2010.

CANDIDATS	PARTI	Suffrages	Pourcentage
Mirlande Manigat	RDNP	336, 878	31.37 %
Jude Célestin	INITE	241,462	22.48 %
Michel Joseph Martelly	Repons Peyizan	234, 617	21.84 %
Jean-Henry Céant	Renmen Ayiti	87,834	8.18 %
Jacques Édouard Alexis	MPH	32,932	3.07 %

Charles-Henri Baker	RESPE	25,512	2.38 %
Jean Chavannes Jeune	ACCRHA	19,348	1.80 %
Yves Cristalin	LAVNI	17,133	1.60 %
Leslie Voltaire	Ansanm Nou Fò	16,199	1.51 %
Anne Marie Josette Bijou	Indépendante	10,782	1 %
Génard Joseph	Solidarite	9,164	0.85 %
Wilson Jeudy	Force 2010	6,076	0.57 %
Yvon Néptune	Ayisyen pou Ayiti	4,217	0.39 %
Jean Hector Anacacis	MODEJHA	4,165	0.39 %
Léon Jeune	KLE	3,738	0.35 %
Axan Delson Abellard	KNDA	3,110	0.29 %
Garaudy Laguerre	Wozo	2,802	0.26 %
Gérard Marie Necker Blot	Platfòm 16 desanm	2,621	0.24 %
Eric Smarcki Charles	PENH	2,597	0.24 %

Une telle participation dans une situation de crise et d'instabilité permettait à plus d'un de vérifier, en termes de popularité sur le terrain, le poids politique, les capacités académiques et la crédibilité des candidats à pouvoir bien mobiliser l'électorat. Un électorat qui, après le tremblement de terre du 12 janvier, était évalué à près de 4 millions de votants. On pouvait constater que, face à de tel résultat, il était évident qu'aucun candidat n'était doté d'un charisme suffisant pour, à partir d'approches bien élaborées, convaincre l'électorat en termes de résolution des mesures d'urgences, à savoir les grands défis structurels et conjoncturels que connaissait le pays. Il ne s'agissait pas seulement de s'inscrire dans le processus électoral pour le plaisir de le faire, mais tout candidat qui aspirait à occuper un poste électif devait, à travers sa séduction et son programme de charme, accompagner le peuple dans sa lutte pour le changement. ' *'Les résultats montrent également que les candidats n'ont pas su séduire les citoyens. Si le premier recueille 31,37% des suffrages, le second n'en recueille que 22%. Mais, on constate que les cinq (5) premiers totalisent à eux seuls 86,94% des suffrages. À l'inverse, les neufs (9) derniers ne totalisent que 3,58% des suffrages. 50% des candidats n'ont pas fait plus de 1%. Ils ne sont que 4 candidats à avoir dépassé 5% des voix. Cela fait ressortir une vraie hiérarchie entre les candidats''*

Sauray continuait ainsi : ' *'Cela veut surtout dire que certaines candidatures n'étaient pas légitimes. Ces candidatures ont parasité le débat politique. Les candidats concernés ont raté leur test de popularité. Ils devraient retenir la leçon, si jamais le scrutin devait être annulé. Bien entendu, il ne nous revient pas de dire, qui peut ou ne peut pas être candidat. Néanmoins, les résultats sont là pour rappeler chacun à un certain réalisme et à une certaine modestie. Ils incitent à dire qu'une compétition qui peut se jouer à 4, ne doit pas se jouer à 18. Enfin, il faut préciser ce type de hiérarchie ressort de toutes les élections présidentielles organisées en Haïti depuis novembre 1990. Ainsi, Jean-Bertrand Aristide et Marc Bazin avait écrasé leurs adversaires. Ils étaient les seuls à recueillir plus de 5% des suffrages exprimés. À eux deux, ils avaient obtenu plus de 81% des voix. En 1995, René Préval était le seul à dépasser les 5%. Il en est de même de Jean-Bertrand Aristide en 2000. En 2006, il y avait 35 candidats, ils n'étaient que 4 à dépasser les 5%. 25 d'entre eux avaient obtenu un score inférieur à 1%..''*

Les enjeux de ces élections étaient d'une importance telle que le peuple, avec ses bulletins de vote, ne devait pas prendre chance avec ceux-là qui, dans le passé, étaient des officiels de haut rang dans les gouvernements précédents. Le futur Président de ce pays était trop important pour que le peuple puisse, dans le cadre d'une continuité, reconduire d'anciens dirigeants incompétents durant la première magistrature suprême de l'État. C'est ce que souligne Eric Sauray dans son étude sur les élections. ''*Par ailleurs, on constate également que le fait d'avoir été Premier Ministre ne donne pas de légitimité pour devenir Président de la République. Cela ne rend ni crédible, ni populaire. En effet, les deux anciens Premiers ministres ont fait des scores très faibles. Jacques Edouard Alexis est 5ème avec 3,07% des voix. Yvon Neptune est 13ème avec 0,39% des voix*''

Lors de bien des élections, le peuple a toujours été très sévère envers certains candidats à la présidence. Mais, pour mieux comprendre les scores insignifiants de ces candidats, surtout de tous ceux qui avaient occupé de postes très élevés dans l'administration publique, il fallait se placer dans un contexte de dégoût de ces masses défavorisées envers la classe politique traditionnelle aussi bien qu'envers l'élite intellectuelle de ce pays.

Ajoutez à cela que le financement avait, lui aussi, joué un rôle primordial. Ce qui aurait dû, dans les prochaines élections, constituer un élément de réflexion pour les candidats indépendants et les petits partis politiques qui s'engageraient dans la course électorale. '*Les faibles scores de ces candidats devraient constituer un élément de réflexion pour l'avenir en termes de financement public des campagnes électorales. Il ne serait pas absurde de fixer un seuil minimum de votes obtenus pour qu'un parti ait le droit de se faire rembourser une partie des frais exposés à l'occasion d'une élection. Cela aura peut-être un effet dissuasif sur les candidats qui savent qu'ils n'ont aucune chance*''

Mais le plus important de tous ces questionnements était le message de rupture que le peuple voulait lancer au candidat du pouvoir en place, lequel avait basé toute sa tournée de campagne sur la continuité. Mais comment parler de continuité de l'État quand il était visible que l'équipe sortante n'avait rien à présenter, en termes de résultats, pour convaincre la population à voter pour le candidat du pouvoir ? ' *'Les résultats partiels traduisent nettement un rejet du pouvoir en place. En effet, Jude Célestin, candidat du pouvoir ne recueille que 22% des voix. Malgré les moyens financiers et malgré la machine électorale dont il disposait, c'est un euphémisme de dire qu'il n'a pas séduit les électeurs. C'est la première fois que le représentant du parti dominant fait un score aussi faible. Jusque-là, le représentant du parti dominant avait gagné l'élection présidentielle au premier tour. Le rejet du pouvoir en place peut , dans un premier temps, être interprété comme un rejet du candidat. Mais, quand on va plus loin dans l'analyse, on constate que les 7 candidats issus de la mouvance au pouvoir ne recueillent que 38% des suffrages. Le pouvoir sortant a été sanctionné. Il est minoritaire. Mais, son rejet n'est que relatif. Il ne se manifeste qu'à travers le candidat à l'élection présidentielle, puisque toutes les informations, publiées à ce jour, laissent entendre que le parti Inite gagnera les législatives et que compte tenu de la nature du régime, on devrait s'acheminer vers une cohabitation. Ainsi, paradoxalement, Jude Célestin pourrait devenir Premier Ministre alors que le peuple semble ne pas en vouloir comme Président de la République. Cette subtilité a nécessairement échappé aux citoyens peu initiés aux finesses du régime instauré par la Constitution de 1987. Elle va piéger ceux qui la connaissaient mais qui se sont, malgré tout, présentés aux élections présidentielles en négligeant de préparer les législatives. Cela témoigne bien de l'amateurisme de la quasi-totalité des partis politiques haïtiens''*, affirmait Eric Sauray.

Toujours dans son analyse du scrutin du 28 novembre 2010, Sauray pensait que l'élection était gagnable au premier tour par l'opposition. En 2006, au lieu d'envoyer un candidat unique face à un Réné Préval qui bénéficiait d'un soutien incommensurable du côté de l'électorat Lavalas, la classe politique de l'opposition, avec pluisieurs candidats dans la course, avait divisé l'électorat. Les mêmes erreurs ont été commises par les candidats de l'opposition lors des élections 2010. Les mêmes causes produisaient les mêmes effets.

Plusieurs cas de figure pouvaient expliquer cela. À chaque élection, la classe politique est divisée. Il y avait un groupe qui, au départ, voulait participer au scrutin et un autre qui, catégoriquement, refusait de le faire, alors qu'un troisième attendait toujours le dernier moment. C'est ce phénomène de marronnage qui a déjà été expliqué dans les chapitres précédents. Donc, on ne peut pas gagner quand on est indécis. Ensuite, comment comprendre une classe politique pourtant mobilisée pour le départ d'Aristide en 2004 mais qui ne pouvait pas, deux ans après, se regrouper autour d'un seul candidat ? Lors des élections présidentielles de 2006, presque 50% des votes de l'électorat étaient divisés entre les candidats dans l'opposition. Alors que Réné Préval, le candidat avec le momentum, après décompte et partage des votes blancs, avait eu 51%, donc le maximum pour gagner les élections. Encore une fois, il est presque impossible de gagner quand on est divisé.

En 2010, l'opposition voulait, à travers ceux-là qui avaient participé au processus électoral, rompre avec la continuité tant décriée par l'équipe gouvernementale. Quoiqu'il soit important de mentionner que presque tous les candidats aux présidentielles étaient non seulement de tendance Lavalas, mais avaient été dans le temps soit ministres ou Premiers ministres. Mais si on prend en considération le score des deux candidats les mieux placés, qui étaient, jusqu'à cette

305

date, considérés comme des *"outsiders dans l'État"*, on pouvait comprendre que les élections étaient acquises à l'opposition dès le premier tour. *' 'Si on additionne les scores de Madame Mirlande Manigat et de Monsieur Michel Martelly on obtient 53% des voix. À l'inverse, même si le camp du pouvoir sortant place trois (3) de ses candidats parmi les cinq (5) premiers, il ressort qu'il ne devrait pas gagner ces élections. En effet, les trois (3) candidats du pouvoir sortant ne totalisent que 33,73% des voix. De plus, même en additionnant les scores des 7 candidats qui, parce qu'ils ont été ministres ou anciens premiers ministres sont issus du pouvoir en place, on n'obtient pas plus de 38% des voix. De ce fait, le candidat du pouvoir susceptible d'être au second tour, n'a théoriquement plus de réserve de voix. Cela permet d'affirmer que si l'opposition s'était organisée, l'issue de l'élection présidentielle aurait sans doute été différente, compte tenu du rejet du candidat du pouvoir''*

Parmi toutes les préoccupations, si les irrégularités électorales n'avaient pas trop d'importance pour l'international, par contre, les résultats partiels du premier tour de scrutin le 28 novembre 2010, c'était un autre cas de figure. *« Pas question de Mirlande Manigat ni de Jude Celestin ! »* disait avec arrogance un diplomate en poste en Haïti.

Entre-temps, insatisfaits des résultats partiels de l'institution électorale, des sympathisants du candidat Michel Martelly sortaient dans les rues. À travers de nombreuses manifestations qui avaient eu lieu dans certaines régions du pays, particulièrement dans le département du Sud, ils mettaient le feu dans des bureaux publics. Déjà, à l'horizon, se dessinait le spectre effrayant des répercussions incertaines. Ainsi, comme arbitre des grandes décisions politiques en Haïti, l'OEA avait été invitée à se retrancher de la crise post-électorale.

Pendant que, d'une part, les experts de l'OEA cherchaient la formule magique pour résoudre le problème électoral du 28 novembre 2010, par surprise, mais manipulé par une frange de l'international, était arrivé à l'aéroport de Port-au-Prince celui qui avait, pendant presque quinze ans, dirigé Haïti.

Le rétour en Haïti de l'ex-dictateur Jean-Claude Duvalier

Après presque vingt-cinq ans de son exil en France, l'ancien dictateur d'Haïti de 1971 à 1986 est revenu au pays dans l'après-midi du dimanche 16 janvier 2011. En quelques minutes, la nouvelle a fait écho dans les stations de radios et chaînes de télévisions locales et internationales. *''C'est avec un grand sourire que Jean-Claude Duvalier, vêtu d'un costume bleu foncé, met les pieds sur sa terre natale. Il a été accueilli par environ 300 personnes venues acclamer le « bon papa Jean-Claude », comme disent certains. Que leur répond celui qui a été chassé de ses terres en 1986 ? « Je suis venu aider mon pays », affirme l'ancien Président sans donner plus de précisions sur l'objectif de son retour''*

L'arrivée du dictateur au pays laissait l'impression d'une certaine complicité locale et internationale. La France, le pays où il était en exil depuis vingt-cinq ans, ne pouvait pas donner d'explications. Les autorités d'Haïti, elles aussi, faisaient comprendre que c'était à la grande surprise de tout le monde que M. Duvalier était rentré au pays. *''Il est vrai que l'arrivée de ''Baby Doc'' a de quoi étonner plus d'un Haïtien, à commencer par le gouvernement qui ne l'attendait visiblement pas. Les autorités françaises et américaines ainsi que la Minustah ont été elles aussi prises au dépourvu. Le ministère des Affaires étrangères français confirmait ce lundi 17 janvier ne pas avoir été informé du retour de Jean-Claude Duvalier.* Cette même note poursuit : *"M. Duvalier a embarqué à Paris sans que cela déclenche une quelconque alarme. Il possède un passeport haïtien et aucune interdiction de quitter le territoire français", a indiqué au Nouvelliste, une source gouvernementale. Un proche de la présidence haïtienne a affirmé ne pas avoir été informé de cette arrivée »*

Au moment où le pays faisait face à une grave crise électorale, ce n'était pas chose facile que de faire croire, même aux plus novices de la politique haïtienne, que le dictateur avait choisi par hasard de rentrer en Haïti. Pourquoi ne l'avait-il pas fait pendant les régimes militaires de transition ? C'était presque le même scénario pour Roger Lafontant. Il était rentré au pays en juillet 1990, alors que le gouvernement de transition parlait d'elections générales dans le pays. Avait-il une mission ? Pourquoi il n'avait pas été arrêté, alors que la police disposait d'un mandat d'amener contre lui ?

Complicité, surprise ou ignorance, peu importe le mot utilisé pour expliquer le retour de Jean-Claude Duvalier. C'était par une forte couverture policière que l'homme fort des années 70 et 80 avait été escorté des bureaux de l'immigration à la sortie de l'aéroport. *''Il est difficile à croire cependant que « Baby Doc » a choisi la date de son retour par pur hasard, le jour même où l'OEA s'apprêtait à finaliser les résultats du premier tour en accord avec le Président Préval. Mais quel rôle jouera-t-il dans le processus électoral ? On en saura plus dans les jours qui viennent. Reste à savoir comment les jeunes Haïtiens (50% de la population a moins de 18 ans), qui n'ont connu que les coups d'États et la précarité, accueilleront l'ancien Président. Chevalier blanc ou vieux fantôme du passé ? Jean-Claude Duvalier n'a pour l'instant donné aucune indication sur le rôle qu'il envisage de jouer sur la scène politique de son pays. Selon l'ambassade française à Port-au-Prince, l'ancien Président haïtien possède un billet de retour pour la France le 20 janvier''*

Comme les anciens présidents d'Haïti Daniel Fignolé et Paul Eugène Magloire, lors de leur rentrée d'exil en 1986, Duvalier avait été accueilli à l'aéroport par un groupe de gens composé de ses anciens collaborateurs, mais surtout des jeunes qui ne le connaissaient même pas.

Ses amis et collaborateurs étaient non seulement âgés, mais ils paraissaient aussi, épuisés. Écartés du pouvoir pendant vingt-cinq ans, ils n'étaient pas nombreux, ceux-là qui avaient eu la chance de trouver un emploi dans les administrations post-Duvalier. Donc, en surplus de leur âge avancé, certains de ces duvaliéristes de l'aéroport paraissaient eux aussi victimes des problèmes sociaux et des crises économiques que connaissait le pays.

Quant aux jeunes qui, pour la plupart, ne connaissaient même pas Duvalier, ils étaient dans les parages pour accueillir chaudement celui qui avait dirigé Haïti pendant quatorze ans.

Deux cadres figures pouvaient expliquer l'accueil chaleureux que ses jeunes avaient réservé á M. Duvalier. Comme ils n'étaient pas encore nés lors du départ du dictateur ou si oui, ils n'étaient que des enfants en bas âges, donc selon toute vraisemblance, ils étaient, soit payé ou manipulé pour être á l'aéroport.

Dans d'autres cas, ils pouvaient être là par conviction puisque, depuis le départ de Duvalier en 1986, rien, en termes de progrès, n'avait été réalisé par les gouvernements post-Duvalier. Il était donc normal pour eux de montrer leur soutien à l'ancien Président. Probablement, en grandissant, ils pouvaient bien entendre leurs parents ou grands-parents dire que : *bagay yo pat konsa sou divalye. La vi an pat che konsa. Menm si se avek makout yo, te konn gen sekirite. La ri an te konn pwop/ Les choses n'étaient pas ainsi sous Duvalier. La vie n'était pas aussi chère. Même avec les macoutes, il y avait de la sécurité. Les rues étaient propres.* Quant a un diplomate européen qui vivait à Port-au-Prince depuis trente ans : *''Ce qui est sûr c'est que beaucoup d'Haïtiens ressentent une certaine nostalgie du gouvernement Duvalier. Au moins, à l'époque, les rues étaient propres, on pouvait se promener en toute sécurité et les services publics fonctionnaient correctement »,*

Dans l'intervalle *''Sur les ondes des radios haïtiennes, beaucoup de gens interrogés dans la rue se réjouissaient du retour de « Baby Doc. » Mais d'autres rappelaient à la population l'héritage sombre des années Duvalier (1971-1986). Parmi eux, la veuve du journaliste Jean Dominique, assassiné en 2000. Des organisations de défense des droits de l'homme ont d'ailleurs appelé les autorités haïtiennes à traduire en justice l'ancien Président. Ainsi, le RNDDH (Réseau national de défense des droits humains, une organisation haïtienne), souhaite que Jean-Claude Duvalier réponde devant la justice des nombreux crimes et des vols qu'il a commis durant son règne.''*

Dans l'introduction du livre du docteur Rony Gilot, *Jean-Claude Duvalier ou la chance galvaudée,* on peut lire ce qui suit : *''Au début de l'an 2011, Jean-Claude Duvalier est revenu au pays, tombé comme d'un parachute dans un concert de louanges des uns et un océan de persécution de la part des autres. Les plaintes de particuliers pleuvent comme grêle, défiant les délais de la prescription. Avec une superbe brochette d'avocats et de juristes, il se démène contre des accusations de vol, de concussions, de corruption et de crimes contre l'humanité. Et nul ne sait comment il s'en tirera''*[95]

Duvalier était donc rentré au pays. Si les opposants au régime ne cachaient pas leurs frustrations quant à l'entrée du

[95] Dr. Rony Gilot. *Jean-Claude Duvalier ou la chance galvaudée.* Imprimeur II 2011.

dictateur, dans le camp des macoutes, il y avait beaucoup d'émotion. Pendant des jours, sa présence fit d'actualié dans des émissions à caractère politique.

En dépit de tout ce qui pouvait en découler, en termes de réjouissances des uns et de critiques des autres, il n'empêche qu'un second tour des élections restait en perpsective. Et c'était un test important de survie pour la démocratie en Haïti.

Second tour des élections et le résultat de l'OEA

Du premier scrutin du 18 janvier 1988 à celui du 7 février 2006, toutes les élections présidentielles post-Duvalier en Haïti ont toujours été bouclées dès le premier tour. Mis à part les élections controversées du 18 janvier 1988, toutes les autres ont toujours eu des candidats assez bien placés, non seulement pour faire une différence dès le premier tour, mais aussi capable de drainer toute une majorité permettant à leur plateforme politique de gagner également des postes de maires, de députés et de sénateurs.

Aristide était si populaire en 1990 qu'il était non seulement capable de remporter le scrutin avec 67% des voix, mais encore sa popularité avait-elle permis à sa plateforme politique FNCD (Front National pour le Changement et la Démocratie) d'accaparer la majorité de postes de maires, de députés et de sénateurs.

Tel a été aussi le cas pour Réné Préval lors des présidentielles de décembre 1995. Effectivement, lors de ce scrutin, grâce au soutien d'Aristide qui, surtout après son exil de trois ans de Washington (États-Unis), était encore politiquement très fort sur le terrain, Préval et l'OPL (Organisation du Peuple en Lutte) avaient gagné la présidence avec un fort pourcentage de députés et de sénateurs à la 46ème Législature.

Les élections présidentielles de novembre 2000 étaient contestées, certes, par la classe politique d'alors, mais il demeure un fait incontournable : quel que soit le candidat de l'opposition, et ceci même avec une alliance, il ne pouvait pas gagner contre Aristide. À l'époque, sa popularité diminuait considérablement, mais pas assez pour craindre qui que ce soit dans l'opposition. Il restait fort assez pour battre même ses meilleurs opposants.

En 2006, la plateforme Espwa (Espoir) et le candidat René Préval, à la recherche de son second mandat, avaient eux aussi gagné dès le premier tour. Pourtant, certains voulaient faire croire qu'il y avait matière à débat pour un second tour. Mais compte tenu des irrégularités dans certains bureaux de votes, après un consensus entre l'international et la Commission Electorale d'alors, la formule des votes blancs avait été appliquée pour donner la victoire au candidat de l'Espwa.

Contrairement à ce qui s'était passé lors des élections précédentes ci-mentionnées, où l'absence du parti *Fanmi Lavalas* provoquait la carence d'un candidat populaire pouvant gagner dês le premier tour, surtout avec l'ingérence de l'OEA, un second tour eut lieu lors des élections présidentielles de la honte du 28 novembre 2010.

OEA, arbitre des grandes décisions en Haïti

Avec pour objectifs *de garantir la paix et la sécurité du continent; d'encourager et consolider la démocratie représentative dans le respect du principe de non-intervention;* l'Organisation des États Américains était invitée à plancher sur un acte de souveraineté qui devait être résolu par des Haïtiens, particulièrement par les membres du CEP.

Après plusieurs jours de décompte des bulletins de vote, l'organisation hémisphérique a tranché. À partir des tractations

312

politiques, bien entendu entre la communauté internationale et les autorités de Port-au-Prince, les experts de l'OEA ont donné, succesivement, Mirlande Maninagat et Michel Joseph Martelly comme les deux candidats pouvant participer au second tour des présidentielles. Le candidat du pouvoir, Jude celestin, était ainsi écarté.

Alors que M. Celestin avait, dans tous les sondages, été placé en seconde position après Madame Manigat, comment avait-il pu parvenir à la troisieme place ? L'électorat avait-il au dernier moment changé sa position envers le poulain du Président ? Ou peut-on incriminer le sondage qui donnait toujours M. Celestin en seconde position ? Mais c'était ce même sondage qui donnait toujours Madame Manigat en première position, résultat respecté même après le décompte des experts de l'OEA.

D'un autre côté, avait-on vraiment des bourrages d'urnes dans certains bureaux de votes par des membres et mandataires de l'Inité, comme on le faisait croire ? Si oui, pourquoi les avaient-ils fait? Voulaient-ils vraiment gagner dès le premier tour ? Alors que le Président Préval avait lui-même déclaré, lors d'une interview publique, que les élections présidentielles du 28 novembre seraient un scrutin à deux tours. Si, premièrement le chef de l'exécutif le savait d'avance qu'aucun candidat ne serait capable de gagner au premier tour, pourquoi des membres de l'Inite auraient-ils agi autrement ? Ensuite, selon tous les sondages, Jude Celestin était bien placé pour avancer au second tour. Donc, pourquoi les membres de campagne du candidat Celestin et les mandataires qui représentaient la plateforme du parti Inité dans les bureaux de votes avaient-ils été obligés de frauder pour gagner dès le premier tour ? Était-ce un faux calcul ? Autant de doutes et de commentaires autour du résultat définitif des experts de l'OEA, qui ont ainsi déplacé M. Celestin en considération des premiers résultats du CEP, de sorte que, de la seconde place où il était, il s'est retrouvé en troisième position, après le chanteur Michel Joseph Martelly.

Peu importe les commentaires des analystes politiques : l'international avait tranché à travers les experts de l'OEA. Puisque celui qui finance, commande, le second tour des élections présidentielles du 20 mars avait opposé le professeur Mirlande Manigat du RDNP au chanteur Michel Joseph Martelly de Réponse Paysans. ' *'Le blanc a tranché'*', déclarait un étudiant en sciences politiques dans une des facultés de l'université d'État d'Haïti. Mais peu de temps avant la décision de l'OEA, l'ambassade américaine avait ménacé d'enlever les visas de bon nombre de membres influents du parti Inité qui sembleraient, officieusement, opposer á l'écartment de leur poulain Jude Celestin au second tour des présidentielles de 2011, histoire de rappeler à ces Messieurs-dames que ce n'était pas à eux de décider qui doit aller au second tour ou non.

Un tel acte de souveraineté doit être, dans tout pays independant, résolu par les membres de l'institution électorale ; l'ingérence de l'OEA dans le choix des candidats était donc une chose grave pour le processus démocratique en Haïti. Au contraire, l'Organisation des États Américains aurait dû être un véritable levier pour une démocratie durable en Haïti.

Au cours de cette période, comme on ne s'y attendait pas, celui qui était en exil en Afrique du Sud depuis 2004 rentrait au pays. S'il avait été envoyé à l'extrémité australe du continent africain, c'était parce que l'internationale voulait s'assurer un contrôle de tous ses déplacements, surtout du pays d'asile jusqu'en Haïti. Ainsi avait-il, en rentrant en Haïti, déjoué la vigilance de l'intenational – ou était ce quelque voulu par ceux qui l'avaient forcé à quitter le pays le 29 février 2004 ?

Le rétour d'Aristide

Si divalye kab rantre pou ki sa Titid pa kab rantre nan peyi an/Si Duvalier est rentré, pourquoi Aristide ne peut pas retourner au pays, scandaient ses supporteurs. Comme des démarches étaient déjà en cours pour le retour de Jean-Bertrand Aristide, la rentrée de Duvalier avait tout simplement facilité le processus. Ainsi, après sept ans d'exil en Afrique du Sud, le vendredi 18 mars 2011, soit deux jours avant le second tour des élections présidentielles et législatives qui devaient avoir lieu le dimanche 20 mars dans le pays, Aristide était rentré. *''Après sept ans d'exil, l'ex-Président haïtien, Jean-Bertrand Aristide, a été accueilli ce vendredi 18 mars 2011 par une foule en liesse à Port-au-Prince. Des milliers de partisans étaient rassemblés pour lui souhaiter la bienvenue. Son retour est considéré par les États-Unis, par exemple, comme une possible source de déstabilisation alors que le second tour de la présidentielle doit se tenir dimanche''*

Si apparemment l'arrivée de Duvalier n'avait pas tellement d'implication directe sur le processus électoral en cours, celle d'Aristide devait, selon toute vraisemblance, faire balancer et, dans une certaine mesure, influencer le scrutin. Même s'ils ne revenaient pas dans le cadre d'un retour à l'ordre constitutionnel comme en octobre 1994, mais arrivaient aux environs de 10 heures du matin, le Président Aristide et sa famille avaient été accueillis à l'aéroport de Port-au Prince comme des dignitaires dignes de ce nom. *''Il a reçu un accueil protocolaire du Secrétaire Général de la Présidence haïtienne, Fritz Longchamp, en présence d'une cinquantaine de personnes venues pour l'accueillir. Un peu plus tard, l'ex-Président Jean-Bertrand Aristide s'est rendu au Salon VIP de l'aéroport, pour y donner son premier discours en conférence de presse''*

Lors d'un discours digne de son style qui, avec le temps et même les exils, n'avait pas changé, Aristide eu a déclaré : *''Pendant sept années, nous avons communiqué à distance, aujourd'hui nous sommes là pour semer la paix partout et tout le temps'' Au cours de ce discours, chaque mot que prononce Jean-Bertrand Aristide est pesé, analysé, interprété, car s'il parle beaucoup et longtemps, il use et abuse des métaphores qui peuvent receler un sens caché. C'est la particularité des discours d'Aristide : il faut chercher le message dans le message''*

Après ces paroles de circonstance, l'ancien homme fort d'Haïti fut, à la sortie de l'aéroport, chaleureusement accueilli par les militants Lavalas. *''Aristide a ensuite quitté l'aéroport à bord d'un véhicule blindé, traversant une foule de plusieurs milliers de partisans venus l'accueillir, brandissant dans une ambiance festive. Sur la route le conduisant en sa résidence a Tabarre, on pouvait lire dans des pancartes en créole « Bon retour au Président Aristide. President Aristide vous êtes un symbole pour le peuple haïtien''* Mais le plus important dans tout cela n'était pas vraiment sa réception par ses supporteurs, mais le rôle qu'il s'apprêtait à jouer sur l'électorat.

À quarante-huit heures du second tour de la présidence du 20 mars 2011, les tous derniers sondages donnaient pour favori le chanteur Joseph Michel Martelly. Il était, selon certains analystes, normal qu'il soit le vainqueur puisque *Fanmi Lavalas* qui n'était pas dans la course, son électorat étant divisé entre ses alliés. Vu la force politique que représentait le parti *Fanmi Lavalas* sur le terain, il était presque impossible à un candidat de gagner une élection présidentielle en Haïti si toutefois il ne bénéficiait pas, même d'une façon indirecte, d'un pourcentage de l'électorat Lavalas. Ainsi, certains pensaient que le chanteur, quoique ennemi farouche du mouvement Lavalas, avait en quelque sorte grandement bénéficié de cet électorat, surtout du fait de ses divisions. Donc, beaucoup pensaient qu'avec l'arrivée d'Aristide en Haïti, les choses allaient être différentes.

Le chanteur candidat et beaucoup de ses alliés duvaliéristes/ bourgeois étaient très impliqués dans les trois ans du coup d'État (30 septembre 1991-15 octobre 1994) contre Aristide. Il avait aussi joué un rôle important dans le départ forcé du prêtre le 29 février 2004. Nonobstant, il n'avait non plus de respect pour les pouvoirs Lavalas (Aristide et Préval) et leurs supporteurs. Il avait l'habitude de dire n'importe quoi contre eux. Compte tenu de tout cela, beaucoup pensaient qu'un simple discours du prêtre, bien entendu exprimé d'une façon codée, allait radicalement changer les sondages en faveur du candidat opposé au chanteur. De l'aéroport de Port-au-Prince à sa résidence privée à Tabarre, ainsi que dans les autres grandes villes du pays, les manifestations de ce jour ne laissaient planer aucun doute sur la popularité d'Aristide. C'était une évidence qu'il était encore fort, particulièrement parmi les couches défavorisées.

Effectivement, les heures qui suivirent la rentrée d'Aristide en Haïti donnèrent l'impression que son discours avait eu un certain impact sur l'électorat dans les régions métropolitaines de Port-au-Prince aussi bien que dans les grandes villes de province du pays. *"Depi tranbleman de te an, si m te kab transforme chanb nan kem an chanb kay, mwen konnen ki kantite chanb kay ke nou tap genyen pou nou sispan domi nan la ri, la bou ak imilyasyon/Depuis le tremblement de terre, si je pouvais transformer les chambres de mon cœur, en chambres de maison, je sais déjà, que la quantité de chambres que toutes les victimes trouveraient, pour arrêter de dormir dans les rues, dans la boue et humiliation"*

Cette phrase avait été interprêtée par ses supporteurs comme un message voilé en faveur du candidat RDNP, Madame Mirlande Manigat, car l'emblème de son parti est une maisonnette. Comme le slogan de campagne de Madame Manigat était de ''*banm manman m*', du fait de la rentrée d'Aristide, partout, surtout dans les bidonvilles, on pouvait entendre ''*papam rantre, kounye an ban m manman m/Mon père vient de rentrer, maintenant donne-moi ma mère*''

Mis à part l'idée de « *transformer son cœur en une chambre* », Aristide avait ajouté dans son discours un autre mot-clé qui avait fait le bonheur de tous ceux et celles qui soutenaient Mirlande Manigat. Puisque, pendant toute la campagne des présidentielles, la candidate Mirlande Manigat s'était présentée elle-même comme la mère d'Haïti, partout où elle passait, la foule l'acclamait toujours par cette phrase : ''*banm manman m/donnons-nous notre mère*''.

Donc, Haïti étant identifiée comme une mère, quoique d'une façon voilée, les sympathisans Lavalas interpretaient ce mot comme une manière pour Aristide de leur dire d'aller voter pour Mirlande Manigat. ''*Mes sœurs et frères si vous pouviez pencher votre tête sur mon cœur, vous entendriez comment il bat plus vite, vous entendriez la façon dont il chante une mélodie de consolation pour Haïti. Haïti notre mère qui a besoin de respirer l'oxygène de la dignité*''
Ainsi, Mirlande Manigat, la rivale de Michel Martlly ''*devrait avoir toutes les raisons de se réjouir : le retour d'Aristide au pays pourrait marquer un regain de mobilisation en sa faveur sauf si l'ancien Président appelle à l'annulation pure et simple du scrutin de dimanche. Jean-Bertrand Aristide était encore dans le salon d'honneur de l'aéroport, il n'avait pas encore prit la parole, que des responsables de son parti, le parti Fanmi Lavallas rappellaient aux journalistes présents qu'ils ont condamné ces élections bien avant l'organisation catastrophique du premier tour le 28 novembre dernier. Elections dont ils avaient d'ailleurs été écartés pour des soi-disant raisons légales*''

318

Parallèlement, dans ce même discours, le leader Lavalas a aussi parlé des fleurs roses, couleur que répresentait le candidat Michel Martelly. *''Mes sœurs, mes frères comme vous le savez la belle rose de la réconnaissance du pays d'*Haïti *fleurira toujours pour les vrais amis étrangers que nous avons, qui sont ici avec nous ou dans divers autres pays.* Cettre phrase, les supporteurs du chanteur se réjouissaient de l'interprêter en leur faveur.. L'essentiel, un message codé avait été lancé ce jour la. Mais une fraction de l'opinion pensait que le prêtre avait, par son discours codé, encouragé ses supporteurs à voter pour le candidat Martelly qui avait passé tout son temps non seulement à combattre leur gouvernement mais aussi à ridiculiser les lavalassiens.

C'est ce qui expliquait qu'à priori, *« c'était le camp de Sweet Micky qui a le plus à perdre. Pour conquérir l'opinion, Michel Martelly, utilise la même recette que Jean-Bertrand Aristide : la séduction des couches les plus populaires par un discours simple voire simpliste et basé sur l'affectif. Mais il incarne le milieu des affaires, celui précisément qui a chassé Aristide du pouvoir en 2004. Leur alliance serait contre-nature. Devant l'aéroport vendredi matin, ses partisans n'y songeaient même pas : impossible pour eux de voter « Tet Kalé » comme s'est baptisé lui-même, Michel Martelly »*.

Le slogan de campagne de Michel Martelly était de *''tet kale/cheveux rasé''.* À cela aussi, les supporteurs d'Aristide avaient une réponse. *''Depi vandredi, tet mwen pouse cheve. Pa gen plas pou tet kale. Tout mounn ki gen tet kale dwe pran perik/depuis vendredi, nos cheveux sont poussés. Il n'y a plus de place pour ceux qui n'ont pas de cheveux. Il est conseillé à ceux dont les crânes sont rasés de bien vouloir se procurer une perruque''.* Telle était leur façon de dire que, depuis le retour d'Aristide et son discours codé, ses supporters s'étaient ralliés à Madame Manigat.

319

Selon un sondage qui, jusqu'au jeudi 17 mars, était en faveur de Martelly, les événements de vendredi après-midi et de samedi laissaient l'impression que le résultat des élections présidentielles du dimanche 20 allait être complètement différents. *''C'est bien ce que craignaient les États-Unis et la France qui ne voulaient pas d'un retour d'Aristide au pays et surtout pas avant le second tour de l'élection présidentielle dimanche. Mais depuis le retour de Jean-Claude Duvalier le 14 janvier dernier, son retour à lui aussi était devenu inéluctable. Deux jours avant la fin du scrutin présidentiel, il apparaît comme un chien dans un jeu de quilles.''*

Le dimanche 20 mars 2011

Le matin du vote, d'après l'euphorie régnant dans les rues et dans les bureaux, l'électorat laissait l'impression que le résultat allait être serré. Comme la commission électorale ne disposait pas des structures pouvant lui permettre de publier les résultats le jour même du scrutin, il fallait attendre quelques jours pour la proclamation des élections. Méthode archaïque, certes, mais qui, dans une certaine mesure, faisait toujours l'affaire des politiciens traditionnels et des décideurs de l'international, particulièrement les États-Unis. En effet, c'était au cours de ces décomptes que les laboratoires qui manipulaient toujours les élections haïtiennes utilisaient leurs moyens forts pour influencer les résultats.

Mis à part les élections présidentielles d'Aristide du 16 décembre 1990 et de novembre 2000 et celles de Préval en 1995 qui n'étaient, apparemment, pas influençables, tous les autres résultats d'un quelconque scrutin en Haïti ont toujours été manipulés par les puissantes ambassades occidentales dans le pays. *« Selon que vous serez allié ou ennemi des puissantes ambassades à Port-au-Prince, vous pourrez être, à quelques heures des résultats, gagnant ou perdant »* affirmait un politicien, candidat aux élections présidentielles de 2010.

Les jours qui suivirent le deuxième des élections du 20 mars, toutes les rumeurs, avec bien entendu des chiffres à l'appui, couraient autour des deux candidats aux présidentielles. Dépendamment de quel côté vous vous trouvez ou quelles sont vos sources d'information, les rumeurs de toutes sortes en sont parvenues, soit des manipulateurs de la diaspora soit d'Haïti. À longueur de journée, des chiffres donnaient une très grande avance à Madame Manigat – pour se voir refutés soit le soir-même, soit le jour suivant par les supporteurs de Martelly. Autant de suspense ! Comme les jours étaient très longs, tout le monde était impatient… !

Finalement, comme les grands patrons de l'international l'avaient officieusement décidé, le CEP se disait prêt à plublier les résultats officiels des élections générales. Quoi que ce fût par ce scrutin que devait être renouvelés les dix sénateurs (le tiers du Sénat) et les 99 députés qui représentaient la totalité de la Chambre basse, tous les yeux étaient, de préference, braqués sur les présidentielles. Selon les résultats du CEP, le candidat Joseph Michel Martelly, avec 67% des voix, a remporté le second tour des élections présidentielles. Donc, contrairement à toute attente, la rentrée du prêtre populaire n'avait pas pu empêcher la victoire du chanteur, qui était toujours un opposant farouche au régime Lavalas, Aristide et Préval confondus.

Face à ce constat, deux cas de figure peuvent expliquer la victoire de Martelly. Soit le prêtre était encore populaire et ses partisans ont voté pour Madame Manigat, mais on a volé le résultat au profit du chanteur. Ou bien la popularité d'Aristide n'était qu'une illusion : le prêtre n'était plus du tout ce qu'il était en 1990.

Même à ce niveau, on peut toujours se poser cette question : comment se fait-il que tant de députés et de sénateurs de l'Inité de tendance Lavalas aient pu remporter cette même élection ? Le peuple avait-il volontairement voté un Parlement foncièrement Lavalas et un exécutif de tendance macouto/militaire/duvaliériste ? Ou si on voulait prouver que la communauté internationale influençait toujours la politique haïtienne, dans ce contexte, les amis de l'international avaient-ils voulu une cohabitation de ce genre ?

Si ce cas de figure correspond le mieux à la configuration des deux branches du pouvoir, à ce moment, que pouvait-on espérer d'une cohabitation aussi extrême, avec de tels acteurs ayant occupé pendant des années l'avant-scène de la politique haïtienne ? Partant, ils étaient nombreux, ceux-là qui espéraient un compromis national entre les deux grandes branches du pouvoir pour sortir le pays de son état de sous-développement. Tandis que d'autres étaient sceptiques, puisque l'Haïtien n'est pas toujours tolérant dans ses démarches et approches politiques. Les députés et sénateurs de la 49ème Législature, aussi bien que le pouvoir exécutif, étaient-ils en mesure de s'élever eux-mêmes à la hauteur d'un Nelson Mandela et d'un Frederick Declerc, comme en Afrique du Sud durant les années 1990 ? Leurs comportements dans le premier exercice de l'amendement constitutionnel étaient une preuve que ces Messieurs voulaient conduire le pays… nulle part !

Amendement constitutionnel

L'entrée en fonction des parlementaires de la 49ème Législature en mai 2011 avait suscité bien des remous au sein de différentes strates sociales. Parmi ces questions, plus d'une restait sans réponse sur les défis qui attendaient ces élus du peuple. Des questions se posaient... celles qui avaient obtenu des réponses et d'autres sur lesquelles il faudrait bien s'attarder. À dessein, certains se demandaient à tort ou à raison quel serait le rôle de cette Législature et son influence sur le pouvoir exécutif.

D'autre part, avec la proclamation du résultat définitif pour quelques élus et d'un résultat provisoire pour d'autres, la crédibilité de cette Législature se soumettait déjà à rude épreuve. Mais le plus important de tous ces questionnements, c'était l'amendement de la constitution de 1987 qui préoccupait bien des esprits, que ce soit parmi les Haïtiens de l'intérieur ou ceux de l'extérieur.

En dépit des préoccupations de la société civile et de la classe politique sur l'attitude que devraient adopter les députés et sénateurs de la 49ème Législature vis-à-vis des questions conjoncturelles et structurelles d'alors, beaucoup plus de voix s'élevaient pour la ratification de l'amendement de la constitution de 1987 proposée par les parlementaires sortant de la 48ème Législature. Cette constitution, dans un premier temps, dressait bien une barrière en face des duvaliéristes... depuis toujours pierre d'achoppement pour la diaspora, mesure de sûreté pour ceux de l'intérieur. Les interprétations ou mésinterprétations ne manquaient pas quand on se référait au contenu de la loi-mère. Si certains articles étaient méconnus du grand public faute de moyens de divulgation ou n'était d'aucune réference, d'autres, par contre, revenaient à tout bout de champ sur le tapis. C'était le cas de la double ou multiple nationalité et de l'exclusion d'une catégorie d'individus manifestant leur désir ardent de jouir de leurs droits civiques et politiques. L'article 291 résumait en grande partie l'exclusion de ceux qui, pendant la dictature des Duvalier père et fils, avaient fait montre d'excès de zèle ou avaient été des artisans du régime. L'article en question stipulait :

« Ne pourra briguer aucune fonction publique durant les dix (10) années qui suivront la publication de la Présente Constitution et cela sans préjudice des actions pénales ou en réparation civile :

a) Toute personne notoirement connue pour avoir été par ses excès de zèle un des artisans de la dictature et de son maintien durant les vingt-neuf (29) dernières années ;

b) Tout comptable des deniers publics durant les années de la dictature sur qui plane une présomption d'enrichissement illicite ;

c) Toute personne dénoncée par la clameur publique pour avoir pratiqué la torture sur les prisonniers politiques, à l'occasion des arrestations et des enquêtes ou d'avoir commis des assassinats politiques (Article 291).

Parmi les autres catégories d'exclus de cette constitution 1987 étaient les Haïtiens vivant en diaspora. Il s'agissait particulièrement de ceux qui avaient obtenu une autre nationalité. Ils étaient bannis de la gestion de la chose publique. Aucun membre issu de la diaspora ayant une autre natinalité ne pouvait participer librement aux affaires politiques de son pays d'origine, particulièrement à des postes électifs. Les dispositifs des articles 91, 96, 135 de la constitution de 1987 traitaient de la jouissance des droits politiques de tout citoyen.

« Pour être membre de la Chambre des députés, il faut : être haïtien d'origine et n'avoir jamais renoncé à sa nationalité » (Art 91)

L'article 96 poursuit : *« Pour être élu sénateur, il faut être haïtien d'origine et n'avoir jamais renoncé à sa nationalité. »*

Pour couronner le tout, l'article 135 définit les conditions requises pour briguer la magistrature suprême. N'avoir jamais renoncé à sa nationalité en fait egalement partie.

Si l'écartement des macoutes était limité à dix ans, l'exclusion de la communauté haïtienne de la diaspora continuait encore vingt-quatre ans après. Elle animait les grands débats, que ce soit dans les stations de radios, chaînes de télévisions, les salons, salles de classes, réunions politiques, ambassades et finalement le Parlement. C'était une question très épineuse, c'est pourquoi nombres d'institutions ont été créées par l'État, conscient de l'apport de ces millions d'Haïtiens en terres étrangères.

Le Ministère des Haïtiens Vivant à l'Étranger (MHAVE) et la diaspora

Du commissariat aux Haïtiens d'outre mer, Sécrétariat du Dixième Département au Ministère des Haïtiens Vivant à l'Etranger (MHAVE), différentes appellations confinées à ces institutions non pas su embrasser toute l'étendue de la problématique. *« Les préoccupations des principaux concernés restaient entières. Depuis la ratification de la constitution de 1987, on sentait des efforts, quoique insuffisant et désesperé, pour intégrer cette dite communauté haïtienne en terre étrangère. Un constat imposé de par lui meme vu le poids économique et sociale de la diaspora »*

Si à travers de multiples tentatives, les autorités de Port-au-Prince essayaient de panser la plaie, elle était pourtant restée grandement ouverte et faisait encore souffrir, jusqu'au moment où on parla de l'amendement de cette constitution (mai 2011), le dernier-né du système : le Ministère des Haïtiens Vivants à L'Etranger (MHAVE) n'avait pas pu, en 1994, apporter la solution au mal fait à ces Haïtiens de l'extérieur, considérés, selon les toutes dernières estimations, à plus de quatre millions de personnes.

À sa manière, chaque titulaire à la tête de ce Ministère, et ceci pendant les vingt-et-un dernières années (1994-2015), a initié certaines activités pour les Haïtiens du dehors. À l'été 1997, le Ministre Paul Dejean, pendant son passage à la tête de ce Ministère, a organisé le programme : '*'Vacances de l'avenir'*' pour les Haïtiens de l'extérieur. L'idée était de faire rentrer au pays les jeunes professionels et étudiants haïtiens qui étaient soit nés en-dehors d'Haïti ou qui avaient quitté le pays dès leur plus jeune âge. Pendant deux semaines, ils ont bénéficié de séminaires de formations et de visites touristiques dans les grandes villes et sites historiques du pays, afin de leur permettre d'en apprécier la beauté physique, ainsi que d'avoir aussi une idée d'ensemble de la problématique haïtienne.

Le Ministre Jean Genéus, quant à lui, a introduit la semaine de la diaspora. Puis, le titulaire Edwin Paraison a mené une lutte archarnée pour que les Haïtiens de l'extérieur puissent, par l'intermédiaire des consulats de leurs pays de résidence, remplir leurs devoirs civiques, à savoir voter aux élections de novembre 2010. Si, dans ce combat, il n'avait pas eu gain de cause, d'un autre côté, l'aboutissement de plusieurs démarches de Mr. Paraison avec les autres membres de l'autorité étatique, de concert avec les communautés haïtiennes en diaspora, a laissé une journée au profit de ces Haïtiens écartés, rejetés par la constitution de 1987. Le 20 avril a été décrété, par arrêté présidentiel en date du 16 mars 2011, journée nationale de la diaspora.

Pour l'histoire, il est important de rappeler que le 20 avril a été retenu parce que c'était à cette date que les Haïtiens d'Amérique du Nord avaient effectué leur grande marche de protestation en 1990 contre la décision raciste de la FDA (Food and Drug Administration) dans l'affaire du Sida.

La communauté internationale et la diaspora haïtienne

« *Construire la paix en Haïti : inclure les Haïtiens de l'étranger* », titrait un texte de la communauté internationale sur le rapport Amérique Latine/Caraïbes, en date du 14

326

décembre 2007. Ce même rapport de "synthèse et recommandations" planchait sur "*l'inclusion dans la destinée du pays des quelques millions d'Haïtiens qui vivent à l'étranger, à condition qu'elle se fasse dans le cadre d'une initiative d'envergure s'inscrivant dans la durée, pourrait permettre de dépasser l'historique sentiment de méfiance que les Haïtiens nourrissent à l'égard de l'extérieur, d'avoir accès à une classe moyenne qui fait défaut en Haïti et d'aider ce pays à échapper a son statut d'État fragile*".

Dans cette situation instable que connaissait Haïti avec les défis conjoncturels et structurels, des mesures d'urgences devraient être appliquées. Pour ce faire, la communauté haïtienne de l'extérieur disposait et dispose encore des ressources humaines nécessaires, mais l'État haïtien avait besoin de jouer le rôle de régulateur. '*'La diaspora est prêtre à aider Haïti mais elle a besoin pour cela de l'assistance du gouvernement pour éliminer les barrières formelles et informelles qui limitent encore son plein engagement. L'inversion de la fuite des cerveaux ramènerait au pays plusieurs centaines de professionnels qualifiés et élargirait grandement les capacités de gestion de la nation. Mais pour tirer le meilleur parti de ces opportunités, le gouvernement doit expliquer clairement aux secteurs clés de la société et au public en général le bien-fondé d'une politique d'encouragement au retour*".

En dépit de l'élaboration de dizaines de projets, de l'organisation de plusieurs colloques, de remises en question intempestives, depuis mars 1987 (date de la ratification de la constitution) jusqu'à mai 2011, cette exclusion continue. '*'Les Haïtiens de la diaspora doivent cesser d'être considérés comme des "Haïtiens du dehors". On ne peut pas continuer à considérer les Haïtiens vivant à l'étranger comme des observateurs par rapport aux affaires de leur propre pays »*, ajoutait un migrant haïtien de Suisse. Pour*

Yasmina Tippenhauer, responsable de projets pour Haïti au Centre culturel latino-américain Tierra Incognita de Genève « La reconstruction de notre pays ne peut être pensée sans les Haïtiens, sans la diaspora'' (*Nouvelliste,*, 27 avril 2011).

La 49ᵉᵐᵉ Législature et l'amendement de cette constitution

Effectivement, *"À l'heure ou le grand débat d'amendement de la constitution battait son plein en Haïti, certaines organisations socio-politique de la diaspora ne chômaient pas. La diaspora doit jouer un rôle clé dans la reconstruction d'*Haïti. *Pour que cela puisse se faire, « on ne doit pas continuer à considerer les Haïtiens qui vivent à l'étranger comme des étrangers'',* réclamaient certains activistes de la diaspora qui avaient fait le déplacement de leurs pays de résidence jusqu'à Haïti. Dans leur lutte pour l'amendement de la loi sur la double nationalité, ils s'exprimaient sir des stations de radios et des chaînes de télévisions pour mobiliser des élus de la 49ᵉᵐᵉ Législature en leur faveur.

Promulgation de la constitution amendée

Si le projet loi avait été soumis par les parlementaires de la 48ᵉᵐᵉ Législature en septembre 2009 pour le grand débat, il a fallu juste quelques jours pour que les parlementaires de la 49ᵉᵐᵉ planchent sur la question. Même là encore, certes, il y avait des critiques, à savoir avec quelle rapidité et selon quelles tractations politiques le travail de l'amendement avait été fait. Mais il a été, dans une certaine mesure, soumis à l'exécutif pour être promulgué. Pour y parvenir, l'investiture du nouveau Président dans ses fonctions était d'ordre prioritaire.

L'investiture du Président élu

Il était 7 heures 30 a.m. quand, avec l'arrivée du Premier ministre Jean-Max Bellerive, a commencé le défilé des grands diginitaires, lors de ce qui devait être la cérémonie inaugurale d'investiture du nouveau locataire du Palais National. Parmi les personnalités étrangères qui avaient pris part à cette céremonie d'investiture, on trouvait l'ancien Président des États-Unis William Jefferson Clinton, l'Ambassadeur américain Kenneth Merten, le Ministre français des Affaires étrangères Alain Juppé et l'Ambassadeur de France en Haïti, Didier Lebret. Le couple présidentiel, René Préval et sa femme Elizabeth étaient, de leur côté, arrivés dans l'enceinte du batiment aux environs de 8h45. Puis, quelques minutes après, c'était l'arrivée du Président élu, Michel Martelly, avec sa femme Sophia et leurs trois enfants.

La cérémonie avait débuté avec plus d'une heure de retard. Puis, il était presque 10 heures du matin quand survint une coupure d'électricité. Cette coupure était-elle due à des problèmes techniques ou avait-elle été préméditée, planifiée et commanditée par un quelconque secteur politique ? Si oui, quels étaient les motifs d'un tel acte de banditisme ? Les auteurs de cet acte de vandalisme voulaient-ils tout simplement lancer un avertissement au Président élu ? Quelles que que soient les raisons dissimulées derrière cette coupure d'électricité, elle est rentrée dans le cadre d'un projet machiavélique et anti-démocratique, qui demandait à être puni pour que de telles choses ne se reproduisent plus.

Face à de tels actes de sabotage, les activités s'étaient trouvées discontinuées pendant quelques minutes et ce n'est qu'à la fin de la cérémonie que l'électricité a été rétablie. Dans l'intervalle, c'était dans *"le noir, à la lueur des projecteurs de caméra de certaines stations de télévision de la place, que Michel Martelly a prêté serment et reçu l'écharpe présidentielle des mains du Président de l'Assemblée nationale, le sénateur Roudolphe*

329

Joazil. Les sénateurs Youri Latortue et Maxime Roumer ont vertement critiqué l'organisation, au niveau du Parlement, de la cérémonie qui, à leur avis, a été un fiasco total tant les approximations et les insuffisances étaient flagrantes''.

Traditionnelement, après la cérémonie de prestation de serment au Palais Législatif, le Président se rendait ensuite à la Cathédrale de Port au-Prince pour les cérémonies réligieuses. Mais, compte tenu de la destruction de cet édifice lors du séisme du 12 janvier 2010, *"muni de l'échappe présidentielle et accompagné de ses proches, Michel Martelly pénètre dans la cour de ce qui fut jadis le Palais national, sous les ovations de ses nombreux fans massés derrière les grillages et de ceux qui avaient pris place dans les gradins aménagés en la circonstance. Une fois de plus, il reçoit les honneurs présidentiels. À l'entame de l'hymne national dont une strophe fut chantée par le célèbre chanteur Luc Mervil, un frisson traverse l'assistance et la foule reprit, avec une rare ferveur, la première strophe de ''La Dessalinienne''*

Quelques minutes plus tard débuta la cérémonie religieuse. *"Un soleil de plomb, la chaleur suffocante et les exhalaisons nauséabondes en provenance des camps de sinistrés du Champ de Mars, laissent de marbre la foule des curieux. Tout en assistant à la cérémonie religieuse, elle ne cesse de manifester et de lancer des slogans hostiles à l'encontre de l'équipe sortante''.* Dans l'homélie de circonstance, l'évêque Louis Kébreau, Président de la Conférence épiscopale d'Haïti a *"dénoncé la mauvaise gestion du pays et rappelé au nouveau chef d'État l'immensité de la tâche qui l'attend dans l'exercice des ses fonctions''.*
Mgr Kébreau a été très critique envers les gouvernements précedents. Il dénonçait *"les mauvaises pratiques des chefs d'État passés, lesquelles seraient la cause de la dégradation du pays. « La crise que traverse le pays n'est pas seulement conjoncturelle, elle serait aussi structurelle''* Il récommandait

la construction d'un pacte social basé sur la transparence, la solidarité et la justice.

Dans un éditorial du *Nouvelliste,*, titré *Tèt chaje tèt kale,* Pierre Raymond Dumas écrivait ce qui suit *"Chaque transition possède sa propre dynamique singulière et révélatrice des préoccupations du moment. Sur fond d'insécurité, de taux de chômage très élevé (70%) de vulnérabilité environementale, d'inégalité socio-économique, stupéfiantes et d'incertitude politique, les défis à relever en cinq années par le président Michel Martelly sont énormes''*

M. Dumas poursuit, au second paragraphe de ce même éditorial : *"D'un côté, on peut citer: la reconstruction des infrastructures politiques et administratives de la capitale, la réhabilitation des millions de sinistrés postsismiques qui vivent dans des abris de fortunes, l'éradiction de l'épidémie de choléra, etc. De l'autre, il y a des questions par nature contentieuses: la formation d'un gouvernement légitime, la Comission Interimaire pour la Reconstruction d'*Haïti *(CIRH), la formation d'un nouveau CEP (provisoire ou permanent), l'amendement de la loi électorale pour le renouvellement du troisième tiers du Sénat et des collectivités territoriales (notamment municipales), le départ ou la reconversion de la MINUSTAH, sans oublier, évidemment, l'éducation gratuite qui était placé au centre de la campagne électorale du successeur de Réné Préval et la publication ou (non) des amendements constitutionnels. Pour "tout" acteur du système, c'est sur, la conjoncture politique est difficile".*

Quoi qu'il en soit, l'arrivée du chanteur Martelly à la première magistrature suprême de l'État a mis fin à vingt ans de gouvernance du secteur populaire Lavalas. Ainsi commençait un autre épisode pour le peuple haïtien. Dans la foulée, ce nouvel épisode était-il capable de mettre fin au vingt-cinq ans d'un échec démocratique qui, malheureusement, avait trop duré ?

Chapitre 15
Le gouvernement de Michel Joseph Martelly

> « *La politique avant tout c'est l'affaire des intellectuels,*
> *des "save", des professionnels de toute catégorie, des*
> *citoyens compétents. C'est un champ d'action qu'on ne*
> *doit pas laisser aux charlatans, aux médiocres, aux*
> *aventuriens, aux forces malsaines, aux bandits – légaux*
> *ou pas –, bref aux apatriotes et aux affairistes* »
> PIERRE RAYMOND DUMAS

En prêtant serment le 14 mai 2011, seize mois après le terrible tremblement de terre qui avait ravagé Haïti, le Président Martelly avait la lourde responsabilité de conduire le pays vers la démocratie, le développement et la reconstruction des grands édifices publics ravagés le 12 janvier 2010. Démocratie sous-entend stabilité politique, alternance du pouvoir à travers d'élections selon l'échéance constitutionnelle. Cela implique aussi des changements économiques et sociaux de la classe défavorisée qui, depuis l'indépendance en 1804, croupissait dans la misère.

Cependant, de par son inexpérience des affaires politiques et son passé de ''Sweet Micky'', l'entrée en fonction du Président 'Tet Kale' avait suscité bien des remous au sein de la classe politique du pays. Parmi ces questions, plus d'une restait sans réponse concernant les défis qui attendaient le vainqueur des élections présidentielles du 20 mars 2011. À dessein, certains se demandaient à tort ou à raison quelle serait la position du nouveau chef d'État face à l'amendement constitutionnel. D'autre part, il était aussi question du choix de son Premier ministre et de la composition de son équipe gouvernementale. Mais le plus important de tous ces questionnements, c'était la planification des prochaines élections (fin d'année 2011) pouvant conduire au renouvellement du tiers du sénat.

En dépit des préoccupations de la société civile et de la classe politique, beaucoup plus de voix s'étaient élevées pour une stabilité politique. Car les problèmes de reconstruction, d'insécurité, du chômage, de modernisation de l'État, de consolidation des institutions publiques et de décentralisation étaient autant de défis auxquels le nouveau Président devrait faire face et dont il ne pourrait pas triompher sans stabilité politique. Ainsi, la nouvelle administration était-elle dans l'obligation de réussir, particulièrement là où les autres dirigeants qui l'avaient précédée n'avaient rien pu faire. Mais pour y parvenir, le dirigeant 'Tet Kale' devait être en mesure de se hisser à la hauteur de la tâche qui lui était confiée.

Peu de temps après son investiture du 14 mai, beaucoup de noms ont été cités, pour former son gouvernement. Mais, selon les prescrits constitutionnels, en le communiquant aux présidents des deux branches du Parlement d'alors, le chef de l'État avait, officiellement, fait le choix de l'homme d'affaires Daniel-Gérard Rouzier comme Premier ministre.

Cependant, vu l'absence d'une majorité au Parlement pour faire le jeu politique que requiert le sens du compromis et de la démocratie, cette nomination avait été rejetée par les députés le 21 juin. Après une séance très houleuse de quelques heures à la Chambre basse, *"Quarante-deux députés sur les 64 présents à la séance ont voté contre le choix de G.-D. Rouzier. Dix-neuf députés ont accordé leur vote au Premier Ministre désigné tandis que trois se sont abstenus"*. *Les députés ont mis en doute le patriotisme de Rouzier (lui reprochant son passé d'ex-consul honoraire de la Jamaïque à Port-au-Prince) et le soupçonnent d'évasion fiscal''*, rapportait le quotidien *Le Nouvelliste*,.

Selon la constitution de 1987, si l'une des deux chambres du Parlement rejette le choix du Premier ministre, le Président doit désigner un autre. Ainsi, Martelly, qui ne disposait pas de majorité au Parlement, devait, la prochaine fois, fait preuve de beaucoup plus de perspicacité quant au choix de son chef de gouvernement. Finalement, après des tractations politiques, moins d'un mois après le rejet de son premier choix par le Parlement, M. Martelly avait, le 6 juillet 2011, désigné Me. Bernard Gousse, un juriste de 52 ans et ancien ministre de la justice durant le gouvernement de transion de 2004, pour diriger le prochain gouvernement. *"Les deux chambres du Parlement doivent toutefois entériner le choix de M. Gousse. Or, les deux chambres du Parlement sont dominées par le parti « Inite » de l'ancien Président René Préval.* Ce qui expliquait qu'au départ, les choses demeuraient complexes pour le Président et son chef de gouvernement désigné.

Alors que le Président et ses conseillers cherchaient, dans le cadre de la ratification de Me. Gousse, un compromis politique, un groupe de 16 sénateurs de l'opposition accusait l'ancien ministre de la justice de transition des "violations graves des droits de l'homme", particulièrement sur les militants Lavalas après le départ du Président Aristide en 2004.

Tandis que le pays se préparait à affronter la tempête Emily, le Premier ministre désigné, Me.Bernard Gousse, fut rejeté, mais cette fois par les membres du grand Corps. Ils étaient au nombre de *"16 sénateurs (sur 30) ceux qui ont voté contre la ratification du Premier Ministre tandis les autres parlementaires présents lors de la séance ont refusé de se prononcer.* »

Dans l'intervalle, comme le chef de l'État ne disposait pas encore d'une équipe gouvernementale, ses activités étaient dirigées par le gouvernement du Premier ministre démissionnaire, Max Bellerive. Ainsi, le pays était plus que jamais bloqué et ceci plus de trois mois après l'investiture de

Michel Martelly. Ce qui était prévisible, puisque l'ancien chanteur Michel Martelly n'avait aucune base politique. Incapable de former un gouvernement depuis son arrivée au pouvoir le 14 mai à cause de l'absence de majorité présidentielle au Parlement, le chef de l'État devait, avant même de désigner un autre Premier Ministre, jouer la carte du compromis politique.

Le choix de Garry Cornille

Après l'échec de ratification des deux chefs de gouvernement, les négociations menées entre la présidence et les groupes parlementaires impliqués dans l'opposition ont débouché sur un compromis. Quatre mois après la prise de fonctions du Président Martelly, le consensus a facilité à la désignation du jeune médecin de 45 ans, M. Gary Conille, comme son chef de gouvernement. *"Par application de l'article 137 de la Constitution; je vous informe que j'ai fait choix du docteur Garry Conille comme Premier Ministre"*, écrivait le Président Martelly aux présidents des deux Chambres du Parlement.

Représentant résident du Programme des Nations-unies pour le Développement (PNUD) au Niger, M. Conille a été chef de cabinet de l'ex-Président Clinton, représentant de l'ONU en Haïti. *''Ce troisième choix du chef d'État intervient dans un contexte d'harmonisation des relations entre la Présidence et le Parlement''* Puisque ` 'Le docteur Conille n'est pas en aversion aux parlementaires de la majorité comme ce fut le cas pour le juriste Bernard Gousse. Les multiples rencontres entre le chef d'État et des leaders influents des deux chambres témoignent d'un réchauffement dans les relations. Le Président du groupe Inité et allié à la chambre basse, Tolbert Alexis, concède que l'entrepreneur Daniel Rouzier, premier choix du chef d'État, pourrait être ratifié s'il y avait eu au préalable des négociations avec les législateurs »*

Ainsi, le député Alexis, qui était en première ligne dans la fronde anti-Gousse, est devenu, ouvertement, favorable au choix de Garry Conille. Selon M. Alexis, la désignation du Dr. Conille *"est un choix équilibré et potable"*. La tendance paraît favorable à Garry Conille à la Chambre des députés.

Comme il était urgent de doter le pays d'un nouveau chef de gouvernement, le processus de ratification de Gary Conille avait été lancé dès la réception même des correspondances du chef d'État aux présidents des deux Chambres. Après plusieurs heures de débat sur la ratification du choix du Conille, qui, selon plus d'un, ne répondait pas aux prescrits de l'article 157, l'étape de la Chambre basse a été finalement franchie sans grandes difficultés. Contrairement aux deux derniers Premiers ministres rejetés, Dr. Conille a été ratifié à l'unanimité à la Chambre basse. Soit : 89 voix sur 89, zéro abstention, zéro contre.

Cependant, si cette ratification faisait l'unanimité à la Chambre basse, compte tenu des critiques, pour beaucoup d'autres personalités de la classe politique et de la société civile, c'était un affront à la constitution. Pour Fritz Robert Saint Paul, la ratification de Garry Conille à la Chambre basse était une violation flagrante de la loi-mère. *' 'C'est ce qu'affirme le professeur de droit international Fritz Robert Saint Paul. Intervenant à la rubrique le point, l'ancien parlementaire indique le dossier du Premier Ministre désigné ne répond pas aux prescrits de l'article 157 de la constitution notamment en ce qui concerne ses obligations envers le fisc''*

Comment un processus de ratification qui, dès le début, divisé à la Chambre basse, avait-il pu se voir approuver sans grandes difficultés par les députés ? L'international avait-il dit le dernier mot ? L'on sait que presque toutes les grandes décisions politiques en Haïti ont toujours été influencées par les grandes ambassades dans le pays. Ou cette ratification rapide de M. Conille par les députés était-elle, avec des grosses sommes d'argent, le début de manipulation de ces parlementaires par le pouvoir exécutif, qui allait, plus tard, prendre la forme de PSP ?

Pour faire obstacle à la question de résidence dans le pays que l'on reprochait au Premier ministre désigné, ces supporteurs avançaient l'argument que M. Conille jouissait, en raison de son poste en-dehors d'Haïti, de l'extraterritorialité. Tandis que Fritz Robert Saint-Paul était d'un avis contraire de ceux qui pensaient que l'absence du docteur Connille au pays n'était pas un problème. M. Saint Paul disait que ''*le Premier Ministre désigné ne peut pas jouir de l'extraterritorialité puisqu'il ne représente pas Haïti au Niger.* Il fit remarquer que M. Conille était tout simplement un haut fonctionnaire des Nations Unies. Il estimait en outre que le Dr Conille ''*ne détient pas une carte d'identification nationale, c'est la preuve selon lui que il ne s'intéresse pas au pays*''

La séance de validation de la politique générale de Garry Conille avait eu lieu au Sénat le 12 0ctobre 2011. Il était très tard ce soir-là, après un débat tres houleux, surtout entre les seize sénateurs majoritaires de la plateforme politique''Inite'', lorsque la Chambre haute a voté la déclaration de politique générale du Premier ministre Gary Conille.

Bref, il se voyait ratifié par les deux Chambres du pouvoir legislative. En remplaçant le Premier ministre sortant, Max Bellerive, Dr. Conille était, constitutionnellement, prêt à prendre les rênes du nouveau gouvernement. La nouvelle équipe gouvernementale de Garry Conille comptait dix-huit membres – incluant le portefeuille du ministère de la Planification et de la Coopération externe, gardé provisoirement par le Premier ministre. Ils étaient tous imposés par le Président Martelly et le super-ministre des Affaires étrangères Laurent Salvador Lamothe. Le Premier ministre n'avait même pas droit à un secrétaire d'État.

Et son remplacement sous peu à la planification par un proche du Président prouvait que les dix-huit membres qui composaient l'équipe gouvernementale étaient bien imposés. ''Deux proches du chef de l'État émergent comme les hommes forts de la nouvelle équipe gouvernementale composée de 18 membres, Thierry Mayard Paul, super Ministre de l'Intérieur, des collectivités territoriales et de la défense nationale, et Laurent Lamothe, devenu le patron de la diplomatie haïtienne''

Le gouvernement de Garry Conille

« *Mieux vaut tard que jamais* », disait un supporteur du pouvoir 'Tet Kale'. Le pays, particulièrement le nouveau Président, avait attendu plus de quatre mois avant de pouvoir, avec son chef de gouvernement, monter une équipe pour faire avancer l'agenda politique de campagne. Selon *Ronald Colbert ''S'est finalement au bout de 5 mois, soit le 15 octobre 2011, que Martelly a pu disposer de son premier gouvernement. L'ancien chanteur de rythme "compas" n'avait pas cru bon de négocier préalablement avec les forces politiques représentées au Parlement, dans la perspective de dégager une majorité parlementaire non seulement pour obtenir la ratification de son gouvernement, mais aussi pour faire passer ses choix politiques..''*

Cependant, la façon dont la nouvelle équipe avait été composée laissait planer une certaine méfiance entre les deux responsables du pouvoir exécutive. Si publiquement tout paraissait en ordre entre le chef de l'exécutif et le chef de la Primature, déjà, officieusement, des informations négatives de toutes sortes faisaient courir des malentendus entre ces deux hommes de tempéraments differents. Basés sur l'inexpérience politique et l'improvisation du chanteur populaire, beaucoup pensaient que la cohabitation entre ces deux hommes n'allait guère durer.

Mais, contre de toute attente, la nouvelle équipe avait à faire face à un scandale appelé l'affaire Bélizaire. Par défaut de procédure, l'arrestation de ce parlementaire, l'un des rares événements de l'échiquier politique, constituait d'ores et déjà une crise dans la crise.

L'arrestation du député Arnel Bélizaire, le premier test au gouvernement Martelly/Conille

Alors que Président Martelly était absent du pays, le ministre de l'Intérieur Tierry Mayard Paul, le ministre de la justice Josué Pierre-Louis et d'autres grands dignitaires du pouvoir en profitèrent pour arrêter, à l'aéroport de Port-au-Prince, le député Arnel Bélizaire qui revenait d'une mission pour le Parlement. La constitution de 1987 décrit la procédure d'arrestation d'un député en fonctions. Mais, coincé par cet acte délictueux et pour se décharger de toute responsabilité dans cette affaire, le ministre de la justice, Me Josué Pierre-Louis, déclara que *"la Constitution lui interdit d'interférer dans le travail d'un commissaire du gouvernement. Félix Léger, le chef du parquet de Port-au-Prince qui a demandé à la police d'arrêter le parlementaire, est mis face à ses responsabilités dans ce dossier"*

Pour dénoncer l'illégalité de l'arrestation du parlementaire de la Chambre basse, ils étaient nombreux, ceux qui pensaient que c'était un acte de violation de l'immunité parlementaire. Cette arrestation remettait en question non seulement l'idée de l'État de droit prônée par le Président Martelly, mais aussi la bataille démocratique de l'après 1986 qui reconnaissait la séparation des trois pouvoirs de l'État. *Ce scandale politique, provoqué par le Président Martelly, est une honte nationale qui affecte d'avantage l'image du pays"*, avait déclaré l'ancien maire de Port-au-Prince, Evans Paul.

Cependant, *"Des religieux, des politiciens, des hommes de droit, de simples citoyens sont choqués et indignés par l'arrestation du député Arnel Bélizaire. Pour eux, c'est un mauvais présage"* Une fois de plus, par ce geste de mauvais goût, le pays envoyait un signal négatif à l'international, surtout à l'organisation hemisphérique qui avait contribué à l'accession de Michel Martelly au pouvoir. Quant aux acteurs de la classe politique haïtienne, *"ils estiment que le Président Martelly aurait pu gérer autrement ses contentieux avec le parlementaire. Malgré la libération du député, le doute et l'incertitude planent dans les esprits"*

Mirlande Manigat avait, de son côté, qualifié l'arrestation du député d'Arnel Belizaire à l'aéroport international Toussaint Louverture *« d'acte lamentable, de mauvais présage, et surtout de mauvaise foi, ou de préférence, de la volonté de la nouvelle équipe de ne pas respecter les lois. »* L'ancienne candidate malheureuse aux élections présidetielles de 2010 et 2011, au lendemain de l'arrestation, intervint sur les ondes de *Radio Magik* pour vivement critiquer l'arrestation du député, alors qu'il n'y avait pas flagrance. *' 'S'il n'y a pas flagrance, aucun député ni sénateur ne peut être arrêté, sans que soit levée son immunité qui le protège''*, avait indiqué le professeur de droit constitutionnel.

Madame Manigat a aussi dénoncé *"l'incompétence dont a fait preuve le commissaire du gouvernement, Félix Léger, dans la conduite de cette affaire. Le commissaire du gouvernement avait écrit au bureau de la Chambre basse pour lui demander de lever l'immunité du député Arnel Bélizaire qui aurait des démêlés avec la justice. Alors que l'Assemblée des députés n'a même pas eu le temps de statuer sur cette requête, le commissaire a ordonné l'arrestation du parlementaire, a-t-elle regretté. Cela traduit une incohérence et une incompétence sur le plan juridique, a souligné Mirlande Manigat. De plus, a-t-elle fait remarquer, il ne revient pas au*

341

commissaire du gouvernement d'écrire au bureau de la Chambre, mais plutôt au ministre de la Justice. *Mme Manigat se dit très inquiète par rapport à ce fait qui, selon elle, dépasse la personne d'Arnel Bélizaire. « Cet incident ne concerne pas uniquement le député de Delmas-Tabarre ni le Parlement haïtien. Il s'agit désormais d'un problème lié au respect des droits des citoyens en Haïti »*, a déclaré Mme Manigat, *qui croit qu'il faut prendre très au sérieux le Président de la République qui a manifesté son intention de devenir plus « cynique''* (*Le Nouvelliste,* octobre 2011)

Fâchés, frustrés à l'époque, les députés de la 49ème n'étaient pas encore sous les ordres de l'exécutif, donc sous la présidence du député de Moron-Chambellan, Saurel Jacinthe, ils ont convoqué le ministre de l'Intérieur Mayard Paul, celui de la justice Josué Pierre-Louis, le Directeur général de la police, Mario Andrésol. De l'avis des députés, comme l'arrestation du député de Delmas-Tabarre et du même coup l'affront fait au pouvoir législatif par celui de l'exécutif risquait de précipiter le pays vers une crise insoluble, les parlementaires de la Chambre basse avaient annoncé durant les jours suivants une mise en accusation du chef de l'État.

Dans l'intervalle, sur recommandation du Parlement, certains ministres et secrétaires d'État dont les noms avaient été cités pour leur implication dans l'arrestation du député, furent tout simplement révoqués. Mais s'il y avait une chose que le gouvernement Martelly faisait bien, c'était de renvoyer quelqu'un pour finalement le recycler dans d'autres postes de commandes. Ce fut le cas de Josué Pierre-Louis qui, dans le cas du dossier du député Bélizaire, avait été expulsé du ministère de la Justice pour devenir plus tard Président du CTCP (Collège Transitoire du Conseil électoral Permanent). Tandis que, pour le service rendu, le commissaire du gouvernement Félix Léger avait quant à lui été placé quelque part ailleurs. C'est ce qui explique que plus il y a de changement, plus que les mêmes choses perduraient paradoxalement. Le gouvernement continuait à fonctionner en amateur dans la gestion de la chose publique.

Dans le cas du dossier d'arrestation du parlementaire Bélizaire, pouvait-on reprocher au Premier ministre de n'avoir pas été capable de retenir l'action de certains membres de son équipe ? Ou Michel Martelly était-il trop fort de tempérament ? Ou encore les manières impulsives du chef de l'État était-elles incontrôlables par ses conseillers, voire par un Garry Conille ? La cohabitation entre ces deux dirigeants du pouvoir exécutif aurait-elle été différente s'ils étaient de même temperament ? Ou était-ce une preuve que Dr. Conille n'était pas choisi par Martelly, mais quelqu'un imposé par l'international, particulièrement l'ancien Président américain Bill Clinton ?

Peu importe. De la date de sa ratification par les deux Chambres en octobre 2011 jusqu'à sa démission en février 2012, l'histoire retiendra que la cohabitation entre Garry Conille et Michel Martelly n'etait pas harmonieuse. Ainsi, le pays en souffrait. *'Du 14 mai 2011 au 24 février 2012, l'orientation politique de Martelly a cheminé de scandales, en passant par diverses agressions, jusqu'à des crises évitables, mises sous le compte de l'inexpérience politique et de l'improvisation. Après le rejet de deux candidats (Daniel Gérard Rouzier par 42 sur 64 députés présents le 21 juin 2011 ; puis Bernard Honorat Gousse par 16 sénateurs sur 30 le 2 août 2011), des pommes de discorde ont eu lieu successivement entre la présidence et le Parlement, ensuite avec la presse : fin septembre 2011 avec le sénat sur le choix des juges de la Cour de cassation ; début octobre 2011 sur la nomination des délégués (représentants de la présidence dans les 10 départements géographiques) sans l'aval du conseil des ministres sortants ; fin octobre 2011, arrestation, sur la piste de l'aéroport international, du*

343

député en fonction Arnel Bélizaire ; sans oublier une série de différentes incartades, poussées autoritaristes et agressions contre la presse nationale ... jusqu'à la question de nationalité ..., ecrit Ronald Colbert.

La démission de Garry Conille

Quoiqu'il fût visible déjà que, depuis son arrivée à la Primature, Dr. Conille ne jouissait pas de toute son autorité sur son équipe gouvernementale, l'arrogance de certains ministres à l'égard de leur chef hiérachique laissait entrevoir en surplus que, tôt ou tard, il démissionerait. *"Le boycott, par l'ensemble des 18 ministres (sauf 5 secrétaires d'État qui s'y seraient présentés), d'une réunion gouvernementale convoquée, la veille 23 février, par le premier, serait la goutte d'eau qui a propulsé au départ de l'ancien fonctionnaire international"*

Selon Ronald Colbert : '*'Contrairement à l'avis du Premier Ministre, l'ensemble du cabinet ministériel – qui n'a pas tenu compte des remarques de Conille – a fait sienne, le 16 février 2012, une position présidentielle de ne pas répondre à une invitation du sénat enquêtant sur la nationalité des principaux dirigeants (y compris Martelly lui-même) de l'actuelle administration politique'.' Malgré des démentis renouvelés de différend fonctionnel et institutionnel, perceptible dans les milieux politiques, Conille aurait éprouvé un malaise face à l'omniprésence de Martelly dans les questions relevant plutôt de la gestion gouvernementale.* »

Bien qu'il fût, officieusement, déjà un Premier ministre démissionnaire, le chef du gouvernement Garry Conille, en quittant officiellement ses fonctions le 24 février 2012, suvait les traces de Rony Smarth qui lui aussi avait remis sa démission lors du premier mandat du Président Préval (1996-2001). Le Premier ministre Garry Conille avait passé seulement 4 mois à la tête du gouvernement. ''*Le nœud du désaccord serait la décision du Premier Ministre de faire auditer tous les accords passés, sans appel d'offres sous l'ancienne administration de Joseph Jean Max Bellerive (actuel conseiller au cabinet de Martelly) dans le cadre de la loi d'urgence (mai 2010 – octobre 2011). Ces contrats sont estimés à plusieurs millions de dollars américains.*''

Il est vrai que Garry Conille n'avait ni l'éloquence ni l'expérience politique d'un Premier ministre comme Marc L. Bazin, Robert Malval et Rosny Smart, mais sa démission a malheureusement ralenti le cours du processus démocratique. *« La démission du D*. *Garry Conille démontre, malheureusement, que les déchirements ont pris le dessus sur la conciliation au détriment du pays, alors que la population haïtienne aspire à amorcer véritablement le tournant qui la conduira sur la voie de la reconstruction, de la croissance économique et du renforcement des institutions de l'État de droit »*, relève la mission des Nations Unies de stabilisation en Haïti (MINUSTAH).

La démission de Garry Conille le 24 février 2012 avait suscité bien des remous au sein de la classe politique et de la société civile. Parmi ces questions, plus d'une restait sans réponse quant aux vraies raisons qui avaient poussé le chef de gouvernement à prendre une telle décision. Celles qui avaient obtenu des réponses n'en dissimulaient d'autres sur lesquelles il faudrait bien s'attarder si, toutefois, en écrivant ses mémoires, le chef de la Primature voulait en parler. À dessein, certains se demandaient à tort ou à raison comment quelqu'un qui avait le plein soutien de la communauté internationale ne pouvait rester plus longtemps Premier ministre. Pourquoi avait-il passé seulement quatre mois à la Primature ? Avait-il été lâché par les États-Unis, particulièrement son ancien patron Bill Clinton ? Mais le plus important de tous ces questionnements était le bilan de Garry Conille.

Garry Conille était-il un Premier ministre faible ou un chef de gouvernement affaibli ? Bref, quelle que soit la position des uns et des autres, l'histoire retiendra qu'il n'avait pas toutes les marges de manœuvres dues à un chef de gouvernement dans un processus démocratique. Lors de la formation de son équipe gouvernementale, il n'avait pas droit à un poste de ministre, même celui de la planification et des coopérations externes, réservé ces derniers temps au chef de la Primature. On rapportait, dans les milieux proches du Premier ministre, qu'il avait été insulté en plusieurs occasions par le President Martelly. C'était grand dommage que le jeune cadre des Nations-unies n'eût non seulement pas assez de temps, mais aussi des marges de manœuvres insuffisantes pour mettre ses compétences au service de son pays.

Comme Martelly se considérait toujours très proche des duvaliéristes, étant le fils d'un ancien ministre (Serge Conille) de Jean-Claude Duvalier, beacoup pensaient que la cohabitation entre Michel et Garry allait être harmonieuse. Malheureusement, tel n'a pas été le cas.

Le choix de Laurent Salvador Lamothe

Si, en démissionnant, Garry Conille avait suivi les traces de Rosny Smart, déjà, beaucoup s'inquiètaient du temps que prendrait la recherche d'un remplaçant. La liquidation des affaires courantes par Garry Conille jusqu'à l'arrivée de son successeur ratifié par les deux branches du Parlement serait-elle beaucoup plus longue que les quatre mois passés à la Primature ? Ou resterait-il beaucoup plus de temps que celui qu'avait passé Rosny Smart à liquider les affaires courantes ?

Entre-temps, pour trouver ce remplaçant, les tractations politiques entre les acteurs nationaux et internationaux continuaient. Comme à chaque désignation ou ratification d'un Premier ministre, la communauté internationale,

346

particulièrement les grandes ambassades occidentales dans le pays, jouaient la carte de la continuité démocratique, ce fut également le cas pour le successeur de Garry Conille. *''Évoquant la stabilité politique comme condition essentielle pour attirer les investissements nationaux et étrangers, les États-Unis d'Amérique appellent l'exécutif, le Parlement et les autres branches gouvernementales à garantir la continuité de ''l'engagement aux valeurs démocratiques, en confirmant au plus vite un nouveau Premier Ministre, en organisant la tenue d'élections parlementaires et locales ce printemps, en poursuivant la lutte contre la corruption, et en s'assurant que les droits de tous les Haïtiens soient respectés dans le cadre de l'État de droit''.*

Tandis que *''la force onusienne suggère aux autorités haïtiennes de privilégier et de maintenir un climat harmonieux et propice à la stabilisation démocratique d'Haïti et à la relance économique''*

Comme on pouvait le prévoir puisque, depuis fin 2011, dans les milieux proches du ministre des Affaires étrangères, on parlait de lui comme du remplaçant de Conille, ainsi, quelque jours après la démission de ce dernier, le Président Michel Martelly avait fait choix de son fidèle ami Laurent Lamothe pour être son futur chef de gouvernement. *''Le Président de la République Michel Martelly veut montrer qu'Haïti ne subit pas une nouvelle crise politique, que le gouvernement va reprendre au plus vite son cadre normal de travail. En conséquence, quelques jours lui auront suffi pour nommer un candidat à la primature du pays en remplacement de Garry Connille, qui n'aura occupé le poste que quatre mois. Le choix de Laurent Lamothe n'est pas une surprise : actuel ministre des Affaires étrangères, il a été aux côtés de Michel Martelly depuis le début de sa campagne présidentielle''* (Amélie Baron).

Ainsi, celui qui, alors en poste de ministre des Affaires étrangères au gouvernement du Premier ministre Garry Conille, faisait l'objet d'une enquête sénatoriale sur sa double nationalité, se trouvait dans une situation difficile pour affronter le groupe des 16 sénateurs de l'opposition. *"Trente-neuf ans, ami proche du chef de l'État, il a fait carrière dans le secteur privé des télécommunications. Figure clé dans l'équipe présidentielle, Laurent Lamothe pourrait prendre la tête du gouvernement si les parlementaires acceptent sa candidature. Le vote va se tenir dans un contexte délicat : les sénateurs enquêtent sur l'éventuelle double nationalité de Michel Martelly qui, de son côté, refuse de présenter son passeport"*

Ratification de Laurent Lamothe

Après un début de séance très houleux et plusieurs heures de débats, la Chambre Basse avait finalement ratifié Laurent Lamothe comme Premier ministre. *"Les procédures de ratification du choix de Laurent Lamothe comme Premier Ministre sont bouclées à l'issue d'un vote favorable à sa politique gouvernementale et son cabinet ministériel lundi à la Chambre Basse du Parlement haïtien. Soixante-dix(70) députés sur les quatre-vingt(80) présents ont approuvé le plan annoncé par Laurent Lamothe à la direction de l'État. Six députés ont fait abstention et quatre, dont l'ancien Président du corps, Sorel Jacinthe, ont exprimé leur désapprobation"*

Le chancelier haïtien était-il éligible au poste de Premier ministre puisque *"les questions concernant la nationalité et la résidence en Haïti de l'homme d'affaire Laurent Lamothe sembleraient ne pas avoir été totalement éclaircies, alors que ces deux points font l'objet d'exigences spécifiques de la constitution haïtienne pour celui ou celle qui doit occuper le poste de Premier Ministre"* ?

Le vote de ratification de Laurent Lamothe par des députés et sénateurs des deux Chambres du Parlement avait soulevé des doutes, autant chez des collègues parlementaires que parmi les leaders politiques et la société civile. *''Des sénateurs, dont Anacacis Jean-Hector (département de l'Ouest), ont accusé certains de leurs collègues d'avoir promis leur vote à Lamothe, ministre démissionnaire des affaires étrangères et des cultes, en contrepartie de fortes sommes. Ce que Lamothe n'a pas hésité à faire car il est un « tout moun jwenn » (en français : tout le monde sort gagnant), selon les déclarations d'Anacacis sur certains médias de la capitale''*

Les parlementaires étaient-ils cohérents dans leurs actions de ratification de celui sur lequel des doutes avaient plané quant à sa nationalité étrangère ? Car trop souvent, en Haïti, les tractations et négociations politiques prennent toujours le dessus sur l'aspect technique dans l'étude des dossiers de ratification d'un chef de gouvernement. Selon Me. Camille Leblanc, ancien ministre de la Justice, *''le respect des critères d'éligibilité et la capacité de Laurent Lamothe à conduire le pays, sont les points essentiels qui devraient justifier un vote favorable des sénateurs.* »

Dans le vote de ratification de Laurent Lamothe par les députés de la Chambre basse et des sénateurs du grand Corps, Evans Paul dénonce *« l'attitude individualiste de certains parlementaires qui privilégient leurs propres intérêts au détriment de ceux de leurs formations politiques et du pays. Evans Paul en veut pour preuve le vote massif accordé à Laurent Lamothe par les sénateurs, particulièrement ceux qui sont en fin de mandat''* Négociaient-ils leurs votes pour un poste de ministre ou avaient-ils approuvé Lamothe parce qu'il répondait aux normes constitutionnelles ?

L'ancien maire de Port-au-Prince lors des élections générales de décembre 1990 *"affirme ne pas voir par quel moyen le Premier Ministre désigné parviendra à respecter les engagements pris vis-à-vis des parlementaires ayant voté en sa faveur. Il rappelle que le budget pour l'exercice en cours a déja été voté la chambre des députés. M. Paul parle même de manipulation et d'improvisation qui, selon lui, pourraient plonger le pays dans le chaos"*.

Peu importe les raisons qui ont motivé les parlementaires dans la ratification de Lamothe. Plus de trois mois après la démission du Premier ministre Gary Conille et de son gouvernement, une nouvelle équipe va non seulement prendre le relais, mais aussi apporter son plein soutien au Président de la République dans le cadre de son programme politique. *"Après le vote, favorable à la ratification de l'énoncé de sa politique générale, Laurent Salvador Lamothe est devenu, à 39 ans, le plus jeune Premier Ministre dans l'histoire du pays"*

Le gouvernement de Laurent Lamothe

Des questions se posaient sur l'expérience et la compétence du Chef de gouvernement. À dessein, certains se demandaient : était-il un rassembleur ? Si oui, était-il capable de monter une bonne équipe pour bien gérer la chose républicaine ? D'autre part, il était aussi question de la nationalité étrangère du Premier ministre. Mais le plus important de tous ces questionnements portait sur les relations entre le Chef de la Primature et celui du Palais National. Il fallait attendre encore longtemps pour savoir la réponse à certaines questions, mais ils étaient nombreux, ceux qui pensaient que la cohabitation entre Martelly et Lamothe était la plus parfaite puisque, bien avant de devenir chefs de l'exécutif, ils étaient deux partenaires en business.

Quant au cabinet ministériel du gouvernement de Laurent Salvador Lamothe, qui avait pris fonction officiellement le 16 mai 2012, il se composait d'une équipe de vingt-deux ministres, dont quinze hommes et sept femmes – alors que l'administration de Garry Conille comptait dix-huit ministres. Si beaucoup se plaignaient de l'augmentation du nombre de postes ministériels, par contre, avec sept femmes nommées ministres dont deux à la tête de deux entités nouvellement créées, le quota de 30% de participation de femmes dans cette nouvelle administration était respecté. Dans l'exercice de ses fonctions, cette équipe était aussi appuyée par vingt secrétaires d'État.

Parmi ces vingt-deux ministres, douze membres du gouvernement antérieur de Garry Conille gardaient leurs postes respectifs. *"Dix (10) nouvelles têtes, 12 anciens ministres de Garry Conille, 4 nouveaux ministères dont deux personnalités déléguées auprès du Premier Ministre, forment la configuration du nouveau gouvernement du 14 mai 2012"* Alors qu'au regard de la loi, aucun de ces ministres démissionnaires n'aurait dû être reconduit à son poste ou transféré à un autre département dans l'administraion de Lamothe.

Dans l'intervalle, *"L'ancien sénateur et ex-capitaine des forces armées d'Haïti Rodolphe Joazile et le journaliste Ady Jean-Gardy, homme de confiance de Lamothe, obtiennent deux des nouveaux ministères: défense nationale et communication. La communication est désormais détachée du ministère de la culture. Au moins 8 des 10 nouveaux ministres du gouvernement de Laurent Lamothe sont soit des proches du Président de la république, soit d'anciens directeurs généraux de ministères, ou tout simplement des cadres de ces dits ministères. »*

Mais il ne s'agissait pas seulement de gagner des élections et de vouloir, avec un petit groupe d'amis, diriger et finalement rester

351

au pouvoir. Il fallait savoir aussi quoi faire avec le mandat des électeurs. Pour un pays essentiellement agricole, non seulement les terres sont dévastées et les productions agricoles sabotées, mais encore n'existait-il pas vraiment de politique agricole basée sur le long terme. Comme conséquences négatives, la survie alimentaire des haïtiens dépendait en grande partie du voisin dominicain qui se trouve de l'autre côté de la frontière. *"La politique agricole est axée sur les importations de produits de consommation courante, riz, maïs, œufs, etc. qui s'élèvent à des centaines de millions de dollars US et sur l'organisation "Aba Grangou" qui s'approvisionne au niveau des ONGs et de l'humanitaire. Pour un gouvernement élu sous la banniere d'un parti politique denommé réponse paysans, durant les quatre ans de l'administration Martelly Lamothe "La paysannerie n'a obtenu aucune réponse à son projet séculaire d'autosuffisance alimentaire pour Haïti... L'énergie électrique, l'irrigation, l'encadrement technique, le crédit agricole, les routes vicinales, les engrais, les semences, l'accès au marché, etc. devraient permettre l'ouverture de chantiers bourdonnants ramenant la verdeur dans les champs et la vie dans les sections"* (Dieuseul Simon Desras).

La vie n'était pas seulement chère en Haïti, elle était presque impossible à vivre dans ce petit pays des Caraïbes, sauf si vous êtes de l'élite qui possède plus que la moitié des ressources économique ou si vous faites partie du personnel des organisations internationales travaillant dans le pays. Contrairement à la propagande médiatique de l'équipe 'Tet kale', le programme de ''ti manman cheri'' initié par le gouvernement Martelly/Lamothe n'avait pas apporté de résultat. Ainsi, pour pallier cette vie de misère dans une Haïti qui ne pouvait pas se 'dekole'', pour certains, la corruption ou le voyage clandestin était une option. Presque chaque semaine, à la récherche d'un lendemain meilleur, les Haïtiens risquaient leurs vies sur de petits voiliers.

La diaspora est l'oxygène qui permet à Haïti de respirer économiquement. Ainsi, quant aux familles ayant des parents et des amis à l'étranger, elles ne respiraient que par leur entremise. Autrement, ce serait la catastrophe s'il n y avait pas cette communauté haïtienne en diaspora, bien entendu soucieuse de ses parents restés au pays. *''Les Haïtiens de l'extérieur jouent un rôle déterminant dans la vie d'Haïti. D'un côté, il y a les écrivains et les artistes qui portent haut notre étendard, projetant une image rayonnante contre ceux qui s'amusent à décrier le pays et à n'y voir que nos malheurs. D'un autre côté, il y a les transferts de devises de la diaspora qui améliorent les conditions de vie de bon nombre de nos compatriotes résidant en Haïti. Le second point revêt une importance particulière, compte tenu de la grande contribution des transferts à l'économie haïtienne.* (Joseph Harold Pierre – Alter press, 30 octobre 2012).

Ne parlons pas des appels téléphoniques et des frais de 1.50 $ US prélevés sur chaque tranfert pour un projet d'éducation de mauvaise qualité, que les propagandistes du pouvoir couvraient d'éloges : *''De 1998 à 2011, les transferts de devise de la diaspora haïtienne sont passés de 327 millions à 1.57 milliards de dollars. Pendant les cinq dernières années, la diaspora a effectué en moyenne des transferts de l'ordre de 1.4 milliards de dollars, soit un quart du PIB de cette même période. Cette proportion s'élève à 2.29 milliards et atteint 31% (presque un tiers) du PIB, quand on y inclut les transferts informels, c'est-à-dire ceux qui ne sont pas passés par des maisons de transfert''*

Signalons la jeunesse haïienne, l'espoir du pays, est abandonné à elle-même. Pendant que certains, avec des petits moyens économiques, faisaient le déplacement en République Dominicaine pour faire des études universitaires, d'autres restaient au pays pour poursuivre des études, pendant que d'autres encore, sans grands moyens ni contacts, finalement se prostituaient, avec des nationaux ou des étrangers de la force des Nations Unies en Haïti, pour trouver un emploi.

En dépit d'un programme d'éducation gratuite utilisé comme propagande politique par l'équipe 'Tet Kale', des chiffres montraient que les enfants des rues étaient nombreux. Quant aux jeunes, dont la plupart n'avaient pas terminé l'école secondaire ni les études post-secondaires, ils devenaient des proies faciles pour le recrutement par des groupes armés irréguliers, et plus tard des ''bandits légaux exécutant les basses œuvres des apprentis dictateurs. *''Les jeunes sont les partenaires de la société d'aujourd'hui. Ce sont eux les acteurs essentiels du changement. C'est pourquoi nous devons tous ensemble améliorer les capacités, à travers l'éducation formelle et non formelle et différents réseautages, pour qu'ils soient à même de prendre des actions réelles et positives afin de mettre fin à la pauvreté et à l'injustice «.*

Dans l'intervalle, comme le pays continuait à faire les frais de l'incompétence de ses dirigeants irresponsables, ' *'quant a la reconstruction, elle se débat dans les rets des multinationales. Les firmes nationales et la main d'œuvre locale sont déboutées par de puissants lobbies. Les procédures d'attribution des contrats sont obscures. La substance de ce secteur se ramasse autour des édifices publics où la cérémonie de pose de la première pierre a été organisée pour certains d'entre eux rien qu'à des fins médiatiques''* (Dieuseul Simon Desras).

À cela, s'ajoutait la lenteur de la réalisation des élections sénatoriales, municipales et locales qui devaient avoir lieu depuis la fin de l'année de 2011. Ce qui explique que plus de deux ans après l'arrivée du leader ''Tet Kale'' au pouvoir et une force multinationale dans le pays depuis presque dix ans, Haïti se destabilisait considérablement. Alors que la sécurité des Haïtiens relevait en grande partie de la MINUSTAH, quant aux actes de souveraineté nationale comme les elections, ils dépendaient pour plus de cinquante pour cent du financement des amis de l'international.

Face à tous ses dérives anti-démocratiques, pour faire échec au projet autoritaire et personnel du Président de la République qui, dès son arrivée au pouvoir, faisait montre de non-respect des normes constitutionnelles, à travers le *MOPOD*, *Fanmi Lavalas* et certains parlementaires, l'opposition se mobilisait contre l'équipe 'Tet kale'' L'objectif était de faire en sorte que le pouvoir retrograde de Martelly/Lamothe puisse ''*respecter les mandats des élus, d'honorer les échéances électorales et de garantir le fonctionnement permanent des institutions républicaines.* De plus, ''*l'insécurité, la vie chère, l'emprisonnement des frères Cherestal, les arrestations du Député Arnel Bélizaire et de Me. André Michel sont autant de choses qui* ''*mobilisent les partis politiques, la société civile, l'opposition parlementaire, les organisations socio-professionnelles, les groupes de base, effrayés par la volonté délibérée du Président de la République de plonger Haïti dans la violence et l'instabilité*''

En fin d'année 2013, les manifestations de l'opposition

De Bel Air au centre de Port-au-Prince, la marche a sillonné la ville en passant par La Saline, Cité Soleil et Delmas. C'était dans une ambiance très mouvementée que des membres de l'opposition se mobilisaient contre le pouvoir issu du 14 mai 2011. Dans toutes les manifestantions, ils réclamaient le départ du Président Martelly. Selon eux, le chef de l'État avait trop souvent violé la Constitution depuis son accession à la tête du pays. Donc, il devait parti pour faire place à un gouvernement de transition pouvant organiser des élections crédibles dans le pays, chantaient les manifestants.

Ainsi, *"Les manifestations organisées depuis plusieurs mois à l'initiative de l'opposition regroupée au sein du Mopod, en accord avec des comités de base de Fanmi Lavalas, pour dénoncer les manquements du gouvernement, ont prouvé la capacité de mobilisation de ces entités. De sit-in en sit-in pour aboutir à des rassemblements à Port-au-Prince et au Cap-Haïtien, à chaque fête nationale ou date symbolique, ces démonstrations de force sur le terrain devraient contraindre l'administration Martelly-Lamothe à repenser la gestion du pouvoir.»*

Entre-temps, le 17 octobre 2013, alors que le pays se préparait à commémorer le 207ème anniversaire de l'assassinat de Jean-Jacques Dessalines, des leaders politiques de l'opposition, y compris des parlementaires opposés au régime, sont sortis dans les rues pour fustiger les agissements de l'administration Martelly-Lamothe. *'Alors que le Président Michel Martelly commémore les 207 ans de l'assassinat de Dessalines au Pont-Rouge et dans la Grande Rivière du Nord, des gens ont gagné les rues dans la capitale pour dénoncer sa façon de faire à la tête du pays. À l'initiative, entre autres, de l'organisation populaire Force patriotique pour le respect de la Constitution (Fopak), proche du Parti Fanmi Lavalas, des milliers de manifestants ont foulé le macadam"* (Le Nouvelliste,, 2013).

Le député Levaillant Louis-Jeune, coordonnateur de INITE, *"voit l'arrivée au pays d'un système dictatorial. N'y étant pas allé par quatre chemins, le parlementaire qui, visiblement n'aime pas le chef de l'État, a réclamé sa démission. Il a demandé à la communauté internationale de prendre ses responsabilités, parce que, a-t-il indiqué, Michel Martelly est arrivé au pouvoir grâce aux puissances étrangères.»*

Tandis que la coordonnatrice nationale de *Fanmi Lavalas*, Maryse Narcisse, citée par AlterPresse, ''*a salué la mémoire de Jean-Jacques Dessalines et souligné que la manifestation s'inscrit sous le signe de ''la mobilisation, de la concertation, du rassemblement, de la détermination et de l'intelligence, pour garder vivant le projet de construire une société de justice sociale*''

De là, avec des slogans ''*Dessalinn pral kay Petyon*'', il était devenu habituel lors des manifestations de se rendre à Petion Ville qui, depuis le tremblement de terre du 12 janvier 2010, était devenue un centre commercial.

En novembre 2013, la menace à peine voilée du renvoi par le Président de la république d'un tiers du Sénat, sous pretexte que leur mandat prendrait fin le deuxième lundi de janvier de 2014, « *a réveillé certains mandataires du peuple qui, jusque-là, étaient insensibles aux dérives anti-démocratiques d'un Exécutif, fossoyeur du Parlement, du Conseil supérieur du pouvoir judiciaire, du Conseil électoral, de la Cour supérieure des comptes, entre autres institutions, qu'il noyaute, dévoie ou met sous contrôle.* »

En outre, pendant que Port-au-Prince, avec ses manifestations, restait très agitée, dans le département du Nord, particulièrement dans la deuxième ville du pays, Cap-Haïtien, des gens ont également gagné les rues pour réclamer le départ de Michel Martelly. C'était dans ce contexte très difficile et troublé de fin d'année 2003 que le chef de l'État exprima sa volonté de dialoguer pour essayer de trouver une solution à la crise politique et tenter de rassurer les esprits sur ce qui allait se passer le 14 janvier 2014.

L'accord d'*El Rancho*

Dans le but de sortir le pays dans l'impasse politique chronique où il se trouvait, à l'initiative de l'Église catholique, particulièrement sous le leadership du nouveau Cardinal Chibly Langlois, des responsables de partis et d'organisations politiques se sont réunis à l'hôtel *El Rancho*. Après plusieurs séances de travail, un semblant accord politique, quoique décrié par certains et loué par d'autres, fut trouvé entre les protoganistes le 14 mars 2014. En dépit de cet accord, c'était sur des notes discordantes des uns et des maronnages des autres que certains acteurs politiques l'ont finalement signé. *"Après la présentation et les considérants, à la troisième page du document qui en compte 8 pages et 14 articles, on retrouve ce qui est considéré comme le résultat des longues heures de discussion entre les acteurs politiques à l'hôtel El Rancho"* (Robenson Geffrard/*Le Nouvelliste,*).

De ces 14 articles, l'accord d'*El Rancho* traitait de la mise en place d'un gouvernement d'ouverture capable d'inspirer confiance. Il était aussi question de la séparation des pouvoirs. Le respect des garanties judiciaires était aussi au menu. En outre, les parties qui étaient à la table de négociation s'accordaient également pour l'organisation des élections libres, honnêtes et démocratiques avant la fin de l'année 2014, préférablement le dimanche 26 octobre. Il était aussi question de la décentralisation et du renforcement des collectivités territoriales. Le retrait planifié et ordonné de la Mission des Nations Unies pour la stabilisation en Haïti (MINUSTAH) faisait aussi partie des articles de l'accord d'*El Rancho*.

À cela s'ajoutait que le Collège transitoire du Conseil électoral permanent (CTCEP) soit renommé Conseil Électoral Provisoire (CEP). De même, chacun des trois pouvoirs de l'État, à savoir l'exécutif, le législatif et le judiciaire, pouvait procéder, après évaluation, au retrait maximum d'un de ses membres et à son remplacement dans un délai ne dépassant pas dix jours après la signature du présent accord, afin d'amender la loi électorale.

Évidemment, de tous les autres points de l'accord d'*El Rancho*, l'article 12 était celui qui faisait couler le plus d'encre. Il stipulait, *"Dans le cas où les amendements à la loi électorale prévus et proposés dans le cadre du dialogue ne seraient pas votés par les deux branches du Parlement dans le délai imparti à l'article huit du présent accord, les parties constatent avec le Conseil électoral provisoire (CEP) l'impossibilité matérielle d'appliquer les articles visés. En conséquence, les parties conviennent que les dits articles entrent automatiquement en veilleuse et l'organisme électoral est autorisé à y passer outre"*,

Au fil des mois, alors que l'exécutif était à un carrefour décisif quant à la date du 26 octobre 2014 pour la tenue du scrutin, pendant qu'un groupe de six sénateurs refusait de voter l'amendement de la loi électorale, les tendances étaient divisées. Indécise d'une part et, fébrile d'autre part, à un moment où elle était encouragée par ses conseillers et supportée par une frange de l'international, l'équipe Têt Kale demeurait fascinée par l'application de l'article 12 de l'Accord d'El Rancho. Cependant, l'opposition avait mis l'exécutif au défi d'organiser des élections non frauduleuses et non inclusives.

Face à un pouvoir sans base populaire, de plus très critiquée par l'opposition qui chaque jour gagnait du terrain, l'équipe 'Tet kale, soutenue par l'international, faisait à son idée. Le Président et son chef de gouvernement ont déclaré, lors de leurs passages à New York dans le cadre de la soixante-neuvième assemblée générale à l'ONU, qu'ils étaient prêts à gouverner par décret. Dès lors, pour un pays aussi fragile que Haïti, tout le monde s'inquietait de ce qui allait se passer le deuxième lundi de janvier 2015, si toutefois les élections n'étaient pas organisées avant la fin de l'année de 2014. *« Si d'ici le deuxième lundi du mois de janvier 2015 un compromis n'est pas trouvé et "si le 12 janvier 2015 le Parlement est caduc, il y a un Président qui n'est pas caduc, il gérera le pays et nous ferons tout ce que nous avons à faire »*, déclarait Michel Martelly qui répondant à une question du quotidien *Le Nouvelliste,. Êtes-vous prêt à diriger par décret Monsieur le Président ? "Oui, je suis prêt!" "Je suis le Président d'un pays, je dois faire face à n'importe quelle situation. Vous me demandez si je suis prêt, je suis prêt"*, disait Martelly.

Haïti, un pays fragile

En effet, plus de trois ans après son investiture au timon des affaires de l'État, l'élu du 20 mars 2011 faisait face à de graves crises. Elles étaient d'ordre économique, politique et social. Mais cette gestion politique désastreuse remontait au tout début, à l'arrestation du député Arnel Bélizaire, suivies des dépenses folles provenant du trésor public à l'occasion des longs déplacements du Président à l'étranger. De plus, les rumeurs autour des problèmes de nationalité du chef de l'État et de la corruption au sein de son administration représentaient autant de handicaps considérables pour l'administration 'Tet Kale'.

Mais, parmi de tous ces ennuis, l'épisode de la crise pré-électorale n'a pas été sans conséquences pour le Président. Dans cet état de fait, beaucoup étaient unanimes à reconnaître que, si l'on voulait respecter l'alternance du pouvoir politique dans le cadre d'une stabilité démocratique, aussi qu'assurer la crédibilité des dirigeants, il fallait organiser de vraies élections. Non seulement il était question de les organiser honnêtement, mais cette organisation devait s'effectuer à temps car ce simple mot d'élection est aujourd'hui devenu, nationalement et internationalement, une exigence. *''La propagation de la démocratie dans le monde compte parmi les grandes réalisations de notre époque, et ce, grâce aux élections qui rendent possible l'acte d'autodétermination envisagé dans la Charte des Nations Unies''*

L'alternance des dirigeants politiques

Les élections remplissent de nombreuses fonctions importantes dans la société. Elles socialisent, institutionnalisent l'activité politique et surtout rendent possible l'accession de beaucoup de citoyens à des postes politiques. Le processus électoral permet l'arrivée au pouvoir sans passer par des manifestations, des émeutes ou des révolutions. En un mot, elles offrent un accès régulier au pouvoir politique où les dirigeants peuvent être remplacés sans se voir renversé par un coup de force.

L'idée de l'alternance veut que *''ce ne soit toujours pas les mêmes personnes qui commandent et les mêmes qui obéissent. Les capacités d'obéissance et de commandement doivent être en chaque citoyen.»* Par contre, si les élections représentent le mode démocratique de désignation du personnel politique, *''des urnes sortent trop souvent en Haïti des dictateurs, contempteurs de la démocratie''*

Depuis le départ de Jean-Claude Duvalier en 1986, presque toutes les élections organisées dans le pays, quand elles n'ont pas été manipulées par l'international, ont toujours été orientées dans l'intérêt du parti au pouvoir. Mais depuis l'arrivée du Président Martelly au pouvoir, au lieu d'organiser des scrutins *'champwel'* (mauvaises élections) en leur faveur, son administration avait, de préférence, accordé la priorité aux carnavals en lieu et place des structures pouvant permettre le bon déroulement des élections dans le pays.

Carnavals, oui, autant de fois que possible !

Pour éviter d'organiser des élections à la fin de l'année 2013, l'exécutif et ses amis de l'international, particulièrement l'ambassadrice américaine, se cachaient derrière des arguments fallacieux : les dépenses d'un processus électoral sont trop coûteuses, non seulement pour le Trésor Public, mais aussi pour les candidats, les partis ou regroupements politiques. Ce qui avait motivé le pouvoir 'Tet kale à refuser d'organiser des élections en 2011 et 2013 pour renouveler un tiers du Sénat, dont le mandat était arrivé à terme. Mais qu'en était-il des carnavals ? Ils étaient au nombre de six en trois ans. *''Ceux qui adorent les ambiances mondaines, ne peuvent pas se plaindre ces temps-ci en Haïti. Le Président Michel Martelly pense bien à eux. Car depuis sa prise de pouvoir, il y a déjà trois ans de ça, l'ancienne vedette de Sweet Micky s'investit avec joie dans une politique de divertissement sans précédent''* avait fait remarquer Osman Jérôme. Dans ce cas, les festivités carnavalesques étaient-elles moins coûteuses et aussi importantes que les élections ?

Les élections de 2011 et 2013 étaient d'une importance capitale en matière d'alternance démocratique. Mais lorsqu'on savait que, le deuxième lundi de janvier de 2015, tous les députés et deux-tiers des sénateurs de la 49ème Législature, arriveraient au terme de leur mandat, il était urgent que des élections aient eu lieu à la fin de l'année 2014.

Entre-temps, les négociations pour l'organisation des élections connaissaient d'importants changements. Lors du premier CTCEP dirigé par l'ancien ministre de la justice, Josué Pierre-Louis au Président Max Mathurin, on assistait à tout un processus houleux. Quand ce n'était pas sur le non de l'institution, des gens qui la composaient, c'était au tour de l'article 268 : *''Les compétitions électorales haïtiennes*

362

retiennent les attentions, occupent les débats et suscitent des inquiétudes. En effet, il a fallu tout un processus houleux pour camper la machine électorale qui doit organiser les élections sénatoriales, locales et municipales d'ici la fin de l'année.»

Au-delà de tout autre problème que pouvait poser le conseil électoral, la grande préoccupation des partis politiques était la pollution de l'environnement politique. L'exécutif, à travers des manipulations et tractations politiques, soit avec certains membres du CSPJ, soit avec une frange de l'international, n'inspirait pas confiance quant à l'idée d'organiser des élections crédibles dans le pays.

Une élection, étape importante vers le processus démocratique, doit être libre et acceptée par tout le monde. Car *''Voter c'est l'expression de la volonté du peuple'' qui choisit ses propres leaders et représentants. Cette esquisse de définition de l'acte de voter se propose de souligner la liaison étroite entre l'élection et la représentation. L'élection, si bien justifiée par l'adage romain:"Quod omnes tangit, ab omnibus tractari et approbari debet", ("ce qui touche tout le monde doit être considéré et approuvé par tous") a connu un développement considérable, ses principes ont conquis de nos jours une grande partie du monde''*

Depuis le depart de Jean-Claude Duvalier en 1986, Haïti essaya, en plusieurs occasions, de se maintenir dans le processus démocratique, mais très peu d'élections ont eu lieu. *''Les élections libres et démocratiques réclament d'une manière necessaire l'accepation du principe de pluralisme politique et, implicitement, l'adhésion et le respet des certaines libertés qui, en effet, ne sont pas toutes exclusivement politiques, mais aussi économiques et sociales: liberté de réunion, d'association, liberté religieuse, droit de propriété, etc. Reconnaître et admettre ces libertés, le pluralisme en général, implique une conséquence majeure: c'est accepter la diversité des choix, des options et le droit de chacun de défendre ses propres convinctions, évidement dans le respet des lois. On voit s'instaurer ainsi un lien étroit entre le pluralisme, la tolérance et la libre manifestation des préférences politiques, économiques, sociales et religieuses''*

Mais pour parvenir à une élection crédible, l'institution appellée à l'organisation de la compétition électorale devait, pendant tout le processus, *''obéir à des normes neutres et bien précisées, afin d'éviter incliner la balance en faveur d'une force politique, fait qui pourra mettre en doute la crédibilité du système politique. Il faut assurer tous les groupes politiques qu'ils ont des chances égales d'accès au pouvoir et que les règles du jeu sont garanties par des lois impartiales''* Mais, dans le cas d'Haïti, comme il arrive très souvent, ce ne sont que des élections frauduleuses, manipulées dans l'intérêt d'un petit groupe.

Si, dans une démocratie, la population a le droit de voter, il est primordial qu'à travers l'institution électorale appelée à organiser le scrutin, les conditions dans lesquelles ce droit s'exerce et les procédures de la compétition électorale déterminent les conditions d'exercice de la démocratie. *''L'objectif principal que les ''règles du jeu'' démocratique se proposent d'atteindre c'est de ''transmuer la violence et les conflits des rapports sociaux en un combat symbolique, mais pour que ces règles fonctionnent, il faut que les partis concernés acceptent cette transformation, c'est-à-dire l'élection d'une manière pacifique et légale d'un vainqueur qui gouvernera dans le réspet de l'opposition et des libertés des citoyens''*

Cependant, dans le cas de la sélection des membres qui composaient l'institution électorale, ils étaient nombreux, ceux qui pensaient qu'elle pouvait, indépendamment, organiser des elections crédibles dans le pays. Telle a été la position d'un groupe de sénateurs et des partis politiques qui s'opposaient au pouvoir exécutif.

Du groupe de six sénateurs qui refusaient de voter la loi électorale en attente au Parlement et au cinq autres sénateurs qui menaçaient de démissionner si toutefois les collègues ne parvenaient pas à voter, la Chambre haute faisait l'objet de vives critiques, tant par la classe politique et les élus du grand Corps. *'Le Parlement haïtien est ébranlé par les secousses d'une crise dont les racines plongent dans l'inadéquation des structures d'un État dépendant impuissant à répondre aux impératifs du développement national. Les conquêtes des dernières décennies, liées au respect et à la jouissance des droits fondamentaux de la personne, sont sans cesse menacées par les cabrioles d'une transition qui s'achoppe de manière récurrente aux digues de l'autoritarisme, de l'arbitraire, de l'opacité, de la personnalisation du pouvoir et du refus obstiné de se soumettre à la légalité constitutionnelle''* (Simon Dieuseul Desras).

Le Président de l'Assemblée Nationale poursuit : *''Au niveau national, le pays expérimente une situation d'exacerbation de la crise institutionnelle. La loi électorale est déposée au Parlement dans l'intention avérée d'aiguiser les contradictions entre l'Exécutif et l'opposition parlementaire. Le Conseil de Sécurité des Nations-Unies applaudit les progrès patents du pouvoir en place, lesquels progrès échappent pourtant aux analystes les plus avertis et ne se répercutent dans aucun secteur de la vie socio-économique. Ce faux-fuyant amplifie le malaise entre l'opinion publique et les institutions de tutelle alors que l'opposition bat la générale contre le projet anti-démocratique du Président de la République''*

La décision du groupe des six sénateurs à ne pas voter la loi électorale n'était-elle que le plan de marronage de la part de certains leaders des partis politiques opposés aux élections et

365

au régime de Martelly-Lamothe ? En effet, pendant les mois qui suivirent la création de l'institution électorale, on assista à des déclarations relevant de la tactique du double langage, comme à l'époque de cette bataille politique des leaders du secteur populaire contre les régimes militaires post-Duvalier.

Avant, c'était non à l'article 12 de l'accord d'El Rancho ; après, c'était non aux élections. *« Nous n'allions pas participer à des rencontres au Palais National avec M. Martelly. Négociations, oui. Discussions, non. Martelly doit parti et laisser la place à un autre gouvernement de salut publique capable d'organiser non seulement des élections générales dans le pays, mais aussi un scrutin libre et démocratique »* réclamaient certains leaders politiques et les six sénateurs de l'opposition.

Entre 2011 et 2013, Martelly n'avait certes pas organisé d'élections. Mais en 2014, si certains conservaient des doutes quant à sa bonne volonté d'organiser des élections, les événements qui s'ensuivirent à la fin de l'année avaient fait complètement tomber les masques d'apprentis-dictateurs qui cachaient le vrai visage du chef de l'État. Pour mieux persécuter les opposants politiques, le Président Duvalier savait créer des événements pouvant destabiliser le pays. Comme il le faisait souvent, il était passé maître dans cette affaire. C'est ainsi qu'un gouvernement qui, quoique à deux époques différentes, a su s'identifier à celui des Duvalier : il utilisa le scénario de libération des détenus de la prison de la Croix-des-Bouquets, sous les ordres d'un juge non-indépendant, si bien que l'ancien Président Arisitide se retrouva dans le collimateur de la justice.

L'affaire Clifford Brandt et la prison de la Croix-des-Bouquets

En termes de sécurité, les élections étaient-elles possibles quand, le dimanche 10 août 2014, dans la prison civile de la Croix-des-Bouquets, se produisit le scénario de libération de plus de 300 détenus, y compris M. Clifford Brandt ? *''L'évasion de Clifford Brandt et de 319 autres prisonniers dimanche matin, de la prison civile de Croix-des-Bouquets, constitue la plus spectaculaire évasion qui s'est opérée depuis le 1er janvier 2004 date à laquelle plusieurs centaines de prisonniers ont fui le pénitencier national. Depuis l'arrivée au pouvoir du Président Michel Martelly, aucune évasion n'a été enregistrée. On croyait que le temps de ce spectacle touchait à sa fin. La construction de la prison civile de Croix-des-Bouquets, en l'année 2012, avec des fonds étrangers permettant le décongestionnement du plus grand centre carcéral du pays, a été perçue comme un pas de géant dans la lutte contre l'impunité''* (Nouvelliste, 11 août 2014).

Toujours dans le même éditorial, on peut lire dans le quotidien *le Nouvelliste*, que : *' 'Le spectacle de dimanche de la prison civile de Croix-des-Bouquets a mis à nu la faiblesse des structures étatiques de contrôle, de surveillance et de supervision des centres carcéraux du pays. L'incapacité des dirigeants à donner une version cohérente, vingt-quatre heures après l'événement, montre le caractère fantaisiste de la conférence de presse du ministre de la Justice et du directeur général de la Police nationale d'Haïti. Comment peut-on parler d'évasion de trois cent vingt prisonniers d'un centre carcéral construit avec un dispositif sécuritaire aussi sophistiqué, alors qu'aucun des agents qui montaient la garde à l'intérieur n'a été ni victime ni dépossédé de son arme ?''*

Mis à part de cette libération spectaculaire de M. Brandt et de plus de trois cent prisonniers dans la prison civile de la Croix-des-Bouquets, la citation à comparaître de l'ancien Président Jean-Bertrand Aristide par le juge Lamarre Bélizaire laissait planer des doutes quant à la volonté de l'équipe 'Tet kale' d'organiser des élections. Parmi tous les questionnements sur cette convocation, beaucoup se démandaient si le moment était bien choisi ou si le pouvoir en place voulait tout simplement ajouter de la confusion dans une atmosphère politique déjà instable, histoire de ne pas organiser d'élections.

Aristide dans le colimateur de la justice

Selon un mandat émanant du cabinet d'instruction du juge Lamarre Bélizaire, l'ancien Président Jean-Bertrand Aristide faisait donc l'objet d'un mandat d'amener. Il lui était reproché son implication dans le trafic de drogue, la corruption, le blanchiment d'argent et le détournement de fonds du Trésor Public. *''La nouvelle de l'inculpation de l'ex-Président Jean-Bertrand Aristide est tombée ce mardi (12 août), en milieu de journée, alors que la nouvelle de la capture de Clifford Brandt, évadé de la prison civile de la Croix-des-Bouquets n'était pas encore connue du public en fin d'après-midi. Pour des lavalassiens, l'inculpation de JBA est un écran de fumée visant à détourner l'attention de l'évasion de Brandt et de près de 300 prisonniers''*

Toujours selon *le Nouvelliste : ''L'ex-Président Jean-Bertrand Aristide, inculpé de « trafic de drogue, soustraction de deniers publics, forfaiture, concussion et blanchiment des avoirs», doit comparaître par-devant Lamarre Bélizaire, juge d'instruction de la juridiction de Port-au- Prince en vertu d'un réquisitoire d'informer du ministère public Jean Renel Sénatus, le mercredi 13 août 2014 à 10 heures du matin, selon le mandat de comparution dont le journal a obtenu copie. Si Jean-Bertrand*

Aristide ne se présente pas pour répondre des faits qui lui sont imputés, un mandat d'amener sera décerné contre lui" affirmait l'ordre à comparaître du juge Lamarre Bélizaire.

Quand on sait qu'Aristide résidait dans la juridiction de la Croix-des-Bouquets, seul un huissier de la Cour d'Appel pouvait faire le déplacement d'une juridiction à une autre. Ce qui explique qu'ils étaient nombreux, ceux qui se posaient cette question, à savoir : que se cachait-il derrière ce mandat de comparution ? Selon les proches de l'ex-Président, ce n'était que des manœuvres pour détourner les esprits vers les élections prévues pour la fin de l'année 2014.

Quant à Ira Kurzban, l'avocat américain de Jean-Bertrand Aristide, il avait confié qu'aucune notification d'interdiction de déplacement contre son client ne lui avait été signifiée formellement. Selon M. Kurzban, cette croisade contre l'ancien Président Jean-Bertrand était, tout simplement, motivée politiquement : *"C'est uniquement motivé par la tenue des prochaines élections en Haïti. Comme les anciennes allégations contre le Président Aristide, les nouvelles n'ont aucune base, dans les faits et dans la réalité"*, a déclaré Ira Kurzban. (*Le Nouvelliste,*, 12 aout 2014).

Entre-temps, pendant que des supporteurs d'Aristide montaient la garde devant l'rentrée de sa résidence à Tabarre, d'autres criaient aux persécutions politiques par le régime Martelly-Lamothe.

Deux cas de figure peuvent expliquer la décision du juge Lamarre Bélizaire de placer l'ancien Président Aristide en résidence surveillée. Soit que cette decision, légalement, répondait premièrement aux normes de la législation haïtienne, soit qu'elle était strictement motivée politiquement. Dans le cadre de ce dossier, des avocats, tout en fouillant dans leurs documents les plus anciens, ont aussi effectué des exercices intellectuels et professionels de titans pour découvrir, dans le code pénal haïtien, une raison légale de placer quelqu'un en résidence surveillée. *"Le juge d'instruction ne peut placer personne en résidence surveillée. D'ailleurs, cette notion n'existe pas dans la législation haïtienne"*, soutenaient plusieurs avocats haïtiens.

Cependant, la loi prévoit *"qu'un condamné »* au *correctionnel peut être placé sous la haute surveillance de la police de l'État"*, ont fait remarquer ces avocats.

De l'avis de Me. Claudy Gassant, *"dans l'État actuel du droit haïtien, placer quelqu'un en résidence surveillée n'existe pas. Donc, placer quelqu'un en résidence surveillée n'est pas legal. Quel que soit l'acte posé par le juge d'instruction, il doit le faire sur une base légale. Même si la loi lui permet de prendre toutes les mesures pour arriver à la vérité,* a souligné Me Gassant. Il poursuit *"ces mesures qui sont des actes d'instruction doivent avoir une base légale. En France, placer quelqu'un en résidence surveillée, c'est une mesure alternative. Au lieu de le mettre en prison, on la place en résidence surveillée. Mais en Haïti on n'a que la prison ou laisser la personne en liberté»,* a-t-il ajouté.

De plus, Me. Gassant avait souligné que *"le juge d'instruction Lamarre Bélizaire n'est pas dans sa juridiction et ne peut en aucun cas placer quelqu'un en résidence surveillée qui se trouve dans une autre juridiction. »* Il ajoute que *« de l'ancien Président Jean-Bertrand Aristide, comme cela pourrait être n'importe quel autre citoyen, ne dépend que des juges de sa juridiction"*

Selon l'ancien commissaire du gouvernement, *"le juge d'instruction Lamarre Bélizaire a bloqué la procédure tout seul. Il ne pourra pas entendre Jean-Bertrand Aristide parce qu'il l'a assigné à résidence. Pour l'entendre, il faut inviter Jean-Bertrand Aristide, le juge l'a déjà fait et Aristide a*

370

refusé. Il a émis un mandat d'amener qui n'a pas été exécuté. Aujourd'hui, qu'est-ce qui lui reste comme alternative ? C'est aller l'entendre chez lui. Il ne pourra pas le faire parce qu'il ne peut pas laisser sa juridiction pour aller dans la juridiction de Croix-des-Bouquets. Il a aussi indiqué *"que les agents de l'APENA ne doivent pas être aux abords de la résidence de Jean-Bertrand Aristide. Ils ne peuvent opérer que lorsqu'ils ont un mandat de dépôt et la personne à leur disposition"*, a-t-il confié au quotidien *le Nouvelliste*.

Selon l'ancien parlementaire de la 45ème Législature, Me. Samuel Madistin, *"Placer quelqu'un en résidence surveillée, c'est un régime que la législation haïtienne n'a pas encore établi. Il n'existe pas.* Me. Madistin poursuit que *"La mission du juge d'instruction est tracée par le code d'instruction criminelle. Cependant, en matière de police correctionnelle, la loi prévoit qu'un "condamné" au correctionnel peut être placé sous la haute surveillance de la police de l'État. Même dans ce cas, la loi haïtienne ne parle pas de résidence surveillée. On pourrait le considérer comme une forme équivalente, mais c'est en matière de condamnation au correctionnel"* a-t-il dit, soulignant « *qu'il est question de condamnation.* »

Toujours selon Me. Madistin dans son interview avec le quotidien *le Nouvelliste, "Non seulement la résidence surveillée n'est pas applicable à l'ancien Président Jean-Bertrand Aristide, si quelqu'un le fait, il peut finir en prison"*, a menacé Me Samuel Madistin. *Car, «La Constitution est claire, en matière de liberté individuelle, et l'auteur et celui qui exécute un ordre manifestement illégal peuvent être poursuivis pour acte arbitraire. Un policier qui exécute cet ordre peut être arrêté et le juge peut aussi aller en prison pour cet acte; le commissaire du gouvernement qui exécute cet ordre peut faire l'objet de poursuite"*, faisait remarquer Me. Samuel Madistin.

La position de Me. Carlos Hercule, bâtonnier de l'ordre des avocats de Port-au-Prince, n'était pas différente de celle des deux hommes de loi précités : *"La décision d'un juge de placer un justiciable en résidence surveillée est illégale. Dans l'État actuel de notre procédure pénale consacrée dans le code d'instruction criminelle, il n'existe aucune disposition du genre. Dans les articles traitant des juges d'instruction, on ne trouve aucun texte reconnaissant à un magistrat instructeur l'attribution de prendre une telle décision »*, déclarait Me. Hercule lors d'une interview accordée à la station de radio *Magik 9*.

Très explicite dans les détails, Me. Hercule ajoutait *"Même dans les lois punissant les crimes à caractère transnational ratifiées par Haïti, je n'ai relevé aucune disposition autorisant le juge d'instruction à prendre une telle mesure restrictive du nom d'assignation à résidence surveillée »*, a poursuivi Me Carlos Hercule. En faisant référence notamment à la loi traitant du blanchiment des avoirs et du financement du terrorisme, il dit que *"Nul ne peut être poursuivi, arrêté ou détenu que dans les cadres prévus par la loi et selon les formes qu'elle prescrit,* a insisté le Président de la Fédération des barreaux d'Haïti.

Tout en citant l'article 24.1 de la Constitution de 1987 amendée, il dénonce le caractère illégal de la décision du juge Lamarre Bélizaire. Me Carlos Hercule a expliqué *« qu'il doit y avoir un cadre réglementaire qui définit les attributions et les conditions dans lesquelles, quelle que soit l'autorité - judiciaire , policière ou administrative- doit être exercée. « C'est ce qu'on appelle le principe de légalité en procédure pénale »*, a-t-il dit *(Le Nouvelliste,)*.

Pour le bâtonnier de l'ordre des avocats de Port-au-Prince, *"c'est un principe fondamental, un magistrat instructeur doit questionner la loi pour être sûr qu'il est autorisé à*

372

prendre telle ou telle décision. Quand un magistrat pose un acte en dehors de la loi, il faut un organe supérieur pour veiller à la légalité et à la constitutionnalité de ses actes. La cour d'appel, dans ce cas précis, a la responsabilité de veiller à ce que la poursuite soit bien enclenchée au regard de la Constitution et sanctionner la décision'', estime Me.Carlos Hercule.

Il a tout de même admis l'existence, dans le code pénal haïtien, de ce qu'il appelle le «*renvoi sous la haute surveillance de la police d'État.*» *La différence d'avec la notion d'assignation en résidence surveillée c'est qu'il s'agit d'une peine qui doit être prononcée par le tribunal criminel ou le tribunal correctionnel,* a-t-il fait remarquer (*le Nouvelliste,* 11 septembre 2014).

Dans ce cas, le processus commençant par un mandat d'invitation, un mandat d'amener, une interdiction de départ jusqu'à mise en résidence surveillée de l'ancien Président Jean-Bertrand Aristide était-il une manœuvre ou des persécutions politiques visant non seulement à écorner l'image d'Aristide, mais aussi à affaiblir son parti, dans la perspective des prochaines compétitions électorales ?

De son côté, le Réseau national de défense des droits humains (RNDDH) sur la dernière ordonnance plaçant M. Aristide en résidence surveillée, rappelle *''qu'aucun texte législatif ou réglementaire n'autorise un juge d'instruction à placer en résidence surveillée un inculpé''* Et selon RNDDH *''Ceux qui exécutent cette décision s'exposeront à des poursuites pénales suivant les dispositions de l'article 27 de la Constitution haïtienne''*

Le communiqué du RNDDH rappelait également que *''Le magistrat Lamarre Bélizaire a une fâcheuse tendance à outrepasser avec arrogance les limites qui lui sont fixées*

373

par la loi et à se comporter en supermagistrat'' Et *''Quand la loi est remplacée par la folie des hommes, la nation s'expose à toutes sortes d'aventures''*

Entre-temps, par solidarité ou histoire de mieux se positionner dans les prochaines élections, certains membres d'organisations politiques et des députés en fonction ont rendu visite à l'ancien chef d'État en difficulté.

Visite de solidarité à Aristide dans sa résidence a Tabarre

Force patriotique pour le respect de la Constitution (FOPARC) et une délégation de députés rendirent donc visite, le mardi 16 septembre, à la résidence de l'ex-Président Jean-Bertrand Aristide à Tabarre. L'objectif consistait à apporter leur solidarité au leader charismatique de Fanmi Lavalas qui était dans le collimateur de la justice. Ils déclaraient que les accusations de corruption et de détournement de fonds de Me Lamarre Bélizaire ne sont donc que des persécutions politiques.

Jean Tholbert Alexis, Sinal Bertrand, Poly Faustin, Paul Olivar Richard, ont été les députés qui faisaient partie de cette délégation dont le chef de file avait été l'ancien sénateur, Louis Gérald Gilles. Ils n'étaient pas les seuls à apporter leur soutien au Président en difficulté. En effet, lors de cette visite, plusieurs dizaines de sympathisants et partisans du parti politique Fanmi Lavalas s'étaient massés devant la barrière principale de la résidence de l'ancien prêtre de Saint-Jean Bosco.

Entre les visites de solidarité des officiels du Parlement haïtien et la mobilisation des organisations de base, certains alliés de l'international, particulièrement des parlementaires américains, se montraient inquiets pour la sécurité de l'ancien

Président. ''Tous les amis d'Aristide s'activent. Si des alliés politiques de Jean-Bertrand Aristide s'activent dans le pays, ceux de l'étranger sortent de leur mutisme. Les actes d'instruction du juge Lamarre Bélizaire rendent « perplexes » et « outragés » des supporters de JBA comme le représentant de la Californie au Congrès des USA, Maxine Waters. Selon le Miami Herald, Maxine Waters, a appelé le secrétaire d'État américain John Kerry à « intervenir » pour « empêcher un affrontement dangereux et inutile » susceptible de provoquer le chaos dans le pays''

Soutien des anciens alliés de l'international

Les frais d'une confrontation entre les partisans d'Aristide et des agents de la police qui patrouillaient autour du domicile de l'ex-chef d'État seraient désastreux pour un pays qu souffrait non seulement d'une crise électorale, mais aussi d'une instabilité politique vieille de plusieurs années. ''Personne ne voudrait d'une confrontation entre les partisans d'Aristide et la police'', a écrit Maxine Waters, cité par le journal Miami Herald. ''J'ai peur que la situation dangereuse qui se développe ne conduise à des pertes en vies humaines et à une instabilité politique plus profonde en Haïti'', selon la congresswoman, qui paraît très préoccupée pour la sécurité de l'ancien president Jean-Bertrand Aristide. ''Il est dans une situation à risque », a-t-elle insisté. Préoccupé lui aussi, le pasteur Jesse Jackson a indiqué ne « pas comprendre la légalité de tout ce qui se fait comme de nombreuses autres personnes''

Si le problème de Jean-Bertand Aristide n'avait aucune base juridique, pourquoi les experts internationaux de droits humains ne s'étaient-ils pas prononcés là-dessus ? Quel pouvait être l'intérêt de la communauté internationale à garder le silence dans le dossier Aristide ? Celui qui, vers les années 90, avait des amis dans l'international, était-il alors complètement lâché par certains de ses 'bons amis' ?

Après le mandat de comparution, d'amener, l'assignation à résidence surveillée et le rappel des agents de l'USGPN qui assuraient la sécurité de l'ancien Président, Jean-Bertrand Aristide, et ceci sans notification, Maryse Narcisse, la coordonnatrice du Fanmi Lavalas, avaient dénoncé un complot du pouvoir en place visant à assassiner Aristide. ''Nous sommes tous conscients qu'il y a une situation de persécution politique qui a débuté depuis longtemps dont l'objectif est l'assassinat du Président Aristide''

Chaque jour, en reserrant l'étau autour de l'ancien Président Jean-Bertrand Aristide, le juge était-il indépendant du Palais National et de la Primature ? Eux-mêmes étaient-ils indépendants de l'international ou des puissantes ambassades en Haïti ? Dans ce cas, comment parler d'organisation d'élections inclusives et crédibles, tandis qu'on persécutait le leader charismatique du parti ? Était-ce le silence d'Aristide qui faisait peur ou le rôle politique que jouait son parti sur le terrain ? Persécution politique ou pas, dans ce cas, quel était le vrai rôle du CSPJ ?

Le Conseil Supérieur du Pouvoir Judiciaire (CSPJ)

C'est l'article 184.2 de la Constitution amendée qui consacre et confère au Conseil Supérieur du Pouvoir Judiciaire le plein pouvoir d'agir dans l'intérêt de la bonne marche des institutions judiciaires. Étant le garant de l'autonomie de la justice, ''L'administration et le contrôle du pouvoir judiciaire sont confiés à un Conseil supérieur du pouvoir judiciaire qui exerce sur les magistrats un droit de surveillance et de discipline, et qui dispose d'un pouvoir général d'information et de recommandation sur l'État de la magistrature''

Ainsi, avec la mise sur pied du Conseil Supérieur du Pouvoir Judiciare par le gouvernement Martelly/Lamothe, plus d'un reconnaissait que c'était une étape importante vers l'autonomie du pouvoir judiciaire dont le mauvais fonctionnement des tribunaux, la corruption étaient, entre autres, des problèmes à résoudre rapidement. La soif d'une justice équitable devrait pouvoir être finalement assouvie avec l'installation de ce conseil, avait-on fait savoir certains hommes politiques. ''La création du Conseil supérieur du pouvoir judiciaire est, pour certains, un bon signe. Ils y voient la garantie de l'autonomie du pouvoir judiciaire. Le Conseil supérieur du pouvoir judiciaire (CSPJ) vient nourrir l'espoir d'une justice haïtienne exempte de toute influence du pouvoir politique. Longtemps soumis aux caprices de l'exécutif, la justice haïtienne a toujours été perçue comme institution au service du pouvoir politique en place'' (Patrick Réma).

Étant l'une des institutions les plus discréditées dans le pays, pour parvenir à la bonne marche de l'appareil judiciaire, les membres du CSPJ devaient non seulement mener à bien le travail professionnel dans le respect d'éthique et de moralité, mais aussi faire preuve d'un leadership éclairé. C'était aussi l'avis partagé par Me. Gervais Charles qui croyait que ''le CSPJ doit faire preuve d'un leadership éclairé et très vivace pour recouvrer le reste de ses attributions encore entre les mains du ministère de la Justice et de la Sécurité publique.»

Contrairement à toute attente, avec le comportement du juge Lamarre Bélizaire dans certains dossiers comme les frères Florestal, Me. André Michel et l'ancien Président Jean-Bertrand Aristide, la lutte pour l'indépendance du pouvoir judiciaire n'avait pas fait d'avancées. Mais pour que le CSPJ fût en mesure de faire du bon travail, il fallait que ses membres, particulièrement son Président Me. Anel Alexis Joseph, soient capables d'évoluer indépendamment, c'est-à-dire de ne pas se laisser influencer par le chef d'État Michel

Martelly. Cependant, depuis sa création en 2012, avec les agissements de certains membres dont Me. Anel Alexis Joseph, le CSPJ s'enfonçait dans des crises les unes les plus embarrassantes que les autres. ''Me. Anel Alexis Joseph n'agit pas de son propre chef. C'est la raison pour laquelle, il se réfère toujours au Président Michel Martelly dans ses prises de décision'', avait déclaré Anthonal Mortiné, responsable de la Plateforme des organisations haïtiennes de défense des droits humains (POHDH).

Dans l'intervalle, préoccupé par la lenteur du processus des élections annoncées pour le 26 octobre 2014 et la position du groupe des six sénateurs quant au vote de l'amendement à la loi électorale, l'OEA se mobilisait. Le secrétaire général de l'Organisation des États américains, José Miguel Insulza, avait expliqué devant l'assemblée le danger qui planait sur le pays au cas où les élections ne se dérouleraient pas à la fin de cette année. ''Si les élections ne se tiennent pas, Haïti se lèvera en janvier sans Sénat''

OEA, arbitre des grandes décisions politiques en Haïti

Ainsi, le mercredi 27 aout 2014, à l'issue d'une rencontre ordinaire, le Conseil permanent de l'Organisation des États Américains (OEA) a exprimé ses préoccupations quant au lenteur du processus électoral en Haïti. Donc, face aux résistances des sénateurs, particulièrement du groupe des six à voter la loi électorale, l'OEA avait, dans une déclaration adoptée ce même jour, soutenu la tenue des prochaines élections en conformité à l'article 12 de l'Accord d'El Rancho. Avec cette invitation, déjà, des analystes et experts de la politique haïtienne pensaient que d'autre dictats étaient en perspective. C'était grave pour la démocratie, puisque, l'Organisation des États Américains devrait être un véritable levier pour une démocratie durable en Haïti.

Non seulement la crise politique de fin 2014 issue du problème pré-électoral interpellait la conscience de tout haïtien, mais elle montrait également combien était grande l'ingérence internationale dans les affaires internes du pays. C'était cette ingérence érigée en système de gouvernance qui avait engendré une classe politique médiocre, arrogante et immorale en Haïti. En tout État de cause, par cet acte, l'organisation hémisphérique s'était officiellement affirmée de son ingérence dans un acte de souveraineté qui devrait être résolu par des élus haïtiens, particulièrement les membres du grand Corps.

En tout État de cause, l'organisation hémisphérique n'en était pas à sa toute première interférence dans les affaires internes du pays.

Rôles de l'OEA dans les crises politiques en Haïti

Dans les colonnes du *Nouvelliste*, en date du 12 septembre 2013, Roberson Alphonse retraçait l'histoire des crises politiques et électorales haïtiennes des vingt-neuf dernières années. À travers ses lignes de pensé, il fait ressortir quelque faits marquant des deux dernières décennies à savoir : l'influence de la communauté internationale.

Dans son explication de l'instabilité chronique du pouvoir politique des dernières années, il écrivait ce qui suit : *''OEA again!, s'exclament certains, pas trop fans de l'organisation hémisphérique, actrice à des niveaux divers et avec des fortunes diverses de notre transition démocratique en dents de scie et mouvementée depuis au moins 25 ans. Si Ocampo, Dante Caputo, Orlando Marville, Luiggi Einaudi, Colin Granderson et Ricardo Seitenfus, des fonctionnaires de l'OEA avaient écrit leur mémoire, que de choses aurait apprises l'opinion sur les acteurs politiques d'ici, champions*

*du marronnage, champions des coups fourrés et prêts à
avaler des couleuvres pour obtenir le pouvoir"*

Il poursuit : *"On aurait appris aussi des choses sur des
ambassadeurs en poste ici et sur les combines de pays amis
d'Haïti pour imposer leur vision de la démocratie. Ricardo
Seitenfus est le seul à avoir craché le morceau sur l'échec de
l'aide au développement mais surtout sur les combines de
représentants de la communauté internationale pour éjecter
René Préval, réputé maître du temps, fin manoeuvrier. Le
maître du temps n'a pas eu assez de temps. Et son courroux
se fit rouge comme le cramoisi quand il a compris qu'il avait
été lâché par les Blancs, USA en tête, au profit de Michel
Joseph Martelly, "fait Président" face à Mirlande Manigat.
Les bonnes images du documentaire de Raoul Peck
"Assistance mortelle" rappellent crûment cette réalité"*

Mais *"Pour arriver à l'organisation d'élections inclusives et
crédibles, il faut «négocier» une sortie de crise «consen-
suelle», satisfaisante à toutes les parties en conflit. Pour le
pouvoir en place, l'essentiel c'est d'arriver à une passation des
pouvoirs pacifique, respectueuse constitutionnellement du
mandat présidentiel. Et c'est important pour le pays. Un pays
qui est essoufflé, en crise permanente, la risée du monde entier.
Il faut sortir du cycle infernal du «rache manyòk.» Pour
l'opposition - toutes tendances confondues -, attachée à
l'application de l'article 289, les objectifs sont divergents.
Soutenu par la société civile, l'appel au dialogue entre
l'exécutif et le groupe des six (6) proposé par le bureau du
Sénat qui s'inscrit dans le cadre de la recherche d'un
consensus politique et électoral est une opportunité pour les
modérés des deux camps. Une solution endo-haïtienne, si elle
est dictée par les intérêts supérieurs de la nation, c'est-à-dire
aujourd'hui la stabilité, l'apaisement et l'inclusion, sera
absolument préférable aux dicktats made in OEA ou autres"*

Les sénateurs du groupe des six

Le lendemain de la déclaration adoptée par le Conseil de l'OEA pour la tenue des prochaines élections, en conformité à l'article 12 de l'Accord d'El Rancho, le groupe des six, comme une réponse à l'organisation hemisphérique, avait durci le ton. Lors d'une conférence de presse donnée au Sénat de la République, le porte-parole de l'aile dure de l'opposition parlementaire, le sénateur Jean William Jeanty, fixait leur position face à la crise : *"Nous, le groupe des six sénateurs patriotes qui luttent pour empêcher le pouvoir exécutif et une frange de la communauté internationale de traîner le pays dans le chaos et la guerre civile, tenons à fixer notre position contre les propagandes malhonnêtes faisant croire que c'est nous qui bloquons le processus électoral"*

Le sénateur des Nippes poursuit : *"Nous rappelons à tout le monde que cela fait 1051 jours depuis que le Président Martelly est à la tête du pays sans réaliser aucune élection pour renouveler les institutions"*

Entre-temps, pendant que le pays espérait une solution rapide à la crise politique, et que le groupe des six sénateurs de l'opposition continuait à durcir le ton, cinq autres sénateurs proches du pouvoir exécutif annonçaient leur démission. *"L'homme d'affaires, très connu dans la ville de Jacmel, et qui devient sénateur de la République aux élections de mars 2011, se prépare à se démettre de ses fonctions de législateur avec quatre autres collègues pour rendre la Chambre haute caduque"*

La démission annoncée par cinq sénateurs progouvernemental

La décision de démissionner de cinq sénateurs qui soutenaient le Président n'avait pas été pour autant prise au sérieux puisque, dès l'annonce même de cette disposition, ces parlementaires avaient été ridiculisés par une une frange de la classe politique. Selon Herold Jean-François, cette démission « *ne favoriserait aucunement une accélération du processus électoral enlisé faute d'une loi électorale. Ce que le pouvoir Martelly et ses alliés ne comprennent pas, c'est que nous sommes en situation démocratique et qu'il ne suffit plus désormais que le chef de l'État prenne un décret et, du même coup, les prétentions dudit décret entrent en vigueur''* (Herold Jean François, *Le Nouvelliste,,* 29 aout 2014).

De l'avis de Herold Jean-François : ''*On n'aura pas les élections au lendemain de la démission des sénateurs du pouvoir, parce que le processus électoral est un ensemble inclusif, Martelly, Lamothe et son gouvernement, les députés et sénateurs alliés ne sont pas les seuls concernés par les élections. Si c'était le cas, tout aurait été sous contrôle pour que le pays aille aux urnes le 26 octobre prochain, comme Martelly en avait décidé tout seul''*

Dans la foulée, ces sénateurs avaient-ils bien saisi la portée de leur déclaration de démission puisque, en tout état de choses, elle pouvait toujours être interprétée comme un acte de corruption de la part de ces élus. Ou entendaient-ils, par cette déclaration, faire pression et forcer les sénateurs du groupe des six à voter la loi électorale en souffrance à la Chambre haute. Peu importe le cas de figure ou l'idée qui avait motivé les sénateurs proches du pouvoir à se retirer du Sénat : ''*La démission de sénateurs alliés du pouvoir pourrait même être un cadeau empoisonné qui rentrera la République Martelly dans des sentiers battus qui, en général, n'ont pas d'issue et se terminent en impasse...Cela pourra entraîner ce pouvoir d'improvisateurs dans une aventure dont elle ne saurait connaître l'aboutissement...Attention que ce ne soit pas la boîte de Pandore d'où s'échapperont tous les maux qui se répandront sur le fauteuil présidentiel... ''.*

Alors que ces cinq sénateurs alliés du pouvoir exécutif ne respectaient pas, bien entendu, le mandat des mandants et continuaient, dans les médias, à parler de leur démission anticipée du Sénat, beaucoup voyaient déjà un certain indice de corruption dans leurs actions. *''La démission d'un groupe d'élus pour favoriser les projets les plus inavouables du pouvoir aura démontré le niveau de corruption le plus abject qu'on ait jamais eu au sein d'une Législature depuis l'ouverture du processus démocratique le 7 février 1986. Tout le monde sait déjà que Michel Martelly n'est pas arrivé au pouvoir avec un groupe important d'élus du parti Repons Peyizan qui avait endossé sa candidature. Il n'y aurait eu que trois représentants de ce parti au Parlement selon toutes les informations publiques connues''*

Si tel avait été le cas lors des élections frauduleuses de l'OEA en novembre 2010 et mars 2011, *''Pourtant, aujourd'hui, Martelly détient une confortable majorité à la Chambre des députés. Le poids de l'argent a acheté l'adhésion de bien d'élus qui sont aujourd'hui repus des avantages que le Pouvoir Tèt Kale a bien voulu leur donner. L'on connaît aussi l'attitude sans vergogne du gouvernement Lamothe qui n'a pas versé aux députés de l'opposition les montants prévus dans le Budget de la République et destinés au financement de projets de développement des communes formant les circonscriptions des députés opposants''* (Herold Jean-François, *Le Nouvelliste,* 29 aout 2014).

N'empêche : c'était à ce moment, particulièrement le deuxième lundi de septembre, que les députés de la 49ème Législature partaient en vacances.

Les députés partaient en vacances

En partant le 8 septembre, la Chambre des députés avait laissé un bilan très maigre. *''Il a fallu attendre 6 heures 30 de l'après-midi pour voir se réunir 17 sénateurs et 73 députés en Assemblée nationale pour cloturer la dernière session ordinaire de la 49e Législature ce lundi 8 septembre. Avant de partir en vacances, les députés ont organisé une toute dernière séance plénière avant de participer à la séance en Assemblée nationale. Comme une tentative désespérée, les députés entendaient assainir leur maigre bilan. Dans moins de trois heures, ils ont voté à la cloche de bois, sans débats, six propositions de loi. Il s'agit notamment des propositions de loi portant la répression du terrorisme, transformant six départements géographiques du pays en deux chacun, créant le fonds national pour les handicapés et celle fixant l'organisation des sports professionnels (Le Nouvelliste,).*

À l'occasion de la fermeture de la 49ème Législature, le Président de l'Assemblée Nationale, le sénateur Dieuseul Simon Desras, en a profité pour faire le bilan négatif non seulement de la législature dont il faisait partie, mais aussi du pouvoir exécutif. Les mandats des élus, du législatif comme de l'exécutif, ont été mis en cause. Les relations entre les pouvoirs du peuple sont tissées d'anomalies et de conflits.

L'échec des tentatives de dialogues répétées du pouvoir exécutif sont autant de choses que pouvait utiliser plus d'un pour prouver le bilan négatif de l'élu 'Tet kale. Les parlementaires eux aussi étaient démissionaires et avaient, du même coup, échoué quant à leur rôle de contrôle et de balance du pouvoir exécutif. Les trafics d'influences des puissantes ambassades en Haïti étaient autant de choses négatives qui empêchaient Haïti de connaître une stabilité durable.

Discours de Dieuseul Simon Desras

Dans son allocution, le Président de l'Assemblée nationale avait tout au moins reconnu que *"la 49ème Législature se désagrège et se disloque. La 49ème Législature part sous les feux des projecteurs"*, faisait savoir Simon Dieuseul Desras, qui dans la foulée, n'avait pas fait de cadeau au pouvoir Tèt Kale en ce qui concerne l'aggravation de la crise politique, particulièrement préélectorale. *"C'est la crise d'un État incapable de gouverner par des lois"*
Tout en ajoutant que les parlementaires sont en partie leur responsables de la crise politique.
Le Président du Sénat poursuivait en affirmant un fait certain : les mandants auront à demander tôt ou tard *"qu'avez-vous fait de votre mandat ? Comme prenant le contre-pied des propos de son collègue Thimoléon, Simon Dieuseul Desras croit que l'aspect relatif au contrôle de l'action gouvernementale a volé en éclats au cours de cette 49ème Législature. « Le bilan est l'expression du blocage, d'une crise ambiante"*, disait le sénateur Desras tout en ajoutant que: *"Si le temps est gris, c'est que vous avez mal travaill."*

Pour le sénateur du département du Plateau central, très critique envers ses collègues parlementaires et le pouvoir exécutif, la crise que connaissait le pays était multidimen-sionnelle : *' 'Les investissements directs et indirects n'ont pas permis de changer la donne. La pression fiscale s'intensifie. Les projets du gouvernement (Caracol et Ile-à-Vache notamment) buttent sur des contestations populaires"*, faisait savoir le Président du grand Corp, tout en ajoutant que les actes du pouvoir exécutif Martelly-Lamothe étaient, pendant les trois ans gouvernance, marqués par *"le favoritisme et le népotisme"*

L'échec de la gestion de la chose publique par l'équipe 'Tet kale, selon le Président de l'Assemblée Nationale, était dû à une question d'amateurisme et une quelconque spontanéité des dirigeants des affaires politiques. Pendant qu'une frange de l'international faisait l'éloge du pouvoir Martelly-Lamothe, Simon Dieuseul Desras, Président du grand Corps, ne faisait pas, quant à lui, de cadeaux à l'exécutif. Il disait avoir fait un constat d'échec à tout point de vue. *"Ce constat est patent et cuisant. Sur le plan politique, il n'y a aucune volonté pour organiser des élections depuis plus de trois ans dans le pays"* Dans la foulée, *« il croit qu'un consensus entre les acteurs se révèle nécessaire. »*

Malgré ses critiques amères contre les parlementaires de la 49ème Législature, sénateur Desras n'avait pas manqué l'occasion de saluer ses collègues qui, selon lui, avaient donné leur modeste contribution au fonctionnement de l'institution parlementaire.

Puisque le mandat des élus à la Chambre basse devait prendre fin dans quatre mois, plus particulièrement le deuxième lundi de janvier 2015, en moins de trois heures, les députés avaient, à la cloche de bois, sans débats, voté six propositions de loi comme, par exemple, la transformation de six départements géographiques du pays en deux chacun. Pendant que, sur le coup de l'émotion, ces députés votaient des réformes qui, dans leur réalisation, paraissaient impossibles, quelque part, dans ce pays sans infrastructure routière, le peu de kilomètres de routes mal construites continuait de tuer.

Accidents mortels à Morne Tapyon et Clercine

Effectivement, pendant que les parlementaires de la Chambre basse du bloc majoritaire présidentiel (PSP) faisaient le jeu politique de l'exécutif, *''23 personnes ont été tuées dans un accident de la circulation survenu à l'extrémité sud de morne Tapion, presque à l'entrée de Petit-Goâve (Rte nationale # 2), ce mardi 9 septembre 2014, a confié dans la presse le juge de paix suppléant Jean-Jude Léandre. Il s'agit de 10 femmes, 8 hommes, 3 fillettes et 2 garçonnets, selon le procès-verbal de constat effectué par le magistrat. 37 blessés, certains dans un État grave, ont alourdi le bilan de cet accident. Pour le moment, les premiers éléments d'information collectés auprès de témoins évoquent une défaillance mécanique du camion assurant le trajet Port-au-Prince Jérémie appelé « Persévérance. »*

Les routes continuaient de tuer. Selon ce qui avait été rapporté dans les colonnes du quotidien *le Nouvelliste, ''Une trentaine de morts dans deux accidents de la circulation en une journée. Un camion assurant le trajet Port-au-Prince/Jérémie a fait panache mardi dans un ravin, au morne Tapion, sur la route nationale numéro 2. Premier bilan : au moins 23 morts et 37 blessés. Un énième accident tragique sur cette voie. La Primature, « consternée », n'a pas tardé à « présenter ses condoléances aux familles et aux proches des victimes », et a annoncé dans la foulée « avoir ordonné l'ouverture d'une enquête pour déterminer les causes de cet accident.» Ce même mardi, à Clercine, dans la commune de Tabarre, un camion a percuté un "tap tap", et a coûté la vie à sept passagers. Cinq autres ont été blessés''* (*Nouvelliste,* du 9 septembre 2014).

Partout, que ce soit dans les pays dévelopés ou ceux en voie de développement, un accident de la circulation reste un fait divers, ce qui explique qu'il peut arriver n'importe où et à toute heure de la journée. Seule difference : lorsqu'il se produit dans un pays doté de grandes infrastructures routières, les services d'urgences interviennent rapidement et des policiers arrivent tout de suite sur les lieux pour éviter d'autres dégâts. En outre, des hopitaux équipés pouvant apporter les soins nécessaires aux blessés. Restent des constats déplorables : « *quand des accidents tuent à cause de la surcharge ou de l'absence d'inspection des véhicules, la responsabilité des autorités est à questionner.* »

N'était-ce pas le moment de s'interroger sur la mission de la Direction centrale de la circulation et de la police routière ? Considérés comme un État pompier, les responsables haïtiens évoquaient toujours les raisons de manque de moyens pour résoudre les problèmes prioritaires du pays. Comme toujours, non seulement des trains de mesure étaient annoncés par les autorités policières, mais il était également question de l'ouverture d'une enquête sur l'accident au morne Tapion – qui, malheureusement, n'aboutit à aucune décision quant à la sécurité routière.

Mais s'il existe une chose que les autorités haïtiennes font très bien, c'est d'annoncer des trains de mesures quelques jours après, quitte à les oublier très vite dans les tiroirs. Tel était le cas pour les accidents de Morne Tapion et de Claircine. De ce fait, les autorités policières sont restées assises dans leurs bureaux à observer passivement les dégâts, jusqu'à ce qu'un autre accident meutrier survienne, pour enfin prendre au sérieux la notion de sécurité routière. ''*Après chaque incident ou chaque événement, un train de mesures est annoncé qui reste finalement dans les tiroirs quand ces mesures ne sont pas éphémères. Après le tragique accident survenu sur la route de Delmas le 16 janvier 2012, qui a fait 40 morts, la question d'inspection des véhicules, notamment les poids lourds, était revenue sur le tapis. Le chef de l'État avait reconnu la nécessité d'inspecter les véhicules. La nécessité d'implanter une police routière qui n'existe que de nom. La circulation est aussi une question de sécurité publique. Les autorités le prouvent avec le carnaval national qui est organisé dans les villes de province depuis l'accession de Michel Martelly au pouvoir. La secrétairerie d'État à la Sécurité publique mobilise du monde pour* «

assurer » la sécurité des carnavaliers. Tout au long de la route, des agents sont toujours remarqués pendant ces périodes festives. Ces derniers invitent les chauffeurs à réduire leur vitesse pour éviter parfois un obstacle. Un travail louable. Là où le bât blesse, c'est que la circulation n'existe pas qu'à ces périodes même s'il y a beaucoup plus de véhicules avec certains chauffeurs qui en profitent pour se livrer à des excès de vitesse'' (Le Nouvelliste, 10 septembre 2014).

Il était chaque jour plus évident que le pays était mal gouverné. Pendant que la route, suite à de terribles accidents dus à des problèmes structurels et conjoncturels, tuait constamment, dans ce pays *open for business,* les propagandistes faisaient beaucoup plus de bruit. Cependant, en termes d'infrastructures, beaucoup restait à faire, si toutefois les autorités haïtiennes voulaient vraiment inciter les investisseurs.

Haïti *open to business*

Il suffit à un investisseur d'atterrir à l'aéroport de Maïs Gâté et d'effectuer une visite au centre ville pour se rendre compte de l'état de délabrement des infrastructures routières du pays. Ceux qui vivaient depuis un certain temps en Haïti, même dans les grands hôtels et qui utilisaient des voitures confortables pouvaient témoigner de la situation catastrophique du pays. *« Au final, le slogan « Haïti is open for business » n'est-il pas véritablement un simple slogan, si les réformes, nécessaires pour améliorer l'environnement des affaires, ne sont ni entamées ni mises en œuvre ? Jouer au pigeon voyageur, traîner dans les forums économiques et dans les chambres de commerces suffisent-ils ? »*

Puisqu'il ne peut y avoir de corrompus sans corrupteurs, par contre, c'était toujours les mêmes experts internationaux, dans bien des cas, responsables du sous-développement du pays, qui utilisaient l'extrême pauvreté de la population pour parler de crises électorales et d'instabilité politique en Haïti.

Les préoccupations de l'international

La MINUSTAH se donnait pour tâche de 'stabiliser' le pays. Ainsi, face au retard enregistré dans l'organisation des élections législatives de fin 2014, Haïti était au centre des grands débats politiques internationaux. Quand ce n'était pas l'OEA, les officiels et parlementaires américains, c'était au tour de l'organisation mondiale, à l'occasion d'une réunion de leur Conseil de sécurité consacrée à Haïti, de dénoncer l'impasse politique. *« Le conseil de sécurité des Nations-Unies dans son dernier rapport sur la situation en Haïti a exprimé ses préoccupations face à l'instabilité politique qui règne dans le pays au cours de ces derniers jours, a rapporté vendredi le représentant spécial du secrétaire général de l'organisme en Haïti Mme Sandra Honoré. Mme Honoré a indiqué que le conseil a aussi exprimé ses inquiétudes concernant le retard enregistré dans l'organisation des élections. »*

Selon Sandra Honoré, la représentante spéciale du Secrétaire général de l'ONU en Haïti, *« La dernière fois que j'ai fait un exposé devant le Conseil de sécurité en mars 2014, la dynamique politique créée par le dialogue inter-haïtien, résultant de la signature de l'Accord d'El Rancho, avait suscité l'espoir que des élections puissent être organisées d'ici la fin de 2014 pour pourvoir les deux-tiers des sièges du Sénat, la totalité des sièges de la Chambre des députés et ceux des administrations municipales et des conseils locaux. »*

Lors de son exposé devant les membres du Conseil de sécurité, Sandra Honoré continuait pour rappeler que *' 'Depuis lors, la poursuite de la méfiance et des désaccords sur le processus électoral entre l'exécutif et les membres de l'opposition au sein*

390

de la Législature a entraîné des retards répétés dans la mise en œuvre de l'accord», avait-elle ajouté.

Abondant dans le même sens que les autres acteurs de l'international, la représentante spéciale du Secrétaire général de l'ONU en Haïti avait, tout en dédouanant l'exécutif, accusé le groupe des six sénateurs. Selon elle, c'était les élus de la Chambre haute qui bloquaient constamment tout accord sur le cadre juridique permettant l'organisation des élections. *"Mme Honoré a noté de récentes nouvelles tentatives pour sortir de l'impasse. « Néanmoins, étant donné le temps nécessaire pour les préparatifs logistiques, la fenêtre pour organiser les élections avant la fin de l'année se referme désormais rapidement », a-t-elle dit. « Cela est particulièrement préoccupant alors que sans élections, le Parlement ne pourra plus fonctionner le 12 janvier, créant ainsi un vide institutionnel jusqu'à ce que les élections soient organisées et qu'une nouvelle Législature soit installée"* (*Nouvelliste*, septembre 2014).

Si le groupe des six sénateurs de l'opposition était très critiqué par l'Organisation mondiale et le reste de l'international dans le blocage du processus électoral annoncé fin octobre 2014, il avait, à travers des prises de positions médiatiques, trouvé en Mirlande Manigat une défenseuse. Elle avait qualifié d'injuste la position des organisations internationales par rapport au groupe des six. *"C'est profondément injuste que l'on accuse le groupe des six sénateurs. Et en outre, c'est une vision incomplète et tronquée de la réalité haïtienne. Il y a autre chose»*, a réagi Mirlande Manigat sur l'émission politique sur la station de radio *Magik 9*.

Mirlande Manigat défend le groupe des six des critiques de l'ONU

Selon Madame Manigat, l'organisation mondiale faisait une mauvaise lecture de la réalité politique haïtienne. *"Ils ne sont pas sur place. Ils ne font que recevoir des rapports d'étrangers et d'Haïtiens qui souvent reduisent la crise haïtienne à seulement l'attitude des sénateurs"*, a déploré la constitutionaliste. Selon la secrétaire générale du Rassemblement des démocrates progressistes nationaux (RDNP), le groupe des six sénateurs sont des défenseurs de la Constitution. *"Consciente de la licence que nous avons nous-mêmes accordée à la communauté internationale pour s'immiscer dans nos affaires internes, Mirlande Manigat pense que ni l'ONU ni l'OEA qui avaient tenu des déclarations du même genre ne pourraient se permettre d'agir de cette façon dans n'importe quel autre État member"*, a fait savoir Madame Manigat.

Professeure, Mirlande Manigat s'est dite prête à dialoguer avec les acteurs internationaux de sortes qu'ils puissent avoir une version de la réalité socio-politique haïtiennes «*Nous avons une rectification à faire. Je suis prêtre à dialoguer avec eux et leur faire entendre un autre son de cloche. Leur permettre d'avoir une autre appréciation de la situation haïtienne*», a fait savoir Mirlande Manigat, qui se *moque de la communauté internationale, très préoccupée à chercher une solution par rapport à la crise pré-électorale"*

La communauté internationale était-elle complètement ignorante de ce qui se passait en Haïti, ou jouait-elle tout simplement le jeu de l'équipe en place, puisqu'il n'était un secret pour personne que Martelly s'était fait élire Président par l'international, particulièrement l'OEA ? « *Dans une grande mesure, leur tolérance à l'égard du pouvoir en place a favorisé la situation actuelle* », lançait la coordonnatrice du RDNP, ancienne candidate aux élections présidentielles de novembre 2010 et de mars 2011.

Par contre, Madame Manigat, membre du MOPOD, une branche de l'opposition au pouvoir Martelly-Lamothe, n'était pas totalement contre un quelconque rôle de la communauté internationale dans des affaires politiques en Haïti puisque le contexte interdépendance définit comment s'effectuent les relations entre États. Mais elle dénonçait, de préférence, leurs ingérences. *"Le rôle de la communauté internationale est bienvenu quand elle a une opinion très précise et vraie, mais pas colorée ni unilatérale de la situation d'Haïti»*, précisé la constitutionnaliste inquiète des dernières manifestations à répétition dans la ville de Petit-Goâve. *Ce peut-être une tache d'huile, soulignant des mécontentements un peu partout. La convergence des mécontentements peut créer une situation explosive que ni Mme Honoré ni l'ONU ni l'OEA ni toi ni moi ne pouvons prévoir sur quoi cela va déboucher, prophétise Mirlande Manigat. «L'une des façons d'éviter cela est de prendre les choses au sérieux et qu'on ne cherche pas à nous imposer des solutions»*, a avancé la professeur de droit constitutionnel qui compte beaucoup sur le dialogue pour également éviter au pays de connaître le pire au deuxième lundi du mois de janvier 2015" (Nouvelliste, septembre 2014).

Quant à Jean-Baptiste Bien-Aimé, l'un des membres du G6 et opposant farouche au régime 'Tet kale', il considérait la position des diplomates en Haïti et de l'international en général, comme le résultat des fortes sommes d'argent dépensées par le gouvernement haïtien dans des lobbies internationaux : *« Nous-mêmes, nous n'avons pas de millions pour faire du lobbyisme au niveau international »* a réagi l'élu du Nord-Est.

Réactions du sénateur Jean-Baptiste Bien-Aimé

Le parlementaire estimait à environ ' '*dix millions de dollars la somme dépensée par le gouvernement pour porter des membres de la communauté internationale à parler en sa faveur et accuser le groupe des six dans le blocage du processus électoral.* Comme il était de coutume parmi la communauté internationale de présenter des exigences aux autorités haïtiennes, surtout quand elles résistaient à leurs dictats, cette fois, le sénateur Bien-Aimé réaffirmait sa volonté, aussi bien que celle de ses collègues parlementaires du groupe des six, de ne pas céder aux intimidations ni aux chantages des organisations internationales. *«Nous voulons donner une leçon politique pour dire qu'il existe au moins six sénateurs de cette Législature, malgré ses faiblesses, qui veulent opposer une résistance patriotique aux caprices de l'international et du palais national»,* avait affirmé le parlementaire du department du Nord est. *«Nous avons un seul discours, nous rejetons l'Accord d'El Rancho et exigeons un retour à la constitutionnalité»,* a insisté Jean-Baptiste Bien-Aimé, soulignant avoir déjà rencontré Mme Sandra Honoré qui aurait toujours fait preuve de compréhension par rapport à la position des sénateurs. *Pourquoi a-t-elle une autre opinion ? Pourquoi ne veut-elle pas mettre la pression sur le Président Michel Martelly pour monter un conseil électoral suivant les prescrits de la Constitution,* se demande le sénateur Bien-Aimé, qui *ne souhaite qu'un conseil électoral formé selon l'article 289 de la Constitution de 1987 amendée*''

L'organisation des élections dans la transparence n'était pas dans les intérêts de cette frange de la communauté internationale qui avait ''*favorisé l'arrivée de Michel Martelly,* disait Jean-Baptiste Bien-Aimé. Il accusait ''*les membres de la communauté internationale de vouloir faciliter l'élection de députés et de sénateurs qu'ils peuvent*

394

facilement manipuler. Ces diplomates disposeraient d'une Constitution qui leur permettrait "d'exploiter toutes les ressources du pays" qu'ils souhaitent faire voter au Parlement, a dénoncé Jean-Baptiste Bien-Aimé (*Le Nouvelliste,* septembre 2014).

Cependant, moins d'une semaine après les accusations du Conseil de sécurité des Nations-unies à l'endroit du groupe des sénateurs de l'opposition, dans une correspondace en date du 15 septembre, quinze parlementaires américains (démocrates et républicains confendus) ont écrit au Président du Sénat pour exprimer leur préoccupation enregistrée dans le retard du processus électoral. Par cette correspondance, les membres du Congrès américain exhortaient leurs collègues haïtiens à ratifier rapidement la loi électorale, afin de permettre aux élections d'avoir lieu.

La lettre des parlementaires américains à ceux d'Haïti est la preuve d'une ingérence partisane affichée ces derniers temps par la communauté internationale dans la crise électorale. Le fait d'imposer certaines conditions aux sénateurs haïtiens et, en même temps, de garder un silence total concernant le comportement du pouvoir exécutif dans le retard du processus électoral permettait à plus d'un de s'interroger sur le moment choisi par les parlementaire américains pour enfin s'exprimer dans cette situation pourtant vieille de plus de trois ans. ''*Nous vous exhortons vous et vos collègues, de ratifier rapidement la législation, pour permettre aux élections d'avoir lieu et nous vous demandons de bien vouloir partager cette lettre et nos préoccupations avec tous vos collègues sénateurs. Nous sommes impatients de poursuivre notre collaboration dans le renforcement du partenariat des États-Unis avec Haïti*'' mentionnait la lettre adressée au Président du Sénat Simon Dieuseul Desras.

Pour un acte de souveraineté de si grande importance telle que les élections, les sénateurs du groupe des six ont dénoncé l'immixtion de la communauté internationale dans les affaires internes du pays, arguant qu'elle émettait des opinions qui, dans bien des cas, ne reflétaient pas la réalité emtre les deux pouvoirs politiques du pays. Ainsi, lors de leurs interventions dans des stations de radio locales, le groupe des six sénateurs n'avait pas pour autant accordé de l'importance aux correspondances des parlementaires américains. *"Nous sommes en Haïti*, a répliqué le député Sadrac Dieudonné, principal opposant à l'exécutif à la Chambre basse. *"Haïti est un pays indépendant. Haïti est jusqu'à présent un pays souverain même si cette souveraineté est hypothéquée. Le Président du bloc Parlementaire pour le renforcement institutionnel (PRI), voit dans la démarche des parlementaires américains une «ingérence dans les affaires politiques du pays"*

Il reconnaît aussi que la 49ème Législature est exécrable, minable et médiocre : *"Mais, s'empresse-t-il de préciser, en même temps que c'est «une Législature qui a fait ses preuves parce qu'il y a des parlementaires – députés et sénateurs – qui peuvent se mettre debout devant le Blanc [l'étranger], le regarder dans les yeux et lui dire voilà ce que nous voulons pour notre pays"*

Pour le député Dieudonné, *''ce qui fait la grandeur des nations c'est le respect des principes, le respect des normes, l'application de la Constitution et des lois. « Nous-mêmes, nous tenons à ce que notre Constitution et nos lois soient appliquées »*, a fait comprendre le député des Gonaives, qui estime que les sénateurs ne peuvent pas transiger sur l'application de l'article 289 pour former le Conseil électoral provisoire. « L'exécutif et la communauté internationale ne veulent pas des élections »* (*Nouvelliste*, septembre 2014)

Le sénateur de l'OPL (Organisation du Peuple en Lutte), François Anick Joseph, estimait quant à lui que ' *'la démarche des parlementaires américains est bienvenue. Toutefois, a-t-il nuancé, « elle aurait été mieux appréciée si elle avait été adressée à l'exécutif », a-t-il dit, notant que « c'est l'exécutif qui n'a pas la volonté d'organiser les élections dans le pays.» « Nous croyons qu'il y a un autre geste que ces parlementaires auraient pu faire, c'est de demander à l'exécutif de prendre toutes les dispositions pour organiser les élections. Parce que si les élections ne sont pas encore organisées dans le pays, ce n'est pas parce qu'il n'y a pas de loi électorale. Il y a une loi électorale, celle du 27 novembre 2013 qui est toujours en vigueur. (...) En fait, ce n'est pas un problème d'amendement qui les empêche d'organiser les élections. Il y a tout simplement une volonté de ne pas organiser les élections dans le pays.»*

Selon le sénateur du department de l'Artibonite, ''*les congressmen recoivent de mauvaises informations. Il y a une propagande malsaine et antinationale qui vise à présenter les six sénateurs comme des kamikazes »*, a critiqué le sénateur François Anick Joseph, qui affirme que son parti s'inscrit en faux contre une telle allégation, estime néanmoins que les six sénateurs pouvaient de temps en temps changer de stratégie afin d'éviter que les gens pensent qu'ils sont les responsables du blocage politique. D'après le sénateur de l'Artibonite, ce ne sont pas eux « *c'est l'exécutif et la communauté internationale qui n'ont aucune volonté d'organiser les élections dans le pays. » Pour quelle raison ?.*''

De l'avis du sénateur, ' *'la communauté internationale ne veut pas qu'il y ait des élections à la fin de l'année afin qu'il y ait un vide institutionnel à partir de janvier 2015.» « Et à partir de ce vide institutionnel, croit-il, elle viendra avec une autre propagande orchestrée pour monter une Assemblée constituante en vue de faire une nouvelle Constitution, ce afin de créer une nouvelle République et* instituer un nouveau régime politique en vue de faire ce qu'ils veulent dans le pays. *Déjà, je les entends parler de leur préférence pour un vice-Président en guise d'un Premier Ministre. Ce qu'ils veulent commence déjà à prendre forme dans leurs différentes déclarations...»*, a indiqué le sénateur (*Nouvelliste,* septembre 2014).

Quant à Moïse Jean-Charles (membre du G6), sa position n'était pas différente de celle de son collègue Jean-Baptiste Bien-Aimé. Il appelait le Président du Sénat à ne pas céder aux pressions, déclarant que ces *''congresmen''* américains doivent savoir qu'ils ne peuvent pas compter sur le G6 pour violer la Constitution.

En général, les sénateurs du groupe des six, non seulement étaient hostiles au pouvoir Martelly-Lamothe, mais encore minimisaient et ridiculisaient la lettre des parlementaires américains sollicitant le vote du document. *''C'est pour la première fois que la communauté internationale est intéressée à ce niveau dans un dossier haïtien, a déploré le sénateur Moïse Jean-Charles, indiquant que la crise dépasse la question électorale. L'international ne veut que profiter de l'organisation des élections dans de mauvaises conditions afin d'arriver à l'exploitation des richesses minières du pays''*

Ce que les parlementaires américains devaient savoir, selon Simon Desras, le sénateur à qui la lettre des congressmen avait été officiellement adressée, *''c'est que la situation est très complexe au Sénat haïtien. Cela à cause de la fragilité du quorum de 16 sénateurs sur 20 pour adopter une décision. « S'il y a une minorité de blocage aujourd'hui, c'est parce qu'il y a un Sénat qui fonctionne avec 20 sénateurs, soutient-il, appelant le chef de l'État à prendre des dispositions pour éviter un vide institutionnel en janvier en organisant des élections pour renouveler le personnel politique''*

2014, l'année du dialogue en Haïti

Que ce soit de l'hôtel *El Rancho* au Palais National et à l'hôtel *Caraïbe*, les négociations, entre le pouvoir exécutif et les acteurs politiques continuaient à Port-au-Prince, dans l'optique de trouver une solution de sorti de crise. Effectivement, soixante-douze heures avant sa participation à l'Assemblée générale de l'ONU à New York, le chef de l'État avait finalement commencé le nouveau round de discussions avec, sur la table de négociation, les présidents des deux chambres du sénat, des leaders politiques, des membres de la société civile et le Président du CSPJ le lundi 22 septembre 2014. En prenant l'avion pour New York pour participer à la 69ème Assemblée générale de l'ONU, le Président ''*veut partir avec le sentiment d'avoir lancé le processus de dialogue. Il a réussi le coup. En une seule journée à portes fermées, Michel Martelly a rencontré six personnalités importantes de la société*''

Peu importe la date, qu'il s'agisse ou non d'un simple hasard se referant à l'élection du 22 septembre 1957 de François Duvalier : pour certains, il était temps de recommencer avec les négociations. ''*Le Président a fait défiler au palais national des amis, des politiques et même des opposants. Au plus fort de la journée, les têtes des trois pouvoirs − législatif, exécutif et judiciaire − étaient en tête-à-tête dans une salle de la plus belle adresse de l'avenue de la République. Cela faisait des semaines que le lancement du dialogue était attend (Nouvelliste*, 22 septembre 2014).

Tout en se basant sur les dernières expériences du début 2014 à l'hôtel El Rancho, les plus sceptiques pensaient que les discussions ne déboucheraient sur rien. N'empêche, même au-delà de toute espérance, il existait un groupe qui croyait encore au miracle d'une sortie de crise entre Haïtiens. ''*Ce n'est pas encore le début du troisième round*

399

de dialogue proprement dit. Mais, ce lundi 22 septembre, parlementaires, hommes politiques, responsables de la société civile ont défilé au palais national pour donner au Président de la République leur avis sur une sortie de crise. En 6h de consultation, Michel Martelly a fait le tour de la crise préélectorale. Même s'il se dit satisfait et promet de poursuivre les pourparlers, le problème reste entier''

Entre-temps, pour trouver un consensus sur la loi électorale avec le groupe des six et les partis politiques de l'aile dure de l'opposition, le Président et son équipe avaient promis non seulement de se surpasser, mais de faire aussi le maximum d'éfforts. *''Alors que le groupe des six sénateurs avait déjà boudé une invitation et avait clairement fait savoir qu'il ne rencontrera pas le chef de l'État au palais national, ces parlementaires de l'opposition ont été invités une deuxième fois au palais national''*

Quant au Président de la Chambre du Sénat, Dieuseul Simon Desras, il pensait que c'était une bonne chose pour le chef de l'État de continuer sur la voie de la consultation. *''Cependant, on lui a suggéré de ne pas mettre des pansements là où il n'y a pas de blessures. C'est-à-dire, il doit rencontrer les vrais concernés par la crise....''*, affirmait le sénateur Desras.

Étonnamment, au moment où l'on ne s'y attendait pas, celui qui avait, pendant quartoze ans, dirigé Haïti, était mort. Quoique, depuis sa rentrée en Haïti en février 2011, il fût très malade, mais c'est à la surprise générale que, le 4 octobre 2014, après qu'il eut passé trois ans en Haïti, que la nouvelle de la mort de l'ex-"Président à vie" survint.

La mort de l'ancien dictateur Jean-Claude Duvalier

À la mort de son père, le docteur François Duvalier, Jean-Claude Duvalier était arrivé au pouvoir en 1971 à l'âge de 19 ans. Pendant presque quinze ans, il dirigea Haïti, l'un des pays les plus pauvres du continent américain. Chassé du pouvoir en 1986 après une révolte populaire dans tout le pays, Jean-Claude Duvalier était retourné en Haïti après vingt-cinq ans d'exil en France. Au moment où il était poursuivi pour des crimes contre l'humanité commis par ses macoutes et des détournements de fonds du Trésor public durant son administration, l'ex-« Président à vie d'Haïti» était mort le samedi 4 octobre 2014 d'une crise cardiaque à l'âge de 63 ans, comme l'ont annoncé les autorités haïtiennes. *''La famille nous a téléphoné ce matin pour envoyer un hélicoptère-ambulance après son malaise cardiaque, nous n'avons pas eu le temps de le transporter, on a essayé de donner des soins sur place puis a on constaté le décès », a déclaré la ministre de la santé, Florence Guillaume Duperval.»*

Entre-temps, comme des leaders politiques continuaient d'exiger le départ de l'équipe ''Tet kale'', des organisations politiques de l'opposition ont appelé à la mobilisation générale contre Martelly et son chef de gouvernement.

Octobre 2014, mois de mobilisation de l'opposition

Pour commémorer les 208 ans de la mort de l'Empereur Jean Jacques Dessalines, père fondateur de la nation, l'opposition descendit dans les rues. Le moins que l'on puisse dire, c'est que la mobilisation de l'opposition était effective le 17 octobre 2014 dans la capitale haïtienne pour dénoncer les dérives du gouvernement Martelly-Lamothe. Dès le début de cette marche organisée par des organisations politiques comme MOPOD et FOPARC, du centre ville

401

jusqu'avant l'intervention musclée de la police pour réprimer sévèrement ce mouvement, des milliers de manifestants scandaient des slogans hostiles au pouvoir en place. Dans ce contexte, il fallait se demander comment, dans un État dit démocratique, des manifestations pacifiques pouvaient être systématiquement réprimées par les forces de l'ordre. La répression des manifestations des partis de l'opposition était inacceptable en Haïti, d'autant plus que beaucoup de gens ont été arrêtés, emprisonnés et même tués pour avoir usé de leur droit de protester.

Visiblement très remontés contre la brutalité grossière des policiers des unités UDMO et CIMO durant le parcours de la manifestation, les chefs de file du MOPOD et FOPARC denoncèrent le comportement des forces de l'ordre. L'attitude de ces unités policières contre la marche du 17 octobre n'était cependant pas étonnant, dans la mesure où les policiers s'étaient, ces derniers mois, habitués, comme ils ne manquaient pas souvent de le faire, à empêcher brutalement la continuité de toute manifestation de l'oppositon.

Comme les esprits s'échauffaient, dès lors, on pouvait s'attendre à d'éventuels débordements durant les prochaines manifestations. Ce qui n'empêcha pas le service du maintien d'ordre de la police, tandis qu'il ripostait avec des grenades lacrymogènes, de ne pas se retrouver quelque peu débordé par la pression des manifestants.

La bataille de l'opposition contre la politique anti-démocratique du gouvernement Martelly-Lamothe n'était qu'à ses débuts, puisque les chefs de file de l'opposition annonçaient, nationalement, particulièment le 26 octobre, des journées chaudes dans tout le pays.

La manfestation du 26 octobre 2014

En juin 2014, un arrêté présidentiel avait convoqué le peuple dans ses comices à voter le dimanche 26 octobre 2014. Comme les conditions n'étaient pas réunies pour que ces élections puissent se tenir, l'opposition descendit dans les rues pour protester contre cette convocation de l'électorat qui n'était pourtant respectée ni par l'exéutif ni par le Conseil électoral. Engagée dans des consultations sans fin, la présidence, aux yeux des membres de l'oppositon, avait échoué. *"Pendant ce temps, les citoyens de bonne volonté et la majorité silencieuse assistent au spectacle de notre incapacité à dépasser nos petites lacunes. Avec un rare appétit, les forces politiques attendent le deuxième lundi de janvier 2015 pour constater que le pays a échoué sur toute la ligne. Si la tendance se maintient, nous n'aurons plus ce jour-là de Parlement correctement constitué"* (*le Nouvelliste*, 2014).

Après la manifestation du 17 octobre et l'intervention brutale des forces de l'ordre, la mobilisation de l'opposition n'avait pas faibli ce 26 octobre 2014. Des milliers de personnes avaient, ce jour-là, éte mobilisées contre les agissements du pouvoir en place. En gagnant les rues pour protester l'échec du pouvoir exécutif et du conseil électoral, Byron Odigé et Rony Thimotée, respectivement coordonnateur et porte-parole de la Force patriotique pour le respect de la Constitution (FOPARC), ont été arrêtés par les forces de l'ordre. *"L'arrestation de ces militants politiques relève de la persécution et de la répression, dénoncent plusieurs acteurs politiques, qui appellent à la libération des prisonniers"*

« En surplus de l'arrestation des frères Florestal qui croupissaient en prison, avec l'arrestation de Rony Thimotée et Byron Odigé, cela faisait plus d'une vingtaine de prisonniers politiques sous les verrous », prétendit le sénateur Desras lors d'une conférence. Comme les manifestants

descendaient plus que jamais fréquemment dans les rues, les forces de répression de la police continuaient à les disperser violemment, ce qui avait débouché sur des crises politiques encore plus graves que les précédentes.

Déplacement du Président à l'étranger

C'est à ce moment-là, en compagnie d'hommes d'affaires et de deux ministres du gouvernement, que le Président avait décidé de prendre l'avion à destination de l'Europe, dans le but de renforcer les liens commerciaux et d'amitié avec la France et l'Allemagne. ' *'Michel Martelly n'est-il pas en train de reléguer au second plan la gestion du pays au profit de ses voyages inutiles à l'étranger ? Comment un Président responsable peut-il quitter son pays pour se rendre à l'étranger au moment où des manifestations de rue s'intensifient en causant des dommages graves sur la vie et les biens des citoyens ? Depuis plus de quarante-cinq jours, les habitants de Petit-Goâve, les commerçants, les automobilistes et les voyageurs des départements des Nippes, du Sud et de la Grand'Anse éprouvent toutes les difficultés en traversant cette ville qui est constamment en ébullition, en raison de protestations de groupes d'opposants aux agents intérimaires de la cité de Faustin Soulouque''*

Que cherchait-il dans tous ses voyages, surtout à un moment où le pays faisait face à de graves crises, politiques, économiques et sociales ? *''Martelly cherche désespérément dans ces voyages à l'étranger une respectabilité qu'il n'a pas en Haïti où il n'a aucune crédibilité étant donné ses frasques, son langage grivois et ses pratiques d'association avec des assassins et des bandits. Un comédien chantant des 100%, 200% et 400% d'insanités, les fesses en l'air, ne devient pas fréquentable du jour au lendemain. D'ailleurs, chassez le naturel il revient au galop. Et dès qu'il retourne en Haïti, il s'enfonce davantage dans la grossièreté et la*

404

provocation. Le discrédit que Martelly jette sur Haïti est d'autant plus fort qu'il gaspille les fonds publics par ces voyages à n'en plus finir au bénéfice des compagnies aériennes et des hôtels de luxe (Lesly Péan).

Autant de questions pour autant de réponses. Mais, comme aucun médiateur n'était compétent pour rappeler à la raison les parties en conflit ouvert ou larvé, la société civile, en tant qu'observateur, stagnait dans une période où sa voix aurait dû se faire entendre de plus en plus.

Quel est le rôle de la société civile ?

Comme dans d'autres sociétés, avec des individus dans des sphères d'activités différentes et de certaines organisations haïtiennes, le concept de société civile avait vu le jour en Haïti. *"La société civile haïtienne telle qu'on la connaît actuellement, c'est-à-dire dans sa forme la plus ou moins organisée est très récente. Son apparition, on peut dire, remonte à la fin du mois de mai 1999 lorsque sous le haut patronage de la Chambre de Commerce et d'Industrie d'Haïti (CCIH) des secteurs vitaux de la société se sont mis debout comme un seul homme pour dire non aux dérives totalitaires du gouvernement de René Préval''* (Guy-Robert Saint-Cyr, *AlterPresse*, le 12 novembre 2005).

Leur objectif était de rechercher une amélioration à l'environnement politique et, du même coup, de défendre l'intérêt commun du peuple haïtien. Pour parvenir à la concrétisation de ce but, les membres dites de la société civile se sont organisés et ont mis en place des stratégies orientées dans ce sens. Cependant, en tant qu'institution citoyenne capable de jouer le rôle de vigilance et d'équilibre face au pouvoir politique, la société civile, de par son organisation et sa participation dans certaines mouvances politiques avec les gouvernements locaux et des institutions internationales, a manqué sa vocation première de médiatrice. *"Dans les politiques de développement, l'existence d'une société civile réelle, vivante, indépendante des pouvoirs politiques est de plus en plus une garantie de démocratie. Ce concept a ainsi été un instrument de mesure pour analyser l'érosion des régimes autoritaires mais aussi du développement de la démocratie"*

Dès sa création, financée par des organisations inter-natonales, les membres de cette société civile, du fait de sa participation dans certaines activités politiques contre les régimes Lavalas, avaient joué un très grand rôle dans le départ du Président Aristide. *"Quelques temps après, certains secteurs ayant pris part à cette manifestation historique se sont constitués en un front commun dénommé Initiative de la société civile (ISC). Depuis lors, le concept est sur toutes les lèvres et dans toutes les analyses. C'est sous le gouvernement dictatorial de Jean-Bertrand Aristide que cette jeune société civile haïtienne a connu ses moments de gloire lorsque la Communauté internationale a décidé de surseoir sur son aide à ce régime pour cause d'illégitimité et d'atteintes graves aux droits humains. Une grande partie de cette aide destinée à la population a été transitée par des secteurs et ONG de la société civile"* (Guy-Robert Saint-Cyr).

L'inquiétude avait pourtant gagné les signataires de la déclaration du 22 octobre 2014, représentant les milieux religieux, industriels, intellectuels, la société civile et les droits humains. En effet, ces derniers lançaient *"un appel solennel aux acteurs concernés, aux fils et aux filles de notre nation pour les inviter, à ce carrefour dangereux de notre histoire, à faire preuve de patriotisme, de modération et de sens de responsabilité, en vue d'épargner au peuple haïtien et particulièrement à la grande majorité des plus vulnérables et des plus démunis, le spectre d'une souffrance encore plus grande et plus indigne"*

Par contre, à l'exception des notes de presses pour dénoncer les dérives du régime de Martelly, *'les secteurs plus ou moins organisés de ce qu'il faut tout de même appeler la société civile haïtienne ont curieusement gardé un silence inquiétant''* Au lieu, de rejoindre le peuple et d'autres organisations populaires dans leurs combats sur des enjeux cruciaux concernant le devenir de la nation, cette société civile, en se comportant en spectateur, s'était faite, de préférence, la complice du régime. C'était quand même très décevant pour des groupes qui devaient jouer un rôle très important dans des débats nationaux et des problèmes curciaux, qui étaient pourtant legion dans le pays.

Entre-temps, comme le pays était dans une sphère de turbulences, le spectre de graves problèmes politiques planait sur le pays. Lors d'un discours à l'Assemblé nationale, le sénateur Dieuseul Simon Desras eut à déclarer que *''le deuxième lundi de janvier 2015, par la faute de nos luttes intestines, était perçu comme un rendez-vous chaotique. Mais la société civile, l'opposition démocratique et populaire, les instances de lutte organisée, les Démocrates de tous les Pouvoirs de l'État veillaient aux cotés des Elus du peuple qui ont fait preuve d'une sainte véhémence dans cette croisade pour préserver l'intégrité du Parlement''*

Fin 2014 : turbulences politiques annoncées

Les manifestations répetées à Port-au-Prince et dans certaines villes de provinces mettaient à nu l'échec du gouvernement Martelly-Lamothe. La crise électorale posait pour une nouvelle fois le problème de la mauvaise gouvernance démocratique, que ce soit des acteurs nationaux ou des partenaires internationaux qui étaient, dans le cadre de la stabilisation des institutions, présents dans le pays depuis 2004. Au regard de la situation d'incertitude qui planait sur le processus électoral, beaucoup pensaient que quelque choses étaient en train de se planifier dans les grands laboratoires occidentaux.

Tout cela n'était qu'un ensemble de signes précurseurs de la journée du deuxième lundi de janvier 2015. Car, depuis fin septembre 2014, le nombre de manifestations avait doublé. Dans l'intervalle, comme, politiquement rien n'était fait, les manifestations revendiquant le départ du chef de l'État étaient les plus fréquentes.

Effectivement, à quelques semaines de la date butoir du deuxième lundi de janvier 2015, les turbulences politiques avaient suscité bien des remous au sein de la classe politique et de la société civile. Quant à ces questions, plus d'un restait perplexe sur l'annonce d'un véritable orage politique dans le pays. *"Le 12 janvier 2015, comme le 12 janvier 2010, le pays risque de subir les affres d'un séisme"* Mais le plus important de tous ces questionnements était celui-ci : le navire gouvernemental pouvait-il finalement résister à cette vague déferlante de manifestations ?

Novembre 2014 : mois de mobilisation contre Martelly

En surplus de l'insécurité qui ne cessait de prendre de l'ampleur, des élections en retard, des prisonniers politiques et des problèmes de corruption dans l'administration publique, certaines institutions se transformaient. Ce qui faisait que chaque jour, Haïti avançait vers un avenir incertain et un retour probable à la dictature. Ayant passé outre sa mission de protéger et de servir, la Police nationale d'Haïti (PNH) se transformait en une milice rose au service du chef de l'État. Selon la Commission épiscopale *Justice et paix à Port-au-Prince*, la ' *'Liberté d'expression menacée, la PNH au service du chef de l'État, le pouvoir judiciaire comme instrument de matraquage'*. *La PNH, qui doit être au service de l'État, de la nation et des citoyens, se réduit en un simple instrument de répression et de coercition au profit du pouvoir exécutif. La police, se transformant en une milice, empêche le peuple d'exprimer sa volonté''*

L'un des acquis de l'après 1986 : la Constitution de 1987, en son article 28, garantit la liberté d'expression, donc le droit de manifester. Mais l'arrestation, le dimanche 26 octobre 2014, de Rony Timothée et de Byron Odigé lors des manifestations pacifiques de l'opposition était une grave atteinte à la liberté individuelle et une entrave au processus démocratique. *« Ce même dimanche 26 octobre 2014, trois opposants, qui s'apprêtaient à manifester contre le pouvoir en place, ont été appréhendés et incarcérés par la police aux Cayes, troisième ville du pays (département du Sud). Parallèlement, une manifestation de l'opposition a été dispersée au Cap-Haïtien, deuxième ville d'Haïti. » (Le Nouvelliste,).*

Une situation qui avait provoqué de l'inquiétude chez les gens de la société civile et aussi bien de la classe politique : *''Alors que le temps passe, il est évident que la situation est stationnaire et le mécanisme politique semble bloqué''* De plus, le pays faisait face à la recrudescence de la violence et de l'insécurité.

Toujours selon le quotidien *le Nouvelliste,* les derniers chiffres de la police ont précisé, *''pour le commencement du mois de novembre, que quatre personnes ont été assassinées seulement dans la commune de Delmas. Entre 16 et 30 août, plusieurs personnes sont mortes sous les balles des bandits. Entre autres, le citoyen Jean Lesly Préval a été assassiné dans la cour du ministère de l'Intérieur, à Port-au-Prince; le médecin Frantz Blookinton, directeur de l'Institut paramédical d'Haïti (Ipdh), a été assassiné à la rue Lamarre (P-au-P), à proximité du Champ de Mars et six personnes ont été abattues au marché de Croix-des-Bossales par des membres de gangs qui ont en outre volé des marchandises, sans compter les cas de vols, viols, assassinats et braquages enregistrés. Forte de ces constats, la Commission épiscopale Justice et Paix de Port-au-Prince demande à la population de rester sur ses gardes et exige des autorités qu'elles prennent des mesures pour combattre l'insécurité et la violence dans le pays. »*

Ainsi, pour dénoncer l'insécurité et les dérives antidémocratiques de l'équipe en place, l'opposition, lors des manifestations le 18, 25, 28 et 29, décrétait le mois de novembre période de mobilisation contre l'administration Martelly-Lamothe.

Manifestation de l'opposition le 18 novembre 2014

Entre-temps, pour, premièrement, trouver une solution à la crise haïtienne, et du même coup, casser le mouvement de mobilisation, un appel à la table de concertation de l'opposition avait été lancé par le bureau de la présidence. Tout en refusant cette invitation, des leaders de l'opposition, avec des milliers de militants, sont descendus dans les rues le 18 novembre pour réclamer, une fois de plus, le départ du Président Michel J. Martelly et de Laurent S. Lamothe. Baptisé opération ''Burkina Faso'', *''cette première manche de protestation de l'aile dur de l'opposition s'est soldée par des jets de pierres et des tirs nourris à Delmas 32, périphérie Est de la capitale, faisant 3 blessés, dont un grièvement, et de nombreux dégâts matériels''*

Tout en se servant du 18 novembre, date de commémoration de la bataille de Vertières, l'opposition, à travers « l'opération Burkina Faso», se mobilisait contre le pouvoir Tèt kale. André Fadot, coordonnateur du MONOP, eut à déclarer: *' 'Nous sommes dans les rues pour exiger la libération des prisonniers politiques, et pour exiger le départ de Michel Martelly et de*

410

Laurent Lamothe du pouvoir. C'est notre dernière bataille contre l'équipe Tèt-Kale-Duvaliériste'', disait il.

Quant à Ronald Fareau qui, durant la manifestation, était, *''vêtu aux couleurs du drapeau, déclare être dans les rues pour dénoncer le non-respect du gouvernement des dates historiques.* Tout en qualifiant le dialogue initié par le chef de l'État d'hypocrisie, il poursuit : *' 'nous sommes dans les rues pour exiger la démission de ces gens qui ne respectent pas la mémoire du pays.* »

Pour sa part, l'un des leaders du MOPOD, l'ancien sénateur Turnep Delpe, *''croit qu'aucun dialogue n'est possible avec le chef de l'État.* « *Nous sommes dans les rues pour exiger la libération des prisonniers politiques, pour l'arrêt des persécutions politiques, contre l'arrestation, des leaders de l'opposition notamment André Michel et Jean Tidé Nazaire, pour soutenir les pères et mères de famille qui croupissent dans la misère, pour supporter les citoyens qui sont victimes d'expropriation [...]* », lance-t-il, *soulignant au passage que l'aile dure de l'opposition ne peut pas se retrouver autour de la table de dialogue avec Michel Martelly''* (*Nouvelliste*, 19 novembre 204).

Dans l'intervalle, Martelly annonçait la fin de ses longues semaines de consultations. *''La synthèse des consultations politiques qu'il a entamées depuis le 22 septembre est fin prête. Le Président de la République va bientôt s'adresser à la nation. Michel Martelly en a fait l'annonce lundi (24 novembre) en marge d'une dernière consultation avec des responsables d'associations de femmes et d'organisations paysannes''* Les consultations entre le Président Martelly et les différentes forces du pays sont terminées, mais les manifestations continuent.

Manifestation du 25 novembre 2014

Alors que l'opposition, le 25 novembre, avec le mouvement de Burkina Faso, était dans les rues pour protester contre le Président Martelly et son Premier ministre Laurent Lamothe, l'ONU, tout en déplorant les violences enregistrées lors de la manifestation du 18 novembre, soutenait le droit de manifester pacifiquement en Haïti. Selon Sandra Honoré, représentante du Secrétaire général des Nations Unies en Haïti et Chef de la Mission des Nations Unies pour la stabilisation en Haïti (MINUSTAH), *''la liberté de manifester pacifiquement et la liberté d'expression sont des droits garantis par les conventions internationales, inscrits dans la constitution haïtienne et soutenus par la loi''*

Quelles étaient les raisons qui ont poussé la représentante et Chef de la Mission des Nations- unies en Haïti, complice du pouvoir exécutif, et ceci depuis la prestation de serment du Président le 14 mai 2011, à se prononcer contre les violences faites aux manifestants ? On sait que la majorité des manifestations antigouvernementales ont toujours avorté à cause des interventions musclées des forces de l'ordre. Ainsi, en se prononçant contres les violences des dernières semaines, Madame Honoré voulait-elle exprimer le désenchantement de la communauté internationale vis-à-vis de l'administration 'Tet Kale' ? Était-ce une façon pour l'international de déplorer d'avoir soutenu l'arrivée de Mr. Martelly au timon des affaires de l'État ?

Contrairement à la dernière manifestation de l'opposition le 18 novembre qui s'était terminée dans le sang avec un bilan de plusieurs blessés par balles, celle du 25 novembre s'est passée sans incident. Était-ce aussi une façon de dire que la PNH et l'équipe gouvernementale avaient pris bonne note des paroles de Madame Sandra Honoré ? De tous les commentaires qui se faisaient autour de la journée de

412

manifestations du 25 novembre, ils étaient nombreux, ceux qui pensaient que le comportement passif de la PNH était en accord particulier avec les déclarations de la Représentante de la mission onusienne en Haïti. *''Sandra Honoré a parlé et la manifestation de l'opposition s'est bien déroulée''*

Mais au-delà toute appréciation autour de la déclaration de Madame Honoré, d'autres cas de figure étaient à considerer dans l'évolution des manifestations de l'opposition et le comportement des agents de la police. La présence des journalistes étrangers en Haïti impliquait qu'un événement de grande envergure allait se produire.

Bref, quel que soit le cas de figure que tout cela puisse représenter, la présence de ces reporters de la presse étrangère avait, comme à l'époque du tremblement de terre du 12 janvier, placé le pays sous les feux des projecteurs et la loupe des agences de presse mondiales des puissants médias occidentaux. De plus, les manifestations antigouvernementales permettaient à l'opposition de s'affirmer davantage, non seulement comme forces politiques réelle sur le terrain, mais aussi bien comme dénonciatrices de l'instabilité politique haïtienne et la mauvaise gouvernance du pays par le pouvoir Martelly.

En outre, avec la présence des journalistes internationaux dans les manifestations de l'opposition, elle disposait d'un atout majeur pour lutter contre le gouvernement Tet kale. Il était devenu *''plus facile pour la table de concertation d'appeler ses militants à manifester dans les rues pour exiger la libération des prisonniers politiques, la démission du gouvernement Lamothe et le replâtrage du Conseil électoral provisoire''*

Dans la foulée, en s'affirmant chaque jour comme force politique réelle opposée au pouvoir exécutif, le vendredi 28 et le samedi 29 novembre, l'opposition sortit encore dans les rues pour demander le départ de l'équipe au pouvoir. L'objectif de la manifestation du 29 novembre était les locaux de l'ambassade américaine à Tabarre pour demander au gouvernement des États-Unis de désavouer son poulain Michel Martelly.

Du 22 septembre au 24 novembre, le Président Martelly avait, pendant deux mois, discuté avec certains partis politiques et membres de la société civile sur la crise politique. En jouant la carte du temps, le vendredi 28 novembre 2014, le chef de l'État a annoncé avoir créé une commission présidentielle composée de 11 personnalités (Gérard Gourgue, Odette Roy Fombrun, Evens Paul, Paul Loulou Chery, Monseigneur Patrick Harris, Monseigneur Roger Beauvois, pasteur Chavannes Jeune, Rony Mondestin, Gabriel Fortuné, Reginald Boulos et Charles Sifra). Avec un mandat de huit jours, cette commission avait pour mission de faire des recommandations au chef de l'exécutif sur les consultations qu'il avait lui-même effectuées.

Création d'une Commission présidentielle

Ainsi *"En donnant l'investiture à la commission consultative ce lundi, le Président Michel Martelly avoue à la face du monde qu'il n'a pu rien résoudre à l'issue des consultations qu'il a initiées et tenues du 22 septembre au 24 novembre. Le Président donne aussi le signal qu'il sort de la voie tracée par la version amendée du texte de la Constitution de 1987 qu'il a lui-même promulguée. Le Président Martelly instaure, comme si nous étions sous le règne d'Ertha Pascal Trouillot ou pendant la transition Alexandre-Latortue, un organe hybride placé pour faire des propositions à l'exécutif. Pas sur un aspect précis, mais sur la marche du pays. L'avenir démocratique du pays dépend dorénavant de la bonne foi et du doigté des hommes qui prennent charge ce lundi. Ils ont huit jours pour faire leur preuve"* (Frantz Duval, *Le Nouvelliste*, 1er décembre 2014).

Invitation de l'opposition radicale par l'ambassade américaine pour discuter de la crise politique haïtienne

Entre-temps, pour gagner du temps, au moment où les membres de la consultative entraient en fonction, l'ambassade américaine avait sollicité une rencontre avec les six partis politiques hostiles au pouvoir de Martelly. Planifiée pour le mardi 2 décembre à 16:00, cette rencontre a eu lieu dans les locaux du parti Fusion.

Effectivement, cinq des six partis (INITE, le MOPOD, Ayisyen pou Ayiti, la Fusion et Kontra Pèp La) étaient présents à cette réunion. Cependant, à quelques heures de cette rencontre, Ansyto Felix, responsable de la Commission de mobilisation de *Fanmi Lavalas,* indiquait ne pas être au courant d'une telle invitation et qu'en conséquence, *Fanmi Lavalas* n'y avait pas participé.

Quant à André Michel, figure emblématique de l'oppositon à Martelly et son équipe, il soulignait lors d'une interview que *"cette rencontre ne changera pas les revendications du MOPOD.* Selon Me. Michel, *"la seule solution à la crise actuelle, passe par la démission volontaire ou forcée du Président Martelly, la libération sans condition de tous les prisonniers politiques, la mise en place d'un Gouvernement de transition, la création d'un Conseil Électoral crédible inspiré de l'article 289 de la Constitution et l'organisation d'élections générales en 2015"* Il était convaincu que *"cette initiative américaine, vise à casser l'élan de la mobilisation populaire réclamant le départ du Président Martelly"*

En invitant l'opposition à cette rencontre, l'ambassade américaine voulait-elle vraiment trouver une solution à cette longue crise pré-électorale qui, semblait sans issue ou tout comme c'était fait en 2013, simplement désamorcer le mouvement de mobilisation de l'opposition ? Puisque c'était l'Ambassadrice des États-Unis accréditée en Haïti, Pamela White qui, lors d'une interview à la *Voix de l'Amérique*, rejetait l'idée de l'organisation des élections en 2013.

Pour l'histoire, étaient présents à cette rencontre, Turneb Delpé, Jean André Victor, Mirlande Manigat pour le mouvement patriotique de l'opposition démocratique MOPOD; Paul Denis et Saurel Hyacinthe représentaient l'INITE; et Rosemond Pradel au nom de la FUSION. Sous la protection des agents de l'ambassade américaine, la rencontre s'est déroulée loin des micros et des caméras de la presse. Ce n'est qu'à sa sortie que Jean André Victor a déclaré aux journalistes massés devant les locaux de la Fusion : *''Nous avons clairement dit à Madame White que la crise est haïtienne et qu'il revenait aux Haïtiens de trouver une solution.*»

Indexé comme l'aile radicale de l'opposition, avec les mêmes révendications que lors des dernières manifestations, le groupe des six partis politiques et d'autres organisations de l'opposition avaient lancé la deuxième phase de leur mouvement Burkina Faso. Avec presque une dizaine de manifestations planifiées seulement pour le mois de décembre, l'opposition, regroupée au sein de plusieurs groupes anti-Martelly, réitèrait sa détermination de faire partir du pouvoir le régime 'Tet Kale. Face à cette conjoncture d'instable et les manifestations de l'opposition qui gagnaient chaque jour du terrain, la communauté internationale, à travers le 'Core Group", devait jouer sa participation à la crise, si toutefois elle voulait que Martelly reste au pouvoir.

En dépit des démarches initiées par l'ambassade américaine et le Président Martelly pour trouver une issue pacifique à la crise pré-électorale, dans un premier temps, deux journées consécutives de manifestations avaient eu lieu le 5 et 6 décembre. Tout en posant des conditions pour une quelconque négociation avec l'exécutif auprès de l'ambassade américaine le 29 novembre, c'était au tour des ambassades de France et du Canada d'être visées par les manifestants lors des deux jours de mobilisatios, histoire d'attirer une fois de plus l'attention de ces diplomates sur les dérives antidémocratiques de leur poulain Michel Martelly. *''Après les États-Unis, il y environ quinze jours, la France, vendredi 5 décembre, les manifestants mettent le cap sur l'ambassade du Canada. L'objectif: dénoncer la responsabilité du triumvirat États-Unis-France-Canada dans la crise actuelle.* « *Depuis l'indépendance, ils prennent le pays en otage, ce sont eux qui font les présidents, ce sont eux qui font tout''*, disait Assad Volcy.

La deuxième phase de ''l'opération Burkina Faso''

Il est vrai que la manifestation du 5 decembre visait les ambassades du Canada et de la France, avec pour objectif de demander au gouvernement de ces deux pays de ne plus continuer à soutenir Martelly et Laurent Lamothe. Cette mobilisation avait une double importance. Effectivement, *''Il y a exactement 11 ans, Haïti vivait ce qu'on appelait à l'époque un '' vendredi noir'' C'était un vendredi comme aujourd'hui. Une manifestation d'étudiants contre le régime Lavalas (Aristide 2e version) tournait au vinaigre. Des partisans du régime, ''les partisans de Lavalas'' comme ils se nommaient, ont envahi l'enceinte de la Faculté des sciences humaines et de l'Inaghei. Recteur, professeurs, étudiants, personnel administratif en sont sortis victimes. Véhicules et matériel didactique ont été incendiés ou brisés''*

Onze ans après, les revendications des manifestants du 5 décembre 2014 étaient-elles différentes de celles des opposants du 5 décembre 2003 ? Elles devaient être, en apparence, divergentes puisque la MINUSTAH était rentré dans le pays pour aider au raffermissement des institutions.

417

Malheureusement, force était de constater que les choses n'avaient pas pour autant évolué. En 2003, c'était pour contester les irrégularités électorales de mai et de novembre 2000. Mais, au moins, des élections avaient eu lieu. Cette fois, avec des troupes étrangères dans le pays et un Président *"made in OAS"*, l'opposition était descendue dans les rues pour protester, après plus de trois ans de pouvoir de Martelly, contre la non-tenue des élections.

Bref, à la manifestation contre Martelly en 2014, *"des lavalassiens fidèles, des GNBistes déçus, des éternels opposants, des membres de l'aile dure de l'opposition, des citoyens inquiets pour leur avenir...ont foulé le macadam pour exiger le départ de l'équipe Tèt Kale du pouvoir. À la différence de 2003, ils n'ont pas été attaqués par les proches du pouvoir. 11 ans après le « vendredi noir de 2003 », Haïti reste hantée par les mêmes démons: corruption, chômage, incapacité d'organiser de bonnes élections, opposition émiettée, institutions publiques faibles et affaiblies...."*

Plus d'une décennie après, alors que le pays faisait face aux mêmes problèmes économiques, politiques et sociaux *''les mêmes acteurs continuent de mettre l'avenir de tout un peuple en péril. Si quelque chose a changé depuis, ce n'est que la place des acteurs dans la descente aux enfers du pays. Hier, le Président Michel Martelly prêtait sa voix aux manifestants anti-Aristide. Aujourd'hui, le parti Fanmi Lavalas de l'ex-Président Jean-Bertrand Aristide appelle à la mobilisation pour chasser Michel Martelly du pouvoir.*

Les mobilisations du 5 décembre 2014 étaient aussi une bataille entre Lavalas et putschistes au pouvoir. Si, en 2003, la communauté internationale soutenait le mouvement GNB dont Martelly faisait partie contre le Président Aristide, en 2014, elle ne soutenait pas les lavalassiens et autres secteurs de l'opposition contre le pouvoir '' kale tet' de Martelly. Au contraire, à travers le

'Core Group', la communauté internationale cherchait à sauvegarder le reste du mandat de Martelly.

L'autre aspect important de la manifestation du 5 décembre 2014 était l'arrivée des protestataires, longtemps empêchés par les forces de l'ordre, devant le siège même de la présidence. À chaque manifestation de l'opposition, elle avait pour objectif le Palais National qui restait une forteresse imprenable. Finalement, ce qui, pendant plus de trois ans, ne pouvait pas se faire, était arrivé. Ils étaient plusieurs milliers à exprimer leur joie et, du même coup, protester contre le pouvoir Martelly devant le palais présidentiel.

Comment en étaient-ils arrivés là ? Était-ce une fin de règne anticipée pour le régime 'Tet kale' ? Était-ce tout simplement une victoire dans la longue bataille que devait mener l'opposition radicale pour le départ de Martelly et son Premier ministre Lamothe ? ''*Le rêve longtemps caressé par les manifestants de l'opposition est devenu réalité vendredi. Après avoir pris de vitesse les forces de l'ordre dans l'aire du Champ de Mars, les milliers de contestataires qui ont défilé dans les rues ont réclamé le départ du pouvoir Tèt kale devant le siège même de la présidence. Chants, danses, scènes de liesse devant les ruines du palais présidentiel, les manifestants ont profité pleinement de cette opportunité pour dire non au pouvoir en place. Certains s'allongent à même le sol pour exprimer leur joie face à ce que les leaders de l'opposition considèrent comme une victoire. « Après trois années de lutte, nous sommes pour la première fois devant le palais national, ce qui signifie que Michel Martelly n'est pas loin de tomber », a déclaré l'avocat André Michel, le visage rempli de satisfaction.*

Chaque jour, l'opposition gagnait du terrain : si, quelques mois plus tôt, elle était une entité négligeable, en peu de temps, elle était devenue, en manifestant un peu partout dans

419

le pays, une force de plus en plus incoutounable. Puisque, lors de la deuxième phase du mouvement de protestation de l'opposition du samedi 6 decembre, il y avait des manifestations un peu partout en Haïti. De Port- au-Prince, Carrefour, Cap Haïtien, Les Cayes, Fort Liberte, Ouanaminthe, Archaie, Leogane, Ti Goave, Grand Anse et La Gonave, ils étaient nombreux, les manifestants, à demander le départ du chef de l'État.

C'était pendant ce week-end, *"à environ un mois de l'échéance du 12 janvier, le Sénat de la République, qui peine à trouver le quorum pour une séance plénière depuis plusieurs mois organise une retraite de trois jours, du 3 au 5 décembre, au Club Indigo sur la Côte des Arcadins, au nord de Port-au-Prince"*

La retraite des parlementaires

Au dernier moment, que pouvait-on esperer de cette initiative des sénateurs, qui étaient, pendant leur long mandat de six ans, toujours très divisés et dont bon nombre avaient passé leur temps à défendre des petits intérêts de clan et ceux de la présidence ? Cherchaient-ils à gagner du temps ou à prolonger leur mandat ? Comme si, avec une prolongation de quelque mois, ils pouvaient réaliser ce qu'ils n'avaient pas pu faire en six ans… !

Entre-temps, mis à part les manifestations de l'opposition et la retraite des parlementaires, tous les yeux étaient rivés sur la Commission présidentielle consultative, afin de connaître ses recommandations au pouvoir exécutif.

Le rapport de la Commission consultative et la visite de Thomas Shannon en Haïti

Comme la crise pré-électorale découlée des dérives antidémocratiques continuait à sensibiliser beaucoup plus de gens, ainsi, il était question qu'on fasse quelque chose avant le deuxième lundi (12) de janvier 2015. C'était dans ce contexte qu'on annonça l'arrivée en Haïti du secrétaire d'État des États-Unis, John Kerry. Au moment où la Commission présidentielle consultative devait remettre son rapport au chef de l'exécutif, Thomas A. Shannon, le conseiller du secrétaire d'État des États-Unis, arriva donc à Port-au-Prince le mardi 9 décembre 2014.

Une fois entré au pays, Thomas Shannon, dans le cadre de l'ingérence de l'international dans les affaires politiques d'Haïti, avait rencontré plusieurs personnalités politiques de premier plan, afin de donner les dernières instructions préconisées par le grand voisin nord-américain.

Ce qui explique que plus d'un était sceptique quant à la Commission consultative chargée de faire des recommandations au Président de la République sur la crise politique du pays. Beaucoup de questions avaient été posées, mais dans l'ensemble, des analystes se demandaient pourquoi M. Shannon avait fait le choix d'entrer au pays au moment où la Commission présidentielle consultative remettait son rapport au chef de l'État. Était-ce une façon de dire que la solution à la crise haïtienne ne viendrait pas des discussions entre Haïtiens, non plus des mouvements de mobilisation des rues de l'opposition ?

Comme elle l'avait promis, la Commision avait remis ses recommandations au chef de l'État. Ce qui permettait à plus d'un de penser que, sous peu, on aurait une solution à la crise pré-électorale. Mais, avant de réagir à ce rapport, le Président avait sollicité encore quelques jours.

Quoiqu'il fût satisfait du travail titanesque de la Commision, pourquoi Président Martelly devait-il attendre encore soixante-douze heures pour se pronnoncer sur les recommandations faite par cette entité ? Autant de faits qui prouvaient que l'exécutif n'était pas libre dans toutes ses décisions politiques, surtout dans celle regardant le départ de son chef de gouvernement. Si toutefois, il était libre de ses démarches, avait-il d'autres raisons à faire prolonger la crise, quand il avait, dans le cadre de ses dialogues, déjà laissé passer plus de deux mois ?

D'un avis contraire, certains avançaient que ' *'La démission du gouvernement Lamothe, considérée comme l'une des recommandations les plus coriaces aux yeux du chef de l'État, pourrait être le motif de base des trois jours observés par Martelly avant de décider du sort de ce rapport tant attendu par les acteurs politiques impliqués dans cette crise''*

Ils pouvaient avoir raison puisque, lors de l'investiture des onze membres de la Commision le lundi 1ᵉʳ décembre, M. Lamothe était présent. Pourquoi avait-il été absent à l'occasion de la cérémonie de remise du rapport de ce dernier ? Était-il mécontent ou avait-il d'autres préoccupations politiques pouvant expliquer son absence à une cérémonie d'une telle envergure ? Quel que soit le cas de figure, *''son absence à la cérémonie laisse présager son mécontentement de ce rapport qui recommande au Président la démission de son gouvernement. Comment le Premier Ministre peut-il réagir de la sorte, alors que, dans ce rapport, au point 10 du chapitre À, se rapportant aux constats de la Commission, il est écrit que le Premier Ministre avait exprimé aux commissaires sa volonté de contribuer au dénouement de la crise préélectorale actuelle en démissionnant de son poste sur demande expresse du Président''*

Compte tenu de l'attachement de Mr. Lamothe pendant les deux ans et six mois à la tête de la Primature, il serait difficile d'imaginer qu'il le quitterait aussi facilement. Peu importe les caprices des deux chefs de l'exécutif et de la communauté internationale : l'opposition, à travers ses manifestations de rues baptisé ''Bukina Fasso'', était prête à continuer sa mobilisation pour le déart de l'équipe ''Tet kale'' du pouvoir. Mais le pays était-il capable de réitérer les expériences de 2004 ? *''Entre la décision de Martelly d'appliquer les recommandations de la Commission et la réticence de Lamothe à faire le geste qui convient, la République doit-elle encore faire les frais des manifestations de rue qui mettent le pays sous les feux des projecteurs de la presse internationale''* ?

Libération des prisonniers politiques

La libération dans l'après-midi du jeudi (11décembre)) de Byron Odigé et Rony Timothée, chef de file de l'opposition, arrêtés le 17 octobre 2014, inaugurait une ère nouvelle dans le cadre de libération des prisonniers politiques. Entre-temps, le mouvement de manifestations de l'opposition faisait son chemin contre un pouvoir affaibli par les recommandations de la Commission consultative. Ainsi, l'idée de ''Tabula Rasa (table rase)'' que réclamaient les opposants au régime devenait de plus en évidence. Face à cette instabilité politique qui, chaque jour, devenait plus corsée, la solution à une sortie de crise était plus urgente qu'auparavant. Autrement dit, la situation d'instabilité politique ne pouvait plus durer et une solution de sortie de crise devait être mise en place.

Ce fut dans cette situation d'impasse politique que la nouvelle de la visite du Secrétaire d'État des États-Unis avait été annoncée à Port-au-Prince. John Kerry allait-il entrer au pays pour faire connaître aux autorités haïtiennes la position de Washington dans la crise pré-électorale ? Si oui, quelle était la vraie mission de Mr. Shannon dans le pays alors que l'ambassadrice américaine en Haïti, Madame Pamela A. White avait, sans langue de bois, annoncé que le Président Martelly devait rester au pouvoir ?

Entre-temps, las de toutes ces confusions, le pays était impatient d'entendre l'annonce du chef de l'État. Tout en anticipant sur le discours du Président, des rumeurs de toutes sortes couraient sur une éventuelle démission du chef de la Primature qui, de plus en plus, était décrié non seulement par l'opposition, mais aussi par les hommes du Palais National qui devaient, en réalité, être des alliés du Premier ministre.

Le message du Président Martelly le 12 décembre

Effectivement, comme annoncé, c'était le vendredi 12 décembre au soir, au cours d'une cérémonie au Palais National et ceci en présence du corps diplomatique, après soixante-douze heures de suspense d'une part et de réflexion d'autre part, que Président Michel Martelly put, dans toute son intégralité, entériner les recommandations de la Commission consultative : *"J'accepte les propositions de la commission. Je suis d'accord avec ce rapport qui créé l'espoir pour pouvoir faire l'unité en Haïti. Nous allons commencer à travailler très vite pour l'appliquer"*, Celui-ci trouvait cependant *"compliqué de respecter à la lettre le calendrier proposé (11 décembre-12 janvier) parce que beaucoup de points ne dépendent pas du Président"*, avait déclaré M. Martelly.

Quoique l'intervention du Président fût trop vague pour faire l'unanimité au sein de la classe politique et l'internationale, cette décision de suivre à la lettre les recommandations de la Commission permit à Martelly, dans une certaine mesure, de combler l'attente de ceux-là qui avaient souhaité cette décision de la part du locataire du Palais National.

Mais le point culminant de la soirée était les angoisses et amertumes qui se laissaient voir sur le visage du chef de l'État lorsqu'il parlait d'une éventuelle démission de son Premier ministre. Ce qui expliquait que l'ancien Président américain Bill Clinton, dans sa défense pour le chef de la Primature, n'avait pas eu gain de cause. *'La tentative d'évincer le Premier Ministre haïtien Laurent Lamothe de la Primature pourrait remettre en cause les progrès enregistrés en Haïti au cours de ces quatre dernières années* », avait déclaré l'ancien Président Bill Clinton dans une interview exclusive accordée au *Miami Herald*.

Entre les réactions de l'ambassade américaine à Port-au-Prince et l'interview de l'ancien Président des États-Unis, il était clair qu'une note discordante existait entre Bill Clinton et l'administration américaine, en particulier vis-à-vis de la communauté internationale. Ou voulaient-ils tout simplement jouer la carte de la diversion politique et la tactique du double langage ? Peu importe avec quel art le "Core Group" avait conduit cette bataille pour atteindre son objectif : "*l'envoyé spécial du Departement d'État, Thomas Shannon, rentré mardi au pays, avait donné la garantie qu'une solution serait trouvée bientôt. Même son de cloche du côté de l'ambassadeur Pamela White très présente dans les affaires politiques haïtiennes. Elle agit beaucoup plus qu'un chef de parti politique, en lieu et place d'un diplomate accrédité dans un pays*"

Si une solution était trouvée bientôt, quel serait son impact sur la crise pré-électorale, alors que la communauté internationale, à travers le "Core Group" n'avait toujours pas été très sévère envers les dérives antidémocratiques de l'exécutif ? Cette décision serait-elle une solution maquillée face aux manifestations de rues de l'opposition ou répondrait-elle à l'attente des réalités politiques haïtiennes, particulièremnt des trois dernières années ? La communauté internationale était-elle complètement désenchantée de l'administration 'Tet Kale'' pour laisser partir le Président dont elle avait pourtant facilité l'arrivée au pouvoir, à travers les élections frauduleuses de 2010 ? Ou tout simplement, a travers des consignes, le "Core Group'' allait-il lâcher celui qui n'avait pas été élu, à savoir le chef de gouvernement ?

La démission de Laurent Lamothe

Après de longues heures d'attente, puisque l'annonce était programmée pour le samedi 13 à 4 heures pm, finalement, lors d'une intervention à la télévision, à l'aube du dimanche 14 décembre 2014, M. Lamothe avait, en créole, annoncé sa démission. *"Si c'est cela qui peut vraiment débloquer la crise politique, j'ai décidé de remettre au Président (Michel) Martelly ma démission à la tête du gouvernement, ainsi que la démission de tous les ministres, Je quitte le poste de Premier Ministre avec le sentiment du devoir accompli. Nous avons engagé ce pays dans une dynamique de mutations profondes et de changements réels au bénéfice de la population"*

Il était clair que la démission du Premier ministre ne changeait pas pour autant la crise politique. Et surtout, le processus de son remplacement pouvait prendre une éternité si toutefois les acteurs en présence voulaient jouer sur les provisions constitutionnelles pour faire passer le temps. De plus, des secteurs radicaux du gouvernement Martelly disaient haut et fort que le rapport de la Commission consultative ne résoudrait pas le problème, histoire de dire qu'il était trop tard pour le régime 'Tet Kale. Peu importait le denouement de la crise : avec le départ du chef de la Primature, non seulement un pas important avait été franchi, mais encore avait-il affaibli davantage le pouvoir du Président Martelly face à l'opposition grandissante et qui, chaque jour, gagnait du terrain.

La rencontre du chef de l'État avec les partis politiques de l'opposition

Après les rencontres avec les Présidents des deux chambres du Parlement et les membres du Conseil électoral provisoire, vint finalement le tour de quatre des six partis et regroupements politiques de l'aile dure de l'opposition de s'asseoir avec le chef de l'État à l'hôtel Kinam à Pétion-Ville. Il s'agissait de la Fusion, de INITE, de Ayiti pou Ayisyen et de Kontrapepla.

Pourquoi voulaient-ils maintenant rencontrer Mr. Martelly, alors que ces organisations politiques avaient, en plusieurs occasions, boudé les invitations du chef de l'État ? Ces partis politiques avaient-ils estimé que, contrairement aux semaines précedentes, l'atmosphère politique était plus détendue, pour répondre à une invitation du chef de l'État ? Ou voulaient-ils tout simplement s'entretenir avec le Président, de sorte qu'ensemble, ils puissent trouver une trêve et, du même coup, proposer une solution à l'haïtienne pour éviter au pays de sombrer dans le chaos ?

Entre-temps, Madame Maryse Narcisse et d'autres membres du directoire du parti *Fanmi Lavalas* avaient, dans l'après-midi de la même journée du mercredi 17 décembre 2014, rencontré Président Martelly. Cette rencontre séparée avec le chef de l'État était-elle une façon pour le parti de l'ancien Président Aristide d'imposer sa capacité de mobilisation sur le terrain ou avait-il d'autres sujets de discussion qui ne relevaient pas de la crise politique ?

Des rencontres et encore des rencontres entre Haïtiens… ! Cependant, beaucoup craignaient que toutes ces rencontres sous l'égide du Président Martelly ne soient non seulement qu'une façon de passer le temps, mais aussi un moyen de casser les mouvements de mobilisation de l'opposition radicale à son pouvoir. C'était dans cette optique que, le MOPOD, un autre mouvement politique de l'opposition, avait, comme les trois dernières fois, décidé de ne pas répondre à cette quatrième invitation du Président. Ainsi, au moment où la presse parlait des rencontres du Président avec l'aile dure de l'opposition, lors d'une interview, Me André Michel avait confirmé que *« le regroupement politique ne participera pas à cette rencontre et a appelé la population à gagner les rues le jeudi 18 décembre pour continuer d'exiger le départ du chef de l'État. Il a cependant confirmé que le MOPOD a bien reçu l'invitation du Président de la République.»*

Si, d'un côté, pour trouver une soultion entre Haïtiens, le Président multiplait les rencontres avec une frange de l'opposition, de l'autre, les recommandations de la Commission consultative faisaient leur chemin.

Démission des conseillers électoraux

Depuis les derniers scrutins de 2010, sans pour autant avoir organisé des élections, plusieurs conseils électoraux ont été mis sur pied par le Président Michel Martelly. De 2012 à 2014, le chef de l'État avait, de la formation du Collège Transitoire du Conseil Électoral Permanent (CTCEP) contesté, mis en place, *''dans des conditions qualifiées d'irrégulières et provocatrices plusieurs structures,* respectivement dirigées par Josué Pierre-Louis (un conseil de 6 membres), Emmanuel Ménard, Fritzo Canton et Max Mathurin.

Quelques jours après la démission de Laurent Lamothe, alors que le Président recommençait les négociations avec les différents partis politiques de l'opposition, entre-temps, d'autres factions, dans les rues, manifestaient pour le départ du chef de l'exécutif. *Ils ne décolèrent pas... Des milliers d'habitants des quartiers populaires de la capitale haïtienne*

Port-au-Prince sont descendus dans la rue ce jeudi. Alors que le Président Michel Martelly a engagé des discussions avec certains représentants de l'opposition, des militants plus radicaux continuent d'exprimer leur défiance envers leur dirigeant, qu'ils accusent notamment de corruption. "Nous n'allons pas négocier avec le Président Martelly, explique l'un d'eux. Nous voulons qu'il démissionne. Aujourd'hui nous avons la corde et si nous l'attrapons nous allons le ligoter" (Euronews)

Dans une correspondance datée du jeudi 18 décembre adressée à Michel Martelly, les neuf conseillers électoraux ont présenté leur démission au chef de l'État. '*'Nous avons l'honneur, à la suite du rapport de la Commission consultative présidentielle constituée par arrêté présidentiel en date du 28 novembre 2014 et après consultations avec les trois pouvoirs de l'État à l'origine du choix des membres du Conseil électoral provisoire, de vous présenter notre démission, conformément à une résolution en séance plénière le mercredi 17 décembre 2014''*

La quatrième structure électorale, comme les trois autres, n'avait pas pu, comme on l'avait souhaité, organiser les elections. Ainsi, Haïti faisait du sur-place. Donc, pour résoudre la crise pré-électorale, comme le chef du gouvernement, les neuf membres du Conseil avaient démissioné. '*'Cette décision est motivée par notre volonté à apporter notre contribution patriotique à la résolution de la crise qui affecte fortement notre pays''*

Pour des raisons personelles, Laurent Lamothe ne voulait pas, après sa démission, rester en place pour gérer les affaires courantes en attendant de trouver son successeur. Ainsi, Madame Florence Duperval, ministre de la santé publique dans l'équipe démissionnaire de Lamothe, assura l'interim, comme le voulait la constitution amendée. Comme elle ne pouvait pas rester au-delà de trente jours, ainsi, celui qui avait, à travers les recommandations de la Commission consultative, demandé la démission de Laurent Lamothe, devenait, par arrêté présidentiel, le prochain chef de la Primature.

Le choix d'Evans Paul comme Premier Ministre

Politiquement, le gouvernement était coincé sur tous les fronts. Affaibli soit par les manifestations des rues de l'opposition ou une frange de la communauté internationale, le Président 'Tet kale'', incapable de diriger le pays, appliquait comme un bon élève toutes les recommandations de la Commission présidentielle consultative.

Après avoir lâché son bon ami et Premier ministre, libéré les prisonniers politiques, accepté la démission des membres du CEP et demandé au Président du CSPJ de se retirer, dans l'optique de sauver le reste de son quinquennat, le chef de l'État était prêt à tout faire. Certains se demandaient ce qui lui restait maintenant à concéder à une classe politique pour laquelle il n'avait, peu de temps avant, aucun respect.

Autre cas de figure : en se pliant aux exigences de la Commission présidentielle consultative, et bien entendu en faisant choix de Evens Paul comme Premier ministre, Michel Martelly ne cherchait-il pas une autre excuse de plus dans sa gestion du temps ? Il savait que les parlementaires radicaux ne voteraient pas le choix d'Evans Paul, ce qui lui donnerait encore quelques semaines avant l'étape incontournable de la caducité du Parlement le 12 janvier. Date qui lui permettrait de mettre à exécution son projet de toujours de gérer les affaires de la nation à coups de décrets.

De KP en PM

Durant presque une quarantaine d'années de traversée politique difficile en Haïti, de jeune activiste en homme politique modéré, Evans Paul, *"Dans l'opinion,est perçu comme un opposant modéré qui émet des critiques « de manière sobre, respectueuse, rationnelle et équilibrée"*

C'était cet homme au parcours mouvementé que Martelly avait choisi pour rassembler ce qui restait encore à rallier de la politique haïienne. *"Après des jours de casse-tête, le Président de la République a choisi Evans Paul alias « Konpè Plim » - « K-Plim » pour les intimes -, afin de succéder à Laurent Lamothe qui a démissionné le 14 décembre dernier de son poste de Premier Ministre. Qui est le nouvel homme fort de la République ? L'image qui vient à l'esprit de tout Haïtien quand on évoque le nom d'Evans Paul, c'est celle d'un homme toujours aux postes de combat contre la dictature.*[96]*' Après des jours de casse-tête, le Président de la République a choisi Evans Paul alias « Konpè Plim » - « K-Plim » pour les intimes -, afin de succéder à Laurent Lamothe qui a démissionné le 14 décembre dernier de son poste de Premier Ministre. Qui est le nouvel homme fort de la République ? L'image qui vient à l'esprit de tout Haïtien quand on évoque le nom d'Evans Paul, c'est celle d'un homme toujours aux postes de combat contre la dictature.après des jours de casse-tête, le Président de la République a choisi Evans Paul alias « Konpè Plim » - « K-Plim » pour les intimes -, afin de succéder à Laurent Lamothe qui a démissionné le 14 décembre dernier de son poste de Premier Ministre. Qui est le nouvel homme fort de la République ? L'image qui vient à l'esprit de tout Haïtien quand on évoque le nom d'Evans*

---

[96] Evans Paul : *Un homme au parcours mouvementé – Haïti en marche*, 29 décembre 2014.

Paul, c'est celle d'un homme toujours aux postes de combat contre la dictature.après des jours de casse-tête, le Président de la République a choisi Evans Paul alias « Konpè Plim » - « K-Plim » pour les intimes -, afin de succéder à Laurent Lamothe qui a démissionné le 14 décembre dernier de son poste de Premier Ministre. Qui est le nouvel homme fort de la République ? L'image qui vient à l'esprit de tout Haïtien quand on évoque le nom d'Evans Paul, c'est celle d'un homme toujours aux postes de combat contre la dictature. »

Pour y parvenir, Evans Paul devait, à priori, comme le veut la constitution de 1987, avoir la bénédiction du Parlement. Ensuite, muni de cette légitimité, il lui fallait écarter toute possibilité de désordre et prévenir le chaos de l'après 12 janvier 2015 qui planait sur le pays.

Comme tout n'était pas encore joué pour l'exécutif, en vue de trouver une certaine légitimité, un autre accord avait été signé en date du 29 décembre au soir, avec les présidents du CSPJ et des deux branches du Parlement. *''Au Palais national, les représentants des trois pouvoirs de l'État ont signé un accord tripartite garantissant l'existence du Parlement après le 12 janvier 2015, le vote des amendements à la loi électorale, la formation d'un CEP selon l'esprit de l'article 289 de la Constitution* (*Nouvelliste,* 29 décembre 2014).

L'accord du 29 décembre 2014

De la démission du Premier ministre Laurent Salvador Lamothe à la prorogation du mandat des parlementaires au-delà du 12 janvier 2015, dans le cadre d'une solution négociée, Michel Martelly cherchait la formule magique pour pouvoir terminer son mandat. En prolongeant celui des députés et d'un groupe de sénateurs en fin d'exercice, le chef d'État avait, subséquemment, fait plus que les

432

récommandations de la Commission consultative. En quelques semaines, Martelly donnait tout ce qu'il tentait de garder pendant des mois.

Cependant, cet accord, n'avait pas pour autant convaincre les protestataires de ne pas manifester pour demander le départ du Président et non plus éviter le chaos après le 12 janvier 2015. Même lorsque l'accord avait été signé par les Présidents des deux Chambres du Parlement, cela n'avait pas, pour autant, calmé les parlementaires du groupe des six. Comme avant, ils continuaient à mettre des bâtons dans les roues du chef de l'État. *''Alors que plus d'un croyait à une sortie de crise avec la signature de l'accord tripartite paraphé lundi soir entre les trois pouvoirs de l'État, le groupe des six sénateurs de l'opposition demeure fidèle à sa position. Ces parlementaires ne sont pas prêts à lever la main pour voter les amendements à la loi électorale ni pour ratifier la déclaration de politique générale du Premier Ministre Evans Paul. Le document a été « prostitué » par la signature de Me Anel Alexis Joseph, Président du CSPJ, selon le sénateur Jean-Baptiste Bien-Aimé, l'un des fers de lance de l'opposition au Sénat. »*

Selon le sénateur Pierre Francky Exius *' 'l'accord est en désaccord avec les revendications de l'opposition radicale au Sénat. Il ne tient pas compte de l'accord que nous avons proposé. La signature du sénateur Dieuseul Simon Desras n'engage que lui. Nous autres du groupe des six n'avons rien à y voir. ''*

La séance en Assemblée nationale avortée

L'arrêté présidentiel nommant Evans Paul comme Premier ministre, puisqu'il ne venait pas d'un accord avec les Présidents des deux chambres du Parlement, avait donc été contesté par des partis politiques de l'opposition comme la Fusion, INITE, Kontra pèp la, Ayisyen pou Ayiti et *Fanmi*

433

Lavalas. En dépit des recommandations de la Commission consultative en décembre 2014 et des grandes avancées dans la crise, les partis politiques de l'opposition, avec la quatrième phase du mouvement "Burkina Fasso", descendaient dans les rues pour demander une nouvelle fois le départ du chef de l'État.

Pour éviter un vide institutionnel après le 12 janvier 2015, les parlementaires, convoqués en assemblée nationale le lundi 5 janvier 2015, avaient juste quelques heures pour mener à bien leurs dernières affaires. Mais à quelques jours de cette date butoir qui coïncidait avec la rentrée parlementaire, les sénateurs du groupe des six avaient boudé cette convocation. *''Sans surprise, les sénateurs du groupe des six ont boudé la séance en Assemblée nationale devant ouvrir la session extraordinaire convoquée par le Président de la République. Seulement 13 sénateurs sur 20 ont répondu présent aux côtés de quelque 70 députés.»*

Comme les forces politiques de l'opposition à l'intérieur du Sénat n'avaient pas pu trouver un consensus pour se statuer sur la session extraordinaire convoquée par le Président, ainsi, la séance avait été reportée au mercredi 7 janvier. *''À l'exception du sénateur des Nippes Jean William Jeanty, les sénateurs du groupe des six ont brillé par leur absence. Le sénateur de l'Ouest Steven Irvenson Benoît et son collègue du Sud Carlos Lebon ont complété la liste des sept sénateurs absents, avec Moise Jean-Charles, Jean-Baptiste Bien-Aimé, Pierre Francky Exius, John Joël Joseph et Westner Polycarpe. Devant l'impossibilité de réaliser la séance, le Président de l'Assemblée nationale a gardé son calme pour présenter, au nom du bureau de l'Assemblée nationale, les « voeux de bonne année à ses collègues parlementaires. Je salue la présence les parlementaires présents, j'exhorte ceux qui n'ont pas répondu à la convocation à changer d'attitude. Et j'invite les sénateurs à la conférence statutaire des présidents demain»*, a dit laconiquement Dieuseul Simon Desras avant d'annoncer le report de la séance au mercredi prochain, à compter de midi.

Entre-temps, dans le cadre d'une solution apparente entre Haïtiens, mais surtout d'une opportunité pour certains de se caser quelque part dans la prochaine administration, d'autres rencontres avaient été prévues avec une frange de l'opposition.

Les rencontres de la dernière chance

À cinq jours de la date butoir du 12 janvier où le pays risquait de connaître un vide institutionnel, l'opposition et le pouvoir exécutif, sous la pression de l'ambassade américaine à Port-au-Prince, cherchaient par tous les moyens à trouver une solution à la crise haïienne. C'était dans cet ordre d'idée que le mercredi 7 janvier 2015, durant la matinée, à Kinam hôtel, particulièrement à 10 heures du matin, que le chef de l'État avait rencontré cinq sénateurs de toutes tendances pour discuter sur les problèmes pré-électoraux. Étaient présents à cette rencontre le Président Martelly et les sénateurs Edwin Zenny, Jean William Jeanty, Francisco Delacruz, John Joël Joseph et Jocelerme Privert. Dans l'après-midi, c'était au tour de cinq partis politiques de l'opposition de s'asseoir avec Martelly.

Pour certains, particulièrement les artisans de la démocratie, l'heure était à l'urgence, pour ne pas dire à la panique. Gardant à l'esprit que le vide institutionnel après le deuxième lundi conduirait à une détérioration de la situation politique et que ses conséquences mettraient en péril les efforts et acquis de la démocratie, il y avait de quoi s'inquiéter. Ainsi, pour éviter à cette instabilité politique dont les conséquences seraient désastreuses pour la survie du processus démocratique, le lendemain jeudi 8 et vendredi 9 janvier, de longues heures de réunions avaient eu lieu entre les acteurs

435

politiques. Les crises politiques des dernières années montraient, dans le cadre des négociations, les limites de l'homme politique haïtien du pouvoir et de l'opposition. Les protagonistes ont passé plus de trois ans à faire des dilatoires sur des dossiers de grandes importances nationales, alors qu'ils voulaient, à travers des heures de réunions, les résoudre. *Comme dans "Le Lièvre et la Tortue", nos élus, pour la plupart, tentent de rattraper le temps perdu. Il faut trouver une solution avant le 12 janvier 2015.*

Démissionner n'est pas un acte anodin. Il y a toujours une ou plusieurs obligations qui peuvent forcer quelqu'un à se retirer. Mais dans le cas du Président du CSPJ, les situations entraînant sa démission étaient d'ordre politique, puisqu'elle venait quelques jours après les recommandations de la Comission consultative.

La démission du Président du CSPJ

Finalement, c'était le mercredi 7 janvier 2014 au soir que Me. Anel Alexis Joseph, Président du Conseil Supérieur du Pouvoir Justiciaire, personnage très controversé, démissionna de ses fonctions. Si la démission de Me. Anel Alexis Joseph a été favorablement accueillie par certains acteurs de la classe politique de l'opposition, elle n'avait pas pour autant aidé au degel de la crise. Cette démission était-elle venue trop tard dans une crise pré-électorale ou les protagonistes du chaos se refusaient à faire, en hommes et femmes d'État responsables, le minimum de compromis nécessaire pour désamorcer le spectre de la crise de l'après 12 janvier ?

Face à l'incapacité des acteurs nationaux à résoudre, par les négocations, la crise préélectorale, l'ambassade américaine, qui reflète toujours la position de la communauté internationale en Haïti, vint au secours de Martelly.

Ingérence : les États-Unis avaient haussé le ton

Alors que Président Martelly exigeait une garantie du vote de l'amendement à la loi électorale avant le 12 janvier 2015, l'opposition, quant à elle, critiquait la signature de l'accord tripartite du 29 décembre. Comme à quelques heures de la date butoir, aucun accord formel n'avait été trouvé entre les protagonistes, lors d'un communiqué, l'ambassade américaine à Port-au-Primce avait encouragé les négociations pour résoudre l'impasse politique. *Les États-Unis appellent les politiciens haïtiens à faire les compromis nécessaires pour éviter que le Président Michel Martelly soit la seule autorité à dicter ses lois à partir de lundi prochain et le pays de glisser plus profondément dans le chaos politique"*

Samedi 10 janvier 2015 au soir, après plusieurs journées d'intenses négociations, le gouvernement et l'oppositionn n'étaient pas parvenus à trouver un accord sur la crise préélectorale avant le 12 janvier. *En seulement trois jours, Michel Martelly a rencontré, plusieurs fois, le groupe des quatre partis politiques de l'opposition, la commission sénatoriale, les députés membres du bloc PSP, des responsables de partis politiques du groupe 22 et l'OPL sous les regards de Réginald Boulos et Mgr Ogé Beauvoir, deux membres de la Commission consultative comme médiateurs. Trois longues journées de négociations qui, au final, n'ont pratiquement rien donné. La crise reste entière. Michel Martelly et les sénateurs ne sont pas parvenus à se mettre d'accord sur le choix d'Evans Paul comme Premier Ministre ni sur le vote des amendements à la loi électorale, encore moins sur l'ouverture de l'Assemblée nationale en session extraordinaire qui permettrait aux députés de tenir séance"*

Le week-end qui précédait le 12 janvier 2015, des rumeurs de toutes sortes couraient au sujet de ce qui pouvait se passer après cette date. Face à cette crise dans la crise, que faire alors en pareil cas ? Un compromis entre la classe politique de l'oppositon et le régime ''Tet Kale'' était-il possible ? Avec un Parlement inopérant, paralysé de la Chambre des députés et des deux-tiers du Sénat, apparemment, même lorsque c'était voulu, l'une des préoccupations du Président Martelly et leurs amis de l'international, particulièrement les États-Unis, était d'éviter cette impasse politique au pays.

Avec le spectre d'un vent violent qui pouvait secouer les institutions démocratiques, il y avait vraisemblablement panique à bord dans les rangs de tous ceux et celles qui s'étaient battus pour la cause de la démocratie en Haïti. À moins de quarante-huit heures, le pays se trouvait dans des zones de turbulences dangereuses. *''Le gouvernement s'achemine résolument vers la solution Préval du gouvernement par décret. Variante de la tradition des pleins pouvoirs instaurés par le tyran François Duvalier dans les années 1960. La rentrée politique 2015 se fera sans chambre des députés et avec un Sénat frappé de caducité. Ce sera de nouveau le temps du rationnement des pouvoirs du législatif. Martelly aura alors réalisé le rêve d'une dictature néo-duvaliériste. Maintenant tout est dévoyé : la Constitution, la justice, l'éducation, la décentralisation, l'académie créole, le Conseil Supérieur du Pouvoir Judiciaire (CSPJ), les fonds Petro Caribe, et*c. (Lesly Péan).

Avec des sénateurs et des partis politiques de l'opposition qui, chaque jour, se mobilisaient dans les rues pour réclamer le départ du Président, il était difficile de prédire l'avenir politique haïtien, surtout celui du pouvoir 'Tet kale après le 12 janvier 2015. Le pouvoir, l'opposition et l'international ne voulaient-ils pas en arriver là ?

Peut importe le laboratoire et les acteurs derrière cette crise politique, puisque il n'était pas un sécret pour personne que tout cela avait été planifié, donc avec beaucoup d'ingérence, pour un acte de souveraineté nationale qui devait être resolu par des acteurs nationaux, l'ambassade des Etats-unis avait tranché.

Communiqué de l'ambassade des États-Unis le 11 janvier 2015 : « Tout a été programmé pour arriver là »

Dans un communiqué publié le dimanche 11 janvier, le gouvernement des États-Unis, à travers le communiqué de l'ambassade, réaffirmait son soutien au Président de la République. Selon le communiqué, le gouvernement des États-Unis avait encouragé *"fermement les efforts accomplis par le Président Martelly pour arriver à un consensus politique global en vue de résoudre l'impasse politique en Haïti.* »

À dix ans de cela, l'ancien Président Aristide, face à des conflits politiques liés aux élections législatives de mai et de des présidentielles de novembre 2000, avait fait, lui aussi, pour résoudre la crise, beaucoup de concessions à une opposition qui, comme dans le cas de Martelly, réclamait son départ. Contrairement aux parlementaires du groupe des six sénateurs aujourd'hui si décriés par l'international, l'opposition d'alors était non seulement financée, mais aussi, selon l'ancien rebel Guy Philippe, armée par une frange de l'international. À l'époque, aucune des grandes ambassades occidentales n'avait constaté, pour résoudre la crise, les diverses concessions du prêtre Président. Comme dans la fable *les Animaux malades de la peste* de Jean de la Fontaine : *"Selon que vous serez puissant ou misérable, les jugements de cour vous rendront blanc ou noir"*

Cette fois-ci, le gouvernement américain avait, contrairement aux acteurs politiques de l'opposition, constaté, avec de graves inquiétudes, que malgré les diverses concessions faites par le

439

Président, le refus du Parlement à voter la loi électorale, outil pouvant pourtant faciliter l'organisation des élections en 2015.

''Dans le peu de temps qui reste avant la fin du mandat constitutionnel de l'actuel Parlement le 12 janvier, nous exhortons toutes les parties à se mettre d'accord sur un cadre en ce qui concerne les mandats parlementaires, la création d'un nouveau Conseil Electoral Provisoire, le vote des amendements de la loi électorale, et la formation d'un gouvernement de consensus. Le gouvernement des États-Unis exhorte fortement les parties à trouver une solution qui garantit la continuité des institutions républicaines d'Haïti en conformité avec la Constitution. Toutefois, si cette solution ne peut être trouvée d'ici le 12 janvier, les États-Unis continueront de travailler avec le Président Martelly et quelles que soient les institutions du gouvernement légitime haïtien en place en vue de sauvegarder les avancées significatives que nous avons réalisées ensemble depuis le tremblement de terre du 12 janvier 2010. Le peuple haïtien a le droit d'élire ses dirigeants, et dans ces circonstances, les États-Unis s'attendraient à ce que le Président se serve de ses pouvoirs exécutifs de manière responsable en vue d'organiser des élections inclusives, crédibles et transparentes, rapidement que possible''

Après ce communiqué si décisif de l'ambassade américaine, ceux qui, pendant plus de trois ans, critiquaient la mauvaise gestion du pouvoir "kale tet'', s'étaient, en signant un accord, vite allignés. Ces signataires étaient notamment accusés de s'être embarqués dans un processus qui, non seulement ne reflétait pas les réalités de ceux qui protestaient dans les rues, mais était aussi influencé par l'international.

L'accord du 11 janvier 2014 au Kinam hôtel

Peu importe ceux qui étaient derrière cet accord de dernière minute, le chef de l'État et une frange de l'opposition avaient finalement, avec le vide institutionnel du 12 janvier

440

2015 en perspective, pris conscience du danger qui planait sur le pays. Pourquoi avaient-ils attendu le dernier moment pour se rendre compte de la gravité de la crise alors que Martelly avait plus de trois ans pour résoudre cette crise pré-électorale ?

Le souci de privilégier une sortie de crise entre Haïtiens initié par le Président à quelques heures de la date butoir du 12 janvier, était il dû aux pressions constantes du "Core Group" de l'international, particulièrement de l'ambassade américaine sur les protagonistes ? Alors que le chef de l'État tentait, à nouveau, une convocation le dimanche 11 janvier du Corps Législatif pour voter les amendements à la loi électorale, l'ambassadrice des États-Unis à Port-au-Prince faisait pression sur les groupes parlementaires.

La présence de l'ambassadrice américaine dans l'enceinte du Parlement.

Tout en mettant la pression sur les élus, les ambassadeurs des États-Unis et de l'OEA, respectivement Pamela White et Frédéric Bolduc, étaient intervenus au Parlement sans y avoir été invités. Il était aux environs de 7heures 30 pm quand ces derniers ont foulé l'enceinte du Parlement pour inciter les députés et sénateurs à rester assis à leur place, histoire de trouver le quorum nécessaire pour que l'assemblée nationale puisse siéger. Ce qui, en quelque sorte, donnait un semblant démocratique dans une pièce de théatre mal écrite par l'international.. "Soyez patients. *Ne vous déplacez pas. Nous allons trouver une solution dans 30 minutes"*, disait Madame White aux parlementaires présents.

En faisant le va-et-vient entre les députés et sénateurs, ce geste embarrassait non seulement le pays qu'elle réprésentait, mais encore faisait montre de la soumission de bon nombre des élus d'Haïti à l'international. "*Un scandale, ont fustigé de nombreux Haïtiens. Trop c'est trop, estime par exemple Gusman Nelson, rencontré au centre-ville : ''Vous voulez savoir ce que je pense de la visite de Pamela White ? Ces gens là font depuis longtemps de l'ingérence dans les affaires du pays. Ce sont eux qui ont choisi Martelly, parce qu'il leur a vendu le pays. Mais on rappelle au Président qu'Haïti ne lui appartient pas. Dans les prochains jours, il va voir ce qu'il va voir* (Stefanie Schüler, envoyée spéciale à Port-au-Prince de RFI, 13 janvier 2015).

La présence de l'ambassadrice américaine Pamela White dans l'enceinte du Parlement le dimanche 11 janvier 2014 posait une nouvelle fois la problématique de l'ingérence des États-Unis dans les affaires internes d'Haïti. En appelant individuellement des députés et des sénateurs, Madame White était intervenue dans un acte de souveraineté qui devait être résolu par des Haïtiens, particulièrement les parlementaires de la 49ème Législature.

En convoquant les parlementaires en assemblée nationale, alors que des sénateurs qui soutenaient le Président étaient absents du Parlement, n'assistait-on pas à des manœuvres politiques du pouvoir dans le traitement de la crise ? N'était-il pas aussi question pour la présidence de gagner du temps ? De plus, pourquoi les États-Unis et les autres membres de la communauté internationale en Haïti représentés dans le ''Core Group'' (les ambassadeurs du Brésil, du Canada, d'Espagne, de France, de l'Union européenne, et le Représentant spécial de l'Organisation des États américains), étaient-ils aussi intéressés à la session extraordinaire et le vote sur les amendements de la loi électorale ? Peu importe le cas de figure, la présence, ce soir-là, des ambassadeurs américains et de l'OEA au Parlement était grave pour la démocratie. Alors que le ''Core Group'' devait être un véritabls levier pour une démocratie durable en Haïti.

Les acteurs du vide institutionnel le deuxième lundi de janvier 2015

Avec le départ des parlementaires dont les mandats étaient arrivés à terme, un vide institutionnel était non seulement créé, mais aussi la crise pré-électorale était-elle devenue de plus en plus corsée. *"La crise politique s'aggrave en Haïti : le pays n'a plus de Parlement, les mandats des députés et de deux tiers des sénateurs étant arrivés à leur terme, faute d'élections convoquées à temps. Une séance de la dernière chance, convoquée par le Président du Sénat, Dieuseul Simon Desras lundi matin pour voter la loi électorale et ainsi prolonger le mandat des parlementaires, ne s'est pas tenue. Aucun élu ne s'est présenté au Parlement. Dans les rues de la capitale, la population est dans l'attente"* (Stefanie Schüler envoyée spéciale à Port-au-Prince de RFI 13 janvier 2015)

Dans son éditorial du quotidien *le Nouvelliste*,, Frantz Duval écrivait que *"Ce 12 janvier aussi, de fait, le pays rentre dans une nouvelle ère. La nuit tombe sur Haïti sans Chambre des députés. Sans un Sénat fonctionnel. Sans Premier Ministre régulièrement installé. Sans loi électorale. Sans Conseil électoral. Sans Président du Conseil supérieur du pouvoir judiciaire. Sans Président de la Cour de cassation. Rien dans la Constitution que l'on dit en vigueur ne prévoit comment sortir de cet imbroglio parfait. Le pays rentre dans le temps du de facto. Ce n'est pas une première dans notre histoire. Sauf que, ce 12 janvier 2015, la situation a le goût d'un double désastre. Comme il y a 5 ans, nous et nos institutions sommes genoux à terre"*
Quant à Mirlande Manigat, elle avait été très critique à l'endroit de l'international. *"Cela prouve qu'ils ont dès le début supporté Michel Martelly qui n'a réalisé aucune élection depuis 2011, mais qui s'est contenté de voyager et d'organiser six carnavals"*

Par le soutien apporté au Président Martelly au lendemain même du dysfonctionnement du Parlement, tout laissait croire que l'objectif d'arriver à ce vide institutionnel avait été, quelque part, programmé et planifié. Intervenant sur les ondes de *Magik 9* le mercredi 14 janvier, Mirlande Manigat avait questionné le communiqué du 11 janvier de l'ambassade des États-Unis. Elle s'interrogeait aussi sur la présence de l'ambassadrice des États-Unis et du représentant de l'OEA au Parlement le 11 janvier au soir, ce qui, selon elle, montrait le non-respect de l'international envers les normes diplomatiques et la souveraineté haïtienne. *''Dans un pays sérieux, aucun ambassadeur ne peut se permettre de pavaner dans les locaux du Parlement du pays où il est accrédité. Pour s'y rendre, il lui faut une autorisation du ministre des Affaires étrangères du pays d'accueil''*

Le vide institutionnel de l'après 12 janvier était-il le résultat de l'ingérence politique des acteurs de l'international, plus particulièrement des États-Unis, dans les affaires internes d'Haïti ? Pourquoi le "Core Group" soutenait-il jusqu'à l'extrême un chef d'État qui, pendant plus de trois ans, n'avait pas organisé d'élections pour le renouvellement du personnel politique ? Comment les États-Unis, un pays qui est considéré comme l'instance planétaire d'homologation démocratique, avaient-ils donné le plein soutien à un chef d'État qui s'était lui-même déclaré responsable du vide institutionnel dans le pays ? Quelles étaient les vraies raisons derrière tout cela, quand on sait que, dans d'autres circonstances, un autre Président agissant comme Martelly serait, diplomatiquement, isolé par les Etats-Unis et le reste de l'international ?

Selon Nancy Roc, pour la première fois, un journal américain a reconnu que Michel Martelly a été imposé comme Président par les États-Unis. Pour le *Washington Post, ''c'est la pression des États-Unis qui a conduit aux élections de 2010, quelques mois après le tremblement de terre et des semaines après l'éruption d'une épidémie de choléra virulent, introduite par les troupes de l'ONU. Moins de 23% des électeurs inscrits ont voté.* »

Lorsqu'on sait comment Martelly était arrivé au pouvoir, on peut fortement soupçonner le "Core Groupe d'avoir un rôle important à jouer dans l'instabilité politique en Haïti, pour protéger le vainqueur des élections présidentielles du 20 mars 2011. Toujours selon le *Washington Post*, mais cité par Nancy Roc *''Le Président Michel Martelly n'a jamais eu un mandat démocratique. Ce n'est qu'après qu'une équipe de neuf membres de l'Organisation des États américains, contrôlée par les États-Unis et ses alliés, ait inversé les résultats du premier tour – lors d'une manœuvre sans précédent et sans justification – que M. Martelly a pu faire partie du second tour»*, poursuit le quotidien américain.

Du 14 mai 20011 date de son investiture au 12 janvier 2015, sous les yeux des grands défenseurs de la démocratie occidentale, il était évident que Président Martelly voulait conduire le pays à ce carrefour, à savoir le vide institutionnel. Mais comment était-il libre dans ses marges de manœuvres quand la communauté internationale a toujours joué un rôle important dans l'avenir politique des chefs d'État et la ''démocratie'' en Haïti ? *''Depuis sa prise de fonctions, M. Martelly n'a pas réussi à programmer des élections, pendant plus de trois ans. Il a nommé plus de 130 maires, contournant le processus démocratique. Il a rempli le conseil électoral avec ses partisans. Les six sénateurs de l'opposition, mis en cause sont un bouc émissaire commode. Ces sénateurs (et les milliers de personnes qui ont protesté quotidiennement) exigent légitimement, des élections équitables plutôt qu'une répétition de 2010»*, citait Nancy Roc.

Si, au nom de la démocratie, l'ONU, l'OEA et l'ambassade américaine ont toujours le dernier mot dans un processus

445

électoral en Haïti, par contre, aux États-Unis, les choses se font différemment. Lors de la crise électorale des présidentielles de novembre 2000 opposant les candidats George W. Bush et Al Gore, Bill Clinton, qui était alors, le Président sortant, n'avait pas fait appel à l'OEA pour retrancher, comme cela se faisait en Haïti. C'est la preuve que la démocratie américaine est non seulement stable, mais aussi qu'elle n'est influençable par aucune grande puissance occidentale ou organisation régionale.

On ne verra non plus un ambassadeur étranger ou haïtien à Washington dans l'enceinte du Parlement des États-Unis pour inciter des députés et sénateurs américains à prendre des décisions pour un acte de souveraineté nationale de grande importance dans la politique de ce pays. Ce serait une ingérence grossière de ce diplomate dans les affaires internes des États-Unis.

Créée par la résolution 1542 du Conseil de sécurité des Nations-unies le 30 avril 2004, la MINUSTAH était rentrée au pays pour mettre fin à l'anarchie en Haïti et aider à la restauration et au maintien de l'État de droit. Plus d'une décennie après, l'opinion publique haïtienne assistait à une défaillance des institutions étatiques du pays. Depuis la rentrée de cette force multinationale, des observateurs indépendants restaient perplexes quant aux résultats concrets de cette force. Pendant que la représentante du secrétaire général des Nations-unies en Haïti et les autres membres composant le ''Core Group'' continuaient à soutenir les dérives du pouvoir, *''Le pays reste suffisamment instable à un point tel que le Département d'État renouvelle régulièrement ses appels aux ressortissants américains de rester loin d'Haïti, à cause de l'instabilité chronique qui y règne. Et pourtant, l'ONU dépense près de 600 millions de dollars américains chaque année en Haïti pou financer l'opération de près de 12000 hommes de troupes et employés civils. Le pays reste et demeure instable. Les kidnappings se poursuivent, l'impasse politique se perpétue, l'international semble être en retard de phase vue son impuissance à formuler ou mettre en place une politique garantissant la stabilité.* (Joël Léon, *Le cas haïtien ou l'échec de l'International*).

Ricardo Seintefus, ancien représentant de l'organisation des États américains (OEA) en Haïti, avait, après les élections frauduleuses de 2010, donné une interview à un journal suisse pour émettre des réserves quant au principe même de l'aide internationale. ' *'S'il existe une preuve de l'échec de l'aide internationale, c'est Haïti... La communauté internationale a le sentiment de devoir refaire chaque jour ce qu'elle a terminé la veille''*

Au lieu d'apporter une stabilité au pays, l'international a aidé à la destabilisation des institutions démocratiques. *''En fin de compte, l'international a rendez-vous avec l'échec en Haïti, s'il n'entame pas un processus de rectification''*

Entre-temps, avec l'installation du Premier ministre nommé, la portée de la crise politique était devenue plus compliquée. Le pays faisait face à un gouvernement qui était nommé par le Président de la République, mais qui n'avait pas pour autant la bénédiction du Parlement.

Evans Paul, le Premier Ministre *de facto*

Lors du coup d'État sanglant de septembre 1991 contre l'élu du 16 décembre 1990, Evans Paul, à l'époque allié du mouvement Lavalas, ne pouvait pas se presenter à la Mairie de Port-au-Prince comme maire principal. De plus, au lendemain même du coup d'État, *''Evans Paul avait été tabassé rageusement par les alliés puschistes de Michel Martelly à l'Aeroport de Port-au-prince en présence de tout le monde. Vivant parfois dans le maquis, le vieux Evans*

447

Paul denonçait les crimes odieux de Raoul Cedras, de Michel François et de Michel Martelly depuis ses cachettes. Alors, Michel Martelly, membre de l'organisation criminelle Fraph, grand supporter du coup d'État contre le père Aristide, animait des maniféstations violentes organisées par les puschistes contre le retour à l'odre démocratique. En devenant le Premier Ministre de Michel Martelly, Evans Paul ' 'entérine le coup d'etat sanglant de 1991 avec tous les assassinats crapuleux qu'il avait engendrés dont ceux d'Antoine Izmery, de Felix Lamy et de l'ancien ministre Guy François Malary (Guerby Dujour)

C'était cet Evans Paul, artisan de l'arrivée du prêtre Jean-Bertrand Aristide aux élections de 1990 qui, dans une cohabitation avec l'ancien putschiste Martelly, devenait le chef de gouvernement *de facto*. Comment était-il parvenu à ce poste élevé d'un gouvernement ''Tet kale'' ? Selon Guerby Dujour, en devenant le Premier ministre de Martelly, Evans Paul était un commissaire en service commandé que le Président n'était pas le seul à avoir désigné à ce poste. *« Il y a des mains étrangères et pas des moindres dans la fabrication de ce choix qui frise le cynisme. Evans Paul est venu jouer un jeu que Martelly n'a peut être pas la capacité de jouer. Les éléctions à venir éclaireront très certainement les lanternes des dupes. Ce dont on est certain, c'est qu'il y a anguilles sous roche. »*

Le choix d'Evans Paul comme Premier ministre le 25 décembre 2014 par le chef de l'État, et encore moins son installation le vendredi 16 janvier 2015 ne semblaient pas calmer l'opposition radicale qui continuait à réclamer la démission du Président Michel Martelly. Pour ce faire, les manifestants de tendance Lavalas et MOPOD sortirent dans les rues les 16, 17, 20, 22 23 janvier 2015. Dans l'intervalle, avec vingt ministres et dix-sept secrétaires d'État qui étaient pour la plupart des proches du Président Martelly, le gouvernement *de*

448

facto d'Evans Paul avait mal commencé. *''Ainsi, les ministres des Affaires étrangères, de l'Education, de la Défense, du Tourisme, de la Santé et des Travaux publics conservent leurs portefeuilles. D'autres proches du Président Martelly reprennent des ministères stratégiquement importants, tels que la Justice, l'Economie et la Planification. Dans cette configuration, la nouvelle équipe devrait poursuivre la politique tracée par le chef de l'État. Non seulement ce cabinet ministériel ne résout pas la crise politique en Haïti, mais elle est au contraire source de nouveaux problèmes, estime l'opposition.* (*Haïti: l'heure de vérité pour Martelly et son nouveau gouvernement,* Stefanie Schüler).

Désigné en dehors des procedures constitutionnelles, le gouvernement *de facto* d'Evans Paul, ne pouvait pas, mème avec l'installation d'un nouveau conseil électoral provisoire, diminuer la fréquence des manifestations de l'opposition. Le Premier ministre Evans Paul, qui, lors de leur investiture, s'était autoproclamé « rassembleur », devait prendre en compte les manifestations continues de l'opposition, s'il tenait toutefois à organiser des élections crédibles, comme il l'avait annoncé.

Visite des membres du Conseil de sécurité des Nations Unies en Haïti

C'était dans une situation d'instabilité politique que, dans le cadre d'une mission de trois jours, les membres du Conseil de sécurité des Nations-unies se rendirent en Haïti le vendredi 23 janvier. *C'eût été plus honnête de la part de la mission de dire qu'elle était venue constater l'échec cuisant de la MINUSTAH qui occupe le pays depuis environ 11 ans (2004-2015) ? Alors que cette force qui prétendait maintenir une certaine stabilité en Haïti n'arrive jamais à le faire.* (*Haïti Liberté* Vol. 8 • No. 29 • du 28 janvier au 3 février 2015).

En réalité, quel a été l'objectif de la visite du Conseil de Sécurité des Nations-Unies? Officiellement, le but de la visite consistait *« à évaluer la mise en œuvre des Résolutions du Conseil de sécurité y compris la dernière Résolution 2180 et passer en revue les progrès enregistrés dans le développement des capacités de l'État haïtien, en particulier le renforcement continu de la Police nationale d'Haïti, l'exercice croissant de la responsabilité de l'État par les autorités nationales pour le maintien de la stabilité et la sécurité dans le pays. »*

Si, officiellement, la visite des membres du Conseil de sécurité avait pour but d'évaluer la mission, officieusement, ses conseillers venaient au pays pour assister un Président qui gouvernait par décrets avec un Premier ministre *de facto.* Pendant leur séjour en Haïti, le Conseil de sécurité avait rencontré le Président Michel Martelly et de hauts fonctionnaires du gouvernement *de facto* d'Haïti, questions de renouveler leur soutien inconditionel à ces dirigeants impopulaires. *''Lors de leur visite le week-end écoulé, les diplomates de l'ONU ont fait de leur mieux pour donner une meilleure image du sombre tableau d'Haïti, mais aucun talent diplomatique ne peut cacher l'horrible vérité: Haïti est de retour à la dictature d'un seul homme ''* (*Tout Haïti,* 27 janvier 2015).

Parlant de soutien, la communauté internationale a salué l'installation du nouveau Premier ministre, la formation du gouvernement, ainsi que la « constitution du Conseil électoral provisoire. » *''En réalité, après un coup d'État flagrant contre la démocratie dans le pays, quel a été l'objectif de cette visite se demandent plus d'un ! Ce n'estpas sans aucune importance que cette mission a planifié sa visite dans un moment crucial, sur fond de manifestation, où le peuple exige le départ du Président Martelly et également des forces occupantes de la Minustah.*

Comme indiqué dans leur feuille de route, le but de la mission consistait à évaluer la situation politique pré-électorale. Y avait-t-il une crise électorale en Haïti ? Non, pas réellement ! C'était une façon suspecte de réduire plutôt les revendications populaires demandant le changement à une simple crise électorale. Bien que le régime en place, en accord avec les forces de stabilisation de l'ONU n'ait jamais réalisé aucune élection depuis quatre ans, ce n'est pas nouveau pour les Nations-Unies vu que les forces de stabilisation des Nations Unies ont toujours été présentes pour consolider le pouvoir (Haïti Liberté Vol. 8 • No. 29 • du 28 janvier au 3 février 2015).

Mais pourquoi les membres de l'organisation mondiale étaient-ils venus apporter leur soutien à ce qui était inacceptable en Haïti, à savoir un régime incohérent refusant d'organiser des élections depuis plus de 3 ans ?

Qu'est-ce qui faisait d'Evans Paul (KP) un Premier ministre *de facto* quand, comme Garry Conille et Laurent Lamothe, son choix avait été fait par le même Président Martelly ?

La thèse de l'inconstitutionnalité

Martelly, qui connaissait l'hostilité que devaient inspirer les sénateurs du groupe des six quant à une nomination sans consultation avec les présidents des deux chambres, trouvait le recours direct dans la constitution amendée de 1987, ainsi que le moyen d'éviter au tout début un échec parlementaire dans la désignation d'Evans Paul. Ce qui permettait à Martelly, tout en gagnant du temps, de proceder rapidement à d'autres strategies machiaveliques avant le 12 janvier contre l'opposition. C'était sans doute sa motivation essentielle. En effet, par essence, cet amendement de la constitution était pour lui un moyen de contourner un quelconque désaccord des sénateurs de la Chambre haute.

451

Mais si la constitution amendée permettait à Martelly de contourner cette première étape, par contre, il était une priorité constitutionnelle imposée au Premier ministre nommé et à son équipe de se présenter devant les deux chambres afin d'obtenir un vote de confiance sur leur déclaration de politique générale.

Dans un contexte de vide institutionnel, le procédé utilisé pour l'installation d'Evans Paul et de son équipe gouvernementale avait été très critiqué. Même avec le soutien d'une frange des partis politiques de l'opposition comme Inite, OPL, Fusion, Ayiti pou Ayiti, et de grands alliés de l'international du ''Core Group'', la cohabitation Martelly-Paul n'était autre qu'une équipe *de facto* qui agissait en dehors des normes constitutionnelles.

Le Premier ministre étant le personnage important de la vie politique du pays, ses pouvoirs et ses responsabilités étendus ne sont pas fixés par la communauté internationale, mais par les lois haïtiennes. Selon l'article 137 de la constitution 1987 amendée *''Le Président de la République choisit un Premier Ministre parmi les membres du parti ayant la majorité au Parlement.. À défaut de cette majorité, le Président de la République choisit son Premier Ministre en consultation avec le Président du Sénat et celui de la Chambre des députés. Dans les deux (2) cas le choix doit être ratifié par le Parlement. »*

En vertu du principe constitutionnel, le Premier ministre, comme tous ses ministres, est l'émanation de l'Assemblée nationale. Pour être invité à former un gouvernement, le Premier ministre devait disposer de l'appui d'une majorité d'élus à l'Assemblée nationale. Ainsi, le chef de gouvernement et son staff étaient responsables devant le Parlement. *''Le Premier Ministre en accord avec le Président choisit les membres de son Cabinet ministériel et se présente devant le Parlement afin d'obtenir un vote de confiance sur sa déclaration de politique générale. Le vote a lieu au scrutin public et à la majorité absolue de chacune des deux (2) Chambres. Dans le cas d'un vote de non-confiance par l'une des deux (2) Chambres, la procédure recommenc''* (Article 158.)

En surplus du vide institutionnel, des journées de manifestations de l'opposition et des protestations pour empêcher la rentrée en fonction des nouveaux titulaires au ministère de l'Agriculture, les deux journées de grèves annoncées par des organisations syndicales pour le 2 et 3 fevrier avaient, en quelque sorte, compliqué la situation et augmenté la tension vis-à-vis d'un gouvernement *de facto* qui devenait chaque jour impopulaire.

Grèves des organisations syndicales

Après le 12 janvier 2015, de plus en plus de voix s'élevaient contre le système corrompu et de mauvaise gouvernance de Michel Martelly et son équipe. Face aux problèmes politiques, économiques et sociaux, pour faire entendre leur voix contre un État en faillite, le concours des syndicats était nécessaire dans la bataille contre le régime. Pendant plusieurs semaines, pendant que les lycéens sortaient dans les rues, des syndicats d'enseignants devenaient plus intransigeants contre l'État haïtien qui avait toujours traité de façon disproportionnée les enseignants par rapport aux autres catégories d'agents de la fonction publique. *''À la suite de l'échec des manifestations à répétition de la table de concertation de l'opposition pour obtenir le départ de Martelly, les syndicats d'enseignants n'ont pas tardé à entrer en grève pour revendiquer de meilleures conditions de travail au bénéfice de leurs membres. À Port-au-Prince et dans les principales villes de province, les élèves des lycées ont fait les frais du bras de fer opposant les syndicats au ministère de l'Education nationale pendant trois semaines''*

Pendant que des élèves des institutions privées, du même système éducatif haïtien, suivaient leurs programmes académiques de l'année, ceux des écoles publiques étaient dans les rues pour exiger la reprise des cours. Dans une Haïti avec deux éducations pour un seul système, un article du quotidien *le Nouvelliste* titrait : *"fatigués, les lycéens suivent les cours dans la rue." "Les autres élèves sont en classe, ils travaillent; alors que nous sommes dans la rue; or nous allons avoir les mêmes tests d'évaluation dans les examens d'État»*, expliquait un élève en classe terminale au lycée *Anténor Firmin*, au milieu de plus d'une centaine de ses camarades massés en face du ministère de l'Éducation nationale et de la Formation professionnelle.

Dans la foulée, beaucoup pensaient que les revendications des enseignants étaient justes pour la plupart, *mais la grève contribue à diminuer le rendement des lycéens qui était déjà faible comparativement à celui des élèves des écoles privées. Les résultats des examens du bac publiés en août 2014, par établissement scolaire, montrent, sans fioriture, le bas niveau de l'enseignement dans les écoles publiques.»*

Entre-temps, tout en paralysant l'activité économique et la circulation sur certains grands axes routiers de l'aire métropolitains, pendant plusieurs semaines, des journées de grèves et de manifestations se sont succédées. Quand ce n'étaient pas la grève des enseignants, c'était celle des orgaisations syndicales pour une diminution des prix des produits pétroliers à la pompe. Quant aux manifestations, elles variaient entre celles des partis politiques de l'opposition et celles des étudiants de l'université d'État d'Haïti. *"Des organisations syndicales avaient élevé la voix ces derniers jours pour exiger du gouvernement une réduction du prix de l'essence à la pompe. Une demande motivée par la nette diminution du baril de l'or noir sur le marché international. Le baril du pétrole était vendu à 47,77 dollars à New York. Des organisations syndicales et politiques ont même lancé un appel à la grève pour le lundi 2 février. L'objectif principal était de forcer le gouvernement à réviser les prix à la pompe"*

Bond en avant, pendant les jours qui suivirent la création du Conseil électoral provisoire, on assista à des déclarations codées de la part de certains leaders des partis politiques opposés aux élections. La tactique du double langage recommençait comme au temps des périodes pre-électorales de 1987. Avant, c'était grèves, manifestations et *« non aux élections avec Martelly »*, mais comme les circonstances obligeaient, certains se voyaient obliger de s'embarquer dans le processus. Ce qui explique, subitement, ceux qui étaient contre les élections organisées par Martelly ont changé de stratégie pour finalement se porter candidats aux élections sous l'égide du nouveau conseil électoral et de l'administration Martelly-Paul.

2015 année électorale en Haiti

L'élection, étape universellement reconnue et accepté comme la seule méthode juste et libre de choisir les dirigeants politiques, cependant quand ils viennent de nulle part sans expériences politiques et formation académiques, il ya matière de questionner non seulement le cout, mais aussi les candidats et les retombées d'un tel processus.

Les dépenses d'un processus électoral sont couteuses non seulement au Trésor Public, mais elles le sont aussi aux candidats et les partis politiques. N'empêche, pour une bonne santé des institutions démocratiques, il est une urgence pour tout pays qui veut emprunter ce chemin, d'organiser des élections non seulement régulièrement selon les pre-requis constitutionnels, mais elles doivent aussi, être crédibles et transparentes. Cependant, dans le cas d'Haïti, du premier président élu post Duvalier, Lesly Francois

Manigat à l'actuel chef d'Ěat, Michel Joseph Martelly, la culture démocratique est en dents de scie et n'arrive pas encore plus de 25 ans après, á prendre son cap. C'est à se demander: encore d'autres élections mais pour faire quoi et pour quel type de candidats?

Selon Ricardo Seitenfus *"Un simple regard sur les vingt-cinq dernières années dévoile les échecs flagrants de tentative de stabilisation ou de « normalisation » d'Haïti. Pas moins de 30 milliards de dollars auraient été dépensés pour résoudre une crise récurrente. Des milliers d'anonymes spécialistes de la coopération pour le développement se sont rendus sur place pour accompagner et orienter des projets dans les domaines les plus divers. Jamais un petit pays sous-développé n'a autant éveillé l'intérêt d'un si grand nombre de scientifiques et de chercheurs renommés au long de ces trois dernières décennies. Des spécialistes nord-américains et européens des champs de la connaissance les plus divers – économistes en tête – ont élaboré des centaines d'études qui ont débouché sur des suggestions et des propositions.* (La nature du dilemme haïtien Nouvelliste 29 avril 2015).

M. Seteinfus, représentant de l'OEA en Haïti lors du premier tour des dernières élections présidentielles de novembre 2010, était donc partie prenante du rôle que jouait la communauté internationale dans cette mascarade éectorale. L'auteur de l'Echec de l'aide internationale en Haïti, publié sous les Presses de l'Université d'Etat d'Haïti, croit que''de *toutes les expériences récentes de transition politique entre une dictature et une démocratie, celle d'Haïti n'a pas seulement été longue, chaotique et toujours retardée; elle est la seule à ne pas pouvoir encore définir les règles du jeu de la lutte pour le pouvoir. Des exemples de réussite ne manquent pas et vont tous dans le même sens. D'un côté, les acteurs politiques doivent soigner les blessures du passé (lois d'amnistie, de pardon, de paix et de conciliation, etc.). De l'autre, établir*

456

des règles de fonctionnement pour l'avenir (multipartisme, liberté de la presse et des associations, alternance du pouvoir, respect des minorités et des droits de l'homme, institutions solides et respectées, etc.). Les récentes transitions politiques latino-américaines qui ont permis le transfert du pouvoir aux civils, l'abandon du régime dictatorial et l'installation de la démocratie représentative ont suivi différents modèles et connu des tensions (avec des conflits armés dans certains cas) et des rythmes distincts. Cependant, toutes ont un dénominateur commun: l'établissement d'un pacte de gouvernabilité stipulant le respect des règles du jeu démocratique et favorisant la cohabitation entre les forces politiques. La nature du dilemme haïtien Nouvelliste 29 avril 2015).

Dans la foulée, il ne serait pas de bonne guerre si, en raison de sérieuses divergences politiques, et de constat d'échec des dirigeants haïtiens et d'experts internationaux dans ce dossier, á ne pas organiser des élections pour le renouvelement des cadres politiques. Il est vrai que l'opposition, á travers de nombreuses manifestations de rues, reclamait le départ du chef de l'Etat, force était de constater toutefois que l'épineux problème des élections était une priorité non seulement des acteurs politiques locaux, mais aussi du ''Core Group de la communauté internationale. Ce qui explique que dans l'espace de quelques semaines après la formation du Conseil électoral et son calendrier, tout un discours contraire semble tisser le comportement des différentes classes politiques du pays.

Avec le décret loi électoral approuvé en Conseil des Ministres en date du 2 Mars 2015 au Palais National, outil crucial pour le lancement du processus électoral, tout un train de mesure avait été, par la suite, mise en place par l'institution électorale.

Dès l'annonce du calendrier électoral, une voie était pavée pour, á travers des deux élections, le renouvèlement de 119 députés, 20 sénateurs en aout, puis les maires et le président en octobre de cette même année. Quoique tout le monde n'avait pas confiance et manifestait ouvertement ses doutes quant au Conseil électoral dirigé par le président Pierre-Louis Opont, de la, les partis et organisations politiques étaient encore en mouvement. N'empêche, les leaders et chefs de partis se rappelaient des dernières élections frauduleuses de novembre 2010 et de mars 2011 de Gaillot Dorsainvil et de Pierre-Louis Opont.

L'impression qui s'en dégageait au prime abord était, un CEP avec Opont coïnciderait automatiquement á une crise électorale en perspective. *''Il a été directeur général du très décrié conseil électoral présidé par Gaillot Dorsinvil dont le nom reste synonyme de fraudeur Son expérience fait à la fois sa force et sa faiblesse. Aux premières loges, il était forcément le témoin privilégié des dernières élections émaillées de fraudes massives perpétrées par presque tous les acteurs, surtout Inite, la plateforme politique proche de René Préval. Il était là aussi quand la communauté internationale, avec Edmond Mulet, patron de l'ONU et Kenneth H. Merten, ambassadeur des USA et d'autres ambassadeurs étrangers avaient forcé la mise à l'écart, sous pression, de Jude Célestin, au profit de Michel Martelly, le seul candidat capable à l'époque de mobiliser la rue''*. (Nouvelliste 23 janvier 2015).

En outre, depuis la première élection présidentielle post Jean Claude Duvalier avortée en novembre 1987, non seulement le nombre des partis politiques a tendance à croître, mais aussi celui des candidats. Durant le processus électoral de 2015, le Conseil Electoral Provisoire, avait, lors des inscriptions des partis politiques, enregistré presque deux cents d'organisations. *Ils sont plus 187 au dernier décompte.*

Même ceux qui ne voulaient pas aller aux élections avec le chef des "Tèt Kale" répondent à l'appel.

Selon HPN (Haiti Press Network) *' 'Sur les 2039 candidats enregistrés aux postes législatifs, la candidature de 1517 est acceptée par le CEP. Sur 262 candidats qui s'étaient fait inscrire au poste de sénateur, 186 sont abilités à prendre part aux scrutins; la candidature de 76 a été rejetée. Alors que 1777 prétendants au poste de député figuraient sur la première liste des inscrits, seulement 1331 ont été retenus sur la liste définitive. Au total, 446 candidats à la députation ont été écartés. Parmi les personnalités dont la candidature a été rejetée se trouvent des anciens parlementaires ou ex-ministres".* Tandisque, sur les 70 candidats qui s'étaient fait inscrire pour les présidentielles, 58 étaient abilités à prendre part aux élections.

Quant aux aspirants députés, sénateurs et président de la république, c'était dans une ambiance de carnaval qu'ils se faisaient inscrire dans les Bureaux électoraux départementaux. Pour y parvenir, tout en essayant de donner l'impression qu'ils sont populaires, dans les dix départements du pays, certains de ces candidats se faisaient, dans bien des cas, *''accompagner par une bande de rara pour aller faire le dépôt de ses pièces dans les BED. Dans les départements de l'Ouest, de l'Artibonite, du Sud-Est... un peu partout à travers le pays, les candidats essaient le plus possible a coups de tambours et de vaccines, ils se font accompagner pour aller déposer leurs pièces dans les BED''.*

Comme ces gens s'étaient rénuméré pour être dans les rues, donc le plus souvent, la même bande de rara, sans conviction idéologique aucune ou appartenance politique, accompagnait plusieurs candidats successivement dans les bureaux d'inscription. Juste une question de temps pour certains d'entre eux de changer des maillots contenant les slogans et couleurs d'un parti.

Au regard de toute machination, il était claire que quelque chose étaient entrain de se planifier pour que a travers de ces élections, des nostalgiques du pouvoir puissent satisfaire leur ego. Mais certaines gens n'avaient pas laissé passer cette tendance machiavélique sans répondre à l'interrogation principale de ce laboratoire.

En effet, certains candidats, avec leurs acolytes au pouvoir avaient misé sur des élections frauduleuses afin de garder le pouvoir exécutif, dans la foulée, une majorité dans les deux chambres. Malgré leurs grands moyens économiques et de multiplications de contactes auprès des institutions nationales et internationales dans le but de faciliter leurs victoires, certains membres de la société civile et des partis politiques de l'opposition étaient vigilants á ce projet macabre.

Contestations dans les BCED et BCEN

Après de nombreux contestations au Bureau du contentieux électoral départemental (BCED) et au Bureau du contentieux électoral national (BCEN), la publication de la liste définitive des candidats aux législatives et des présidentielles avait provoquées des remous. Comme á l'époque des élections de 1987 ou des candidats duvalieristes, tombés sous le coup de l'article 291 de la Constitution, faisaient des ménaces, celles proférées par des supporteurs trop zélés de certains candidats faisaient peur. Ainsi, se rappellent plus d'un, les événements macabres des élections du 29 nvembre 1987 ou des voteurs étaient tués dans les bureaux de votes par des hommes armés ayant les bénédictions de l'armée d'Haïti.

Comme le président Michel Martelly n'avait pas octroyé par décret, décharge aux anciens comptables de deniers publics qui entendeaint participer au processus électoral, ainsi, certains, sans ce document important, s'etaient fait inscrits dans l'attente que l'institution électorale adopterait des dispositions favorables en leurs faveurs. Comptenu des décisions prises par le CEP à l'encontre de ces candidats en contravention avec la loi, donc avec les menaces et manifestations de violences á Petit Goave et la commune de Delmas, le scepticisme persistait quand au calendrier electoral.

A peine l'annonce de ce scrutin, il y avait des notes discordantes. Certaines personnes, dans leurs inquietudes et pessimistes, avaient posé ces questions: encore des crises électorales en perspective, pourquoi des élections en Haiti quand elles n'apportent toujours pas le résultat tant attendu? Haiti peut elle se contenter d'organiser des élections juste pour le faire ou tout simplement parcequ'elles sont les pre-requises des règles du jeu démocratique, se demandaient d'autres.

A cela planait une éventuelle déportation massive des haïtiens sans papiers menacés par l'arrêt 168-13 de la cour Constitutionnelle dominicaine. Que faire en pareil cas? Que dit les organisations internationales? Le gouvernement haïtien avait il les moyens logistiques et fianciers pour accueillir les Haïtiens vivant en situation irrégulière en terre voisine menacés de rapatriement? Encore des problèmes pour un pays deja en crise.

Autant de questions pour autant de réponses, mais de tous ces questionnements était le bilan du chef de l'État qui était en fin de mandat.

Bilan du Président Martelly

Lors des présidentielles de novembre 2010 et de mars 2011, le candidat Martelly avait fait campagne sur cinq E à savoir : Education, Environnement, État de droit, Énergie et Emploi. Ces cinq E représentaient les domaines prioritaires de son administration, si toutefois il arrivait au pouvoir. Grâce aux manœuvres des experts de l'OEA à l'encontre du dauphin du Président Préval, le chanteur-candidat Martelly était arrivé, dans un premier temps, en seconde position du scrutin, puis fianlement au timon des affaires de l'État. Cependant, quatre ans plus tard, la réalisation des promesses électorales du chef 'Tet kale' faisait place de préference à la propagande des chefs de file du pouvoir. Quant aux grands défis des cinq E qu'attendait le pays avant l'arrivée de Martelly, la bataille était loin d'être gagnée. De préference, l'histoire retiendra que l'administration de Martelly avait passé plus de temps à faire de la propagande qu'à réaliser de grandes choses dans le pays.

Celui qui s'était promis de tout changer faisait tout, pendant son mandat, pour éviter que le pays soit stable. *''Le refus ou l'incapacité du pouvoir à garantir la bonne marche des institutions, la vassalisation de la justice, les accusations de persécution contre des membres de l'opposition, les soupçons de la politisation de la police nationale, la non-tenue des élections ne jouent pas en faveur d'un gouvernement qui veut être le chantre de l'État de droit. Le Président Martelly n'arrive même pas à rendre fonctionnel le Conseil supérieur du pouvoir judiciaire (CSPJ) qu'il a lui-même porté sur les fonts baptismaux* (Nouvelliste, 21 novembre 2014).

Il n'existait pas non plus de vision commune de la politique de l'énergie. Comme le gouvernement était incapable de résoudre le problème chronique de l'électricité, dans certains quartiers, son chef de gouvernement avait finalement opté pour l'installation des lampadaires. *« Énergie ? N'est-ce pas là un casse-tête pour le gouvernement ? On ne compte plus les directeurs de l'ED'H depuis l'accession de Michel Martelly au pouvoir. Les promesses de l'amélioration de la distribution du courant électrique tombent maintenant comme dans les oreilles d'un sourd. Tout n'est pas cependant négatif dans ce secteur. Faute de la résurrection de l'ED'H, certains quartiers jouissent des bienfaits des lampadaires. Au moins, le pays dispose de lampadaires. Pour la première fois. »*

Le Président Martelly était-il un chef d'État supporté par l'international, mais boycotté par la classe politique ? Était-il un homme de bonne volonté, mais dépassé par les crises conjoncturelles et structurelles d'Haïti ? Pouvait-il réaliser ses projets politiques au temps de la guerre froide ? En un mot, pouvait-il en faire quelque chose dans un contexte different ?

Michel Martelly était le Président des chantiers inachevés. Les rues béantes, dans de nombreux endroits d'Haïti, sont innombrables. *De la 'Tôle rouge' en vue de sécuriser les chantiers, voilà ce que Martelly aura fourni, dit-on à PAP. Et rien derrière. Certains pensent que dès le départ, l'argent dévolu à ces projets aurait été insuffisant, d'autres, qu'une trop grande partie de cet argent aurait atterri dans des poches privées... Une chose est sure, les chantiers privés de la famille Martelly ne sont pas en arrêt : le Président se fait construire au bord de la plage de PAP une nouvelle propriété* (Junia Barreau)

Selon Junia Barreau : *''L'ambassade d'Haïti à Berlin distribue une brochure montrant des maquettes de façades d'immeubles publics lumineux. Aucun n'a été jusqu'ici construit. En tant que chanteur et keyboarder « Sweet*

463

Mickey » avait une puissance explosive dit-on à PAP. Mais en tant que Président, il serait un désastre''

Quatre ans après son arrivée au pouvoir, alors que le cadre politique était de plus en plus contraignant, le pays continuait à reculer, la déception était énorme. *« Le Président Martelly laissait l'impression qu'il tournait autour des problèmes prioritaires et ne savait même pas comment s'en sortir »* déclarait un chef de mission. Les quatre ans de l'administration Martelly avaient été jalonnés de scandales, en commençant par l'arrestation, sur la piste de l'aéroport international de Port-au-Prnce, du député en fonction Arnel Bélizaire. Mis à part la question de la nationalité du chef de l'État, les poussées autoritaristes et les agressions contre la presse nationale figuraient parmi les diverses crises qui ont affaibli le pouvoir 'Tet kale'.

Conclusion

La démocratie, c'est le gouvernement du peuple par le peuple et pour le peuple, disait le Président des États-Unis Abraham Lincoln. Cet idéal noble qu'est la démocratie, a vu le jour en Grèce et s'est particulièrement illustré à Athènes, est devenu aujourd'hui, nationalement et internationalement, une exigence. Cependant, face aux dérives politiques constatées en Haïti durant les vingt-neuf dernières années, n'est-il pas logique de s'interroger sur les problèmes et tentatives démocratiques que certains voient comme une idée du despotisme de la masse manipulée, dans bien des cas, par des politiciens traditionnels haïtiens et internationaux ? Selon les auteurs Therien, Pruvost et Constant dans *Éthique et politique, liberté et pouvoir* : « *ayant écarté le despotisme d'un seul, ne tombe-t-on pas dans le despotisme de la masse ?* » Mais entre être écrasé par le peuple ou manipulé par l'international: le résultat est le même.

Dragan Matic écrit : "*Il est vain, voire trompeur, de parler de démocratie lorsqu'il n'existe pas une répartition des richesses suffisantes entre les citoyens*".

La démocratie, au travers d'élections crédibles et transparentes, même formellement instaurée, peut, dans une certaine mesure, particulièrement dans les pays pauvres, rester une idée théorique. Les élections de renouvellement, surtout dans le cadre d'une échéance politique, même lorsqu'elles sont coûteuses pour le Trésor public, ne sont pas négligeables puisque les conditions institutionnelles sont remplies. Elles le sont parce que c'est un passage obligé du processus. Cependant, elles sont insuffisantes si toutefois rien n'est fait pour qu'à travers des distributions de

465

richesses, les conditions de vie des masses défavorisées soient changées. *"La répartition des richesses d'un pays au plus grand nombre d'individus donne à chacun un pouvoir personnel direct qui se rajoute à ceux que la puissance publique met à sa disposition à travers la loi et les moyens des services publics. Ainsi, un pays riche qui décide de répartir ou redistribuer les richesses et de se doter ses services publics de biens importants, tels qu'écoles, équipements sportifs, moyens de transports en commun, services sociaux et de santé, etc., ouverts à tous, mais destinés prioritairement aux plus démunis, donne plus de pouvoirs à l'ensemble de ses citoyens"*

En plaçant les déclarations de Dragan Matic dans un contexte haïtien, il est évident que les différents gouvernements qui se sont sucéedés de 1986 à 2015 ont tous piteusement échoué. Ils le sont du fait qu'ils sont incapables de comprendre que le soulèvement qui a conduit au départ de Jean-Claude Duvalier le 7 février 1986 était beaucoup plus chargé d'espérances qu'un simple changement de gouvernement. Dans leurs revendications, les masses défavorisées, en sortant dans les rues, réclamaient d'un leader moderne, avec de grandes visions, un nouveau contrat social. En un mot, le peuple voulait un leader capable, à travers l'idéal dessalinien, de comprendre ses aspirations politiques, économiques et sociales. *"Car, si le devoir des responsables politiques est d'apporter des réponses aux besoins des citoyens à travers une société organisée, il est clair que ces besoins doivent être identifiés et articulés dans des programmes bien définis. Il est inadmissible qu'un Pays soit aussi souvent exposé au hasard sans que des ayant droits n'interviennent pour indiquer une orientation comme s'il n'y a pas de sortie possible"*

Vingt-neuf ans après le départ de Jean-Claude Duvalier, Haïti continue de faire face aux crises institutionnelles. Tous les éfforts qui, de 1986 à 2015 ont été consentis dans le cadre du processus démocratique ont été sapés par les hommes politiques. La démocratie *''n'est pas la bienvenue ni dans l'opposition, ni chez le pouvoir. Ceux qui arrivent au pouvoir à travers les élections oublient qu'ils doivent le céder par le même moyen. Trop confortables dans les gouvernements de transition, certains partis qui se réclament de l'opposition veulent s'y cantonner toujours'*

Vingt-neuf années après, Haïti reste à la case départ. La démocratie continue encore à chercher sa voie en Haïti. *''La cohabitation entre les pouvoirs constitués de l'État se révèle difficile. L'alternance politique reste un concept vide de sens. Le pays ne se dote même pas encore d'institutions pouvant garantir la tenue des élections à intervalles réguliers. Chaque élection organisée est comme une première expérience. Entre-temps, notre dépendance vis-à-vis de l'internationale s'accentue. Derrière la plus petite décision, on soupçonne une main étrangère. Avec la formule : « Ote-toi que je m'y mette », on ne va pas laisser la zone de turbulences de si tôt''* (*Le Nouvelliste,* 16 décembre 2014).

La République de Port-au-Prince

Après plus de deux cents ans d'indépendance, le bilan est lourd et très catastrophique en Haïti. Deux siècles après l'épopée de Vertières, c'est une nation divisée, déchirée où le colonialiste sans les colons continue. Haïti est le pays où la capitale elle-même est complètement séparée du reste des autres villes de la province. Ce n'est pas seulement en termes d'infrastructures que la capitale est séparée du reste du pays, mais au niveau des services de base, c'est un monde à l'envers. Le sociologue aussi bien que l'urbaniste qui écrira sur Haïti vous dira non seulement que Port-au-Prince est une ville qui défie toutes les normes sociologiques de classes, mais aussi que c'est un grand bidonville qui ne respecte pas les normes de l'urbanisation.

Port-au-Prince n'est pas seulement la capitale du pays, elle est aussi la République même d'Haïti, puisque c'est là que résident le Président, les 30 sénateurs et les 99 députés. C'est là aussi où tout est concentré. Haïti est le pays où des « *mounn an deyo* » se trouvent dans les provinces et les communes les plus reculées, sans accès à l'éducation, aux soins médicaux, à l'eau potable, aux structures et infrastructures de base répondant aux normes internationales de modernité. Pour se procurer un passeport, un extrait d'archives, effectuer un voyage à l'extérieur, faire des études universitaires ou pour trouver un bon emploi, il faut rentrer à Port-au-Prince. Même là encore, dans cette capitale bidonvillisée, il faut avoir des relations pour que les choses puissent se faire vite et bien. *"Mounn andeyo yo pa gen men m mwayen ak sa yo ki nan capital"* (les gens de la province n'ont pas les même moyens que ceux qui vivent à Port-au-Prince). Et les choses ne sont pas differentes dans le domaine de l'éducation.

L'éducation en Haïti

La situation de l'éducation en Haïti est pour le moins préoccupante et demande à être prise en compte si on veut toutefois éviter une ''continuité négative'', en termes de formation académique pour deux catégories différentes d'enfants. *''La qualité de l'enseignement est gravement compromise par le niveau général insuffisant des enseignants et des écoles.* Selon des experts, *''l'éducation haïtienne est défaillante: il y a carence d'encadrement pour les enfants à la maison, carence de matériels, classes mal conçues, mal équipées et surchargées, manque d'ouvrages pour les élèves et les enseignants''*

Donc, au lieu d'être une institution capable de former des agents de développement au niveau national, le système ne fait que drainer des ressources et des capitaux du trésor public sans pour autant former des éléments productifs pour la société et le monde. *'Les élèves quittent l'école comme des intellectuels ratés, sans avoir non plus de compétences techniques pour subvenir à leurs besoins''* Pour un pays comptant des milliers d'écoles primaires dont un fort pourcentage reste sous les tentes, puisque bon nombre ont été détruites par le séisme du 12 janvier, plus de 90% de ces écoles « *sont contrôlées par le secteur privé et les organisations religieuses ou des ONG et un taux de fréquentation de 67%, dont seulement 30% atteignent la fin du système primaire''*

Il y a des ghettos partout en Haïti. Port-au-Prince, la capitale elle-même, est une ville ceinturée de bidonville et de ghettos. Cité Soleil, la Saline, Solino, Raboteau, Sainte Hélène, La Forcette sont les principales ghettos d'Haïti. Aujourd'hui, le pays est devenu une grande ville ghetto pour deux peuples et deux modes de vie. Dans les ghettos, il y a une autre vie. De là, les gens ont leurs propres restaurants *(chen janbé)* et commerces. Ils habitent dans des taudis faits de tôles, de cartons et tous objets abandonnés.

On peut prendre n'importe quelle ville d'Haïti, on trouvera des exemples classiques de misère et de pauvreté. Par contre, dans cette même Haïti, il y a des enfants qui vivent dans l'abondance. Ils vont dans les meilleures écoles du pays. Ils voyagent quand ils sont en vacances. Ils ont des ordinateurs et des téléphones de marques récentes. Ce n'est pas un problème puisqu'il y a des gens aisés partout. Si vous êtes un rude travailleur ou professionnel, il est normal que vos enfants vivent bien. Cependant, la vie n'est pas aussi belle pour les enfants des Morne Hercule et Morne Calvaire et du quartier Jalousie. Dans ces zones là, c'est le monde à l'envers. Dans ces ghettos, on voit des familles de 5, 6, et 7 personnes vivant dans une chambrette sans confort moderne ni eau potable ni électricité ni autres commodités.

La problématique de bidonvillisation et la pauvreté en Haïti restent deux phénomènes aussi complexes. La crise de bidonvillisation qui prévaut en Haïti a entraîné des manifestations de certaines situations socio-économiques vraiment néfastes à la survie de la population défavorisée. En Haïti, il y a ' *'une minorité qui détient toutes les richesses (détenteurs du pouvoir politique, propriétaires de grands commerces, de grands revenus adéquats afin de jouir des grands modes de vie), tandis qu'il y a une grande majorité pour qui la vie sur terre devient un enfer. Cette dernière vit dans l'instabilité économique, dans la pauvreté, dans l'insatisfaction des besoins de bases ou primaires»*

Comment le pays est-il arrivé à une si grande disparité, divisé avec des stratifications sociales aussi poignantes et visibles ? Quel est le rôle des autorités locales et nationales ?

Selon Pierre Raymond Dumas, *''le pays a connu des mutations épouvantables: la perte des valeurs et des repères a été l'une des monstruosités qui expliquent tant de perversions d'ordre politique, institutionnel et moral, religieux et social. La jeunesse, face à la drogue, au banditisme, à la prostitution, la corruption, au chômage et à la violence, est livrée à elle-même''*

Depuis le départ de Jean-Claude Duvalier en 1986, Haïti vit un intense conflit de base et des coups d'État répétés. Les autorités de l'après 1986 avaient-elles vraiment les capacités requises pour changer le cours des choses et des évenements ou assistaient-elles tout simplement à la dégradation de la situation, à savoir les problèmes du chômage, de l'insécurité, de l'environnement, de bidonvillisation, de corruption, de la perte des valeurs, de l'affaiblissement des

470

institutions, de l'explosion démographique et économique, comme à un fait accompli ?

Lorsque Jean-Claude Duvalier quitta le Palais National en direction de l'aéroport Maïs Gâté pour son exil en France le 7 février 1986, il y avait de l'électricité sur tout son passage. Les rues étaient propres. Haïti n'était pas bidonvillisée comme elle l'est maintenant. Même si c'était sous le couvert des macoutes et des militaires, les rues étaient sécurisées. En vingt-neuf ans, c'est-à-dire de février 1986 à février 2015, la *"transition vers la démocratie" a été un douloureux enchaînement de drames sanglants et de désenchantements. En dépit d'une force de police civile, des élections répétées et d'importante aide internationale, la première République noire est encore aujourd'hui le pays le plus pauvre des Amériques''*

C'est le vendredi 7 février 1986 que le dictateur Jean-Claude Duvalier, sa famille et quelque proches collaborateurs ont laissé Haïti, après 29 ans, pour faire place à de nouveaux hommes politiques. L'émergence sur la scène politique de l'armée d'Haïti, une institution composée des hommes qui, pour la plupart, ont bénéficié des faveurs des duvaliéristes pendant les 29 années de règne, poussait plus d'un à se questionner sur la bonne volonté de ces derniers à conduire le pays vers la démocratie et la modernisation. Avec ces hommes en uniforme au pouvoir, s'agissait-il une continuité du duvaliriste ou de visionnaires qui pouvaient faire progresser le pays ? Pour avoir été sur le banc de touche pendant les 29 années de règne des Duvalier, ces militaires étaient-ils venus au pouvoir pour faire avancer la cause de leurs intérêts mesquins ou étaient-ils capable de prouver le contraire ? Étaient-ils animés de bonne volonté, mais depassés par l'évolution de la conjoncture et des événements politiques internationaux ? Selon Pierre Armand ' *'Investie de l'autorité éxécutive après Duvalier, cette armée de sacripants, d'hommes sans foi ni loi pour la grande majorité, n'agit plus comme complice, mais aujourd'hui comme auteur des crimes commis apres le 7 février 1986''*[97]

Le passage obligé de la dictature à la démocratie dans un nouvel ordre mondial requiert la volonté et la capacité d'une équipe d'hommes qui ont foi dans le changement et dans l'évolution d'une nouvelle societé équitable. L'armée d'Haïti, en tant que garant institutionalisé de sécurité, de la protection des vies et des biens avait, après le 7 février 1986, la chance de créer un précédent dans l'accompagnement du peuple haïtien vers la démocratie. *''Hélas ! La machine répressive n'a pas changé et ne peut pas changer de cibles, par habitude ou par instinct de conservation. Dès lors, la transition de la dictature à la démocratie ne peut être assurée que par une équipe d'hommes qui croient en la nécessité de la révolution. D'une manière générale, le militaire formé à l'école du Duvalierisme, ne peut offrir que le Duvalierisme à la sagacité de l'observateur le plus indulgent. Le jugement est sévère, mais les faits évidents le confirment. Aussi le gouvernement d'Haïti, issue de l'évènement historique du 7 février 1986, n'est il que la continuation du régime pourri, arrogant, corrompu, dilapidateur des fonds publics, bigrement bluffeur des Duvalier-Benette, avec qui il a des attaches et insoupconnées qui temoignent d'un profond sentiment de gratitude''*[98]

Malheureusement, le processus de transition raté du gouvernement militaire a conduit à une suite de gouvernements éphémères. Au cours de cette trop longue période de transiton, Haïti a connu des coups et des tentatives de coups d'État. Les premières élections post-Duvalier le 29 novembre 1987 étaient, dans le processus de transition vers la démocratie en Haïti, d'une importance capitale. Cependant, le

---

[97] Pierre M. Armand. *L'Armee d'Haïti et les événements de 1957. Notes pour l'histoire.* Les Editions Samba, Port-au-Prince, 1988. pp. 240, 248.
[98] Op. Cit.

massacre à la ruelle Vaillant le jour des élections et de l'impunité des coupables qui ont perpetré le massacre a, dans une certaine mesure, créé un précédent. Ce qui, par la suite, devait conduire à une permanence de crises politiques découlant des élections de 1995, 1997, 2000, 2006 et 2010. Mis à part l'ingérence de la communauté internationale dans les affaires internes du pays, ce sont définitivement toutes ces conséquences et des dirigeants inconséquents d'Haïti qui ont paralysé cette transition démocraique entammé après 1986.

Plus cela change, plus c'est la même chose, avait déclaré un jeune journaliste d'une station de radio privée de Port-au-Prince. *"De 1993 à aujourd'hui, Haïti a accueilli cinq missions d'appui et de maintien de la paix : la MINUHA (Mission des Nations Unies en Haïti), la MANUH Mission d'Appui des Nations Unies en Haïti), la MITNUH (Mission de transition des Nations Unies en Haïti), la MIPONUH (Mission de police civile des Nations Unies en Haïti), et la MINUSTAH (Mission des Nations Unies pour la Stabilisation en Haïti) en 2004"* De la MINUHA en 1993 à la MINUSTAH (février 2015), le pays continue à se déstabiliser. Pendant les dix dernières années, Haïti a reçu la visite de beaucoup de chefs d'États étrangers aussi bien que des experts. Quant aux ONG (organisations non gouvernementales), elles poussaient comme des mauvaises herbes dans des terrains abandonnés, surtout après le séisme du 12 janvier 2010. *"À telle enseigne qu'on peut parler de république des ONG"*, mentionnait Raymond Délerme.

En commentant les problèmes d'Haïti et la présence des ONG dans le pays, un directeur d'opinion qui préférait garder l'anonymat a parlé en ces termes : « *Comme toujours, si la présence de ces organisations continue de faire l'affaire d'un petit groupe de privillegié de l'État et des hommes d'affaires, quant aux masses défavorisées, elles n'ont rien vraiment bénéficié des actions dites humanitaires de ces institutions. Comme l'État haïtien, ces organisations à sensibilisation humanitaire sont sur le terrain non pas pour aider le pays dans le cadre de ses problèmes structurels, mais de préférence pour gérer le quotidien comme l'assainissement et de distribution de produits de première nécéssité dans des quartiers populaires. Quand elles ne distribuaient pas de l'eau, c'était des boîtes de conserves de viandes, médicaments et d'autres éléments de survivre qui ne pouvaient pas vraiment aider le pays dans le cadre de son développement durable''*

Cette version n'est pas différente de celle de l'homme de la rue. *''Se lavé men siyé a te''* a déclaré un jeune homme au Champ de Mars. On dirait que c'est un pays qui défie toutes les expertises.

''La population n'a pas pu voir les bénéfices de cette coopération qui, trop souvent, a pris la forme d'assistance technique, euphémisme désignant les rémunérations importantes des experts dont les rapports, souvent redondants, s'empilent sans être suivis du moindre effet. L'exode des boat people s'est poursuivi vers les Bahamas, la Floride et les Antilles françaises. Par milliers, les Haïtiens ont continué de traverser clandestinement la frontière vers la République dominicaine voisine''

Selon Pradel Henriquez dans *Réflexions sur les valeurs: Est-ce la fin des valeurs en Haïti ?* (3ème partie) publié dans les colonnes du *Nouvelliste* : *' 'Les 25 dernières années, ont été à la fois le reflet de ce paradoxe de richesses traditionnelles, patrimoniales, culturelles ou artistiques, mais aussi par ailleurs une étrange machine de destructions massives de valeurs, d'hommes, de femmes, d'enfants. Entre la chute de Jean-Claude Duvalier, 1986 et le fameux tremblement de terre du 12 janvier 2010, nous avons savouré la mort et le désespoir avec tellement d'appétit qu'on en est arrivé au point de nous toucher, de respirer et de nous palper la mort en nous. »*

Vingt-neuf ans de bilan négatif

Dans le rapport janvier 2011 de l'UNICEF on pouvait lire ce qui suit :

En Haïti, un enfant qui nait dans une famille appartenant aux 20% les plus pauvres à 50% moins de chance d'atteindre son cinquième anniversaire qu'un enfant né dans le quintile le plus favorisé. Les enfants qui vivent dans des communautés rurales courent également près de deux fois plus de risques de souffrir d'insuffisance pondérale que les enfants qui vivent en zone urbaine. Plus de quatre enfants sur cinq n'ont pas accès à des installations sanitaires. Une femme enceinte sur 16 seulement, dans le quintile le plus défavorisé, est prise en charge par une personne qualifiée lors de l'accouchement (contre une sur deux dans le quantile de tête). À peine un enfant sur deux était scolarisé avant le 12 janvier 2010, et le pays affichait une différence de 25 points de pourcentage en termes d'achèvement de l'école primaire entre les enfants vivants dans des zones urbaines et ceux qui vivaient dans des zones rurales. Plus de 1,2 million d'enfants étaient considérés comme extrêment vulnérables a la violence, à l'exploitation et aux sévices.

Pour ces enfants et ces femmes parmi les plus vulnérables des zones rurales et des quintiles inférieurs, la situation avait même tendance à empirer-et les fossés à se creuser en termes de nutrition infantile, santé maternelle, éducation, assainissement et accès à l'eau propre. Le tremblement de terre et le choléra ont encore exacerbé ces problèmes, rendant d'autant plus difficile un relèvement durable.[99]

Lemoine Bonneau dans *Doit-on accepter le fait acompli*, résume la réalité socio politique des vingt-neuf dernières années en Haïti comme suit : ' *'L'épisode sociopolitique de la*

---

[99] *Les enfants d'Haïti – Un an après-Des secours à la reconstruction : un long parcours.* Janvier 2011. P.7

conjoncture née des législatives et de la présidentielle de l'année 2011 traduit le reflet de la décadence en série d'un pays marqué par la mauvaise gouvernance, symbole de la résistance au changement dans tous les compartiments de l'administration de l'État. À chaque période de renouvellement du mandat des élus, et particulièrement à l'investiture des nouveaux décideurs, l'hypothèse de voir émerger une nouvelle société pointe toujours à l'horizon. L'absence de vision, impréparation et l'égoïsme des dirigeants haïtiens pendant les vingt dernières années ont anéanti tous les espoirs de transformer cette société archaïque en une société moderne. Depuis le départ de Jean-Claude Duvalier en 1986, l'arrivée au pouvoir d'un nouveau gouvernement symbolise une vie nouvelle pour un groupe d'hommes et le désespoir pour d'autres, dans une véritable dynamique de clientélisme".

Comment Haïti est-elle parvenue à de telles situations d'instablilité malgré de constantes élections pour rénouveler les cadres politiques et d'importantes aides internationales ? Pendant ces deux dernières décenies, Haïti a reçu la visite de beaucoup chef d'États et de tous les experts du monde ; où se trouve le problème ?

Explosion démographique et croissance économique

Quand Haïti n'est pas présenté comme un État en faillite, certaine fois, l'international a tendance à la présenter comme étant le pays le plus pauvre de l'hémisphère. Quoique certains vous diront que Haïti n'est pas un pays pauvre, mais de préférence, un pays apprauvri. État en faillite, pauvre ou apprauvri, il suffit à quelqu'un d'effectuer une courte visite en Haïti pour se rendre compte de la situation de misère dans laquelle vit le peuple haïtien. Structurellement et conjoncturel-lement, Haïti en elle-même est très problématique. Et pourtant, il fut un temps où le pays était appelé « la perle des Antilles ». Il était, avant son indépendance, considéré comme la colonie la plus riche de la Métropole française. Quelles que soient les raisons évoquées pour expliquer cette pauvreté, il est une évidence : Haïti est aujourd'hui très pauvre. *"Haïti est le pays le plus pauvre de l'hémisphère occidental, plus de 80% de la population vivent sous le seuil de pauvreté, les deux tiers des Haïtiens sont touchés par le chômage ou le sous-emploi et plus d'un Haïtien sur quatre est sous alimenté"*

Face à ce constat, des professeurs et des chercheurs en sciences sociales, dans leurs préoccupations de mieux comprendre la situation d'Haïti ont concu qu'il y a un quelconque rapport entre l'explosion démographique de la population haïtienne pendant ces deux dernières décennies et les conséquences économiques qui en découlent. Lors d'une conférence organisée à la Faculté des Sciences Humaines sur l'explosion démographique, les conséquences économiques et sociopolitiques en Haïti, dont le terme était: *Comportements démographiques, décisions politiques et conséquences sociales, économiques et politiques : une approche interactionnelle,* le professeur et chercheur Louis-Naud Pierre a fait le point sur le sujet. Selon le professeur, *"Jusqu'à la fin du XIXe siècle, la population haïtienne ne dépassait pas un demi-million d'habitants. Au début du XXe siècle, elle en comptait à peine un million et demi. Et de 3.200.000 en 1950, cette population est passée à plus de 8.000.000 en 2000. En 2011, elle est estimé à 10 millions. Démographiquement Haïti se multiplie, qu'en est il des ressources et services"*?

Les derniers chiffres en date de l'Institut Haïtien de Statistique et d'Informatique accusent une densité de 350 habitants par kilomètre carré. Les experts en urbanisation constatent que plus la densité de la population augmente dans un espace donné, plus les besoins deviennent criants.

Avant le tremblement de terre du 12 janvier 2010, avec des masures dans les flancs des mornes comme Canapé-Vert, Morne l'hôpital, Boutilier, Jalousie et au bord de la mer dans les Cités de Dieu et l'Eternel au Bicentenaire, Port-au-Prince était entourée d'une ceinture de bidonvilles. Ne répondant à aucune norme de construction moderne, ces habitats surpeuplés manquent de service de base comme l'eau potable, l'électricité et l'assainissement. Les gens défavorisés qui y vivent connaissent des conditions malsaines, dangereuses et précaires.

Aujourd'hui encore, les décombres sont là et, sous les tentes, les choses n'ont pas changé. Arbitrairement, sans prendre en compte les risques sismiques auxquels est exposé le pays, sous les yeux des dirigeants incousciants, les gens continuent à construire anarchiquement en Haïti. Les constructions ne répondent pas aux normes de l'urbanisation. Alors que l'État, devrait, surtout après le tremblement de terre du 12 janvier 2010, à travers son programme de décentralisation, faciliter des services de base et des infrastructures qui puissent empêcher l'exode rural, une des causes fondamentales de la bidon-villisation en Haïti. Dans son rôle d'avangarde, l'État devrait dans son travail *"d'analyser la ville, mais aussi la région et le territoire, comme lieux d'interaction sous les angles économique, social, politique, culturel et environnemental. Il aura à élaborer, coordonner, superviser et vérifier les instruments de planification et de réglementation en matière d'urbanisme notamment les schémas d'aménagement, les plans et les règlements d'urbanisme"*.

De plus, de nombreux textes et rapports s'alignent pour expliquer et montrer le rapport entre la croissance démo-graphique de la population haïtienne et le problème écono-mique. Ils suscitent, avec les mêmes variables ou presque, autant d'intérêt chez les amoureux de la recherche. Dans le cadre d'une croissance démographique, le professeur Louis-Naud Pierre parvient à démontrer une corrélation entre l'exode rural causé par l'absence de services des dernieres décennies et l'approche historico-culturelle de la population haïtienne qui, jusque dans les années 1970-1980, était à dominance rurale. *"Plus de 85% de la population vivait à la campagne, et leurs sources de revenus dépendaient de la terre. Si la terre ne peut plus produire afin de nourrir les familles, ces paysans n'ont pas d'autre choix que de se tourner vers les villes. Et, comme conséquence, de nos jours, les communautés rurales ont été détruites"*, a-t-il souligné.

Toujours selon le professeur et chercheur Louis-Nau Pierre : *"L'explosion démographique est le phénomène central qui affecte particulièrement la structure du pays, la structure économique ainsi que normative, et la société dans sa globalité. L'explosion démographique, couplée avec l'ouverture économique d'Haïti, provoque le démantèlement du système rural haïtien articulé autour de la terre, l'entreprise agricole, qui débouche finalement sur la paupérisation"*.

Face au constat ô combien évident de la croissance démographique, le professeur encourage les autorités haïtiennes à mieux comprendre l'urgence du problème, ce qui, une fois fait, leur permettrait, avec des mesures d'urgences et d'un programme bien élaboré, de mieux cerner la situation. *"Malgré tout, M. Pierre a souligné que l'explosion démographique n'est pas un problème en soi. Faudrait-il bien qu'on porte le regard sur l'inadéquation entre le rythme de croissance de la population et les ressources disponibles. Il a, en outre, suggéré que l'objectif de la recherche en sciences sociales en Haïti pour les prochaines années sera non seulement de comprendre la nature de ce phénomène, mais encore de forger des outils d'aide aux politiques visant à la maîtrise de ces bouleversements"*.

Pour l'économiste Kesner Pharel, *"Haïti occupe depuis quelque temps déjà la place peu enviable du pays le plus pauvre du continent américain et l'un des plus pauvres du monde, fâcheuse réputation qui cause de sérieux dommages à son image, notamment au plan des investissements directs étrangers. Cet État de choses constitue un véritable cercle vicieux, très difficile à briser, qui le situe entre pauvreté et faible niveau d'investissements. Dans la quête de solutions pour résoudre les problèmes de pauvreté en Haïti, les décideurs privés ou publics ainsi que les bailleurs de fonds ont tendance généralement à se concentrer sur le secteur de l'offre de biens et services et à minimiser un peu trop celui de la demande. Il ne fait aucun doute que la production de biens et services dans une économie est essentielle et fondamentale à travers la réalisation des investissements, la création d'emplois et la distribution de revenus. Mais un accroissement trop soutenu de la population constitue un sérieux frein au développement des capacités d'un pays à satisfaire une demande sans cesse croissante pour les biens et services"*.

Elles sont nombreuses, les institutions internationales qui, dans leurs analyses, se sont penchées sur les impacts négatifs d'une trop forte croissance démographique de la population haïtienne. Dans leurs recommandations, les experts de ces institutions internationales encouragent les autorités de l'État, les élites intellectuelles, sociopolitiques et économiques d'Haïti à prendre des mesures pouvant conduire à un meilleur contrôle de la population. Toujours selon M. Pharel *"Une récente étude publiée par la Banque mondiale, et qui analyse les conséquences négatives d'une trop forte croissance démographique dans les pays en voie de développement devrait attirer l'attention des leaders sociopolitiques et économiques en Haïti sur la nécessité d'adopter des mesures pour un meilleur contrôle de la population locale. Faut-il bien rappeler que le taux de croissance démographique durant les 20 dernières années a évolué à un rythme de près de 2 %, selon les chiffres officiels. Tandis que l'économie haïtienne a affiché durant la même période un taux de croissance du produit intérieur brut négatif, soit 0,6 %. Point n'est besoin d'être un expert en maths pour comprendre pourquoi le nombre de personnes pauvres en Haïti a enregistré une croissance substantielle durant la même période*" Au cours des vingt dernières années, pendant que la population augmentait, l'État, à travers ses institutions, assistait, impuissant, à un problème crucial comme celui de la croissance démographique.

De ce fait, on assistait à aucune mise en œuvre de programme économique et de services publics pouvant répondre aux problèmes du taux de croissance rapide de la population. Les autorités qui, pendant les vingt-neuf dernières années, fonctionnaient comme un État parasite et sans vision, étaient incapables de satisfaire les demandes de services de base d'une population grandissante. *''En fait, plus de quatre millions d'Haïtiens vivent actuellement avec 1 dollar américain ou moins par jour, ce qui les place dans un État d'extrême pauvreté et sept millions disposent de seulement 2 dollars américains ou moins par jour, ce qui signifie qu'ils sont dans une situation de pauvreté. En effet, avec beaucoup plus de bouches à nourrir, beaucoup plus d'enfants à envoyer à l'école, beaucoup plus de personnes recherchant un emploi, beaucoup plus de personnes recherchant un logement, beaucoup plus de personnes à sécuriser, les différents gouvernements qui se sont succédé au cours des dernières décennies, se sont retrouvés dans l'incapacité de satisfaire une demande de plus en plus forte d'une population grandissante. Ainsi, la forte pression démographique liée à la faiblesse de la production de biens et services ont donné lieu à un ensemble de déséquilibres dans les secteurs de l'alimentation, de l'éducation, du marché du travail, du logement, de la sécurité... Les économistes expriment ces différents phénomènes en des termes comme chômage, inflation, dépréciation de la monnaie, instabilité politique et macroéconomique''* (Kesner Pharel).

Ainsi, plus cela changeait du fait des élections législatives et présidentielles des vingt-neuf dernières années, plus les choses restaient les mêmes pour la classe défavorisée ; le futur d'Haïti est incertain en dépit des nouvelles directions de pouvoir politique que savait donner l'électorat. Face à cette situation d'incertitude, les gens se sont forcés à risquer leurs vies en haute mer dans des embarcations de fortune, dans l'espoir d'un lendemain meilleur. Toujours selon l'économiste Kesner Pharel, *''Face à l'incapacité du pays à répondre de moins en moins aux besoins les plus élémentaires d'un nombre de plus en plus important de personnes, il se produit un phénomène migratoire accéléré vers d'autres pays, avec des coûts très élevés pour l'économie nationale. En effet, des habitants du milieu rural et des couches défavorisées des villes n'hésitent pas à affronter de fortes menaces en haute mer dans des embarcations de fortune. Il y en a d'autres qui traversent la frontière commune avec la République voisine avec beaucoup de difficultés pour se retrouver dans des conditions de travail inhumaines. Plusieurs membres de la classe moyenne, disposant d'un visa ou obtenant un droit de résidence, ont décidé d'abandonner le pays dans des conditions moins dangereuses pour offrir leur force de travail en Amérique du Nord, en Europe et en d'autres points du monde. C'est le phénomène de la fuite de cerveaux qui provoque une véritable décapitalisation dans le faible stock de capital humain dont dispose le pays, le rendant ainsi moins apte à faire face à la concurrence brutale des échanges dans le cadre de la mondialisation''.*

Mis à part l'instabilité politique et la mauvaise gestion des affaires politiques par les autorités haïtiennes pendant les vingt-neuf dernières années, la croissance démographique est le résultat de la bidonvillisation, de l'insécurité sous toutes ses formes : crise économique, chômage réel ou déguisé. Donc, le constat aujourd'hui est accablant. La population s'accroit d'une manière vertigineuse. La mise en place d'une stratégie pouvant faire obstacle au déplacement massif des habitants des sections rurales les plus reculées aux zones urbaines étant quasi-inexistant, le phénomène d'exode rural est devenu aujourd'hui un problème majeur pour les autorités centrales. Sans infractructures de base, la population s'entasse pour la grande majorité dans des taudis, elle ne fait que grossir les bidonvilles. Cette situattion la rend plus vulnérable, d'où sa pauperisation. *« Qui pis est, ces installations n'offrent aucune sécurité à tout point de vue. La croissance démographique marche de paire avec des plans bien définis, des stratégies bien élaborées afin de venir à la rescousse de cette frange de la population. Mauvaise gestion du phénomène peut amener l'État à passer à côté des vrais problèmes qui grangrènent le quotidien de ces gens. Il est important que l'État arrive à jouer pleinement son rôle en vue d'apporter des pistes de solution au phénomène de la croissance démographique. »*

Haïti est-elle un État en faillite ?

Cela fait longtemps qu'à chaque fois que les experts internationaux veulent se référer à Haïti, ils la présentent toujours comme un État en faillite, tandis qu'à chaque fois qu'il veut faire mention des décennies négatives des expériences démocratiques post-Duvalier en Haïti, Pierre Raymond Dumas, journaliste du *Nouvelliste,* et ancien ministre de la culture, parle toujours de transition démocratique continue ou d'une transition qui n'en finit pas. Est-ce la transition continue qui fait d'Haïti un État en faillite ou son État de défaillance qui permet à cette transition de n'en plus finir ?

Les vingt-neuf dernières années de transition démocratique en Haïti ont suscité bien des remous au sein de la classe politique, de la société civile, de la communauté internationale, de tous ceux et de toutes celles qui réfléchissent sur la problématique haïtienne. Plus d'un restent perplexed sur les défis que doivent relever les autorités d'Haïti en termes structurels et conjoncturels, si toutefois elles veulent vraiment en finir avec cette longue transition démocratique. Des questions se posaient, celles qui avaient obtenu des réponses et d'autres sur lesquelles il faudrait bien s'attarder. À dessein, certains se demandaient à tort ou à raison quelles sont les retombées positives en termes de changements sociaux et économiques pour Haïti, particulièrement les masses défavorisées. Déjà, la crédibilité des acteurs nationaux et internationaux qui préconisent la démocratie en Haïti est mise à rude épreuve puisque, selon les plus pessimistes, c'est une transition qui n'en finit pas dans le pays.

Haïti, la preuve de l'échec de l'aide internationale

Pour certains, Haïti est un État en faillite. Pour d'autres, Haïti présente une situation difficile. Haïti est le terrible exemple d'une double impuissance, à savoir locale et internationale, dit-on. Pour des amis de la communauté internationale, ' *'la situation sur le terrain reste encore volatile''* Oui, il est visible à tout le monde qu'Haïti vit des situations difficiles, mais peut-elle s'en sortir par elle seule ? On est persuadé du contraire. Plus que jamais, Haïti a besoin de l'aide internationale pour organiser des élections crédibles, reconstruire les bâtiments, transformer son agriculture, créer un système industriel moderne pouvant répondre aux besoins des villes, développer et établir les moyens pour une classe moyenne forte, freiner la fuite massive des cerveaux vers l'extérieur, enrayer aussi l'exode rural et faire de la décentralisation une réalité.

Fin 2010, alors qu'Haïti connaissait une flambée de violence dans l'ère métropolitaine de Port-au-Prince et certaines grandes villes du pays, ainsi qu'une incertitude quant à l'issue

du scrutin électoral du 28 novembre 2010 sur lesquelles planaient des suspicions de fraude électorale, Ricardo Seitenfus avait adressé un véritable réquisitoire contre la présence internationale dans le pays. Diplômé de l'Institut de hautes études internationales de Genève, Ricardo Seitenfus avait, de 2008 à 2010 représenté l'Organisation des États américains en Haïti. Selon le représentant de l'organisatinon hémisphérique en Haïti, *"Depuis 1990, nous en sommes ici à notre huitième mission onusienne. Haïti vit depuis 1986 et le départ de Jean-Claude Duvalier ce que j'appelle un conflit de basse intensité. Nous sommes confrontés à des luttes pour le pouvoir entre des acteurs politiques qui ne respectent pas le jeu démocratique"*
Il poursuit : *' 'Pendant deux cents ans, la présence de troupes étrangères a alterné avec celle de dictateurs. C'est la force qui définit les relations internationales avec Haïti et jamais le dialogue. Le péché originel d'Haïti, sur la scène mondiale, c'est sa libération. Les Haïtiens commettent l'inacceptable en 1804: un crime de lèse-majesté pour un monde inquiet. L'Occident est alors un monde colonialiste, esclavagiste et raciste qui base sa richesse sur l'exploitation des terres conquises. Donc, le modèle révolutionnaire haïtien fait peur aux grandes puissances"*

Dans l'entrevue accordée au journal suisse *Le Temps* le 20 décembre 2010. Ricardo Seitenfus a concédé : *' 'Dès le départ, l'indépendance est compromise et le développement du pays entravé. Le monde n'a jamais su comment traiter Haïti, alors il a fini par l'ignorer. Ont commencé deux cents ans de solitude sur la scène internationale. Aujourd'hui, l'ONU applique aveuglément le chapitre 7 de sa charte, elle déploie ses troupes pour imposer son opération de paix. On ne résout rien, on empire. On veut faire d'Haïti un pays capitaliste, une plate-forme d'exportation pour le marché américain, c'est absurde. Haïti doit revenir à ce qu'il est, c'est-à-dire un pays essentiellement agricole encore fondamentalement imprégné*

485

de droit coutumier. Le pays est sans cesse décrit sous l'angle de sa violence. Mais, sans État, le niveau de violence n'atteint pourtant qu'une fraction de celle des pays d'Amérique latine. Il existe des éléments dans cette société qui ont pu empêcher que la violence se répande sans mesure''

Il ajoute : *"c'est le concentré de nos drames et des échecs de la solidarité internationale. Nous ne sommes pas a la hauteur du défi. La presse mondiale vient en Haïti et décrit le chaos. La réaction de l'opinion publique ne se fait pas attendre. Pour elle, Haïti est un des pires pays du monde. Il faut aller vers la culture haïtienne, il faut aller vers le terroir. Je crois qu'il y a trop de médecins au chevet du malade et la majorité de ces médecins sont des économistes. Or, en Haïti, il faut des anthropologues, des sociologues, des historiens, des politologues et même des théologiens. Haïti est trop complexe pour des gens qui sont pressés; les coopérants sont pressés. Personne ne prend le temps ni n'a le goût de tenter de comprendre ce que je pourrais appeler l'âme haïtienne. Les Haïtiens l'ont bien saisi, qui nous considèrent, nous la communauté internationale, comme une vache à traire. Ils veulent tirer profit de cette présence et ils le font avec une maestria extraordinaire. Si les Haïtiens nous considèrent seulement par l'argent que nous apportons, c'est parce que nous nous sommes présentés comme cela''*.

Une transition qui n'en finit pas

De toute évidence, la transition haïtienne a trop duré. La population est fatiguée, tandis que le pays accumule des retards mortifères au niveau de tous les grands défis. Mais comme Delcamp aurait pu le dire : *'Il n'existerait pas de recette magique, mais d'avantage une nécessité de gérer de manière satisfaisante et habile un ensemble de problèmes théoriques et pratiques inhérents à la réalité qui est propre à chaque histoire et à chaque pays''* Tout en tenant compte de la réalité culturelle du pays et des exigences de l'heure, la réussite d'une transition démocratique en Haïti devrait être le résultat d'une combinaison de respect et de mise en œuvre de grands principes et normes démocratiques.

Le Chili et les Philippines, eux aussi, ont connu de longues expériences dictatoriales. Mais sans grandes difficultés, contrairement à Haïti, ils ont réussi leurs transitions démocratiques, alors qu'ils avaient commencé leur processus presque à la même époque qu'Haïti. Comment se fait-il que, jusqu'à présent, Haïti continue sa longue et difficile traversée vers un État moderne ? Non seulement les mauvaises expériences de la transition démocratique durent depuis vingt-neuf ans, mais encore ''*la plus grande confusion perdure et les problèmes d'Haïti deviennent plus complexes et plus difficiles que lors du départ de Jean-Claude Duvalier*''

Il est un fait : ''*Le départ de Jean-Claude en 1986 et la mise à l'écart de l'institution militaire après le retour à l'ordre constitutionnel en octobre 1994 annonçaient une nouvelle ère de l'implantation des institutions pour le respect des valeurs républicaines. Depuis lors, toutes les élections organisées dans le pays ont été orientées dans l'intérêt du parti au pouvoir*'' Pendant vingt-neuf ans d'expérience de transition démocratique, sous la supervision et la collaboration des experts de la communauté internationale, les Conseils Électoraux Provisoire ont organisé plus d'une dizaine d'élections. Dans son article ''*Les élections : un casse-tête haïtien»*, professeur Guy-Michel Vincent déclare ''*aucune d'elles n'est sans reproche, par excès ou par défaut*'' Depuis la journée macabre du 29 novembre 1987 marquée par le massacre de la ruelle Vaillant jusqu'a celles controversées du 28 novembre 2010, quand elles n'ont pas eu de violences, presque toutes les élections en Haïti ont toujours été entachées d'irrégularités. En commentant les crises politiques haïtiennes de l'après 1986, professeur Vincent a*

487

"traduit la période électorale post-duvaliériste comme une réalité tumultueuse en Haïti"

Tandis que : *"Si les élections représentent le mode démocratique de désignation du personnel politique, des urnes sortent trop souvent en Haïti des dictateurs, contempteurs de la démocratie"* La transition démocratique de l'après-Duvalier, a donné suite à une série de gouvernements éphémères, de coups d'État, d'assassinats politiques, d'interventions militaires et des répétitions d'élections controversées. De ces élections sont issus des élus à tous les niveaux de la vie politique qui, malheureusement, n'ont apporté aucun soulagement aux maux qui rongent le pays, si ce n'est des opportunistes et des avares du pouvoir.

Selon Pierre Raymond Dumas : *« le pays a connu des mutations épouvantables : la perte des valeurs et des repères a été l'une des monstruosités qui expliquent tant de perversions d'ordre politique, institutionnel et moral, réligieux et social. La jeunesse, face à la drogue, au banditisme, à la prostitution, la corruption, au chômage et à la violence, est livrée à elle-même. »*

Comme Dumas, le Dr. Joseph a touché du doigt les vingt-neuf années de mauvaise gouvernance post-Duvalier : *« Depuis la chute de Jean-Claude Duvalier en 1986, Haïti se cherche et peine à construire un État de droit et démocratique. La transition dure depuis plus de deux décennies, mais la plus grande confusion perdure et nos problèmes deviennent plus complexes et plus difficiles à résoudre ».*

Pour le Dr Joseph Lafortune, *« plus de deux cents ans après sa fondation, Haïti est en proie à une crise multiple. Confrontée à une gestion politique désastreuse qui remonte à son indépendance, Haïti est aussi en proie à une crise économique et sociale qui a considérablement handicapé son développement.*

À cela s'ajoute une panne de leadership responsable, la corruption érigée en système depuis plusieurs décennies. » Il poursuit : « *Les différents gouvernements qui se sont succédé à la tête de l'État, ont toujours promis d'améliorer les conditions de vie de la population, de mettre le pays sur les rails du développement durable, d'alléger les souffrances du peuple, de renforcer les institutions, d'œuvrer à la construction d'un État moderne, démocratique où les droits humains sont garantis et respectés, etc. La modernisation et la consolidation institutionnelle de l'État et du système politique, la démocratisation et la régulation de la vie politique, le développement durable sont autant de défis auxquels le pays fait face et que ses dirigeants n'ont pas pu relever jusqu'ici. Non pas parce que ces problèmes n'ont pas de solution, mais parce que nos dirigeants ne se sont pas toujours hissés à la hauteur de la tâche qui leur est confiée.* »

Abréviations

Baby Doc - Nom donné au Jean-Claude Duvalier.

BCED - Bureau du Contentieux Électoral Départemental

BCEN - Bureau du Contentieux Electoral National

BID - Banque Internationale de Développement

Bourik chaje - Nom donné á un ambassadeur américain en Haïti pendant les années 1989 á 1994. Son vrai nom était Alvin Adams.

Brassard rouges - Hommes de mains du maire de Port-au-Prince, Franck Romain

Camp des Léopards - Corps d'élite des forces armées d'Haïti- Crée par Jean-Claude Duvalier.

CARICOM - Communauté Caribéenne

CASEC - Conseils d'Administration de Sections Communales

Casernes Dessalines - Principale unité de combat des Forces Armée d'Haïti

C.E.P - Conseil Electoral Provisoire

CERESS - Le Centre d'Éducation, des Recherches et d'action en Sciences Sociales et pénales

CNE - Centre National des Equipements

CIRH - Comission Interimaire pour la Reconstruction d'Haïti

CNG - Conseil National de Gouvernement.

CNO - Conseil National d'Observation des Élections

CONHANE - Conseil Haïtien des Acteurs Non Étatiques

Convergence démocratique - Plateforme politique des partis politiques de l'opposition.

CSPJ - Conseil Supérieur du Pouvoir Judiciaire

CTCEP - Collège Transitoire du Conseil électoral Permanent

Drouillard - Quartier pauvre dans l'ère métropolitaine de Port-au-Prince.

FAD'H - Forces Armées d'Haiti.

Fanmi Lavalas - Parti politique fondée par le président Aristide

FENEH - Fédération Nationale des Etudiants Haitiens

FMI - Fond Monétaire Internationale

FNCD - Front National pour le Changement et la Démocratie

FOPARC- Force Patriotique pour le respect de la Constitution

FPI - Force de Police Intérimaire

FRAPH - Front Révolutionnaire Armé pour le Progrès d'Haïti, puis devenu Front pour l'Avancement et le Progrès Haïtien

Groupe 184 - Organisation socio-politique et professionnel dans l'opposition au gouvernement du président Aristide.

ICITAP- Programme d'Assistance Internationale de techniques d'investigation criminele

INAGHEI - Institut National d'Administration de Gestion et des Hautes Etudes Internationales.

IRI - Institut Internationale Républicaine

ISC - Initiative de la Société Civile

KP - Kompe plim. Abréviation du mom d'artiste de Evans Paul

492

MHAVE- Ministère des Haïtiens Vivants á L'Etranger

MICIVIH - Mission Civile Internationale en Haiti

MINUHA - Mission des Nations Unies en Haiti

MINUSTAH - Mission des Nations Unies pour la Stabilisation en Haiti

MOFKA - Mouvman Fanm Actif Kafou

MOPOD - Mouvement Patriotique de l'Opposition Démocratique

OEA - Organisation des Etats Américains

ONU - Organisation des Nations-unies

Opération Bagdad - Mouvement de kidnapping initié après le départ pour l'éxile du président Aristide

OPL - Organisation Politique Lavalas

Papa Doc - Nom donné au docteur Francois Duvalier.

PM - Abréviation pour Premier ministre

PNH - Police Nationale d'Haiti

PNUD - Programme des Nations Unies pour le Développement.

PRI - Parlementaires pour le Renforcément Institutionnel

PSP - Parlementaires pour la Stabilité et le Progrès

Quartier Général - Bureau central de l'institution militaire

Racing Club Haïtien (RCH) - Club de football een Haïti, fondée le 23 mars 1923

RNDDH - Réseau National de Défense des Droits Humains

Saint Jean Bosco - L'église catholique située a La Saline au zone Nord de Port-au-Prince. C'est la que le jeune prêtre Jean Bertrand Aristide savait prêcher des messages enflammés.

Télévision Nationale d'Haiti (TNH) - fondée sous l'administration de Jean-Claude Duvalier.

Tontons Makouts - Forces civiles crées durant le régime de François Duvalier en 1958

UNPol - Police des Nations Unies

Villa d'Accueil - Local ou se situe l'Office du Premier ministre

VOAM - VOYE Ayiti monte/Mouvement de solidarité pour aider Haïti

VSN - Volontaire de la Sécurité Nationale (en creole tontons makouts).

ZEL - Zafe Elev Lekol/mouvements de mobilisation des élèves pendant le coup d'état contre Président Aristide en 1991

494

Quelques dates importantes

28 novembre 1980- arrestation et départ pour l'exile des opposants au régime de Jean-Claude Duvalier

31 janvier 1986- faux départ pour l'exile de Jean-Claude Duvalier

7 février 1986- Départ du dictateur Jean-Claude et sa famille pour l'exile en France. C'était aussi á cette date que le gouvernement de transition avec un mandat de deux ans assurait l'interima.

20 mars 1986- Démission de Me. Gérard Gourgue du CNG.

26 avril 1986- Manifestation á Fort Dimanche pour commémorer la 23eme année des personnes tuées par les sbires de Papa Doc le 26 avril 1963. En cette occasion, plusieurs personnes avaient été tuées par les gardes qui surveillaient la prison.

19 octobre 1986- date retenue pour l'élection de la formation d'une assemblée nationale constituante. Elle avait été boycotté par la population.

29 mars 1987- Ratification par voie référendaire de la Constitution de 1987.

13 mai 1987- Publication par le CNG nommant les neuf membres du Conseil Electoral Provisoire (CEP).

21 mai 1987- Les membres du Conseil Electoral Provisoire ont prêté serment par devant la Cour de Cassation.

27 juillet 1987- Massacre des paysans á Jean Rabel.

2 aout 1987- Assassinat de Louis Jeune Atis á Léogane.

13 octobre 1987- Assassinat de l'homme politique Me. Yves Volel au Grand Quartier General de Port-au Prince.

29 novembre 1987- Massacre des électeurs á la ruelle Vaillant á Port-au-Prince et l'avortement de ces joutes.

17 janvier 1988- Elections générales et frauduleuses par le régime militaire.

7 février 1988- Investiture du président Lesly Manigat,

9 février 1988- Président Manigat fait choix de Me. Martial Célestin comme son Premier Ministre

14 juin 1988- Début du conflit opposant le Grand Quartier General au commandant des Casernes Dessalines.

17 juin 1988- Mesures de redressement et des transferts de postes dans l'institution militaire mettant en résidence surveillé le général Henri Namphy.

19 et 20 juin 1988- Coup d'état contre le président Leslie Manigat

20 juin 1988- Général Henri Namphy est retourné au pouvoir pour une seconde fois.

11 septembre 1988- Au cours de la messe traditionnelle du Révérend père Jean Bertrand Aristide, l'église Saint Jean Bosco a été brulée aussi bien que des fidèles tués par les hommes de mains du Maire Franck Romain.

17 septembre 1988- A la faveur d'un coup d'état contre le général Henri Namphy, Prospère Avril est arrivé au pouvoir

1er et 2 avril 1989- Coup d'état manqué contre Prospère Avril.

5 Mars 1990- Une fillette de 11 ans a été tué á Petit Goave.

10 mars 1990- Avril était forcé á quitter le pouvoir

14 mars 1990- Madame Ertha Pascal Trouillot est devenue la première femme présidente d'Haïti

7 juillet 1990- Rentrée en Haïti du docteur Roger Lafontant, ancien ministre de l'intérieur de Jean Claude Duvalier.

18 juillet 1990- Un mandat d'arrêt est lancé contre Roger Lafontant.

5 décembre 1990- Bombes explosions a Pétion Ville lors d'une rencontre populaire entre le candidat Jean Bertrand Aristide et ses supporteurs. Beaucoup de personnes ont été tuées et blessées.

2 janvier 1991- Discours menaçant du Monseigneur Ligondé á l'encontre du nouveau pouvoir.

7 janvier 1991- Coup d'état raté de Roger Lafontant.

7 février 1991- Investiture du président Jean Bertrand Aristide

30 septembre 1991- coup d'état militaire contre le gouvernement du président Aristide.

7 octobre 1991- l'Organisation des Etats Américains (OEA) décrète un embargo commercial contre Haïti ; le même jour, le Mexique et le Venezuela, principaux fournisseurs de produits pétroliers á Haïti á un taux préférentiel, en regard de l'accord de San Jose, annoncent la suspension des livraisons au pays.

7 octobre 1991- visite en Haïti de Ramirez Ocampo, représentant du secrétaire général de l'ONU.

8 octobre 1991- Juge Nerette fut installé par les militaires comme président provisoire.

9 octobre 1991- Les ambassadeurs du groupe d'Amérique Latine et de la Caraïbe á l'ONU exigent la restauration de la démocratie en Haïti. Dans une résolution, le groupe recommande aux pays membres de l'ONU et aux organisations internationales d'appuyer les actions de l'OEA dans le sens de la suspension de toute aide autre qu'humanitaire á Haïti.

10 octobre 1991, la France prend des dispositions pour mettre en oeuvre un embargo commercial contre Haïti.

11 octobre 1991, l'Assemblée générale de l'ONU adopte une résolution condamnant le coup et exigeant le rétablissement du président Aristide dans ses fonctions.

23 février 1992- en présence du secrétaire général de L'OEA, le Président Aristide et les Présidents des deux chambres signèrent le protocole d'accord de Washington qui prévoit dans le cadre laborieusement négocié, le retour du chef de l'Etat dans ses fonctions á une date non précisée.

25 février 1992- René Théodore désigné au poste de Premier ministre

27 Mars 1992- Un arrêt de la Cour de Cassation a rendu inconstitutionnel et inopérant l'accord qui a été signé entre le président Aristide et les parlementaires á Washington le 23 février.

9 avril 1992- Le général Raoul Cédras lui a son tour, á travers une note, rejeta l'accord de Washington.

19 juin 1992- Les militaires ont fait choix de Marc Bazin comme Premier ministre défacto.

1er février 1993- Visite en Haïti de Dante Caputo, médiateur de l'ONU et de l'OEA.

16 mars 1993- L'ambassadeur Laurence Pezzullo fut nommé comme représentant spécial du président Clinton dans la crise haïtienne.

8 juin 1993- Marc Bazin est renvoyé par les militaires

16 juin 1993- Le Conseil de Sécurité de l'ONU adopta á l'unanimité un projet prévoyant l'aggravation des sanctions si les militaires refusaient de négocier le retour du Président Aristide au pouvoir.

27 juin-3 juillet 1993-Rencontre á l'Ile des Gouverneurs entre Président Aristide et le général Raoul Cédras

3 juillet 1993- Signature d'accord entre Jean Bertrand Aristide et Raoul Cédras

27 aout 1993- Robert Malval prête serment comme Premier ministre

30 aout 1993- Premier ministre Robert Malval fut investir á Washington comme Premier ministre par le Président Aristide.

8 septembre 1993. Maire Evens fut réinstaller dans ses fonctions de magistrat de Port-au-Prince.

11 octobre 1993-Rentrée en Haïti du navire Hallan-County.

14 octobre 1993- Assassinat du ministre de la justice, Guy Malary.

1er mars 1994, Désignation d'un Premier ministre pouvant remplacer M. Robert Malval qui était démissionnaire en décembre 1993

15 septembre 1994- Discours sur la crise haïtienne du président américain Bill Clinton

15 octobre 1994- Retour de l'exile du Président Aristide en Haïti après un exile de trois ans dans la capitale Américaine de Washington.

29 novembre 1994- La loi organique de la PNH a été adoptée par le parlement.

23 décembre 1994-. La loi organique de la PNH promulguée par le président.

6 janvier 1995- Arrêté présidentiel portant sur la légalisation de la force intérimaire de la police

31 mars 1995- visite du Président Clinton en Haïti.

19 juin 1995- Déploiement national de la Police Nationale d'Haïti (PNH).

25 juin 1995- premier tour des élections législatives

15 octobre 1995- Visite du vice-président Al Gore en Haïti.

17 décembre 1995- élections présidentielles en Haïti. René Préval est élu comme successeur du Président Aristide.

7 février 1996- Investiture du Président René Préval.

5 mars 1996- Ratification par devant les parlementaires de la 46ème Législature de Pierre Dénizé comme chef de la police nationale.

3 novembre 1996- Le parti politique Fanmi Lavalas est porté sur les fonds baptismaux á Jacmel.

11 janvier 1999- Président Préval mettait fin aux termes du mandat des députés et de certains sénateurs de la 46eme Législature.

3 avril 2000- Double assassinats de **Jean Dominique** et de **Jean Claude Louissaint**, successivement directeur général et gérant de la station de Radio Haïti-Inter.

21 mai 2000: Premier tour des élections législatives.

19 juin 2000: Renvoie du deuxième tour des législatives prévues le 25 juin.

9 juillet 2000: second tour des élections boycotté par l'opposition.

26 novembre 2000: l'élection présidentielle, boycottée par l'opposition, et, remportée par Jean Bertrand Aristide.

7 février 2001- Investiture de Jean Bertrand Aristide pour son second mandat

3 décembre 2001- un journaliste, Brignol Lindor, menacé pour avoir invité des personnalités de l'opposition dans le cadre d'une émission qu'il anime, est tué à coups de machettes.

17 décembre 2001- une tentative de coup d'état avorté fait huit morts. L'opposition accuse le pouvoir d'être l'auteur d'un "montage" destiné à la réduire au silence.

4 septembre 2002- l'Organisation des Etats Américains (OEA) vote une résolution prévoyant des élections au cours du deuxième trimestre 2003.

24 janvier 2003- grève générale lancée par le "groupe des 184", large coalition de la société civile, incluant le patronat, à Port-au-Prince.

22 septembre 2003 - Amiot Métayer, un chef de bande au service du président Aristide, dont l'OEA réclamait l'arrestation est assassiné à Gonaïves. Son groupe impute cette exécution au pouvoir et passe dans l'opposition sous le nom de Front de résistance révolutionnaire de l'Artibonite. Ce meurtre entraîne quinze jours d'émeutes dans la troisième ville du pays.

21 novembre 2003- Les évêques haïtiens proposent la création d'un "conseil électoral consensuel". Accepté par le président, ce plan est rejeté par l'opposition.

5 décembre 2003- Mouvements de violences par les chimères lavalas dans certaines facultés d'états comme : Sciences Humaines et INAGHEI.

11 décembre 2003- Démissions de certains officiels du gouvernement d'Aristide.

2 janvier 2004- l'opposition présente une "alternative de transition" sur deux ans prévoyant le départ d'Aristide et son remplacement par un président de transition choisi parmi les juges de la Cour de cassation.

30 janvier 2004- le patronat recommande à la population des actions de désobéissance civile.

5 février 2004- les Gonaïves, quatrième ville d'Haïti, tombe aux mains du Front de résistance révolutionnaire de l'Artibonite.

10 février 2004- l'opposition politique et la société civile, regroupées au sein de la Plate-forme démocratique, prennent leurs distances avec le mouvement insurrectionnel armé.

18 février 2004- les insurgés se dotent d'un "commandant en chef" en la personne de Guy Philippe, un ex-commissaire de police.

21 février 2004- un plan international de règlement de la crise est présenté à Aristide qui l'accepte. L'opposition continue d'exiger sa démission.

22 février 2004- les insurgés s'emparent de Cap-Haïtien, deuxième ville du pays, et contrôlent près de la moitié du pays.

29 février 2004 - Aristide signe une lettre de démission et quitte Haïti.

12 mars 2004: Gérard Latortue est choisi comme Premier ministre par le Comité des Sages.

30 avril: le Conseil de sécurité vote la création de la Mission des Nations Unies pour la stabilisation en Haïti (Minustah). Placée sous commandement brésilien.

26 juin 2004- L'arrestation de l'ancien Premier ministre Yvon Neptune.

18-19 septembre 2004: le cyclone Jeanne ravage le pays, faisant plus de 2,000 morts et 250, 000 sans-abri

22 juin 2005: face à la recrudescence de la violence, le Conseil de sécurité des Nations-unies renforce les effectifs de la Minustah pour assurer le bon déroulement des élections prévues pour la fin de l'année.

7 février 2006- élections présidentielles et législatives en Haïti.

7 février 2006 : l'ancien président René Préval remporte l'élection présidentielle avec 51% des suffrages.

14 mai 2006 : Investiture du président René Préval pour son second mandat.

9 Juin 2006 : Jacques Edouard Alexis est devenu pour une seconde fois, chef du gouvernement dans l'administration Président Préval.

15 février 2007- Adaptation de la résolution 1743 du Conseil de Sécurité donnant mandat à « tous les Etats membres, en coordination avec la MINUSTAH, à collaborer avec le Gouvernement haïtien pour l'agrément de tous les fonctionnaires de police ainsi que le renforcement des capacités institutionnelles.

12 Avril 2008 - la flambée des prix alimentaires provoque des émeutes de la faim et le depart du Premier ministre Jacques Alexis comme chef de gouvernement.

27 avril 2008- L'agronome Erick Pierre est désigné comme premier ministre par le président Préval.

12 mai 2008- Erick Pierre est écarté dès la première étape de ratification par un opposition des députés du CPP.

12 juin 2008- Robert Manuel, conseiller politique du président Préval ancien secrétaire pendant sa première administration, est désigné comme Premier ministre.

23 juin 2008- Au cours d'une rencontre au Palais Nationale avec les présidents des deux chambres, Préval leur a fait part de son choix de Madame Duvivier Pierre Louis comme chef de gouvernement.

3 septembre 2008- Madame Pierre Louis est ratifiée comme Premier Ministre.

1-5 septembre 2008 : plusieurs cyclones dévastent Haiti, tuant au moins 800 personnes, et laissant des centaines de milliers de sans-abris.

30 octobre 2009- Madame Pierre Louis est destituée par le Sénat.

12 Janvier 2010 - un séisme de magnitude 7 sur l'échelle de Richter frappe le pays. Le bilan, selon les autorités, est de 222 050 morts, 310 900 blessés, plus d'1 million de sans abri et 1,5 million de sinistrés.

10 mai 2010- Fin de mandat de 10 (dix) sénateurs de la 48eme législature.

Fin Octobre 2010 : une épidémie de choléra frappe le pays ou des centaine de millier de personnes ont été affectées et tuant aussi des millier.

28 novembre 2010: élections présidentielles et législatives dans un climat de tension.

1, 2 et 3 décembre 2010: Plusieurs manifestations á Port-au-Prince et dans le sud du pays par des supporteurs du candidat Michel Martelly pour protester les résultats des présidentielles par la Commission électorale, que Mirlande Manigat et Jude Célestin s'affronteront au second tour, laissant Michel Martelly hors course.

16 janvier 2011: L'ancien dictateur Jean-Claude Duvalier, "Baby Doc", rentre en Haïti après 25 ans d'exil en France.

18 mars 2011: L'ex-président Jean-Bertrand Aristide rentre en Haïti après sept ans d'exil en Afrique du sud.

20 mars 2011: Second tour des élections présidentielles opposant les deux candidats Mirlande Manigat á Michel Martelly.

5 avril 2011: Michel Martelly a remporté l'élection présidentielle avec 67,57% des suffrages exprimés contre 31,74% pour Mirlande Manigat.

14 mai 2011- Investiture du nouveau président élu, Michel Joseph Martelly.

21 juin 2011- La nomination de Daniel Rouzier avait été rejetée à la Chambre des députés.

6 juillet 2011- M. Martelly a fait le choix Me. Bernard Gousse, un juriste de 52 comme chef de gouvernement.

2 août 201- La nomination de Bernard Gousse comme Premier ministre avait été rejetée par la Chambre du Sénat.

15 octobre 2011- Martelly a pu, finalement, disposer de son premier gouvernement.

24 février 2012- Démission du Premier ministre Garry Conille.

19 avril 2013- Installé du Collège Transitoire du Conseil électoral Permanent (CTCEP).

10 août 2014- Evasion spectaculaire de plus de 300 prisonniers dans la prison civile de la Croix-des-Bouquets.

27 août 2014- Le Conseil permanent de l'Organisation des Etats américains (OEA) a exprimé ses préoccupations quant au lenteur du processus électoral en Haïti.

22 septembre 2014- Reprise de négociations autour de la crise politique entre le Président Martelly et la classe politique.

4 octobre 2014- Mort de Jean Claude Duvalier, ancien président á vie d'Haïti de 1971 á 1986.

17 octobre 2014- Commémoration de la mort de l'Empereur Jean Jacques Dessalines. Aussi était la grande manifestation de l'opposition.

26 octobre 2014- Grande manifestation de l'opposition pour dénoncer la non tenue des élections qui était programmé a cette date.

18 novembre 2014- Commémoration de la bataille de vertières. Aussi était la grande manifestation de l'opposition contre le régime Martelly-Lamothe.

25, 28 et 29 novembre 2014- Première phase d'Opération Burkina Faso avec des manifestation de l'opposition.

1er décembre 2014- Création de la Commission présidentielle par le chef de l'état, Mr. Michel Joseph Martelly.

2 décembre 2014- Rencontre entre l'ambassadrice américaine, Pamela A. White avec les leaders des partis politiques de l'opposition dans les locaux de la Fusion.

5, 6, 12, 13 et 16 et 18 décembre 2014- Deuxième phase de Burkina Faso avec des manifestations de l'opposition contre le régime Martelly-Lamothe

504

9 décembre 2014- Visite de Thomas A. Shannon, conseiller du secrétaire d'État des États-Unis à Port-au-Prince.

11 décembre 2014- Libération de Rony Timothée et Byron Odigé. Consideré comme prisonniers politiques.

12 décembre 2014- Message du président á la nation

14 décembre 2014- Démission du Premier ministre Laurent Lamothe

18 décembre 2014- Démission en bloc des neuf membres du Conseil électoral provisoire.

20 décembre 2014- Libération des deux frères Florestal (Enold et Josué). Consideré comme des prisonniers politiques.

24, 28, 30 et 31 décembre 2014- Troisième phase de Burkina Faso avec des journées de manifestations de l'opposition contre le régime Martelly.

25 décembre 2014-Nommination de Evans Paul comme Premier ministre.

29 décembre 2014- Signature de l'accord Tri-partite.

7 janvier 2015- Démission de Me. Anel Alexis Joseph comme président du CSPJ.

8, 10 et 12 janvier 2015- Quatrième phase de Burkina Faso avec des journées de manifestations de l'opposition contre le régime Martelly

16 janvier 2015- Installation de Evans Paul comme Premier ministre.

16, 17, 20, 22 et 23 janvier 2015- Journées de manifestastions de l'opposition

23 janvier 2015- Prestation de serment des nouveaux membres du CEP. C'etait aussi á cette même date que les membres du Conseil de sécurité des Nations unies étaient arrivés au pays.

1, 2 fevrier 2015- Deux journées de grèves des organisations syndicales

Les Présidents haïtiens
de 1986 à 2015

Henri Namphy	7 février 1986 - 7 février 1988
Leslie Manigat	7 fevrier 1988 - 20 juin 1988
Henri Namphy	20 juin 1988 - 18 septembre 1988
Prospere Avril	18 juin 1988 - 10 mars 1990
Hérard Abraham	10 mars 1990 - 13 mars 1990
Ertha Pascal Trouollot	18 mars 1990 - 7 février 1991
Jean-Bertand Aristide	7 février 1991 - 30 septembre 1991
Joseph Nérette	8 octobre 1991 - 19 juin 1992
Emile Jonassaint	12 mai 1994 - 12 octobre 1994
Jean-Bertand Aristide	30 octobre 1994 - 7 février 1996
René Préval	7 février 1996 - 7 février 2001
Jean-Bertand Aristide	7 février 2001 - 29 février 2004
Boniface Alexandre	29 février 2004 - 14 mai 2006
René Préval	14 mai 2008 - 14 mai 2011
Michel Joseph Martelly	14 mai 2011 - en fonction

Les Premiers ministres haïtiens de 1988 à 2015

1. Martial Célestin (fév.1988 - juin 1988).
2. René Préval (mars 1991 - septembre 1991).
3. Jean-Jacques Honorat (octobre 1991 - juin 1992).
4. Marc Bazin (juin 1992 - juin 1993). Il jouait le rôle de Président et de Premier ministre.
5. Robert Malval (septembre 1993 - octobre 1994).
6. Smark Michel (novembre 1994 - novembre 1995).
7. Claudette Werleigh (novembre 1995 - février 1996).
8. Rosny Smarth (mars 1996 - juin 1997).
9. Jacques-Edouard Alexis (mars 1999 - février 2001).
10. Jean-Marie Chéréstal (mars 2003 - mars 2004).
11. Yvon Neptune (mars 2002 - mars 2004).
12. Gérard Latortue (mars 2004 - mai 2006).
13. Jacques Edouard Alexis (9 juin 2006 - 12 avril 2008).
14. Michèle Duvivier Pierre-Louis (septembre 2008 - 30 octobre 2009).
15. Jean-Max Bellerive (11 novembre 2009 - 14 mai 2011).
16. Garry Conille (18 octobre 2011 - 16 mai 2012).
17. Laurent Salvador Lamothe (16 mai 2012 - 14 décembre 2014).
18. Evens Paul (16 janvier 2015 - en fonction).

Bibliographie

- Aristide, Jean-Bertrand- Tout Moun Se Moun. Tout Homme est un Homme. Editions Du Seuil. Paris, France 1992.
- Bernard Diederich, Al Burt. Papa Doc et les Tontons Macoutes, la vérité sur Haiti. Editions Albin Michel, Paris 1971.
- Me. Calixte Mac-Donald. Haiti 1974-2004 Changement social pour un état de Droit. Imprimerie d'Expression et Diverisité. Cayes, Haiti 2006.
- Christophe Wargny. L'élimination programmée du président Aristide. Le Monde Diplomatique. Avril 1994.
- Claude, Moise. Le pouvoir Législatif dans le systeme politique Haitien.
- Un aperçu historique. Les Editions du CIDIHCA, Montréal Canada 1999.
- Daniel, Roussiere. Jenane, Rocher. Gilles, Danroc. Les elections du 29 Novembre 1987, La democratie ou la mort.Bibliotheque Nationale d'Haiti.
- Dejean, Belizaire. Le Parlement haitien face au coup du 30 septembre 1991. Presse d'Imprimeur II. Port-au-Prince, Haiti 2002.
- Denis, Rancourt. CIA Les Services Sécrets Américains. Editions Internationales Alain Stanke Ltee, 1978.
- Garry, Hector. Herard, Jadotte. Haiti et l'après Duvalier : continuités et ruptures. Editions Henry Deschamps/CIDIHCA, 1991.
- Gérard, Barhelmy. Les Duvalieristes après Duvalier. Editions l'Harmattan 1992.
- Herold, Jean-Francois. Le Coup de Cédras. Imprimeur II.
- Himmler Rebu. L'échec d'Avril. Bibliotheque Nationale d'Haiti. Port-au-Prince, Haiti 1995.
- Laennec, Hurbon. Comprendre Haiti, Essai sur l'Etat, la nation, la culture. Editions Karthala 1987.
- Laurent, Lesage. Nicolas, Jallot. Haiti dix ans d'histoire secrète. Editions du Felin. La Vacquerie, Paris 1995.
- Le Matin, Port-au-Prince, Haiti.
- Le Nouvelliste, Port-au-Prince, Haiti.
- Madistin, Samuel. Coopération et développement le role du pouvoir législatif dans le fonctionnement de l'Etat. Presse de l'Imprimeur II, Port-au-Prince, Haiti, octobre 2001.
- Manigat, Leslie F. Les deux cents ans d'histoire du peuple Haitien 1804-2004. Collection du CHUDAC. Port-au-Prince, Haiti 2002.

- La crise Haitienne Contoporaine. Editions des Antilles S.A. Port-au-Prince, Haiti 1995.
- Manigat, Mirlande. Traité de droit Constitutionnel Haitien volume II. Bibliothèque Nationale d'Haiti, Port-au-Prince, Haiti.
- Mac-Ferl Morquette. Les Nouveaux marrons.
- Marcel Painchaud. Introduction a la vie politique. Gaëtan Morin éditeur ltrée, 1998. Canada.
- Michel, Hector. Crises et mouvements populaires en Haîti. 2nd Edition. Bibliotheque Nationale d'Haiti. Port-au-Prince, Haiti.
- Nicolas, Mireille. Haiti, D'un coup d'Etat a l'autre. Editions l'Harmattan, Paris 2005.
- Pierre, M. Armand. L'Armée d'Haiti et les Evenements de 1957. Notes pour l'histoire. Les Editions Samba, Port-au-Prince 1988.
- Pierre, Monterde. Christophe, Wargny. Apre bal, Tanbou lou. Cinq ans de duplicité américaine en Haiti (1991-1996). Editions Austral, Paris 1996.
- Dr. Pierre, Sonson Prince. Haiti : L'Etat de Choc. Imprimerie H. Deschamps. Port-au- Prince, Haiti.
- Prospere Avril. La Génèse des Forces Armees d'Haiti.
- Haiti (1995-2000), Le livre noir de l'insécurité. Presse de l'Imprimerie le Natal SA. Haiti 2001.
- Vérités et Révélations, Tome II. Bibliotheque Nationale d'Haiti. Port-au-Prince, Haiti 1994.
- Vérités et Révélations, Tome III. L'armée d'Haiti, Bourreau ou victime ? Imprimerie Le Natal S.A. Port-au-Prince, Haiti 1997.
- Raoul Peck. Monsieur le Ministre... jusqu'au bout de la patience. Imprimerie Le Natal. Port-au-Prince, Haiti 1998.
- René, Jean Alix. La Séduction Populiste, Esaai sur la crise systématique Haitienne Et le phénomène Aristide (1986-1991). Bibliothèque Nationale d'Haiti 2003. Port-au-Prince, Haiti.
- Robert Malval. L'année de toutes les Duperies. Imprimerie Le Natal SA, Port-au-Prince Haiti, juillet 1996.
- Dr. Rony Gilot, Jean Claude Duvalier ou la chance galvaudée Imprimeur II 2011.
- Saint Jean, Ronald. Pourquoi les Etats Unis ont planifié le retour du FRAPH ? Press de l'Imprimeur II. Port-au-Prince, Haiti 2004.
- Sauveur, Pierre Etienne. Haiti Misère de La Democratie. L'Harmattan Montréal, Canada 1999.
- Therrien, Pruvost et Constant. Ethique et politique, liberté et pouvoir Gaëtan Morin éditeur ltée, Canada 1989.

Table des matières

514

515

516